Michael Koch
Hispanien
Vom Tartessos-Mythos zum Arabersturm

Vxori carissimae
et amicis – viventibus mortuisque

„… sofern uns Geschichte nicht tote Vergangenheit,
sondern vergangene Gegenwärtigkeit ist, die auf ihre eigene,
durch keine andere ersetzbare Weise unseren Erfahrungshorizont
zu erweitern und unsere Erfahrungsfähigkeit zu steigern vermag."

Herbert Nesselhauf 1968

Michael Koch

Hispanien

Vom Tartessos-Mythos zum Arabersturm

176 Seiten mit 58 Abbildungen
Titelbild, im Hintergrund oben:
die antiken Minen von Rio Tinto (Sevilla)
im Hintergrund unten:
Córdoba, Moschee
im Vordergrund oben:
Dama de Baza
im Vordergrund Mitte:
Hadrianus, der zweite hispanische Kaiser
im Vordergrund unten:
Leovigild, König der Wisigoten

Bibliografische Information der Deutschen
Nationalbibliothek
Die Deutsche Nationalbibliothek verzeichnet diese
Publikation in der Deutschen Nationalbibliografie;
detaillierte bibliografische Daten sind im Internet
über http://dnb.d-nb.de abrufbar.

© 2014 by Nünnerich-Asmus Verlag & Media,
Mainz am Rhein

ISBN 978-3-943904-73-4

Gestaltung: Bild1Druck GmbH
Lektorat: Frauke Itzerott, Kristin Mollenhauer
Gestaltung des Titelbildes: Sebastian Ristow

Alle Rechte, insbesondere das der Übersetzung in
fremde Sprachen, vorbehalten. Ohne ausdrückliche
Genehmigung des Verlages ist es auch nicht gestattet,
dieses Buch oder Teile daraus auf fotomechanischem
Wege (Fotokopie, Mikrokopie) zu vervielfältigen
oder unter Verwendung elektronischer Systeme zu
verarbeiten und zu verbreiten.

Printed by Nünnerich-Asmus Verlag & Media
Weitere Titel unseres Verlagsprogramms finden Sie
unter: www.na-verlag.de

Inhalt

Vorwort — 8

Einleitung — 12

Die Vorgeschichte

„Iberien gleicht einer Ochsenhaut, die sich der Länge nach von West nach Ost ausdehnt." (Strab. 3, 1,3) — 19

Der Mythos oder Geschichte vor der Geschichte

„Es heißt, daß in dem Waldgebirge der Tartessier die Titanen gegen die Götter Krieg geführt haben." (Iustin. 44,4) — 21

Griechen entdecken den Westen

„Die Phokaier waren die ersten Hellenen, die weite Seefahrten unternommen haben. Sie entdeckten das Adriatische Meer, Tyrsenien, Iberien und Tartessos." (Herod. 1, 163) — 23

Exkurs 1
Phoiniker und Punier auf der Iberischen Halbinsel

„Denn eine Tarschisch-Flotte hatte Hiram auf dem Mittelmeer." (I Kön. 10,22) — 31

Das karthagische Hispanien

Tarschisch = Hispania punica — 33

Exkurs 2
Die Iberer

„Die Leiber der Menschen sind auf Entbehrung und Arbeit eingestellt, ihr Geist auf den Tod." (Iustin. 44, 2,1) — 37

Der Zweite Krieg zwischen Rom und Karthago

„Da habe Hamilkar Hannibals Rechte ergriffen, ihn an den Altar geführt und den Schwur tun lassen, niemals ein Freund der Römer zu werden." (Polyb. 3,11) — 40

Inhalt

Exkurs 3
Warum annektierte Rom die Iberische Halbinsel?

„... um nach siegreicher Beendigung des Krieges gegen die Karthager am Ende den Gedanken der Weltherrschaft zu fassen."
(Polyb. 3,2)   42

Hispanien nach dem Ende des großen Krieges

„Tribute sind der Preis des Friedens."
(Oros. 5, 286)   46

Exkurs 4
Die indoeuropäischen Völker Hispaniens

„Sobald man das Idubeda-Gebirge hinter sich hat, ist man in Keltiberien, einem großen und ungleichen Land."
(Strab. 3,4,12)   56

Zwischen Cato und Gracchus

„Die Perfidie der Römer war Grund für einen großen Aufstand." *(Oros. 4, 278)*   61

Exkurs 5
Zur Langzeit-Typologie eines Kämpfertypos auf der Iberischen Halbinsel

„Diebe, Straßenräuber, Banditen, Guerrilleros."   70

Der Krieg des Viriatus

„Sie hatten keinen bedeutenden Führer – außer Viriatus."
(Iustin. epit. 44,1)   72

Der numantinische Krieg

„Warum, Römer, habt ihr so große Worte wie Recht, Treue, Tapferkeit und Mitleid in betrügerischer Weise in Anspruch genommen?"
(Oros. 5, 296)   77

Zwischen Numantia und Sertorius

„Die es fürchtet, besiegt Rom; die Besiegten liebt es!"
(Rut. Namant. 1, 72)   80

Der Krieg des Sertorius

„Die gesamte Citerior stand in Flammen."
(Sall. Hist. 1, 84)   84

Exkurs 6
Das 1. Jh. v. Chr. in Hispanien

„Was, wenn dich das Los an die Spitze von Afrikanern, Hispaniern oder Galliern gestellt hätte, diesen grässlichen und barbarischen Völkerschaften?"
(Cic. ad Quintum frat. 1,1,27)   90

Caesar in der Hispania ulterior

„Als Quaestor erhielt er das Jenseitige Hispanien. Als er nach Gades kam und beim Tempel des Herkules ein Standbild Alexanders des Großen sah, da stöhnte er auf, erbittert über die eigene Trägheit. Nichts bemerkenswertes habe er geleistet in einem Alter, in dem Alexander bereits die ganze Welt erobert habe."
(Suet. Caes. 7)   93

Exkurs 7
Römische Hispanier – hispanische Römer

„Hispanienses – Hispani."   98

Hispanien und die pax Augusta

„... weil durch sein Verdienst und seine unermüdliche Fürsorge Hispanien befriedet ist."
(CIL VI 31627)   100

Die ersten Jahrhunderte des Principats

„Die Provinzen standen in Blüte."   105

Exkurs 8
Der innere Ausbau des Landes und die sogenannte Monumentalisierung

„Als die Tarraconenser Augustus wissen ließen, auf seinem Altar sei eine Palme gewachsen, bemerkte dieser sarkastisch: ‚Es scheint, daß ihr ihn häufig anzündet'."
(Quint. 6,3,77) 112

Krisenzeichen? Das 2. Jh. n. Chr. in Hispanien 114

Die Krise rückt näher

„Die Mauren verwüsten Hispanien" – „Ausgelaugt sind die hispanischen Provinzen". 116

Exkurs 9
Hispanisches Christentum vor 312 n. Chr.

„In den iberischen Provinzen gibt es Christengemeinden."
(Iren. v. Lugd. adv. Haer. 1,10) 121

Hispaniens Eintritt in die Spätantike

Das „regnum Diocletianum". 124

Exkurs 10
Das ungelöste Problem der Bagauden

„Bacaudae" – spes pauperum? 126

Constantinus und die ecclesia triumphans

„Gnädig schaut Gott auf die Hispanier."
(Prud. Perist. 6,4) 128

Exkurs 11
Hispanische Frauen

„... ihre Wildheit und tierische Unempfindlichkeit gegenüber zugefügten Leiden."
(Strab. 3,4,17) 137

Die Halbinsel im Übergang

„Hispania" – „Spania". 139

Exkurs 12
Die Germanen kommen

„Barbaren saufen sich durch ganz Hispanien." (Hydat. Chron.) 142

Die späten Quellen

„Christ ist mein Vorname, mein Nachname Katholik." (Paccian. ep. 1,4) 144

Der lange Weg zum hispanischen Reich der Wisigoten

„Allerdings hat ein mächtiger Widersacher Christus die Schlange Iberien überlassen: bleichgesichtige Menschen und eine armselige Provinz."
(Hieron. Dial. contra Lucifer. 177, 15) 147

Das Reich von Toletum

„Liuvigildus regierte 18 Jahre. Im zweiten Jahr der Regierung des Liuva wurde er zur Herrschaft erhoben." (Lat. Reg.Vis. n. 26) 153

Exkurs 13
Die hispanische Unternehmung des Iustinianus

„Comenciolus, gesandt von dem Augustus Mauricius gegen die barbarischen Feinde." (CIL II 3420) 159

Vom Ende des antiken Hispanien und vom muslimischen Neubeginn

„Jetzt, wo die Widerstandskraft der Christen gebrochen ist, fasse sie im Zentrum!" (Ibn al-Qutija) 161

Schlussbetrachtung, Zeittafel 166

Glossar 170

Literatur 172

Bildnachweis 176

Vorwort

Für einen wissenschaftlichen Autor ist es ein seltenes Glück, wenn ein Lieblingsprojekt auch dem Wunsch eines Verlegers, in diesem Falle einer Verlegerin, entspricht. Frau Dr. Annette Nünnerich-Asmus, mit der ich seit dem gemeinsamen Hispania-Antiqua-Projekt des DAI-Madrid Anfang der 1990er-Jahre kollegial verbunden bin, hat mir die Freundlichkeit erwiesen, mein Wunsch-Buch, eine Art *summa* lebenslanger wissenschaftlicher Beschäftigung mit dem antiken Hispanien, in ihrem neu gegründeten Verlag zu publizieren. Dafür kann ich ihr nicht genug danken!

Mein Interesse an der Iberischen Halbinsel gründet in frühesten Jugenderfahrungen in und mit dem wunderbaren Land: Waren es zunächst lediglich Exotica wie die *corrida de toros*, die Kunst des *cante hondo*, Maler wie Zurbarán und Goya, die Poesie Góngoras, Lorcas und Machados, die Ironie Valle-Incláns, die wilde, gleichzeitig melancholisch-keusche Natur der Sierras, so erwachte bald auch ein dauerhaft brennendes Interesse an der Historie der Halbinsel, am spanischen Bürgerkrieg vor allem, dessen grausame Pathologie mich noch heute erschreckt und beunruhigt. Hinzu kamen rasch auch die diskrete Geschichte der lusitanischen Vettern, das jüdisch-maurische Erbe, die spanischen Habsburger, das hochproblematische Regiment der Bourbonenkönige und was daraus folgte. Zahllose Reisen und Begegnungen mit den markanten Erbstücken der iberischen Geschichte: Italica ebenso wie Córdoba, Ampúrias, Segovia, El Escorial, Salamanca, Guimarães oder Alcalá de Henares, den Klosterburgen Kataloniens ebenso wie den Entstehungsplätzen der *reconquista*, aber auch die Schlachtfelder des Bürgerkriegs von Brunete bis zum Alcázar von Toledo oder dem in der Geschichte der Halbinsel so wichtigen Despeñaperros-Pass. Spaniens unbeschreiblich reiche Kunstgeschichte, neben der Architektur vor allem die Malerei und die große literarische Tradition sowie immer auch die Musik, haben mich ein Leben lang ebenso entzückt und bereichert wie mich die innate, in Krieg und Frieden zu allen historischen Zeiten unvermittelt ausbrechende irrationale Grausamkeit von „Iberern" gegen sich und andere von der Antike bis in den Spanischen Bürgerkrieg verstört hat.

Die aus Zuneigung, Engagement, Zorn und Unverständnis gewobene Angst *um* die Halbinsel und *vor* ihr entdecke ich nicht selten bei anderen Autoren: In den ausführlichen *Memorias* des letzten Präsidenten der spanischen Republik von 1931, Manuel Azaña, ebenso wie in Cees Nootebooms „*Der Umweg nach Santiago*" von 1992 und in Javier Cercas' „*Anatomie eines Augenblicks*" aus dem Jahre 2009. Mit diesen und vielen anderen Spanien-Betroffenen teile ich die Einschätzung von der Iberischen Halbinsel und ihren Bewohnern als einem quasi vulkanischen Raum, allzeit fähig, gewaltige Eruptionen unterschiedlichster Art auszulösen und meist in radikalem Schwarz-Weiß: *Gloria o muerte*, wie es bei Rafael Abella heißt.

Überzeugt, dass sich die Halbinsel in so gut wie jeder historischen Phase in diesem Zustand befunden hat, ist eines meiner Anliegen, diesem Phänomen und den Gründen dafür im Rahmen der Antike nachzuspüren.

Ich hatte das Glück, bei der ersten Generation wissenschaftlich international anerkannter spanischer Altertumsforscher, Antonio García y Bellido, Antonio Blanco, Martín Almagro Basch, Juan Maluquer de Motes (sowie korrespondierend mit Claudio Sánchez Albornoz und Pedro Bosch Gimpera) u. a. quasi in die Lehre zu gehen. Mein Bild vom Positiven und weniger Zustimmungsfähigen in Methodik und Ergebnissen der spanischen Altertumsforschung schulde ich ihnen. Nicht gering ist auch der Anteil der historischen Sprachforschung, vor allem derjenige Jürgen Untermanns. Ihr verdanke ich einen umfassenderen und weit objektiveren Zugriff auf Ethnogenese und Ethnografie der Iberischen Halbinsel als Archäologie und literarische Quellen in ihrer Subjektivität und Heterogenität vermitteln können.

Viel Hilfe erhielt ich über die Jahre durch die Abteilung Madrid des DAI mit seiner einzigartigen Bibliothek, vor allem ihrem Gründungs-Direktor Helmut Schlunk† sowie Theo Hauschild, Christian Ewert†, Wilhelm Schüle†, Hermanfrid Schubart, Armin Stylow, Thomas X. Schuhmacher und Dirce Marzoli. Dank schulde ich auch den zeitweise in „mein" Madrid verschlagenen Tübinger Kommilitonen Walter Trillmich und Michael Blech sowie meinen liebenswürdigen Madrider Helfern María Díaz, Elisa Puch, Susanne Jacob und John Patterson. Sie alle und manch anderer haben meinen Weg begleitet und auf mannigfaltige Weise gefördert.

Alicia Perea, Michael Kunst, Marcus Hermanns, Aquilino Delgado, Francisco Quesada, Leonardo García Sanjuan und, ganz besonders großzügig, Mª-Paz García-Bellido haben mir bei der Beschaffung des Fotomaterials geholfen. Ute Schillinger-Haefele und Michael Blech haben das Manuskript gelesen und wichtige Anregungen gegeben.

Allen Genannten – Toten und Lebenden – sei hier gedankt!

Zweifall, im August 2014   Michael Koch

Abb. 1 *Die Iberische Halbinsel physikalisch*. Deutlich erkennbar die großen Siedlungsräume: Alt- und Neukastilien, Andalusien, das Ebrotal, der lusitanische Westen und der gebirgige Nordwesten. Sie sind bestimmende Faktoren der Geschichte des Landes.

Einleitung

Eine neue – die wievielte? – Behandlung der frühen Geschichte der Iberischen Halbinsel vorzulegen mag überflüssig erscheinen: Tatsächlich gibt es nicht wenige, zum Teil durchaus gelungene Versuche dieser Art. Freilich handelt es sich dabei durchweg um Betrachtungen von Fachgelehrten zu ihren jeweiligen Spezialgebieten oder, wie der fulminante, bilderstürmerische Essay von Américo Castro „*La realidad histórica de España*", erstmals 1954 in Mexico erschienen, um Untersuchungen jenseits speziell altertumswissenschaftlicher Methoden und Interessen.

Was angesichts der kaum noch zu überblickenden Masse an Detailforschung vor allem auf der Halbinsel selbst fehlt, ist eine Langzeit-Untersuchung, gewissermassen eine induktiv-diachrone Betrachtung des Altertums der Halbinsel aus einem Guss und, das ist mir besonders wichtig, aus der Perspektive der Halbinsel selbst. Denn nur so ist deutlich zu machen, in welchem Maß Geologie, Geografie, Klima, Immigrationsgeschichte und alle möglichen weiteren Konstanten und Variablen die historisch-kulturelle, wirtschaftliche und politische Entwicklung dieses großen Landes geprägt und bis in die Gegenwart bestimmt haben. [Abb. 1] Von dem viel beschworenen „Geheimnis" der Halbinsel (*El enígma histórico de España*) bleibt wenig übrig, wenn man verstanden hat, dass Phänomene wie der notorische, gegenwärtig wieder virulente Partikularismus des Landes, Portugal eingeschlossen, sprachliche und kulturelle Ungleichheiten, die mentalen Differenzen seiner Bewohner und vieles mehr ihre Wurzeln in Gegebenheiten haben, die in der Natur des Raumes und seiner unterschiedlichen Populationen liegen, vor Jahrtausenden geschaffen wurden und danach durch alle historischen Perioden erkennbar bleiben. Der Schriftsteller Orosius, selbst *Hispanus*, erzählt die hübsche Geschichte von dem „keltiberischen" Fürsten, der, von Scipio gefragt, was die Stadt *Numantia* (nahe Soria) so widerstandsfähig gemacht habe, antwortete: *„einig waren wir unbesiegbar; Uneinigkeit war unser Verderben"*. Das ist ein durchgängiges Motiv der Geschichte Hispaniens bis heutezu. Vielleicht war der Aufstand der Hauptstadt Madrid gegen die französische Okkupation vom 2. Mai 1808 und der sich anschließende Unabhängigkeitskrieg gegen die napoleonische Annexion der einzige Moment in der Geschichte der Halbinsel, wo sich alle Spanier ihren Schrei nach Einheit und gemeinsamem Vaterland selbst geglaubt haben. Doch dieser ekstatisch-patriotische Augenblick verging rasch und wiederholte sich, soweit ich sehe, niemals wieder.

Darüber hinaus ist es an der Zeit, angemessen auf den realen (oder vermeintlichen?) Wissenschaftsfortschritt, beispielsweise in der Vergleichenden Sprachwissenschaft, zu reagieren: Keltisch sprechende Personen sind nicht automatisch auch genetisch Kelten, gleiches gilt für den iberischen Bevölkerungsteil. Solche Selbstverständlichkeiten sind keineswegs Allgemeingut. Fortschritte gibt es vor allem im Bereich der Vor- und Frühgeschichte. Seit den Ergebnissen der Elfenbein-Forschung auf der Halbinsel, der Erforschung des kupferzeitlichen Hügelgrabes in Valencina de la Concepción, dem Schiffsfund von Ulu Burun und der Entdeckung mykenischer Luxusgüter in Kivik und manch anderer archäologischer ‚Sensationen' muss als sicher gelten, dass bereits mindestens kupferzeitlich sowie selbstverständlich in der Bronzezeit zu Wasser und zu Lande von Osten aus nach Westen und Norden – und zurück – erstaunliche Entfernungen zurückgelegt und gewaltige Räume erschlossen wurden, auch wenn diese Kontakte nicht regelmäßig und nur in größeren Zeitabständen stattfanden. Die historischen Wissenschaften öffnen sich nur zögernd den daraus resultierenden Erkenntnissen, wobei sie sich vielfach auf den lediglich punktuellen Charakter der Belege, auf Laufzeitprobleme und die Undurchsichtigkeit der Vermittlung von Handelsgütern berufen. Diese zum Teil durchaus begründeten Vorbehalte scheinen mir jedoch eher auf die schiere Zufälligkeit der Funde und Quellen abzuheben. Sie sind kein Beleg dafür, dass die Zeitabstände zwischen den Begegnungen immer riesig waren und dass diese Begegnungen jeweils *ex novo* stattfanden.

Auf jeden Fall war die Welt der Bronzezeit, die am Beginn unserer Darstellung steht, ungleich offener und durchlässiger, als man noch vor wenigen Jahrzehnten für möglich hielt: Von ritzverzierten Stelen, Tafelgeschirr, Sitzmöbeln, Schmuck, Waffen bis zu Bestattungsformen zeigt die europäische Bronzezeit ein komplexes Bild von Kommunikation, Interaktion und kultureller Vergleichbarkeit über weiteste Entfernungen. Auch wenn die Randlage der Iberischen Halbinsel Information zu und Rezeption von bestimmten bronzezeitlichen Phänomenen verzögert haben mag, so nimmt sie doch an allem teil, was die Europäische Bronzezeit – und nicht nur sie – ausmacht.

Mein Interesse, eine solche Arbeit in Angriff zu nehmen, verdankt sich unter anderem einem großen Vorbild: Gerald Brenans mittlerweile klassischer Studie „The Spanish Labyrinth", zuerst 1943 erschienen und seither vielfach nachgedruckt. Sie ist methodisch und stilistisch den besseren historiografischen Traditionen Englands verpflichtet und nach meiner – vor mehr als 40 Jahren gewonnenen – Überzeugung die sinnvollste Form des Zugangs zur Geschichte der Iberischen Halbinsel. Brenan beschreibt die lange und komplizierte Vorgeschichte des Bürgerkriegs von 1936; tatsächlich handelt es sich um eine komplexe Darstellung der spanischen Geschichte des 19. und 20. Jhs. mitsamt ihren tieferen und tiefsten Wurzeln und Begründungen, die teilweise weit zurückliegen.

Nur so, das hat mich Brenans Arbeit in den späten 1960er-Jahren gelehrt, kann man sich der Geschichte der Iberischen Halbinsel mit Aussicht auf Erfolg nähern, dass man hinter Fakten und Phänomenen, Entwicklungen und Akzidenzen diejenigen unveränderlichen Fixpunkte sucht, die seit tausenden von Jahren die Iberischen Länder und ihre geschichtliche Entwicklung bestimmt haben und durch alle historischen Phasen, die die Halbinsel seit ihrem Eintritt in die „Geschichte" durchlaufen hat, allen vordergründigen Veränderungen zum Trotz erkennbar geblieben sind. Es sind dies: Geophysik und Geologie im umfassendsten Sinne, vielfache Zuwanderungen von Süden, Norden und Osten (zu Lande und über das Mittelmeer), weniger erkennbar von Westen (und über den Atlantik), und ein sich durch die historischen Phasen erstaunlich ähnliches politisches Kalkül der Nachbarn im Norden und Süden mit den beiden erstgenannten Gegebenheiten. Aber auch ein anderes Phänomen zieht sich durch alle für uns erkennbaren historischen Phasen. Der ältere Plinius hat es auf den Punkt gebracht und einen erstaunlich angemessenen Begriff dafür gefunden: *vehementia cordis* (Ungestüm des Charakters) (*n. h.* 37, 203). In der spanisch sprechenden Geschichtsforschung ist dieser Hinweis m. W. nur von J. M. Triviño angemessen gewertet worden – in einem argentinischen Periodikum (1953, 43). Dort sind die meisten antiken Hinweise auf entsprechende Eigenschaften der Hispanier gesammelt; sie ergeben erstaunliche Übereinstimmungen. Gemeint ist mit dem plinianischen *mot* wohl die immer wieder bei Bewohnern der Halbinsel – Männern wie Frauen – zu beobachtende Bereitschaft, sich ohne Reflexion, *raison* oder Kalkül und ohne jedwede Rücksicht auf mögliche Folgen einer Sache, ob richtig oder falsch, hinzugeben, von der *fides iberica*, wie Valerius Maximus (2,6,11;14) sie versteht, und hundert Arten von Selbstaufopferung, dem irrational-mörderischen Hass in älteren und jüngeren Bürgerkriegen, aber vergleichsweise friedfertig auch in der spätmittelalterlichen Mystik, in Literatur und bildender Kunst, im Stierkampf, wohl auch in Tanz und Musik. Es scheine *Hispana consuetudo* (hispanische Eigenart) zu sein, meinte der ältere Seneca (*controv.* 1,16), „was immer passiert, so zu leben und auf keine Einrede zu hören." Der Geograf Ptolemaios wusste das Gleiche oder glaubte dem Poseidonios: *„Die Hispanier sind anarchisch, sie lieben die Freiheit und die Waffen, sie sind kriegerisch, fähig zur Führung, sauber und großherzig."* (*Apotel.* 64,13).

Ein weiterer Grund für den vorliegenden Versuch resultiert aus der seit vielen Jahren beobachteten Unfähig- bzw. Unwilligkeit weiter Teile der peninsularen Geschichtsforschung zu tieferer quellenkritischer Reflexion. Ferner kommt er aus meinem Missbehagen an dem vielfach herrschenden alten und neuen Positivismus und der verbreiteten Neigung zu ganzheitlicher Erklärung historischer Vorgänge, die ich – keineswegs als erster – u. a. auf die Nicht-Teilhabe des Landes an der Reformation des 16. Jhs. mit ihren philologisch-kritischen Errungenschaften und Folgewirkungen sowie auf das Scheitern jedweder Bemühung um „Aufklärung" im 18. und 19. Jh. zurückführe! So radikal sich iberischer Antiklerikalismus und Liberalismus zuzeiten gerierten: Zäh halten sich Tendenzen zu wenig reflektierter Rezeption von ‚Offenbarung durch Autoritäten', ganz gleich, ob diese durch anerkannte Universitätslehrer, politische Essayisten oder Kardinäle der römischen Kirche verkörpert werden. Dass die Geschichtsforschung als wissenschaftliche Disziplin auf der Halbinsel erst vor zwei Generationen begründet wurde und dass vordem Alte Geschichte und ihre Schwestern Archäologie, Numismatik, Epigrafik einigen ehrlich bemühten, vielfach der Aristokratie angehörenden ‚Dilettanten' sowie Romanciers und Essayisten überlassen waren, liefert weitere Erklärungen für einen altbackenen Positivismus, resultierend aus einem beklagenswerten Defizit an kritisch-reflektierter Erforschung des hispanischen Altertums. Die Tatsache, dass die „Tartessos"-Fiktion des deutschen Althistorikers Adolf Schulten aus dem Jahre 1922, obzwar seit Jahrzehnten widerlegt, zäh ihren Rang in der spanischen Frühgeschichtsforschung behauptet, ist dafür ein markantes Beispiel. Versuche reflektierender Korrektur, wie derjenige von Ricardo Olmos und anderen (*Al otro lado del espejo*, 1996), bleiben Ausnahmen.

Neuerdings wird auf der Halbinsel vielfach eine ebenso unkritische Übernahme angelsächsischer Erklärungsparameter, speziell im Bereich der Vorgeschichte, betrieben. Dabei handelt es sich einerseits um ein nicht minder erkenntnisgefährdendes Überstülpen häufig unvermittelbarer Fremderklärungen auf Vorgänge und Entwicklungen auf der Iberischen Halbinsel ohne gewissenhafte Prüfung möglicher Kompatibilitäten, andererseits nicht selten um die Anwendung banaler Gemeinplätze auf hochkomplizierte, ausschließlich der Halbinsel vorbehaltene Phänomene. Ähnliche Bedenken sind gegenüber Bemühungen angebracht, auf minimaler Quellenbasis theoretischen Konstruktionen von Staatlichkeit, Gesellschaftsmodellen, Sozialstrukturen und dergleichen, die aus den Sozialwissenschaften entlehnt sind, zu fabrizieren und so den hermeneutisch gänzlich falschen Eindruck zu erwecken, mit ‚modernen' Kategorien problemlos zum Verständnis antiker Gegebenheiten zu gelangen. Das führte nicht selten dazu, dass wahrnehmbare Wirklichkeiten den Bedürfnissen theoretischer Modelle angepasst wurden. Umgekehrt ist auch eine wachsende Neigung zu beobachten, den wissenschaftlichen Diskurs durch Rückgriffe auf längst erledigte Fragestellungen einerseits und mangelnde Bereitschaft zur Akzeptanz weithin einvernehmlicher Forschungsergebnisse zu belasten. Zweifellos lebt Wissenschaft von kritischer Dialektik, doch müssen erledigte Schlachten nicht alle zehn Jahre neu geschlagen werden, zumal dann nicht, wenn die ‚Ergebnisse' hinter früher gewonnene Erkenntnisse zurückfallen. Arbeiten, die nichts anderes sind als willkürlich zusammenfassende Wiedergaben älterer und neuer Forschungsergebnisse ohne jeden eigenen, gegebenenfalls wertenden, Gedanken, sind Legion. Darüberhinaus gilt es, ein für die Halbinsel nach dem Ende der Diktaturen ebenso charakteristisches wie verblüffend diachrones Phänomen zumindest durchsichtig zu machen: Der in der Geschichte des Landes, Portugal eingeschlossen, früh und durchgehend erkennbare Regionalismus spiegelt sich auch in der Altertumsforschung. So, wie die Universitäten Sevilla, Córdoba und Málaga die Welt andalusisch sehen, so tun das die entsprechenden *cátedras* in Barcelona und Valencia „iberisch" bis katalonisch; Santiago de Compostela predigt *à la gallega* während die kastilischen Institute von Salamanca bis Alcalá de Henares und Valladolid auf den Spuren der Cisneros und Unamuno die Übersicht zu behalten versuchen. Konsequenterweise zählt für Portugal nur Portugal, allenfalls das seit jeher vielfach verwandte Galicia. Solchen Tendenzen muss man nicht begegnen, aber man muss sie kennen und begreifen. Einstweilen hat es den Anschein, als sei die in den 1960er- bis 1980er-Jahren erlebte Forschungs-Kooperation auf Augenhöhe und mit wechselseitigem Respekt verloren gegangen. In bestimmten Bereichen werden auswärtige Beiträge zu zentralen Forschungs-Schwerpunkten nicht mehr zur Kenntnis genommen, geschweige denn zitiert. Ausnahmen werden immer seltener.

Andererseits gibt es Erkenntnis-Erschwernisse objektiver Art, die verständlicherweise die Anwendung immer neuer Erklärungsmodelle in der Hoffnung auf passende Lösungen provozieren.

Zu diesen Erschwernissen gehören Datierung und Interpretation der ältesten literarischen Quellen, die, da nicht selten auf merkwürdigen Wegen überliefert, die Wissenschaft vor nahezu unlösbare Probleme stellen. Zu ihnen gehört beispielsweise die in der *Ora maritima* des spätantiken Autors Rufius Festus Avienus enthaltene sehr viel ältere punische (oder aus dem Punischen übersetzte griechische) Quelle, aber auch bei klassischen Autoren enthaltene Informationen, etwa die über eine große binnenländische Keltenmigration bei Strabon (3,4,12).

Ein durch kein theoretisches Erklärungsmodell und keine philologische Fein-Analyse zu bewältigendes Problem, ja, ein Grundproblem der Geschichte der Halbinsel überhaupt, stellen neben den teils friedlichen, teils gewaltsamen Invasionen/Penetrationen von außen die immerwährenden Binnenwanderungen dar [Abb. 2]. Über eine potentielle Urbevölkerung auf der Halbinsel wissen wir so gut wie nichts. Nur mit allergrößten Bedenken kann man von ethnischen Blöcken reden, die von Indoeuropäern, nichtindoeuropäischen „Iberern" und semitischen Einwanderern gebildet wurden: In der indoeuropäischen Zone gibt es in vorrömischer Zeit zahlreiche nicht-indoeuropäische Enklaven, sprachlich/kulturelle Überlagerungen von älteren indoeuropäischen Landnahmen durch jüngere, ebenfalls indoeuropäische, keltisch sprechende Siedlungs-Gebiete in der südiberischen Zone, umgekehrt iberische in den Randgebieten der hispanischen Keltikê. Bis weit in römische Zeit ist die Halbinsel in Teilen Schauplatz immerwährender Transhumanzen, vor allem im Westen des Landes. Zwar versuchte Rom, die bei Beginn der Okkupation vorgefundenen ethnografischen Gegebenheiten zu stabilisieren, doch gelang dies nur mühsam und keineswegs vollständig: Nicht nur der Kimbern-Einfall auf die Iberische Halbinsel Ende des 2. Jhs. v. Chr. (Liv. *Per.* 67) belegt dauernde Wanderungen von Ost nach West, auch noch in Caesars *bellum civile* (I, 51) hören wir am Rande des militärisch-politischen Geschehens von der Binnenwanderung einer Stammesgruppe keltischer Provenienz hinter der Front nahe *Ilerda*, ohne erkennbaren Fremdeinfluss und möglicherweise zum Zwecke neuer Landnahme. Dergleichen muss es zu allen antiken Zeiten gegeben haben und selbstverständlich gehören sowohl die germanischen Einwanderungen der sogenannten Völkerwanderungszeit als auch Tariq ibn Ziyads Invasion von 711 n. Chr. dazu. Es ist also keineswegs immer den Irrtümern antiker Schriftquellen anzulasten, wenn irritierende Informationen sich zu widersprechen scheinen: Eine ethnische Gruppe, die in republikanischer Zeit eine bestimmte Zone bewohnt, kann zu Zeiten der strabonischen, plinianischen oder späterer ‚Landeskunden' anderswo, sogar in beträchtlicher Entfernung, angetroffen worden sein. Möglich sind darum allenfalls Momentaufnahmen ethnografischer Festlegungen innerhalb der vorher bezeichneten Blöcke.

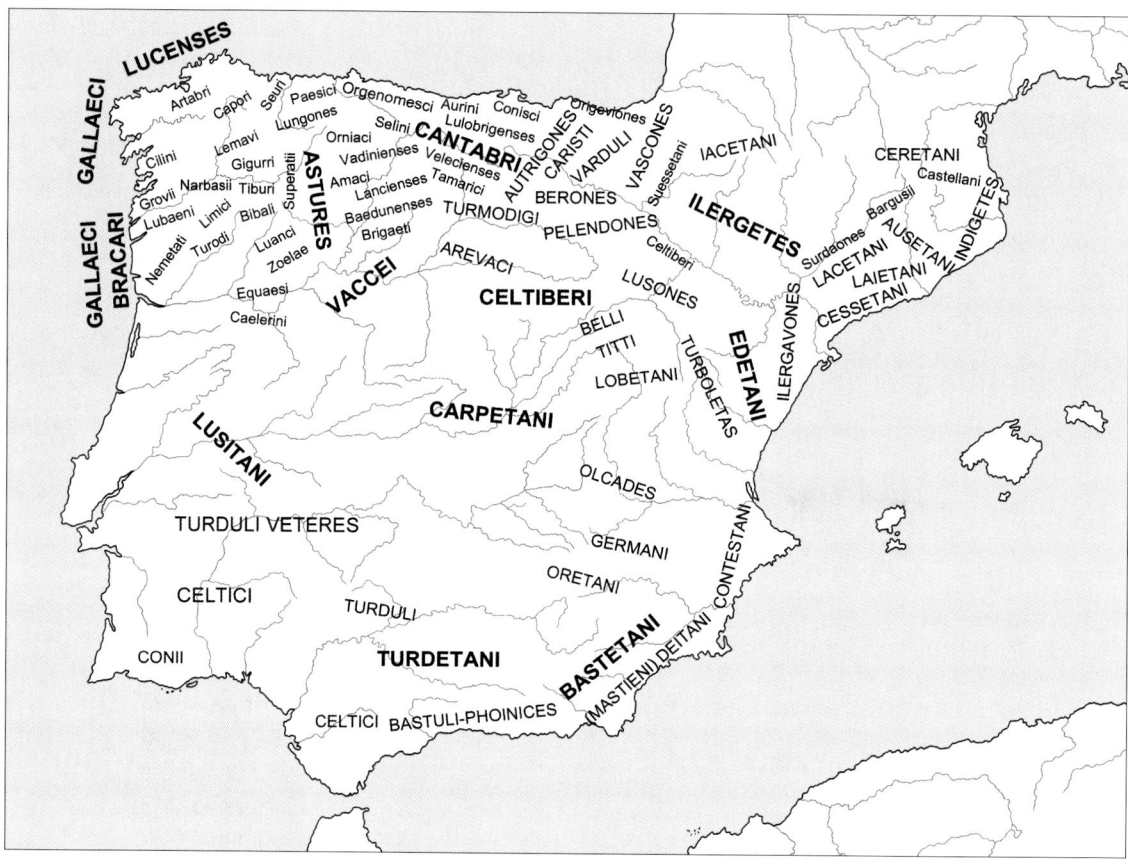

Abb. 2 Das *antike Hispanien*. Ein Versuch, die noch unzureichend erforschte Ethnographie des Landes, wie sie in den antiken Quellen überliefert ist, zu ordnen (nach Almagro Gorbea – Ruiz Zapatero [1992]).

Dass das Bild des *römischen* Hispanien in der älteren europäischen Geschichtsforschung durch die Romverherrlichung der frühen Kirche, der Renaissance und des Humanismus geprägt ist und Fragen nach dem Eigenwert der unterschiedlichen einheimischen Lebens- und Kulturformen kaum gestellt wurden, entspricht den geisteswissenschaftlichen und ideologischen Traditionen des Landes und Gesamteuropas. J. Linderski hat in seinem Essay „*Si vis pacem, para bellum: Concepts of defensiv Imperialism*" aus dem Jahre 1984 am Exempel von Mommsens, Holleaux´ und Tenney Franks Behandlung der Frage, ob es einen ‚römischen Imperialismus' gegeben habe, deutlich gemacht, unter welchen zeitgebundenen ideologischen Prämissen, Hegels Philosophie eingeschlossen, die drei Gelehrten zu ihrer Vorstellung von Rom gelangt sind, die sich bekanntlich zwischen Bewunderung, Apologie und *utopia d'evasione* bewegt.

Allerdings: Was aus der Iberischen Halbinsel ohne Rom geworden wäre oder hätte werden können, was Rom – einmal abgesehen von den unbestreitbaren zivilisatorischen Verdiensten während seiner jahrhundertelangen Beherrschung der Halbinsel – unterdrückte, verhinderte oder zerschlug, hat kaum jemand beschäftigt, ebenso wenig sind mentalitätsgeschichtliche Annäherungsversuche bekannt geworden. Dabei ist eine frühe phoinikisch-punische Semitisierung des Landes ebenso denkbar wie seine Teil-Arabisierung im 8. bis 15. Jh. historische Realität wurde. Auch eine weitergehende Iberisierung des Nordens und mittleren Westens lag im Bereich des Möglichen. Stattdessen unterdrückte Rom – weitaus heftiger als vordem Karthago – unbarmherzig alle Versuche zu partikularer Identitätsbehauptung bzw. -gewinnung, ohne freilich dauerhaft – von einem nicht überall gleichermaßen tiefgreifenden Überbau abgesehen – eine profunde politisch-kulturelle Einheitlichkeit zu schaffen. Unverkennbar war die Iberische Halbinsel in der gesamten Antike überwiegend Objekt der Geschichte; wenn nicht alles täuscht, begann sie erst mit der *reconquista* zumindest zeitweise ihr Subjekt, d. h. Herrin der eigenen Geschichte zu werden.

Eine kulturelle Vereinheitlichung gelang sprachlich und ideologisch in gewissem Umfange für vergleichsweise lange Zeit der römischen Kirche, politisch jedoch später weder den Habsburgern noch den Bourbonen oder auch den autoritären Regimes des 19. und 20. Jhs. Erst in der politischen Gegenwart Spaniens scheint man wenigstens teilweise – wenn auch vielfach widerstrebend – begriffen zu haben, dass die grundsätzlichen mentalen und kulturellen Differenzen der verschiedenen Landesteile nicht dauerhaft ignoriert werden können; Portugal, d. h. ein großer Teil des indoeuropäisch-lusitanischen Raumes, hatte als erster Landesteil die Separation vollzogen. Freilich gibt es auch weiterhin Kräfte, die diese uralte differenzierte historische Prägung nicht wahrhaben wollen, die der politischen Zeitgenossenschaft (wie bereits unter dem Monarchen Felipe II., den Bourbonen und dem Autokraten Franco) nicht zuletzt aus wirtschaftlichen Erwägungen inopportun erscheint, gleichwohl aber eine unverrückbare Tatsache ist.

Schließlich: Bei allem, was uns rund 200 Jahre Forschungsgeschichte gelehrt haben, ist die Wissens-Landkarte zur Antiken Welt, auch die der Iberischen Halbinsel, voller weißer Flecken. Wir wissen niemals genug über die Welt des Altertums, auch wenn dieses oder jenes Problem mit der Zeit gelöst und manche Fragen beantwortet werden konnten. In gewissen Fällen behelfen wir uns mit Analogien, zuweilen mit Plausibilitäten, um historische Zusammenhänge transparent werden zu lassen. Die eine oder andere Gelehrtenschule übt sich hier in strengerer methodischer Askese, doch muss in Arbeiten wie dieser zumindest ein roter Faden gezogen werden können, um Zusammenhänge überhaupt erkennbar zu machen. Gleichwohl ist der knappe Hinweis *„non liquet"* = „die Wahrheit erschließt sich nicht" in vielen Zusammenhängen die einzig zulässige Aussage.

Es mag den Leser irritieren, dass von *Hispanien* gesprochen wird: Hispanien meint Spanien *und* Portugal und entzieht portugiesischen Empfindlichkeiten den Boden, die sich daran entzündeten, dass frühere Generationen, wie schon die Spätantike, allzu oft „Spanien" für das Ganze nahmen. Dass die handelnden Personen mit vollem Namen und nicht mit den üblichen, teilweise törichten und inkonsequenten Verkürzungen bezeichnet werden, hat etwas mit der Würde der Personen zu tun. Niemand würde den ersten Kaiser als „August" bezeichnen, aber alle Welt spricht von „Trajan" oder „Mark Aurel" Das ist teils törichtes Nachplappern einer vergangenen Mode, teils Sprachfaulheit. Beides erscheint mir unstatthaft. Ebenso wie wir selbst haben Persönlichkeiten der Vergangenheit ein Recht auf ihren Namen. Das gilt auch für Völker! So bequem es wäre, mit dem gängigen Sprachgebrauch von „Westgoten" und „Ostgoten" zu reden: In dieser Arbeit heißen sie nach ihrer Selbstbezeichnung *Wisigoten* und *Ostrogoten*.

Ich muss auch bekennen, dass es mir unmöglich ist, den Begriff „Heiden" zu verwenden; wie die Angelsachsen spreche ich deswegen von *pagani*. So ist der pejorativ-diskriminierende Charakter der Bezeichnung, welche die siegreichen Christen auf alle Menschen anwandten, die andere Glaubensüberzeugungen vertraten, wesentlich deutlicher. Zudem wird klarer erkennbar, dass der zeitweise mörderische Gegensatz: *pagani – christiani* einer historischen Phase angehört, die vergangen ist oder, wie der hispanische Kaiser Traianus schrieb, *„nec nostri saeculi est"*, „nicht mehr zeitgemäß".

Nicht erst, seit mir im Zusammenhang mit meiner Mitarbeit am Bronzezeit-Projekt der Bonner „Kunst- und Ausstellungshalle der Bundesrepublik Deutschland" im Jahre 1998/99 bewusst wurde, in welchem Maße politische Kräfte in Brüssel, aber auch anderswo in Europa, sich mühen, dem ökonomisch-politischen Konstrukt „Europäische Union" eine historische Legitimation zu verschaffen, und sie dafür keine Geschichts-Klitterung zu scheuen scheinen, hege ich Bedenken gegenüber Geschichtsinterpretationen aus politisch-ideologischer Zweckmäßigkeit. Sowenig sich im 3. Jh. v. Chr. die Hirten Lusitaniens für hellenische Fischer interessierten, so wenig hat ein heutiger Hutmacher aus Amalfi oder ein Korbflechter aus Bulgarien mit einem portugiesischen

Sichelschmied gemein. Man denkt anders, fühlt anders und handelt anders. Es gab, wie der neue bronzezeitliche Fund im niedersächsischen Gessel (2011) mit Gold aus Zentralasien im Vergleich mit Funden gleicher Zeitstellung auf der Iberischen Halbinsel erneut belegt, in der europäischen Vorgeschichte weltweit kulturelle Interaktion, Migration, Austausch, aber keine europäische Identität. Es gibt sie auch heute – und vermutlich in Zukunft – nicht. Sowenig Rom die immer wieder aufbrechende Zentrifugalität im Westen seines Imperiums – um nur davon zu reden – dauerhaft unterbinden konnte, so wenig gelang die Verschmelzung dem Karolinger-Reich oder Napoleon Bonaparte. Sie wird auch der aktuellen Europhilie nicht gelingen. Die Iberische Halbinsel von der Antike bis in die unmittelbare Gegenwart liefert ein perfektes Modell dafür, auf welchen Grundlagen und bis zu welcher Grenze Gemeinsamkeit gelingen kann und was an vieltausendjährigen Individualismen, Lebensformen, Fühl- und Denkweisen weder zu addieren noch zu amalgamieren und darum nicht verhandelbar ist.

Nach der letzten Durchsicht des Manuskriptes ist mir erschreckend deutlich, was alles noch zu sagen gewesen wäre und wie vieles fehlt. Und was alles ich nicht weiß.

Auch ist die Disproportionalität zwischen den mit Quellen reicher gesegneten historischen Phasen und den eher quellenarmen Zeiten erkennbar. Ich hoffe aber deutlich gemacht zu haben, dass die quellenarmen Zeiten auf der Iberischen Halbinsel durchaus nicht als geschichtslose Phasen anzusehen sind.

Allerdings bedeutet der vorgegebene Rahmen nahezu jeden Buches immer auch Beschränkung. Darum ist die vorliegende Studie notwendigerweise (und durchaus beabsichtigt) ein sehr subjektives Buch, welches – befreit von vielfältigen Rücksichten – den durch Jahrzehnte der Beobachtung und Reflexion gewonnenen Blick auf die Iberische Halbinsel im Altertum wiedergibt. Darum auch die Wahl der Essay-Form für die Darstellung: Es ist mein Blick auf die Halbinsel, meine Perzeption ihrer Geschichte, auch meine Demut und mein gelegentliches Unverständnis ihr gegenüber. Und Ausdruck der Dankbarkeit für die Bereicherung meines Lebens durch dieses wunderbare und gleichzeitig furchteinflößende Land. *„España me duele"* = „Spanien tut mir weh", schrieb seinerzeit Miguel de Unamuno aus gegebenem Anlass. Glück und Schmerz, die von diesem Lande ausgehen, haben mich durch mein ganzes Leben begleitet.

Die Vorgeschichte

"Iberien gleicht einer Ochsenhaut, die sich der Länge nach von West nach Ost ausdehnt."

(Strab. 3, 1,3)

Um ein möglichst vollständiges Bild von den Voraussetzungen der alten – und auch der neueren – Geschichte der Iberischen Halbinsel zu gewinnen, müssten wir spätestens die letzte Phase der Jungsteinzeit befragen, doch würde das den dieser Arbeit gesetzten Rahmen sprengen.

Die auf das Neolithikum folgende erste Metallzeit, die so genannte Kupferzeit (ca. 5000–3000 v. Chr.), zeigt an zahlreichen durch die prähistorische Archäologie in den letzten Jahrzehnten aufgedeckten Fundplätzen bereits den bedeutenden Anteil fremder Invasoren an der technischen und kulturellen Entwicklung des Landes. Die mit dieser Phase verbundene Megalithkultur, vielleicht die letzte deutlich erkennbare gemeinhispanische Zeitspanne, verbindet große Teile der Iberischen Halbinsel mit Mittel- und Westeuropa. Beginnende gesellschaftliche Differenzierung wird greifbar. Deutlich ist jetzt der bedeutende Mineralreichtum des Landes: Kupfer, Silber und Gold sowie überraschend, das zeigen jüngste Forschungen, Elfenbein [Abb. 3] welches, wie Analysen belegen, sowohl von afrikanischen wie von asiatischen Elefanten stammt und dessen Verbreitung eine mediterrane Ost-West/West-Ost-Verbindung im 3. Jt. v. Chr. nachweist (Schuhmacher 2012, 436 f.), wobei bei den Bewegungsabläufen klimatische Veränderungen eine stärkere Rolle spielen könnten, als bisher gesehen wurde.

Die kupferzeitlichen und bronzezeitlichen Kulturen, ebenfalls benannt nach ihren jeweils markantesten Fundplätzen, lassen erstmalig Ansätze zu jenem Partikularismus erkennen, der später die Geschichte der Halbinsel bestimmen wird. Gleichzeitig wird jetzt eine gewisse Interdependenz, vielleicht sogar Interaktion erkennbar, die diese Regionen verbindet.

Deutlicher werden ethnische und kulturelle Schwerpunkte in der späteren Bronzezeit (seit ca. 1200–800 v. Chr.), mit der das Land in die durch frühe Schriftquellen bezeugte Geschichte eintritt, interessanterweise zeitlich parallel mit der Einführung des Eisens, welches, obgleich zunächst über einen unbekannten Zeitraum noch als Edelmetall verwandt, spätestens bis zum 6. Jh. die Halbinsel erobert und, später auf der Halbinsel selbst gewonnen, eine spezielle Berühmtheit erlangt hat (Plin. *n. h.* 34, 144, 149), wie der Schatzfund von Villena (Alicante) beweist.

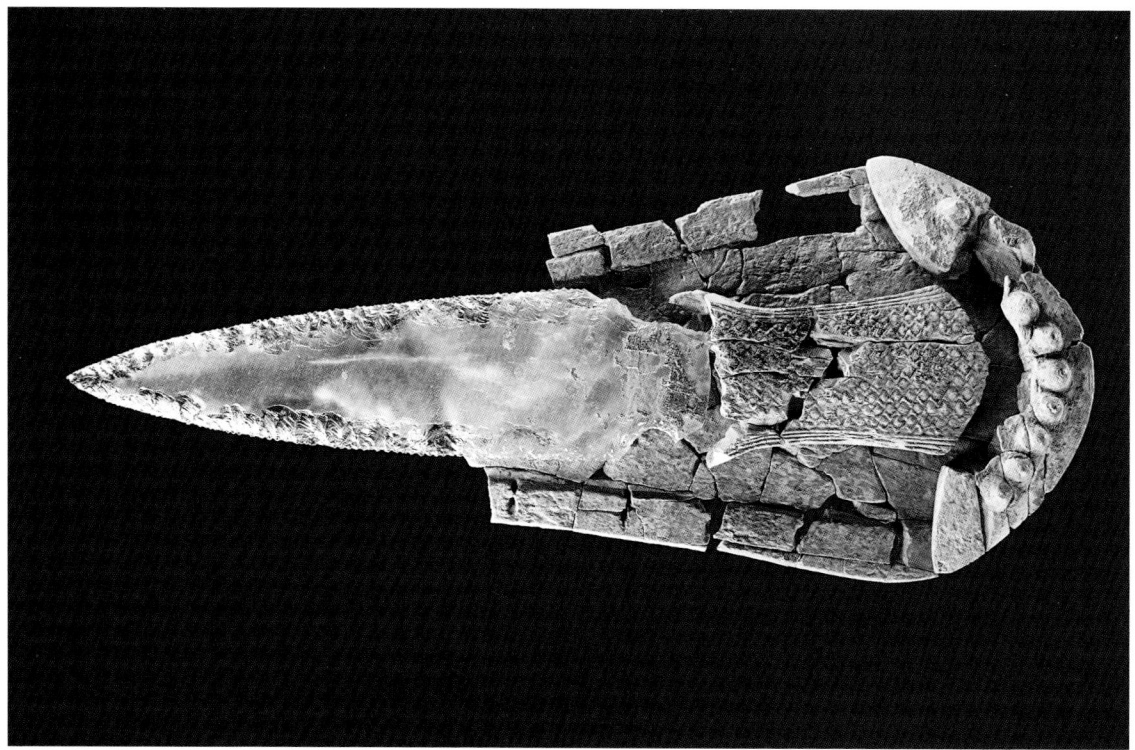

Abb. 3 *Elfenbeinerner Zierdolch* aus Valencina de la Concepción. 3. Jt.v. Chr.

Wir finden erste marginale Hinweise auf mykenische, dann verstärkt auf phoinikische Kontakte mit der südlichen Halbinsel, um einiges später auch auf griechische *merchant venturers*, die den Routen der Phoiniker zu folgen scheinen. Ihrer exotischen Attraktivität wegen und auch wegen des Beginns der Schriftquellen verdunkeln sie die Vorgänge im Norden, wo Kontakte über die Pyrenäen mit dem alpinen Raum, mit den britischen Inseln, ja bis in den Raum der Aunjetitz-Kultur existierten. Wilhelm Schüles große Untersuchung zu den Meseta-Kulturen von 1969 ist diesen Phänomenen nachgegangen. Zu seiner Zeit vielfach belächelt, hat der Forschungsfortschritt inzwischen viele seiner damals gewagten Thesen bestätigt.

Der Mythos oder Geschichte vor der Geschichte

„Es heißt, daß in dem Waldgebirge der Tartessier die Titanen gegen die Götter Krieg geführt haben …"

(Iustin. 44,4).

Über dem Beginn der schärfer konturierten „geschichtlichen" Vorgänge auf der Halbinsel, alle „Vorgeschichte" einschließend, liegt dunkel und verführerisch der Mythos, jenes meist undurchdringliche Amalgam aus geringem und fernem Wissen, großem Verständnis- und Erklärungsbedarf, aller Art von Projektion, vagem Hörensagen, wichtigtuerischer Spekulation, Unterhaltungsbedürfnis, Angst und tausend weiteren Ingredienzien, mit denen unaufgeklärte, illiterate, naiv-gläubige und zu kritischer Reflexion noch wenig befähigte Gesellschaften sich und anderen halbwegs plausible Anworten auf alle denkbaren Fragen zu geben versuchten, eine Mélange, die gleichzeitig einen bedeutenden Unterhaltungswert besaß.

Welche der frühen Kontakte der Halbinsel mit dem Ostmittelmeerraum zur Mythenbildung geführt haben, lässt sich nicht sagen. Der direkte Beitrag der Phoiniker wird erst mit den frühesten Berührungen phoinikischer Handelsschiffe denkbar, die aus Gründen der inneren Entwicklung der phoinikischen Städte vor Beginn des letzten vorchristlichen Jtds. schwerlich möglich waren. Die legendenhafte Ausschmückung der „Tartessos"-Erfahrungen ist frühen griechischen Kontakten mit dem hispanischen Südwesten zu verdanken, die sich in der griechischen Literatur des 6. Jh. v. Chr. in mannigfaltiger Weise niederschlugen. Im homerischen Werk ist bezeichnenderweise von „Tartessos" (noch) nicht die Rede.

Versuche, dieses schillernde Gemenge präziser zu historisieren, müssen notwendig scheitern; allenfalls lassen sich hinter den phantastischen Aufblähungen aus immer neuen Erweiterungen, Verformungen, Hinzufügungen antiker Fabulierlust gewisse Tendenzen, Wahrscheinlichkeiten, Hypothesen aufzeigen.

Zweifellos haben ägyptische, kretische, cyprische, phoinikische und griechische (und von anderen, weniger bekannten Trägern unternommene) Handelsfahrten, die sich in der späteren Bronzezeit beträchtlich intensiviert zu haben scheinen, ferner die Begegnung mit fremden Räumen und Völkern und die darauf folgende Kolonisationsbewegung das geografische und ethnologische Wissen der unternehmenden Kulturen beträchtlich erweitert. Sie haben auch die Neigung, vielleicht sogar die Notwendigkeit geweckt, neues „Wissen" mit altem zu verbinden, neue Erkenntnisse kompatibel zu machen und so eine neue, verständliche und vermittelbare Gesamtkonzeption ihrer jeweiligen Welt zu gewinnen. So erklären sich die meisten Seefahrer-„Berichte" von Homer bis zu den rationaleren Mitteilungen punischer und griechischer Geografen, deren Informationsstand allerdings von der Glaubwürdigkeit der Gewährsleute im Hinterland der Küsten abhängt. Da es auch um etwas ging, was heute salopp als *infotainment* bezeichnet wird, tun wir gut daran, Aufblähungen alter und jüngerer Mythenkerne aus den Zeiten „phoinikisch/punischer" und „griechischer" Landerkundung im Zuge der frühen überseeischen Kolonisation, also der Erzählungen vom „goldenen Ölbaum" des Pygmalion in *HaGadir* (Cádiz), von Geryon, Gargoris, von den weltumspannenden Großtaten des Herakles, dem Hispanienzug des trojanischen Helden Teukros oder den Westreisen des Odysseus zunächst einmal als Unterhaltungstoffe zu behandeln, denen nur punktuell wichtige zeitgenössische geografisch-ethnografische Informationen zu entnehmen sind. Auch die bald bedrohliche Rivalität der Protagonisten der mittelmeerischen Handels-Schifffahrt, Phoiniker und Griechen, führte zu teilweise kuriosen Ergebnissen: So wird beispielsweise der gaditanische Melqart sogleich zum gesamtgriechischen Herakles. Der überwiegende Teil der literarisch, aber auch in der plastischen Kunst bis hin zum Grabturm von Pozomoro überlieferten ‚iberischen' Mythen harrt noch der Deutung – Zweifel sind angebracht, ob hier je befriedigende Lösungen erreicht werden können.

Es entspricht der Logik der historischen Abläufe auf der Iberischen Halbinsel, dass die bedeutenderen Fremdkontakte Mythentraditionen und Erklärungsbedürfnisse für Kulturentstehung geschaffen und hinterlassen haben: Neben den genannten phoinikischen, griechischen und – vielleicht – iberischen findet sich eine indoeuropäische möglicherweise im irischen *Leabhar Ghabbála* („Buch der Invasionen"), von dem sich sogar im großen Geschichtswerk Th. B. Macaulays, *The glorious Revolution*, eine Nachricht erhalten hat. Dabei handelt es sich um einen den Sagen von den weltumspannenden Reisen und Taten des Herakles ähnlichen märchenhaften Bericht von einem von hispanischen Kelten (*Brath, Breoghán, Bile*) abstammenden skythischen Krieger namens *Golamh*, genannt „Mil von Hispanien", der 3.500 Jahre nach Erschaffung der Welt über Ägypten nach Hispanien kommt und von dort mit seiner Familie und seinem Gefolge nach Irland gelangt, wo er die Herrschaft erringt. Belegt im frühen Mittelalter, werden hier vage historische Reminiszenzen, vermischt mit Erfundenem, gewissermaßen die durchaus wahrscheinlichen hispanisch–irischen Beziehungen der frühbronzezeitlichen Vorzeit, mythisch überhöht. Phänomene, wie das Kloster *Britonia* im 7. Jh. n. Chr., eine der frühesten hispanischen Klostergründungen überhaupt, bestätigen den fortdauernden Kontakt zwischen den Britischen Inseln und Gallaekien.

Mythischen Charakter besitzen auch etymologische Durchstechereien wie Herodotos Erklärung für den Namen der Pyrenäen (2,33,3). Dass es Mythen gibt, die einheimisch-hispanischen Ursprungs sind, wozu nach Auffassung spanischer Forscher die Gargoris-Geschichte gehört, ist, wiewohl denkbar, einstweilen nicht zu erweisen. Ausgeschlossen ist nicht, dass sich einheimische Mythen hinter nicht-einheimischen *interpretationes* verbergen. Wahrscheinlicher ist, dass hinter den von dem spätantiken Epitomator Iustinus (aus Pompeius Trogus) überlieferten Erzählungen von Gargoris, der die Bienenzucht erfunden habe, und Habis, dem Begründer des Ackerbaus, hellenistische Kulturentstehungs-Fantasien stehen. In heute kaum noch nachvollziehbarer, jeder Quellenkritik spottender Naivität hat Schulten (1950², 130 ff. und *passim*) aus alledem und mehr sein Tartessos-Konstrukt gefertigt, mit einer Herrscher-Genealogie, die mit „Sol" beginnt und mit „Arganthonios" endet, die etruskischen Ursprungs sei und ganz uniberisch – das alles eher ein Märchen aus dem Orient als seriöse Geschichtsschreibung. Und eben darum so schwer los zu werden!

Griechen entdecken den Westen

Vor allem die Entdeckung der Erde und ihrer zunehmend begriffenen Weitläufigkeit, die Wunder neuer Begegnungen mit Fremdem, Unerhörtem sowie das Bedürfnis insgesamt wenig beweglicher Gesellschaften nach spannender Unterhaltung und exotischen Reizen dürfte der Hintergrund von fantastischen Überhöhungen und Ausschmückungen früher Abenteuer zu Lande und vor allem zu Wasser gewesen sein. Hinter vielen dieser Geschichten stehen handfeste historische Gegebenheiten: So hat es in der Kupferzeit zweifellos Prospektionsfahrten in den mittelmeerischen Westen bis an die portugiesische Atlantikküste gegeben. W-O- und O-W-Handel/Austausch im 3. Jt. v. Chr. über Land und über See und die Spuren atlantischer Begegnungen zwischen dem hispanischen Nordwesten und Irland sowie der Wessex-Kultur werden im Zuge der Metall- und Elfenbein-Analysen immer konkreter. Der Prähistoriker Thomas X. Schuhmacher hat im Jahre 2004 die vorliegenden frühbronzezeitlichen Fund-Materialien und die sich daraus ergebenden Einsichten in entsprechende Verbindungen schlüssig zusammengefasst und kartiert.

Notwendigerweise kommen wir am Ende dieser langdauernden Entwicklung zu „Tartessos"! Nicht nur, weil hier die literarische Überlieferung zur Iberischen Halbinsel überhaupt erst beginnt, sondern vor allem, weil es ab jetzt ein gewisses Kontinuum der Schriftquellen gibt.

Nach Herodotos durchaus glaubhaftem Bericht kamen griechische Seefahrer aus Phokaia im 7. Jh. v. Chr. erstmals mit einer südwesthispanischen Region nebst Handelsplatz (*emporion*) in Berührung, welchen sie den Namen *Tartesos* bzw. *Tartessos* gaben, der sich aus einer einheimischen Wurzel *TRT* bzw. *TRS* und einer griechischen Endung zusammensetzt. Dass dieses Emporion, welches zwischen der Mündung des *río* Guadalete und dem Raum Huelva zu vermuten ist, damals ein längst von Phoinikern besuchter Warenumschlagplatz, ja, von diesen wahrscheinlich erst geschaffen war, wusste Herodotos nicht oder verschweigt es aus nachvollziehbaren Gründen.

Deutlich erhellt aus Herodotos Erzählung der bereits aus I Kön 10, 21 f. bekannte Silberreichtum dieser Zone, der alles Weitere zur Folge hat: Das großherzige Geschenk des „tartessischen Königs Arganthonios", dessen angegebenes Alter von 120 Jahren bereits die

„Die Phokaier waren die ersten Hellenen, die weite Seefahrten unternommen haben. Sie entdeckten das Adriatische Meer, Tyrsenien, Iberien und Tartessos."

(Herod. 1, 163)

Tendenz zur Legende verrät, an die Phokaier, nämlich die Finanzierung einer Verteidigungsmauer gegen die expandierenden Meder, mag einen historischen Kern besitzen – die Erzählung selbst ist in erster Linie ‚Seemannsgarn'.

Erstaunlich ist freilich, in welchem Maß die „Entdeckung" des fernen Silberlandes in der zeitgenössischen Literatur Griechenlands ihren Widerhall findet. Dieser gleicht durchaus dem Echo, das mehr als 2.000 Jahre später die Entdeckung Amerikas und seiner Schätze auf der Iberischen Halbinsel auslöste. Die griechische Tartessos-Rezeption, einschließlich der Einbeziehung der Iberischen Halbinsel in den Sagenkreis des Herakles-Mythos, entstammt dem 7./6. Jh. v. Chr., der ersten großen Phase griechischen Ausschwärmens nach Westen, wobei nicht auszuschließen ist, dass bestimmte Informationen schon früher aus phoinikischen Quellen nach Ionien gelangt waren. Die archäologische Forschung hat besonders im Raum Huelva ein starkes Anwachsen griechischer Importe aus dem 6. Jh. v. Chr. verzeichnen können (Domínguez Monedero – Sánchez Fernández 2001), was allerdings nicht automatisch auf die Präsenz griechischer Händler weist, da die Phoiniker selbst alles im Sortiment hatten, was im Ostmittelmeerraum produziert wurde, aber gelegentliche Begegnungen mit solchen nahelegt. Dass die Griechen, die aus verschiedenen Räumen und unterschiedlichen Dialektzonen stammten, in *trt/Tarschisch* auf einen Markt mit „orientalisierenden" Tendenzen trafen, ist eindeutig, wird aber bezeichnenderweise nirgendwo vermerkt. Dabei ist keineswegs zu unterstellen, dass die in späterer Zeit historisch bedeutenden Rivalitäten schon jetzt eine Rolle gespielt hätten. Sprechend ist allerdings die Tatsache, dass es im „tartessischen" Raum keine nachhaltige griechische Kolonisation gab: Bis in römische Zeit bleibt der Küstensaum zwischen Huelva und dem *terminus Tartesiorum*, wie in der *Ora maritima* des Avienus die Nordost-Grenze von Tarschisch bezeichnet wird, von phoinikisch-punisch-karthagischen Siedlungen dominiert.

Zum veritablen Mythos wurde „Tartessos" durch eine Monografie des Erlanger Althistorikers Adolf Schulten, zuerst 1921 erschienen und vielfach übersetzt sowie nachgedruckt. Dieser Gelehrte, der wie mancher Deutsche vor und nach ihm zeitlebens der Iberischen Halbinsel verfallen war, hatte mit kaiserlicher Unterstützung im Raum Numantia gegraben, unter anderem über den lusitanischen Nationalhelden *Viriatus* und den vermeintlichen römischen Hispanienfreund *Sertorius* gearbeitet, ferner die erste Landeskunde des antiken Hispanien verfasst sowie, zusammen mit Robert Grosse, die *Fontes Hispaniae Antiquae* (FHA) als erste Sammlung hispanienbezogener antiker Schriftquellen geschaffen. Dies war nach Emil Hübners Sammlung der iberischen (MLI) und der lateinischen Inschriften Hispaniens (CIL II) die dritte deutsche Großtat zum Nutzen der althistorischen Forschung auf der Halbinsel, die es *de facto* bis in die 1930er-Jahre noch gar nicht gab.

Schulten, in Deutschland wenig beachtet und zeitlebens dem Wilhelminismus verhaftet, ehrgeizig, eitel und von der Zustimmung so vieler Spanier gewaltig ‚erhoben', gab dem durch den Schock der militärischen Niederlage gegen die USA von 1898 und den daraus resultierenden Verlust des Kolonialreiches tief verunsicherten Land etwas von seinem ehemals stolzen Selbstbewusstsein zurück. Als er schließlich mit „Tartessos" ein aus Elementen des platonischen Atlantismythos, der herodoteischen *„emporion Tartessos"* cum „Arganthonios"-Erzählung, der Mythografie des Iustinus, dem unendlichen Mineralreichtum des Landes und den in der Tat erstaunlich qualitätvoll-exotischen frühen Fundmaterialien nicht ohne pathetische Fantasie und suggestives Geschick sein Tartessos-Märchen kompilierte, legte er den Grundstein zu jener Projektion von einem protohistorischen „tartessischen Großreich" auf vergleichsweise hohem zivilisatorischen Niveau, die jahrzehntelang die kulturelle Elite Spaniens, darunter ihren markantesten Vertreter Ortega y Gasset (1978, Bd. II, 177 ff.), faszinierte und die Vorstellung von einer glanzvollen Phase der hispanischen Frühgeschichte prägte. Dieser neu geschaffene Mythos verweigert sich auch heute noch vielfach der ungleich prosaischeren, wenngleich hochinteressanten Realität, soweit die Forschung sich ihr hat nähern können, wofür Schulten seinerzeit von dem großen Althistoriker Eduard Meyer heftig gescholten wurde. In Deutschland ist Schulten heute Forschungsgeschichte, während zumindest Teile der spanischen Altertumsforschung darum kämpfen, sich von seinem langen Schatten zu befreien. Andere Gelehrtenschulen, vor allem im Süden Spaniens, zeigen sich verbissen darum bemüht, die Bedeutung von „Tartessos" durch

Aktualisierung des Schultenschen Fantasie-Gemäldes nicht ohne chauvinistische Untertöne zu bewahren, wofür das Tartessos-Lemma des Archäologen Antonio Blanco Freijeiro im *Diccionario de Historia de España* von 1952, aber auch der jüngste Tartessos-Kongress („*Tarteso. El emporio del metal*", Huelva 2011, 2013) anschauliche Beispiele bieten. In Fragen seiner realen oder vermeintlichen historischen Identität ist auch das postfranquistische Spanien ein hochsensibles Land geblieben. Vielleicht wird deswegen geradezu zwanghaft alle paar Jahre dasselbe leere Stroh gedroschen. In diesem Kontext droht Adolf Schulten inzwischen selbst zu einem spanischen Mythos zu werden.

Was ist „Tartessos" nach heutigem Forschungsstand? Auf die regionale südwesthispanische End-Bronzezeit mit einer mehrheitlich nicht-indoeuropäischen, überwiegend iberisch-sprechenden Bevölkerung, wie sie H. Schubart im Jahre 1975 umfassend dargestellt hat, trafen vermutlich im 10./9. Jh. v. Chr. phoinikische, wahrscheinlich tyrische Seefahrer auf der Suche nach Rohstoffen und Handelsplätzen. Die Quellen legen nahe, dass sie alten Routen folgten und ihre Entdeckungsfahrten sehr gründlich vorbereiteten. Sie fanden in dem Raum zwischen dem *río* Guadalete, der Guadalquivir-Mündung und Huelva, was sie suchten: Zinnlieferanten, Kupferabbau und Silber, daneben auch Flussgold und Halbedelsteine, von denen einer, der *Tarschisch*-Stein, vermutlich ein Chrysolith, nach *Ex* 28,20; 39,13 sogar ins Pektorale des jüdischen Hohepriesters gelangt zu sein scheint, auch wenn das Alter dieser Nachricht undeutlich ist. Dass sich hier im Laufe der Zeit ein Emporium mit allem, was dazugehörte, entwickelte, ist durchaus glaubhaft. Auch die ökonomische und zivilisatorische Ausstrahlung, die solche Plätze allzeit auf ihr jeweiliges Hinterland zu haben pflegen, ist gewiss; gänzlich unsicher ist seine geografische Verortung. Die Versuche, das Emporium „Tartessos" zu finden, notfalls auch unter dem heutigen Meeresspiegel oder dem Sand des wunderbaren naturgeschützten Nationalparks *Coto de Doñana* bzw. von *Matalascañas*, sind Legion und nehmen mit dem heute verfügbaren technischen Fortschritt eher noch zu, wobei lokalpatriotischer und regionaler Ehrgeiz ein oft eher hinderlicher Ansporn ist. Aber es ist leider meist immer noch das Schultensche Fantasiegebilde, welches gesucht wird: Sollte eines Tages

Abb. 4 Der Schatzfund von *El Carambolo* (bei Sevilla) aus dem 6. Jh. v. Chr. machte 1958 Sensation. Ob *chief*- oder Priester-Ornat: phoinikische Toreutik mit hispanischem Gold.

tatsächlich Herodotos *emporion* (das wahrscheinlich in Späterem aufgegangen ist) gefunden werden, wird die Enttäuschung der Schatzsucher ungeheuer sein.

Als Ergebnis dieser Begegnung, die sich von „stummem" Handel bis in das 8. Jh. v. Chr. zu einer veritablen phoinikischen Kolonisationsbewegung steigerte, die sogar Spuren im Jesajabuch (23,10) des Alten Testaments hinterlassen hat, entwickelte sich im Südwesten und Süden der Halbinsel die sogenannte „orientalisierende Kulturphase", gekennzeichnet durch die Erfindung einer einheimischen Schrift, Importe aus dem ostmediterranen Raum und ihre einheimische Rezeption und Weiterentwicklung [Abb. 4], aber auch durch technische Fortschritte, wie die Töpferscheibe, die Verbesserung der Metallschmelze und, außerordentlich bedeutend, landwirtschaftliche Verbesserungen und Neuerungen, wie, neben vielem anderen, die Einführung des Ölbaums, des Esels und des Haushuhns. Ostmediterrane Kolonisten führten auch eine neue Form von Hausbau ein. Religiöse Elemente ostmediterraner Provenienz tauchen ebenfalls auf: Die Ägyptologin Ingrid Gamer-Wallert hat 1978 mit der Katalogisierung der „Ägyptischen und ägyptisierenden Funde von der Iberischen Halbinsel" einen umfangreichen Band gefüllt, der mit den seither gefundenen Materialien noch beträchtlich anwachsen würde. Ihre Fundkarten bezeichnen sowohl die engere „orientalisierte" Zone der Halbinsel im Südwesten als auch die punischen Handelsverbindungen an der Ost-

Abb. 5 *Muschelhof* der einheimisch „tartessischen" Anlage von Castillo de Alcorrín (Málaga) aus dem 8./7. Jh v. Chr. Sinn und Funktion dieser Konstruktion, die Parallelen auf der Iberischen Halbinsel und im Vorderen Orient besitzt, sind unklar.

küste, die aber nördlich des Cabo de la Nao deutlich abnehmen. Es kommt nach ökonomischer und kultureller Einflussnahme mit der Zeit auch zu Festansiedlungen ostmittelmeerischer Kolonisten sowie zur Anlage zahlreicher phoinikisch/punischer Faktoreien (nicht selten in der Nähe einheimischer Wohnplätze) entlang der gesamten Südküste der Halbinsel, deren Entdeckung durch deutsche Forscher in den 1960er-Jahren eine Sensation waren. Auch in allerjüngster Zeit sind im Küstenraum zwischen Gibraltar und La Fonteta noch Aufsehen erregende Entdeckungen gelungen, so die der bislang ältesten rechteckigen Hauskonstruktion in dem in der phoinikischen Kontaktzone liegenden einheimischen Fundplatz Los Castillejos de Alcorrín [Abb. 5], weiterhin neuer Methoden hochspezialisierter Metallverhüttung und eines intensiven Metallhandels mit dem hispanischen Südosten (Marzoli 2012). Auch eine rege Binnenpenetration, vor allem im Guadalquivirtal, ist inzwischen archäologisch erwiesen.

Das Resultat ist das, was auf der Halbinsel weitgehend unreflektiert die „tartessische Kultur" genannt wird, welche in Metallurgie, Toreutik, Kunsthandwerk, Töpferei, Stadtanlagen und Grabbauten in der Tat für diesen Raum den Anschluss an ostmediterrane Standards bedeutete. Das ist, wie so oft in der Geschichte des Landes spätestens seit der Kupferzeit, ein Beispiel mehr dafür, wie aus regionalen (Fremd-)Anstößen große Kulturbewegungen entstehen. Zambujal, Los Millares, Marroquies Bajos, La Valencina de la Concepción u. a., alle im Süden der Halbinsel gelegen, für die Kupferzeit oder El Argar für die Bronzezeit gehen dem „orientalisierenden" Südwesten und Süden voran.

Allzu oft wird dabei vergessen, dass auch die sogenannte „atlantische Bronzezeit" Jahrhunderte zuvor kunsthandwerkliche Hervorbringungen von hervorragender Qualität und höchstem ästhetischen Anspruch vorweisen konnte, die in Schatzfunden, wie dem aus Caldas de Reyes (Pontevedra) [Abb. 6] oder dem weit von seiner wahrscheinlich nordwesthispanischen Entstehungsregion gefundenen Schatz von Villena (Alicante) manifestiert sind und auf einen hohen Stand metallurgischer und toreutischer Kompetenz wie auch auf eine entwickelte gesellschaftliche Hierarchie schließen lassen, die sich solche Preziosen leisten konnte.

Die geradezu inflationäre Verwendung des Begriffs „tartessisch" besonders in der spanischen Forschung führt seit geraumer Zeit zu erheblichen Verständnisschwierigkeiten und bedarf darum einer Klarstellung. Die Bezeichnungen „Tarschisch" und später „Tartessos" sind, wie oben angemerkt, die phoinikische bzw. griechische Adaptation einer einheimischen Selbstbezeichnung, die später in einer Asarhaddon-Inschrift als *Tarsisi*, im altlateinischen *Tarseiom* = *Tarseiorum* des zweiten römisch-karthagischen Vertrags von 348 v. Chr., in den Stammesnamen *Turdetani*, *Turduli*, in der Regionalbezeichnung *Turta* sowie in der hellenistisch-punischen Bezeichnung *Thersitai* für die Bewohner von Tarschisch wiederkehrt. Die Bezeichnung „tartessisch" entstammt der Fiktion Schultens und sollte umso weniger verwendet werden als sie allzu oft adjektivisch zu der phoinikisch/punischen Bezeichnung

Tarschisch für das spätere punische Einflussgebiet auf der Iberischen Halbinsel bis zum *terminus Tartesiorum* im Osten gestellt wird (*Ora marit.* 462 f.) [s. Abb. 9]. Das macht scheinbar allen Raum zwischen Südportugal und dem Cabo de la Nao „tartessisch" und legitimiert damit quasi Schultens Missverständnis von einem „tartessischen Großreich", während der reale *TRT/TRS*-Raum wesentlich kleiner war. Groß hingegen war die kulturelle Ausstrahlung des phoinikischen und griechischen Kultureinflusses auf diese gesamte Zone und darüber hinaus. Diese ist jedoch nicht „tartessisch", sondern sollte als „orientalisiert" bzw. „orientalisierend" und später als westphoinikisch–karthagisch dominiert bezeichnet werden. „Orientalisierend", weil das einheimische Kunsthandwerk wesentliche Techniken und Stilmerkmale, aber auch ideologische und möglicherweise mythisch-religiöse Motive von ostmediterranen Vorbildern übernahm. Die spätere südiberisch-turdetanische Kulturentwicklung insgesamt basiert weitgehend auf diesem Einfluss und seiner Perzeption, wofür der Grabturm von *Pozomoro* [Abb. 7] ein faszinierendes Beispiel bietet. Gleichzeitig bergen die vielfältigen auf uns gekommenen Zeugnisse für die Altertumsforschung die große Gefahr falscher Historisierung von Mythen und vordergründig-naiver Interpretation von Quellen, deren Zielsetzung und Glaubwürdigkeit selten oder unzureichend hinterfragt werden. Dafür bietet die vor einigen Jahren von einem namhaften spanischen Prähistoriker behauptete Existenz einer „tartessischen Literatur" ein warnendes Beispiel. Strabon (3,1.6) berichtet, dass die Turdetaner, die er für die *„weisesten aller Iberer"* hält, eine eigene Schrift besäßen, ferner Chroniken und Poesie aus alter Zeit sowie Gesetze in Versform, die 6.000 Jahre alt seien. Nun befand sich die Iberische Halbinsel in dieser Zeit erst im entwickelten Mesolithikum. Ackerbau und Viehzucht sind noch nicht erfunden und die Entwicklung zu einer *TRT/TRS* – Gesellschaft liegt in weiter Zukunft. Um 600 v. Chr. dagegen wären kulturelle Phänomene wie Musik, Rezitation, Tanz gut vorstellbar; es gibt auch frühe südiberische Schriftzeugnisse. Eine im eigentlichen Sinne „tartessische Literatur", die sich aus der zitierten Strabon-Stelle, der archäologisch erwiesenen Existenz von Musikinstrumenten oder der Relation zwischen einheimischer Plastik und präsumtiv einheimischen Mythen herleiten ließe, gibt es freilich nicht!

Abb. 6 Der frühbronzezeitliche *Schatzfund von Caldas de Reyes* (Pontevedra): Trinkgefäße, Kamm, Torques (?), Ringgeld (?) aus Gold.

Hierhin gehört auch – im Vorgriff auf später Auszuführendes – die Erledigung des von Schulten konstruierten und bis heute in der spanischen Forschung virulenten „Endes von Tartessos". Es gibt sowenig ein „Ende von Tartessos" wie es ein „tartessisches Modell" oder gar eine „Krise des tartessischen Modells" gibt (Celestino Pérez 2011–12, 302). Was archäologisch tatsächlich beobachtet werden konnte, ist im 5. Jh. v. Chr. ein Zerstörungshorizont im „orientalisierten" Süden, welcher, wenn er nicht Folge innerer Zwistigkeiten unter den einheimischen *populi* ist, indoeuropäischen *raids* oder dem Einfluss des sich gegen Ende des 6. Jhs. v. Chr. zunehmend in Tarschisch engagierenden Karthago zuzuschreiben sein dürfte – davon später.

Im 7. Jh. v. Chr. – wie gesagt – kommen die Griechen zumeist von den ägäischen Inseln und den Küsten Kleinasiens. Sie können sich aber anscheinend gegen die phoinikische und zunehmend karthagisch-punische Konkurrenz nicht dauerhaft behaupten. Einige Generationen später werden sie von ihrer Gründung Massilia aus nach Süden vorstoßen und die hispanische Ostküste in bescheidenem Maße kolonisieren, mit den küstennahen Iberern Freundschaft schließen und diesen Schrift und handwerkliche Techniken beibringen, was in Plastik und Toreutik zu einzelnen Werken von wunderbarer Schönheit gediehen ist [Abb. 8]. Der griechische Einfluss endete, wo die phoinikisch-punische Kontrolle der

Abb. 7 Das *Grabmal von Pozomoro* (Albacete) im Rekonstruktionsversuch Martín Almagros. Dieses zerstört aufgefundene Monument ist auf der Halbinsel einzigartig, es vereinigt stilistisch und inhaltlich ostmediterrane und einheimische Elemente und dürfte um 500 v. Chr. für einen regionalen *chief* angelegt worden sein.

Über dem Zeitraum zwischen der realen phoinikischen Kolonisation in Tarschisch im 8. Jh v. Chr., von der Jesaja spricht, der griechischen Tartessos-Berührung vermutlich im 7. und dem Auftreten der Seemacht Karthago auf der Halbinsel im 6. Jh. v. Chr. liegt ein seltsames Halbdunkel, obgleich es sich um eine Phase entscheidender Veränderungen im Süden und Osten gehandelt haben muss. In dieser Zeit mutiert, vom orientalisierten Tarschisch ausgehend und durch griechische und andere Importe unterstützt, der orientalisierte Kulturraum zum Turdetanisch-Iberischen, wie wir die intensive Rezeption kultureller (auch religiöser) Einflüsse aus dem Osten in Ermangelung einer glücklicheren Bezeichnung nennen müssen. Das Ergebnis ist eine kaum differenzierbare ostmittelmeerisch-einheimische Mélange, zu der Rechteckhäuser und ummauerte stadtartige Siedlungen ebenso gehören wie die Entstehung einer bemerkenswert originellen Großplastik in der oben beschriebenen südöstlichen Konvergenzzone zwischen semitischer und griechischer Einflussnahme. In diese Zeit gehört auch die Entstehung der (linksläufigen) südiberischen Schrift, für die sich vor einiger Zeit eine Art Musteralphabet gefunden hat. Zweifellos ist dies die Zeit lokaler und regionaler Herrschaftsbildungen, von denen die Historiografie erst viel später berichten wird, die sich aber seit geraumer Zeit archäologisch immer deutlicher abzuzeichnen scheinen.

Darüber, was in dem Zeitraum zwischen dem ersten Auftauchen der Phoiniker an den Küsten der Halbinsel, dem Vordringen griechischer Seehändler in den Südwesten und an die Ostküste im Rest des großen Landes geschieht, der immerhin fast 2/3 des Ganzen beträgt, schweigen die Schriftquellen. Gleichzeitig ist deutlich, dass im 6. Jh. v. Chr. Karthago eine wichtige Rolle auf der Halbinsel zu spielen beginnt und bis in die Zeit des Zweiten Krieges mit Rom den hispanischen Süden, den afrikanischen Nordwesten und auch die hispanische Atlantikküste kontrolliert, wie archäologische Funde, aber auch punisch konnotierte Kultstätten in Küstennähe belegen. Herodotos Hinweis auf Kelten im Westen (2,33,3) bleibt geografisch vage, so sehr sich die Forschung auch bemüht hat, die Stelle *„Die Donau kommt aus dem Land der Kelten von der Stadt Pyrene her und fließt mitten durch Europa. Die Kelten wohnen jenseits der Säulen des Herakles und sind Nachbarn der Kynesier, des west-*

südlichen Zone ihm Einhalt gebot: Am bereits mehrfach erwähnten *terminus Tartesiorum* (s. S. 24), den wir uns an der Südostküste im Raum Los Nietos/Cabo de la Nao zu denken haben. Von dort nach Norden zeigen die epigrafischen Zeugnisse rechtsläufige Schrift. Südlich davon im gesamten punisch kontrollierten Gebiet gibt es den linksläufigen Schrift-Duktus, auf Münzen aus HaGadir (Cádiz) und *Malaca* bis weit in römische Zeit belegt. Im 6.–5. Jh. v. Chr. werden griechischer Einfluss von Nordosten und der orientalisierende Kulturstrom von Westen sich im iberischen Raum zwischen Albacete, Jaén und der Mittelmeerküste treffen. Der kulturelle Einfluss vor allem des massaliotischen Griechentums an der hispanischen Ostküste wird dessen reale Präsenz lange überdauern: Die politische Entwicklung, vor allem das Auftreten des aufstrebenden Karthago im südwestmediterranen Raum, machte dem dortigen Griechentum den Garaus; soweit es dort griechische Pflanzstädte gab, verschwinden sie oder gehen im Iberischen auf.

Griechen entdecken den Westen

Abb. 8 *Krieger und Pferd* von der iberischen Grabanlage Cerrillo Blanco bei Porcuna (Jaén). 5. Jh. v. Chr.

lichsten Volkes von allen Europäern" aus ihrer ex-post-Kenntnis stimmig zu machen. Die Vorstellungen des ‚Vaters der Geschichte' vom westlichen Europa sind eine Mischung aus Wissen, Hörensagen und möglicherweise falsch verstandenen Nachrichten aus Seefahrer-Kreisen. Deutlichere geografische Vorstellungen gewinnt man erst im 4. Jh. v. Chr., aber auch sie bleiben oberflächlich und sind ausschließlich aus der Seefahrer-Perspektive gewonnen.

Die ethnografische Karte der gewaltigen Landmasse zwischen der Küstenkordillere im Osten, der Sierra Morena im Süden, den Pyrenäen im Norden und dem atlantischen Ozean im Westen gleicht einem Flickenteppich buntester Art. Die Forschung ist weit davon entfernt, die Gemengelage aus potentiell vorindoeuropäischer Bevölkerung, zahllosen Zuwanderungen aller Art und Quantität (und zu unterschiedlichsten Zeiten), unquanti-

fizierbaren Binnenwanderungen bis weit in römische Zeit sowie die ethnischen Mischzonen an den östlichen und südlichen Rändern durchsichtig gemacht und in eine zuverlässige regionale und zeitliche Ordnung gebracht zu haben. [s. Abb. 2] Die antiken Quellen behalfen sich damit, Phoiniker, Perser, Griechen, Kelten, Punier und Römer hintereinander als Einwanderer aufzuzählen und die Vorzeit sowie mögliche Gleichzeitigkeiten bzw. Überschneidungen auszublenden. So sind wir darauf angewiesen, die Mosaiksteine lokaler und regionaler Forschung so gut wie möglich zusammenzusetzen, um überhaupt ein Bild zu gewinnen.

Nicht zu trennen von den Problemen des ethnografischen Durcheinanders und der immerwährenden Ein- und Binnenwanderungen sind deren geografische Voraussetzungen. Es ist die grobe Dreiteilung des Landes, welche im Großen und Ganzen die Ethnografie der Halbinsel bestimmt: Der Küstenstreifen zwischen dem Mittelmeer im Osten und der westlichen Kordillere, die überwunden werden muss, um die zentralen Hochebenen zu erreichen. Sodann der Süden, der von der sogenannten Sierra Morena gegen das zentrale Hochland abgeschirmt wird sowie das zweigeteilte Hochland – Alt- und Neukastilien –, das die Mitte, den Norden und Westen einnimmt und selbst wieder in kleinere Einheiten zerfällt. Sie freilich spielen in der Ethnografie des antiken Hispanien keine vergleichbar entscheidende Rolle. Diese Räume sind nicht leicht und überall zugänglich. Von Osten aus erschließen die Flusstäler von Ebro, Jalón und Júcar die Meseten, von Süden der Despeñaperros-Pass und die westliche *via de la Plata*. Haupt-Einfallwege von Norden sind die wenigen Pyrenäenpässe und die Küstensäume. Alle historisch erwiesenen großen Wanderungsschübe haben auf diesen Zugangswegen ihre Spuren hinterlassen, alle bedeutenden Landnahmen lassen sich mit den bezeichneten Großräumen verbinden – und auch alle großen Eroberungen. In der Völkerwanderungszeit ebenso wie in den napoleonischen Kriegen, ja noch im Bürgerkrieg der 1930er-Jahre spielen die genannten Zugangswege im Norden, Osten und Süden eine entscheidende Rolle.

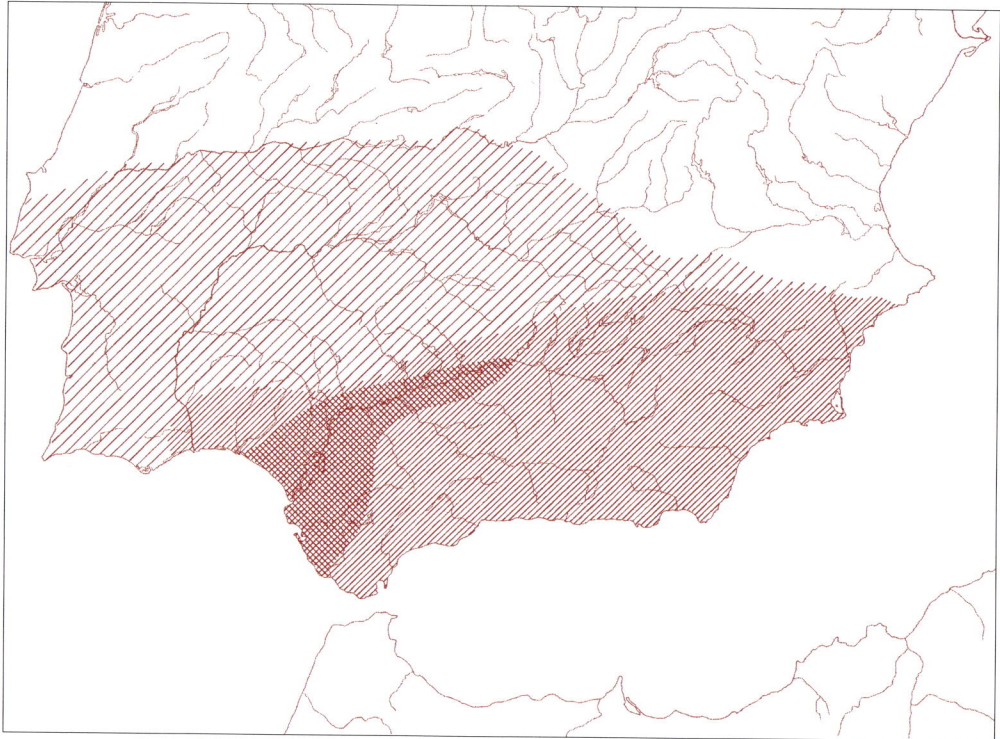

Abb. 9 Das *orientalisierte Hispanien* in phoinikisch-karthagischer Zeit. 1. Enge Schraffur: *TRT/TRS* – Kerngebiet; 2. mittlere Schraffur: Das karthagische Dominium Tarschisch; 3. breite Schraffur: Äußerste Ausdehnung des vom Süden des Landes ausgehenden orientalisierenden Kultureinflusses.

Exkurs 1
Phoiniker und Punier auf der Iberischen Halbinsel

„Denn eine Tarschisch-Flotte hatte Hiram auf dem Mittelmeer."
(I Kön. 10.22)

Phoiniker, Karthager, Punier bedeuten nicht wirklich Unterscheidungen, sondern sind Bezeichnungen unterschiedlicher Herkunft zu verschiedenen Zeiten. Die frühen Bewohner der im 8. Jh. v. Chr. gegründeten nordafrikanischen „Neustadt" *Qrt Hadašt* sind ebenso Phoiniker wie die ersten Bewohner von HaGadir im Südwesten der Iberischen Halbinsel. Später nennen die Römer, als sie beginnen, über die Grenzen ihres Kleinstaats, dann über diejenigen Italiens hinauszublicken, diese exotischen Seefahrer, die überall im Mittelmeerraum anzutreffen sind, *Poeni*. Davon kommt „Punier". Mit der Zeit gewinnen diejenigen Phoiniker, welche sich an fernen Gestaden niederlassen, unterschiedliche Profile. In Verbindung mit den jeweiligen sozialen Kontexten entwickeln sie verschiedene Interessen; manche der Seehändler werden Agrarier, andere geben den ambulanten Handel auf und werden Hersteller von Fertigprodukten: von Purpur, der ‚weltweit' geschätzten Fischsauce *garum*, Schmuck, Tongefäßen, Terrakotten und von tausenderlei Materialien des täglichen Bedarfs. Wiederum andere bauen Schiffe, mit denen sie in den atlantischen Ozean vorstoßen und das phoinikische Handelsnetz erweitern. So entstehen an der nordafrikanischen Atlantikküste weitere Faktoreien, von denen wir *Mogador* und *Lixus* genauer kennen. Vermutlich fuhren sie noch viel weiter nach Süden. Ob die Goldküste erreicht wurde, wissen wir nicht. Ähnlich verläuft die Entwicklung an der westhispanischen Küste in nördlicher Richtung. Hier war Zinnhandel zumindest *ein* Ziel. Es ist unklar, ob phoinikische Schiffe Cornwall oder die Bretagne erreichten oder ob Zinnlieferanten ihnen nach Süden entgegenfuhren. Möglich ist, dass einheimischer Zwischenhandel eine Rolle spielte.

So entstehen im Laufe von wenig mehr als 200 Jahren zahllose phoinikische Niederlassungen aller Art: Faktoreien mit Hafenanlagen und Lagerhäusern, Agrarsiedlungen, auch Wohnsiedlungen mit Handwerker-Vierteln. Bei vielen von ihnen fanden sich Bestattungsareale; mancher Grabbau ist von entsprechenden Anlagen im Vorderen Orient kaum zu unterscheiden.

Was durch die Zeit erhalten blieb, war eine enge Bindung dieser westlichen Phoiniker an die ursprüngliche Heimat, besonders in kultisch-religiöser Hinsicht. Zwar erhielt Ha-Gadir früh ein eigenes, noch in der Spätantike nachweisbares Melqart-Heiligtum und scheint damit kultisch autark zu sein. Aber enge Beziehungen zu ihren levantinischen oder cyprischen Ausgangspunkten und Kultstätten sind so lange erkennbar, wie die Phoiniker im Osten politische Selbständigkeit genießen. Kennzeichnend ist, dass sich Karthago, als Alexander von Makedonien Tyros belagert, zur Hilfeleistung aufgerufen fühlt.

Ein westphoinikisches Kolonialreich ist das sich mit der Zeit immer weiter semitisierende Andalusien nicht zu nennen. Der Blick der West-Phoiniker, die nach meiner Interpretation in späteren Verträgen mit Rom immer noch „Tyrier" heißen (Koch 2000, 170 f.), blieb auf die Mutterstadt Tyros gerichtet. Tyros entwickelte keinerlei ‚kolonialistische' Neigungen. Eigene Ambitionen der hispanischen Phoiniker in dieser Richtung lassen sich nicht erkennen und sind auch nicht wahrscheinlich. Es gibt keinerlei Hinweis darauf, dass die frühen phoinikischen Neu-Hispanier Einheimische in irgendeiner Form in politische Abhängigkeit brachten. Im Gegenteil ist zu vermuten, dass phoinikischer Einfluss die einheimischen Herrschaftsverhältnisse – durchweg kleinere und größere *chiefdoms* – stabilisierte, indem man einheimischen Potentaten „Überbau"-Elemente schmackhaft machte, wofür die Carambolo-Insignien ebenso sprechen wie der Grabturm von Pozomoro und anderes.

Die allem Anschein nach friedliche und kulturell fruchtbare Entwicklung der westphoinikisch-einheimischen Beziehungen in Tarschisch erfuhr durch das Auftreten von Griechen in der *TRT/TRS*-Region im 7. Jh. v. Chr. keine einschneidende Veränderung, zumindest keine, die sich als negativ erkennen ließe. Ob die griechische Konkurrenz zu Spannungen führte, wissen wir nicht. Herodotos zufolge wurden die Griechen freundlich aufgenommen und fuhren reich beschenkt zurück. Allerdings haben wir feststellt, dass konkurrierende griechische Emporien sich im engeren Raum Tarschisch/Tartessos nicht dauerhaft etablierten. Ob Druck ausgeübt wurde oder ob der Markt die Verhältnisse regelte, muss einstweilen offen bleiben.

Eine Änderung trat erst ein, als die politische Situation im östlichen Mittelmeerraum eine neue Lage schuf. Für das unter assyrischem Druck handlungsunfähig gewordene Tyros trat die „Neustadt" Karthago auf den Plan, dessen politische und soziale Entwicklung ganz andere Wege gegangen war als die der Phoiniker in Tarschisch und im ferneren Westen überhaupt. Handelsbeziehungen mit dem jungen Karthago sind in der phoinikisch-einheimischen Siedlung von Castillo de

Doña Blanca (die spanische Forschung nennt diese Siedlung „tartessisch") bereits im 8. Jh. v. Chr. nachgewiesen. Nun, im 6. Jh. v. Chr., schickt Karthago sich an, im Konzert der aufstrebenden Mächte des zentralen Mittelmeerraums mitzuspielen. Im Westen übernimmt es die Rolle einer Vormacht aller „Tyrier", weniger nach innen als in deren Außenvertretung, was zivilen und militärischen Protektionismus, wie die Kontrolle der Straße von Gibraltar, einschließt.

Diese Kontrolle, die einer Sperrung gleichkam, hatte zur Folge, dass Informationen über die innere Entwicklung von Tarschisch kaum noch nach außen gelangten. Da die potentiellen karthagischen Schriftquellen der späteren Auseinandersetzung mit Rom zum Opfer fielen, besitzen wir so gut wie keine historiografischen Informationen über die karthagischen Aktivitäten in der Zeit zwischen den atlantischen Rekognoszierungsfahrten der Admirale Hanno und Himilko um 600 v. Chr. und dem Zweiten Vertrag zwischen Karthago und Rom, der in das Jahr 348 v. Chr. zu datieren ist. Es hat aber den Anschein, dass sich das Verhältnis zwischen den einheimischen Völkern des hispanischen Südens, den West-Phoinikern und den Karthagern im Ganzen friedlich gestaltete. Die polybianische Formulierung, wonach im 3. Jh. v. Chr. die Barkiden die πράγματα in Tarschisch wieder herzustellen hatten, lässt darauf schließen, dass von Karthago dort eine Verwaltungs- oder Organisationsstruktur geschaffen worden war, die während des ersten Konflikts mit Rom gelitten hatte. Es liegt nahe, dabei Abgaben verschiedenster Art, Mineralabbau und Söldnerwerbung zu vermuten, die in irgendeinem organisatorischen Rahmen miteinander verbunden waren. Es mag auch frühe Ansiedlung nordafrikanischer Gruppen gegeben haben, wie sie uns in hannibalischer Zeit im südlichen Hispanien begegnen; die zahlreichen mit punischer Legende prägenden Münzpräge-Orte können nicht erst in barkidischer Zeit entstanden sein. Andererseits gibt es keinen Hinweis auf Veränderung der einheimischen Herrschaftsstrukturen. Auf imperialistischen Kolonialismus wie später in barkidischer Zeit weist nichts hin.

Das karthagische Hispanien

Tarschisch = Hispania punica

Bedeutete „Tarschisch/Tartessos" den Eintritt der Halbinsel in die Geschichte überhaupt, so hatte der Erste Punische Krieg die irreversible Einbeziehung Hispaniens in die weitere politische, ökonomische und soziale Entwicklung des westlichen Mittelmeerraums zur Folge.

Spätestens im 5. Jh. v. Chr. existieren die Strukturen, welche die spätere Entwicklung bestimmen: Wachsende Verstädterung im Süden und Osten, *castros* im Nordwesten und Stammes-Synoikismen mit zentralen stadtartigen Siedlungen in Schutzlage, in denen die Bevölkerung in Notlagen Zuflucht finden konnte. Es gibt größere oder kleinere regionale „Herrschaften", hingegen keine überregionalen politischen Zusammenschlüsse: Bereits in den antiken Quellen wird dies für den langfristig erfolglosen Widerstand gegen die von außen auf die Halbinsel drängenden imperialistischen Begehrlichkeiten erst Karthagos, dann der Römer verantwortlich gemacht. Grundsätzlich ist das eine wohlfeile These, denn woher sollten das soziale und politische Bewusstsein kommen, welches eine solche quasi-nationale Einigung zur Voraussetzung hat. Ethnisch heterogen, politisch unentwickelt, kulturell zersplittert gab es schwerlich die Chance eines gemeinsamen Nenners oder einer gemeinsamen Zielsetzung. Viel später, im 2. Jh. v. Chr., lassen sich regionale, ethnisch meist homogene, Ansätze zum Widerstand gegen den gemeinsamen Feind Rom erkennen: Der Viriatuskrieg ebenso wie der Widerstand von *Numantia* lebten von solchen – immer kurzfristigen – Bündnissen. Doch auch ihnen fehlt die letzte Geschlossenheit, die nur aus einem politischen *common sense* hätte resultieren können – an solchem fehlt es dem Land noch heute. Weder Karthago, als es – gewünscht oder nicht – im Laufe des 6. Jhs. v. Chr. in Stellvertretung der gemeinsamen Mutterstadt Tyros die Vormachtstellung über die West-Phoiniker auf der Halbinsel an sich zog, noch später Rom hatten besondere Mühe, ihre Interessengebiete Stück für Stück auszudehnen. Die Handelsmacht Karthago konsolidierte den westphoinikisch penetrierten Raum Tarschisch, sicherte die atlantischen Handelsrouten nach Norden und Süden und kontrollierte die Straße von Gibraltar. Mehr wollte Karthago anscheinend zunächst nicht, auch noch nicht, als der zweite Vertrag mit Rom – auf Zukünftiges weisend – dessen Sensibilität *in Hispanicis* offenbarte.

Das karthagische Hispanien

Die bei Polybios überlieferten Verträge zwischen Rom und Karthago bieten insgesamt eines der weltgeschichtlichen Lehrstücke für internationale Großkonflikte, Machtbalance und allmähliche Machtverschiebung, wie sie zu allen Zeiten begegnen. Im ersten dieser Verträge, der um 500 v. Chr. geschlossen wurde, grenzen sich die bereits etablierte nordafrikanische Seemacht und die aufsteigende, überaus ambitionierte europäische Landmacht gegeneinander ab. Tarschisch/Hispanien kommt in diesem Vertrag nicht vor, die Römer scheinen (noch) nicht interessiert. Rund 150 Jahre später, im zweiten Vertrag, sieht Karthago sich aber bereits genötigt, den äußersten Westen des Mittelmeeres zur Sperrzone zu erklären: *„jenseits des Schönen Vorgebirges und von Mastia im Lande Tarschisch sollen die Römer weder Kaperei oder Handel treiben noch eine Stadt gründen."* (Polyb. 3,24). Ein dritter Vertrag, rund 70 Jahre später, bestätigt, was den Westen angeht, die Bedingungen des zweiten Vertrags und wird, da man in Rom wie in Karthago den allzu unberechenbaren Epeiroten Pyrrhos fürchtete, um einige Schutz- und Trutz-Bestimmungen, vor allem Sizilien betreffend, erweitert. Das relative politische Gleichgewicht hielt, soweit wir wissen, bis Rom 275 v. Chr. den gefährlichen Pyrrhos losgeworden war, die Herrschaft in Italien gefestigt hatte und die Konkurrenz aus Nordafrika ernsthaft zu fürchten begann. Im Jahre 264 v. Chr. brach es den ersten Krieg mit Karthago vom Zaun. Er wurde hauptsächlich um die Herrschaft über Sizilien geführt. Die Niederlage mit ihren harten Konsequenzen für das mediterrane *commonwealth* Karthagos, der heraufziehende Hellenismus mit nachhaltigen Mentalitätsveränderungen auch in Karthago, änderten diesen Zustand: Nun bedurfte Karthago, durch einen blutigen Söldnerkrieg (241–238 v. Chr.) und den von Rom zusätzlich erzwungenen Verlust Sardiniens (238 v. Chr.) existenziell bedroht, mehr denn je des hispanischen Protektorates mit seinen reichen Hilfsquellen. In der Barkidenfamilie – Hamilkar Barkas, sein Schwiegersohn Hasdrubal und Hannibal – fand es politisch-militärische Exponenten der neuen Zeit. Der letzte Hispanien-bezogene Vertrag des souveränen Karthago mit Rom vor Beginn des großen Krieges, den im Jahre 226 v. Chr. Hasdrubal, Hamilkars Nachfolger als weitgehend absoluter Herrscher im – jetzt – hispanischen Kolonialreich, schloss, zeigt

die große Seemacht ebenso in der Defensive wie er die Römer als kühl kalkulierende Meister geo-strategischer Planung erweist. *„Denn"*, so Polybios, *„als die Römer sahen, daß Hasdrubal dabei war,* (in Hispanien) *eine größere und furchtgebietendere Herrschaft zu gründen* (d. h. als Karthago zuvor besessen hatte)*, beschlossen sie, sich in die iberischen Verhältnisse einzumischen"* (2, 13). Da sie aber zunächst die keltische Bedrohung abwenden wollten, schlossen sie den sogenannten Ebro-Vertrag, in dem sich die karthagische Seite ver-

Abb. 10 Polybios und Livius beschreiben präzise die eindrucksvolle karthagisch-hellenistische Ummauerung von Qrt Hadašt – spanische Archäologen fanden sie an der angegebenen Stelle. In bester hellenistischer Mauerbautechnik ausgeführter Abschnitt der Stadtmauer von Carthago Nova am nordöstlichen Rand der antiken Stadt.

pflichtete, „den Iberos (Ebro) nicht in kriegerischer Absicht zu überschreiten". Rom hingegen scheint sich zu nichts verpflichtet zu haben. Der Polybios-Text vermittelt mindestens zwei wichtige Erkenntnisse: Rom wollte bereits vor 226 v. Chr. auf der Iberischen Halbinsel intervenieren und Hasdrubal – anders als sein Schwager Hannibal einige Jahre später – beabsichtigte nicht, strategischen Vorteil aus Roms Bedrohung durch die oberitalischen Kelten zu ziehen, sondern gab sich mit dem Ebro als Demarkationslinie zufrieden. Diesen Vertrag, bei dem die Forschung uneinig ist, ob er in Karthago überhaupt ratifiziert wurde, haben beide Seiten innerhalb weniger Jahre immer wieder gebrochen; er erledigte sich mit Kriegsbeginn. Jedenfalls rückte Rom ein gewaltiges Stück näher an die Iberische Halbinsel heran und gewann durch die Verbindung mit *Massilia* (Marseille) und dessen hispanischen Tochterstädten eine erste Operationsbasis, die wenig später prompt genutzt wurde, als im Jahre 218 v. Chr. die römische Kriegsflotte *Emporion* im Golf von Rosas anlief, um Hannibal und Karthago in der hispanischen Flanke zu treffen.

Wir haben oben davon gesprochen, dass im Jahre 237 v. Chr. Hamilkar Barkas, Hannibals Vater, die „Machtverhältnisse" auf der Halbinsel im Sinne Karthagos „wiederhergestellt habe". Was das bedeutete, lässt sich vielleicht erschließen. Hamilkar betrieb sein Hispanien-Unternehmen im Rahmen der „libyschen Strategie", woraus gefolgert werden kann, dass, wie die libyschen Besitzungen Karthagos, auch Tarschisch nun als Untertanenland betrachtet wurde, das unter Kontrolle gebracht werden musste. Wahrscheinlich ist, dass sich spätestens im Laufe des 3. Jhs. v. Chr., vielleicht auch schon früher, in Tarschisch Entwicklungen vollzogen hatten, die auf größere einheimische Herrschaftsbildungen hinausliefen. Solche Territorialherrschaften begegnen in den Quellen mehrfach im Zusammenhang mit dem Zweiten Krieg mit Rom, wo von Potentaten die Rede ist, die einmal mit den Karthagern, dann wieder mit Rom paktieren und je nach dem Ausgang der jeweiligen Schlachten Macht gewinnen oder verlieren. Diese Herren *Culchas*, *Luxinius* u. a. – Livius nennt sie allesamt *reguli* – hatten offenbar begonnen, ihre eigene Politik zu betreiben, am ehesten in Zeiten, wo das kriegserschütterte Karthago nicht stark oder nicht interessiert genug war, sich um die hispanischen Angelegenheiten zu kümmern. Jedenfalls sprach nun wieder Karthago für sein hispanisches Interessengebiet, so lange, bis der jüngere Scipio die karthagische Epikratie auf hispanischem Boden beseitigte.

Darüber hinaus operierte Hamilkar an der nordöstlichen Grenze von Tarschisch, offenbar bestrebt, dessen Grenzen auszudehnen, was ihm, der 229 v. Chr. im Kampf, vermutlich gegen die Oretaner, fiel (Appian. *Iber.* 5), und seinen Nachfolgern auch gelang, wie Polybios ausdrücklich festhält (2,36). Die Forschung hat die hellenistische Prägung der Barkiden seit Hamilkar betont. Sowohl sein Schwiegersohn Hasdrubal, der Hamilkar nachfolgt, als auch dessen Nachfolger Hannibal erscheinen als hellenistisch geprägte Autokraten, jedenfalls in ihrem hispanischen Dominium. Nirgendwo ist diese Prägung deutlicher fassbar als in der 226 v. Chr. von Hasdrubal gegründeten Stadt mit dem programmatischen Namen *Qrt Hadašt* („Neustadt", Carthago Nova, Cartagena), einer Kombination von Herrscher-Residenz und Garnison mit dem wohl besten Naturhafen des westlichen Mittelmeeres und in der Nähe reicher Silber- und Bleivorkommen gelegen. Polybios hat die Stadt in den 50er-Jahren des 2. Jhs. v. Chr. besucht und eine detaillierte Schilderung hinterlassen. Die intensiven archäologischen Bemühungen der beiden letzten Jahrzehnte in Cartagena haben nicht nur einen Teil der berühmten Stadtmauer freigelegt, sondern auch Hasdrubals Residenz [Abb. 10], die Polybios als *basileia* bezeichnet – beides hellenistische Musterbauwerke. Aber auch Städte geringerer Bedeutung wie *Carmo* (Carmona) oder *Carteia* tragen Züge hellenistischer Befestigung durch die Barkiden.

Hasdrubal, der 221 v. Chr. ermordet wurde, und Hannibal, 247 v. Chr. geboren und hochbegabt, verkörpern die hellenistische Prägung in besonderem Maß. Hannibal betreibt die *imitatio* Alexanders in einer Weise, wie keiner der Diadochen es besser hätte machen können: Von Münzporträts bis zur diplomatischen Heirat mit einer Tochter des *regulus* von *Castulo* findet sich das gesamte Repertoire. Jetzt erst, seit 237 v. Chr., treiben die Gouverneure Karthagos in Hispanien eine ausdrücklich imperialistische Politik, wie bereits Lenin wusste; jetzt erst wird die Grenze, die vordem eher eine kulturelle als eine politische war, auf breiter Front nach Norden verschoben. Erst der Zweite Krieg mit Rom beendete die punische Unterwerfung größerer Teile des Landes; im Verlaufe des Italienzugs Hannibals wurde auch das Gebiet zwischen Ebro und Pyrenäen annektiert. Im Wesentlichen bedeutete dies: Unterwerfung der Bevölkerung, Ausbeutung der Bodenschätze, die außerordentlich wichtige Gewinnung von Söldnern sowie Geiselstellung durch einheimische *chiefs*, die bündnisbereit waren. Karl Christ hat das 1972 so formuliert: *„Die von P. Grimal unterstrichene ‚Politik kolonialistischer Annexionen'* (Karthagos) *kostete den keltiberischen Stämmen jedenfalls ebenso ihre Freiheit wie später die auf Macht und Terror begründete Einrichtung der römischen Provinzialverwaltung"* (1974, 13).

Exkurs 2
Die Iberer

„Die Leiber der Menschen sind auf Entbehrung und Arbeit eingestellt,
ihr Geist auf den Tod"
(Iustin. 44, 2,1)

Bevor wir uns dem Großen Krieg und seinen Folgen zuwenden, ist es notwendig, einen Blick auf diejenigen Völkerschaften zu werfen, die mit dem Eintritt Hispaniens in die Geschichte der mittelmeerischen Welt eine Rolle zu spielen beginnen: Die sogenannten Iberer im Osten und Süden der Halbinsel. Dabei ist zunächst daran zu erinnern, dass dies eine Fremdbezeichnung ist: „Iberer" waren für die frühen Griechen pauschal die Bewohner des Gebietes an den Ufern des großen Flusses *Iberos*; das Land, welches diese *Iberes* bewohnten, erhielt bald die Bezeichnung *Iberia*. Diese wurde mit zunehmender Kenntnis mehr und mehr zur Bezeichnung des gesamten Landes, die mit der Zeit nicht nur bei den Griechen, sondern in der gesamten hellenistischen Welt Anwendung fand. Die Selbstbezeichnungen dieser Ethnien – von den Ausetanern im Nordosten bis zu den Bastetanern im Südosten kennen wir erst aus späteren historischen Zusammenhängen, vielfach auch aus Münzlegenden. Teilweise bleiben sie bis zum Aufgehen der „Iberer" und ihrer Kultur im Römisch-Hellenistischen gänzlich unbekannt. Die frühen Kolonialmächte subsumierten die iberischen Wohngebiete unter ihre Herrschaftsbezeichnungen: Während die Phoiniker für ihr Interessengebiet lange an der Bezeichnung Tarschisch festhalten und noch Hannibal in seinem Tatenbericht von dessen Bewohnern als *Thersitai* spricht, haben die späteren Punier eine neue, für seefahrerische Betrachtungsweise typische Bezeichnung gefunden: *I Šephanim*, „Gestade der Klippdachse", woraus die Römer *Hispania* machten. Der Einwohnername *Hispani* wird in der erhaltenen lateinischen Literatur zuerst in einer Komödie genannt (Plaut. *Menaechmi* 235, Lindsay). Erst im Laufe des Zweiten Krieges, als Rom in nahen Kontakt mit den Stämmen im Osten und Süden des Landes kommt, gewinnen die vormals pauschal sogenannten ‚iberischen' Stämme individuelle Profile. Pierre Moret hat 1996 die bis jetzt bekannten „iberischen" Fortifikationen im Süden und Osten, wo sie über die Pyrenäen hinaus bis an den Hérault reichen, untersucht. Ihre Zahl beläuft sich ohne die eigentlichen städtischen Siedlungen auf 415, was die in den antiken Quellen vermerkte politische Zersplitterung des Iberertums, das in historischer Zeit zu keiner Staatsbildung fähig scheint, erklären hilft. Gemeinsam ist diesen Ethnien eine einheitliche Schrift, die sich im 5.–4. Jh. v. Chr. entwickelt zu haben scheint. Ob dieser Schrift eine gemeinsame Sprache zugrunde lag, ist nicht restlos geklärt. Beim heutigen Forschungsstand erweist sich das „Iberische" mehr als ein komplexes kulturelles Phänomen, manifestiert in Plastik, Toreutik, Keramik, in Architektur und Städtebau, weniger als politisch-gesellschaftlich definierbare Größe.

Diese ‚Iberer' sind keine Indoeuropäer, so viel lässt sich sagen – viel mehr aber auch nicht. Ob – und wann? – sie aus Afrika eingewandert sind, ob sie von den Ureinwohnern des Landes – was immer das bedeuten mag – abstammen, bleibt trotz aller Mühen der Wissenschaft eine bis jetzt unbeantwortete Frage. Fest steht: Sie sind da, als Griechen, Phoiniker und schließlich Römer kommen, und es werden Jahrhunderte vergehen, ehe sich ihre Eigenart in der römisch-hellenistischen Akkulturation des Landes verliert – was keineswegs bedeutet, dass diese Eigenart nicht in irgendeiner Form weiterlebte. Auffallend ist freilich, in welchem Maße die kolonisierenden Phoiniker und – in geringerem Maße und auch zeitlich begrenzt – Griechen auf diese Stämme einwirkten: Von den Pyrenäen bis zum südöstlichen Cabo de la Nao, wo der zweite Vertrag zwischen Rom und Karthago (und die änigmatische *ora maritima* des Avienus) die Grenze ziehen, spürt man Griechisches, während im Süden Punisch-Orientalisches dominiert. Das zeigt sich in Schrift, plastischer Kunst, in Bauweise, kurz, in allen archäologisch erweisbaren Hinterlassenschaften, wobei keinesfalls eindeutig ist, ob eine direkte griechische Einwirkung gegeben war oder punische Vermittlung vorliegt. Eine archäologisch überaus spannende Konvergenzzone zwischen den beiden unterschiedlich akkulturierten Räumen ist in den heutigen Provinzen Albacete, Jaén und Granada erkennbar: Hier ist die eindrucksvolle „iberische" Großplastik entstanden, für welche Vorbilder im Mittelmeerraum zu suchen sind [Abb. 11 a und b]; westlich davon, in der punisch dominierten Zone gibt es kaum dergleichen. Hier findet sich neben Einheimischem ein starkes ‚orientalisierendes' Element, erkennbar vor allem im kultischen Bereich. Wenn nicht ohnehin genuin phoinikisch, so sind die Ritualgegenstände aus Lebrija oder vom „Carambolo" diesen jedenfalls sehr eng verwandt.

Der umfangreiche Katalog zu der bedeutenden internationalen Ausstellung „Die Iberer" von 1998 zeigt sich bemüht, das Iberertum in allen seinen Façetten, vor allem den archäologischen, darzustellen, eine Zusammenfassung, die ihresgleichen sucht. Dort machen die spanischen Gelehrten Lorenzo Abad und Manuel Bendala den Versuch einer

Die Iberer

Abb. 11 a und b *Iberischer Reiter* aus dem 5. Jh. v. Chr. Los Villares, Hoya de Gonzalo (Albacete). Die Skulptur des unbewaffneten Reiters demonstriert die anmutige Ästhetik des plastischen Schaffens der Iberer auf dem Höhepunkt ihrer Kultur: Griechisch beeinflusst, zeigt sie unverwechselbare iberische Eigenheiten.

Darstellung der „iberischen" Geschichte „Von Tartessos bis in die römische Zeit". Man könnte diese Bemühung als gelungen bezeichnen, wenn nicht der „Tartessos"-Bezug für Verwirrung sorgte. Das, was Jahrhunderte nach dem Ende der Bronzezeit grob vereinfacht als „Iberer" in das Licht der Geschichte tritt, unterscheidet sich von der Bevölkerung des hispanischen Südens und Ostens allein durch die unterschiedlich auf sie einwirkenden Einflussnahmen fremder Kulturen, zunächst Phoiniker, dann Griechen, später Karthager sowie durch Kontakte mit Unteritalien und den nahegelegenen Mittelmeerinseln. Populationswechsel sind im iberischen Raum nicht zu erkennen. Allenfalls ist im Süden und Südwesten seit Beginn des letzten vorchristlichen Jahrtausends ein langsames und uneinheitliches Vordringen indoeuropäischer Elemente zu konstatieren. Das wird uns später beschäftigen.

„Tartessos" kann also außen vor bleiben: Was die Bewohner des Südens und Ostens in der Wahrnehmung antiker Quellen und neuzeitlicher Historiker unterscheidet, sind Orientalisierung bei den einen und Mediterranisierung bei den anderen – im 6. und 5. Jh. v. Chr. lässt sich vor allem im Südwesten des Landes eine wachsende Konvergenz beider Kulturräume beobachten, aus der mit der Zeit so etwas wie ein unverwechselbar „iberisches" Kulturprofil entsteht. Überhaupt erscheinen diese beiden Jahrhunderte als die Blütezeit der als „iberisch" anzusprechenden Kultur. Es ist eine der kurzen historischen Phasen, in der Osten und Süden des Landes weitgehend selbstbestimmt wirken.

An der südlichen Küste und im Einzugsgebiet des Guadalquivir, aber auch im Binnenland südlich davon findet sich zu Beginn des Zweiten römisch-karthagischen Krieges eine nicht geringe Anzahl städtischer Siedlungen; einige nennen die literarischen Quellen, andere hat die Bodenforschung zutage gefördert. Zwei spanische Archäologen, Arturo Ruiz und Manuel Molinos, haben 1993 in einer Monografie die Siedlungsgeschichte des engeren iberischen Raumes untersucht und dessen vergleichsweise hohe Siedlungsdichte erwiesen. Es ist wahrscheinlich, dass die alten Stammesgebiete und ihre Herrschaftsstrukturen auch während der Phase der orientalisierenden Einflüsse im Großen und Ganzen erhalten geblieben waren. Ihre Fürsten haben ihren halbmythischen Ahnherrn in Arganthonios, wie Herodotos den lokalen/regionalen „chief" des Tarschisch-Raumes nennt. Aus derartigen *chiefdoms* muss sich die politische Karte des spätbronzezeitlichen Südens der Halbinsel zusammengesetzt haben, als die Phoiniker das *TRT/TRS*-Land zu besuchen begannen. Ob sich von den Zimelien, welche solche *chiefs* in der Frühzeit der phoinikischen Penetration nach Tyros gesandt haben mögen, eine Spur in Ps. 72.10 erhalten hat, steht allerdings dahin (Koch 1984, 60 ff.).

Im Zusammenhang mit dem zweiten Krieg zwischen Rom und Karthago erfahren wir quasi nebenbei, dass einer der mit Karthago verbündeten *reguli*, Culchas, 28 *oppida* beherrscht habe, ein anderer, Luxinius, die „stark (befestigten) Städte" *Carmo* und *Bardo*. Sehr spät noch, in caesarischer Zeit, taucht ein einheimischer *rex* mit Namen *Indo* mit eigenem Truppenkontingent an der Seite Caesars auf (*bell. Hisp.* 10). Das kann nur bedeuten, dass Rom die alten Herrschaftsstrukturen tolerierte, solange sie sich nicht als seinen Interessen zuwider laufend erwiesen. Möglicherweise verbirgt sich hinter manchem der ‚romanisierten' Personennamen, die im Laufe der ersten 200 Jahre römischer Herrschaft über die Halbinsel begegnen, ein solcher *regulus* alten Stils.

Mit Culchas erhoben sich im Jahre 197 v. Chr. gegen Rom nur noch 17 *oppida*. Im Jahre 206 v. Chr. war „Kolichas", wie Polybios ihn nennt, mit einem Kontingent von 3.000 Fußsoldaten und 300 Reitern zu Scipio übergetreten. Offenbar hatte er früh die Seiten gewechselt und war von den beiden älteren Scipionen in einem Brief an Prusias von Bithynien zusammen mit Masinissa und Nabis genannt worden als Beispiel dafür, dass Rom die Macht dieser Könige erhöht und ihre Herrschaftsgebiete vergrößert habe (Polyb. 21,11). Nun wechselte er erneut die Seiten, was zu einem erheblichen Gebietsverlust führte.

Nach Scipios Sieg und seinen Folgen für die hispanischen Verhältnisse sahen manche der iberischen *reguli* die Dinge nüchterner. Wie die römischen Provinzgouverneure sie behandelten, wissen wir nicht. Offenbar wurden sie in ihrer Macht eingeschränkt, ob politisch oder wirtschaftlich, ist unklar. In diese Reihe dürfte auch der Stadtherr von *Castulo*, Hannibals Schwiegervater, gehören. Diese *chiefs* residierten, soweit wir wissen, in angemessenem Rahmen: Die archäologische Forschung hat in den letzten Jahrzehnten im südiberischen, mehrheitlich ländlichen Raum palastartige Anlagen entdeckt, die als Herrscher-Residenzen angesprochen werden können. Die zuerst entdeckte und am nachhaltigsten erforschte dieser Anlagen – *Cancho Roano* in der südlichen Extremadura, wohl in das 7. Jh. v. Chr. gehörend und im Einflussgebiet der Orientalisierung liegend – enthält einen Sakralbezirk, der, spanischen Archäologen zufolge, nahelegt, dass, wenn nicht bereits eine frühere, so gewiss die „orientalisierende" Phase der südiberischen Entwicklung im ersten vorchristlichen Jahrtausend eine sakralmonarchische Tendenz entwickelte. Herrscherliche Manifestationen finden sich auch in sepulkralen Zusammenhängen: Das Grabmal von Pozomoro, welches an das Ende des 6. Jhs. v. Chr. datiert wird und iberische Stilelemente mit ostmittelmeerischen, vielleicht nordsyrischen, vereint, gehört hierhin, aber auch die plastischen Darstellungen vom Grabmonument *Cerrillo Blanco* bei Porcuna sowie das Grabmal mit der *Dama de Baza* [s. Abb. 42] oder die *Dama de Elche*, eigentlich gedacht als Aufbewahrungsort für Leichenbrand.

Auffällig ist, dass sich in den größeren Siedlungen des Südostens und Ostens keinerlei eindeutigen Ansätze zu einer Palast-Architektur gefunden haben. Es besteht Grund zu der Annahme, dass in bestimmten Zonen des „iberischen" Raums, vor allem im Osten, im 5. und 4. Jh. v. Chr. politische und gesellschaftliche Veränderungen eintraten, die auf eine Abflachung der gesellschaftlichen Pyramide zielten, in deren Gefolge ältere Zeugnisse herrscherlicher Repräsentanz, beispielsweise die Grabtürme und weitere sepulkralen Monumente, zerstört wurden und neue nicht mehr entstanden sind.

Der Zweite Krieg zwischen Rom und Karthago

„Da habe Hamilkar Hannibals Rechte ergriffen, ihn an den Altar geführt und den Schwur tun lassen, niemals ein Freund der Römer zu werden."

(Polyb. 3,11)

Die Geschichte des „Hannibalischen Krieges" auf hispanischem Boden im Einzelnen zu erzählen, kann hier unterbleiben. Umfangreich ist auch die wissenschaftliche Literatur zu der sogenannten Kriegsschuldfrage. Karl Christ hat in einem luziden Essay dargestellt, in welchem Maße *„die Interdependenz des historischen Urteils mit Gegenwartskonstellationen"* auch noch das heutige Urteil der Forschung prägt (1972, 3 ff.). Das war bereits in der Antike so. Polybios, unsere Hauptquelle, schrieb als Parteigänger der Scipionen eindeutig als Freund Roms und lässt seine Leser dies spüren. Gleichwohl hat es nicht den Anschein, als habe er falsch berichtet. Eine in den 1950er- und -60er-Jahren heftig geführte Kontroverse um das Verständnis von Polyb. 3,15,5 beruht auf einer unnötigen Überinterpretation dieses sehr komprimierten Textes und der Verquickung zweier inhaltlich nicht notwendig verbundener Aussagen. Die römische Gesandtschaft, die 220/219 v. Chr. in Qrt Hadašt erschien, um die Lage zu erkunden, verlangte, Polybios zufolge, von Hannibal, *„sich von Saguntum fernzuhalten, denn die Stadt stehe unter (römischem) Schutz".* Sie forderte ferner, *„gemäß der mit Hasdrubal getroffenen Vereinbarung den Iberus nicht zu überschreiten."* In moderne Diplomatensprache übersetzt bedeutet das: Bewahrung des *status quo* und Respektierung älterer römischer Verpflichtungen durch Karthago. Dass Hannibal kurz darauf im Frühjahr 219 v. Chr. Saguntum angriff und nach monatelanger Belagerung einnahm, dürfte mehr mit innerhispanischen Problemen zu tun haben als mit der Absicht, Rom zu provozieren. [Abb. 12 a und b]. Die romfreundliche antike Geschichtsschreibung hat aus alledem einen Kriegsgrund fabriziert, welcher, angereichert mit Propaganda-Effekten, wie dem Hass Hannibals auf Rom schon seit Kindertagen und vielem anderem, zur Rechtfertigung der römischen Kriegserklärung an Karthago dient, die Polybios eindrucksvoll geschildert hat (3, 33). Die nicht unwichtige Frage nach der wirklichen Natur der römisch-saguntinischen Beziehungen, vor allem nach deren wahrem Alter hat Werner Huss in seiner „Geschichte der Karthager" (1985) detailliert diskutiert. Ob eine irgendwie geartete vertragliche Beziehung zwischen Rom und Saguntum vor 220 v. Chr. bestanden hatte oder ob diese erst in der Frühphase des Krieges begründet wurde, weil, wie Polybios (3, 15) anmerkt, man daran gedacht hatte, diese Stadt zur Operationsbasis zu machen, muss danach offen bleiben. Klar ist aber, darin ist Huss zuzustimmen, dass *„die Römer keinen Grund, der vor den Normen des internationalen Rechts hätte bestehen können, namhaft machen konnten, als sie i. J. 218 in den Krieg eintraten".*

Im Sommer 218 v. Chr. war der Konsul Cn. Cornelius Scipio bei Emporion gelandet und hatte den hispanischen Nordosten bis zum Ebro unter römische Kontrolle gebracht. Zusammen mit seinem Bruder Publius gelang es in den nächsten sieben Jahren, einen großen Teil der hispanischen Ostküste zu gewinnen und eine karthagische Flotte an der Ebro-Mündung zu besiegen. Es gelang auch, eine Anzahl hispanischer Stämme auf die Seite Roms zu ziehen und in wiederholten militärischen Auseinandersetzungen mit den von Hannibal zum Schutz der Halbinsel zurückgelassenen Truppen diese zu binden und Hannibals Nachschub zu blockieren. Als sie jedoch 211 v. Chr. die alles entscheidende Offensive in den Süden – d. h. in das Kerngebiet des punischen Kolonialreichs – begannen, wurden sie in zwei Schlachten geschlagen und fanden den Tod, P. Scipio am oberen Baetis, Cn. Scipio vier Wochen später auf der Flucht in den sicheren Nordosten. Damit war es zunächst mit jedweder römischen Militärpräsenz südlich des Ebro vorbei. Doch schon im Jahre 210 v. Chr. landeten erneut römische Verbände unter dem Befehl des P. Cornelius Scipio, des Sohnes des am Baetis gefallenen P. Scipio, bei Emporion, von wo aus Landheer und Flotte nach Tarraco aufbrachen. Während Hannibal noch in Italien operierte, zog Scipio im Jahre 209 v. Chr. mit Heer und Flotte gegen Qrt Hadašt, das stark be-

Abb. 12 a und b *Hannibal-Münze* aus Qrt Hadašt – Carthago Nova (Cartagena, Murcia) Doppelschekel der Barkiden in Hispanien, 237 – 209 v. Chr. Silber. Die Vorderseite zeigt den karthagischen Generalissimus wie einen hellenistischen Herrscher, die Rückseite Hannibals Haupt-Kriegswaffe, einen Elefanten.

festigte, aber schwach verteidigte Herz des hispanischen Kolonialreiches Karthagos, nahm die Stadt durch Überrumpelung ein und wendete damit dauerhaft das Kriegsglück. Durch geschickte Diplomatie gelang es zudem, einen Großteil der iberischen und hispano-keltischen Verbündeten der Karthager auf die Seite Roms zu ziehen. Im Jahre 208 v. Chr. schlug Scipio Hasdrubal, Hannibals Bruder, bei *Baecula*, sein Amtskollege Silanus ein karthagisch-hispanisches Aufgebot irgendwo in Mittelhispanien. Im Jahre 207 v. Chr. schließlich siegte Scipio bei *Ilipa*. Das Ergebnis: Verrat, Abfall und rapider Zerfall der karthagischen Macht in Tarschisch. Während Scipio die Invasion Nordafrikas vorbereitete, wurde auch HaGadir, die alte Bastion der Westphoiniker, verloren, das freilich unter römischen Vorzeichen einer glänzenden Zukunft entgegenging.

Exkurs 3
Warum annektierte Rom die Iberische Halbinsel?

"... um nach siegreicher Beendigung des Krieges gegen die Karthager am Ende den Gedanken der Weltherrschaft zu fassen." (Polyb. 3,2)

Angesichts der Bedeutung des Engagements der *res publica Romana* für das weitere Geschick der Iberischen Halbinsel stellt sich die Frage nach den Gründen für deren Annexion. In der Forschung ist dieses Thema oft und kontrovers diskutiert worden; ein Konsens wurde bis heute nicht erreicht. Die Quellen, zumal die den Siegern nahestehenden, haben die Frage nicht beantwortet. Man ist auf einen Indizienbeweis angewiesen, will man behaupten, der siegreiche römische Feldherr Scipio habe nach 209 v. Chr. überhaupt nicht daran gedacht, die römischen Propaganda-Versprechen von Befreiung und Autonomie für die punisch kontrollierten Gebiete einzuhalten und die Halbinsel zu räumen. Natürlich ist das livianische *"mein Gefühl sagt mir, Hispanien wird uns gehören"* des späteren Africanus eine rhetorische Ex-post-Bestätigung, doch gibt es genug Hinweise darauf, was Rom spätestens im Jahre 206 v. Chr. wirklich wollte. Wir haben gesehen, dass es die wachsende Macht Karthagos in Hispanien seit Längerem mit zunehmendem Misstrauen verfolgt hatte. Es mag auch sein, dass Matthias Gelzer Recht hatte mit seiner These *"Ohne die Eroberungspolitik der Barkiden in Spanien wären die Römer damals nicht nach Spanien gegangen, und ihr Antrieb war [-] die Sorge um die Sicherheit ihrer res publica"* (1963, 34). Gleichwohl ist das höchstens die halbe Wahrheit: Dass Hamilkar und seine Nachfolger in Hispanien Kompensation für die territorialen Verluste Karthagos im ersten Krieg mit Rom und danach suchten, ging Rom nach dem Völkerrecht nichts an. Auch die Einnahme von Saguntum, das zu Zeiten des völkerrechtlich verbindlichen Lutatius-Vertrags im Jahre 241 v. Chr. anscheinend noch nicht mit Rom verbündet war, kann objektiv nicht als Verstoß gegen vertragliche Abmachungen gewertet werden, und in der Zeit des Ebro-Übergangs mit eindeutig militärischer Zielsetzung – dies nun tatsächlich ein Vertragsbruch – hatte Rom bereits Karthago den Krieg erklärt, der nach Hispanien und Afrika getragen werden sollte. Diese strategische Konzeption gab es bereits vor 218 v. Chr., sie entsprang – in Verbindung mit der Annexion Siziliens und Sardiniens – vermutlich der Absicht, Karthago vollständig aus dem westlichen Mittelmeerraum zu verdrängen und auf Afrika festzulegen.

Der Angriff auf Castulo, die bedeutendste Ibererstadt im Südosten und eng mit Karthago verbündet, im Jahre 217 v. Chr. sollte Karthagos Ressourcen treffen. Die Gründung von *Italica* am Baetis bereits 206 v. Chr., d. h. an der Hauptader des Verkehrs zwischen den Minengebieten des *saltus Castulonensis* einerseits, am Hauptzugang zu den *RioTinto*-Minen andererseits, die schon im Jahre 212 v. Chr. aus strategischen Gründen vollzogene Teilung des Landes, die frühe Einrichtung von Garnisonen an geostrategisch und ökonomisch zentralen Plätzen, wie beispielsweise *Tarraco* (Tarragona), *"die Schöpfung der Scipionen"*, oder die Bestallung von zwei Magistraten für die beanspruchten Herrschaftsräume *citerior* und *ulterior* (im diesseitigen und jenseitigen Hispanien) der Halbinsel – dies und mehr macht deutlich: Spätestens 206 v. Chr. waren die Weichen gestellt. Und warum auch nicht? Der große Krieg war noch nicht vorbei, die *res publica* war pleite, der Krieg keineswegs beendet und die einsetzenden Geldströme aus den neuen Provinzen kamen mehr als gelegen. Ich glaube, dass der österreichisch-amerikanische Althistoriker Ernst Badian irrt, wenn er insinuiert, Rom habe Hispanien eigentlich gar nicht haben wollen, hingegen eingeräumt, man habe die Kyrenaika *"um sofortiger Gewinne willen"* als Provinz eingerichtet (1980 *passim*, res. 59). Der Gelehrte sieht hier eine gänzlich neue Außenpolitik. Ich vermag dem nicht zuzustimmen. Das ist keine neue Außenpolitik, sondern ein durch die Eroberung des mittelmeerischen Ostens gewandeltes Szenario sowie veränderte Mentalitäten durch intensivere Berührung mit dem hellenistischen Raum. Warum neben anderem reine Geldnot Rom nicht schon im Jahre 206 v. Chr. genötigt haben soll, Hispanien zu annektieren, ist nicht einzusehen.

Um es mit den Worten des Wirtschaftshistorikers Jaime Vicens Vives zu sagen: *"In the concrete case of Hispania, the first Roman conquest was merely an episode in the Punic War. But once Carthage was defeated and expelled from the country by the treaty of 201, the Romans had no intention of abandoning it"* (1969, 57). H. H. Scullard hat das noch nachdrücklicher formuliert: *"Wollte Rom Hannibals und Karthagos Macht in Hispanien eliminieren oder wollte es die Zerstörung Karthagos als Großmacht?"* Die Antwort: *"Die militärische Planung Roms im Jahre 218 legt letzteres nahe"* (1973², 41).

Natürlich wäre es eine unzulässige Verkürzung der historischen Realität, wollte man Roms Interesse an dem Gewinn von Edelmetallen reduzieren. Neben den aktuellen geostrategischen und Sicherheits-Überlegungen, die für eine Kontrolle der Halbinsel wenigstens auf Zeit sprachen, macht der *gesamte* Reichtum des großen Landes seine Attraktivität aus, wie vordem für Karthago so jetzt für Rom und später für Piraten, nordafrikanische Räuberhorden, Germanen und muslimische Mauren, von der industriellen Moderne nicht zu reden. Und natürlich wurde dieser Reichtum vergröbert dargestellt; man berücksichtigte nicht, dass er keineswegs überall vorhanden war und dass es auf der Halbinsel Menschen, Gruppen, ganze Stämme gab, die sich aus Edelmetallen rein gar nichts machten (Appian. Iber. 54). Informationen dieser Art wurde in Rom offenbar keine Bedeutung beigemessen.

Man muss den Wissenschaftsgenerationen, die Roms Zugriff auf die Iberische Halbinsel allein unter den Gesichtspunkten von geostrategischem Selbstschutz und zivilisatorischem Sendungsbewusstsein verstanden wissen wollten, zugute halten, dass ihr Blick nicht selten im Übermaß einseitig-romfreundlich gefärbt war. Spaniens frühneuzeitlicher Griff nach Amerika, Englands Inbesitznahme von Indien, die Ausbeutung des Kongo durch Belgien und manch anderes der Art wurden nicht in Parallele gesetzt zu dem, was am Ende des 3. Jhs. v. Chr. die *res publica romana* veranlasste, die Iberische Halbinsel unter dem staatsrechtlich legitimierten Begriff *provincia* als Beute des Krieges mit Karthago *peu à peu* in Besitz zu nehmen. Wirtschaftliche Beweggründe wurden nur selten als wichtige Motive antiker Imperialismen gesehen und Badian konnte sich in seiner Untersuchung zum römischen Imperialismus noch so sehr bemühen zu beweisen, das Senatsregiment der mittleren Republik sei ökonomisch nicht sonderlich interessiert und keinesfalls gewinnorientiert gewesen. Wenn die *res publica* zusätzliches Geld brauchte, verschaffte sie es sich. Was Badian missversteht: Ob der Senat als Körperschaft gierig war oder nicht, ist ohne Bedeutung, solange die Magistrate vor allem in den westlichen Provinzen notwendige und mehr als die notwendigen Beitreibungen erledigten. Und was die aristokratische Zurückhaltung *in oeconomicis* betrifft: Spätestens seit dem hannibalischen Krieg ist das eine fromme Lüge: Schon der ältere Cato war durch seine Freigelassenen an Geldgeschäften beteiligt (Plut. Cato *maior* 21). Plutarch zählt die Einnahmequellen des Triumvirn Crassus auf, darunter vermutlich hispanische Silberminen, und auch der „edle Brutus", Caesars Mörder, war nebenher Bankier. Man machte – durchweg anonym – Geschäfte oder ließ Geschäfte machen, Beispiele dafür gibt es genug. Jedenfalls darf aus der Tatsache, dass die hispanischen Provinzen zwischen dem numantinischen- und dem Sertorius-Krieg sowie danach kaum das Interesse der zeitgenössischen Geschichtsschreiber finden, nicht geschlossen werden, die Verhältnisse dort hätten sich – etwa im Vergleich mit dem interessanteren Osten – völlig anders dargestellt. Ich finde keine Gründe dafür, anzunehmen, dass sich gierige, korrupte und skrupellose Promagistrate in Hispanien anders verhalten haben sollten als im Osten, nur weil ihnen dort die Umstände ihr Tun erleichterten. Jedenfalls geht es nicht an, aus Mangel an einschlägigen Nachrichten aus den hispanischen Provinzen voreilige Schlüsse zu ziehen. Wenn E. S. Gruen in seinem glänzenden Essay „*Material awards and the drive for Empire*" von 1984 auf eine Reihe von Beispielen dafür verweisen kann, dass die offizielle Senatspolitik im 3.–2. Jh. v. Chr. im Osten in finanzieller Hinsicht durchaus maßvoll angelegt war, so hat er Recht, doch gibt es zum einen reichlich Gegenbeispiele für das Fehlverhalten Einzelner, zum anderen ist der westmittelmeerische Raum bei Gruen nahezu vollständig außer Ansatz geblieben. Gerade dort, im *Barbaricum*, tritt der Unterschied zwischen der offiziellen Staatsmoral und dem Fehlverhalten Einzelner offen zutage, vor allem, wenn man die Art und Weise betrachtet, in der sich die Prozesse gegen straffällige Gouverneure – beispielsweise gegen Sulpicius Galba Mitte des 2. Jhs. v. Chr. – gestalteten.

Dieser ganze Komplex, der in der aktuellen Forschung noch immer angestrengt diskutiert wird (s. die vorzügliche Übersicht bei W. V. Harris, *Current directions in the study of Roman imperialism, passim*), kann uns hier nur so weit beschäftigen, als die Iberische Halbinsel tangiert ist. Ich selbst habe mich mit meinen Vorstellungen seinerzeit in Harris' großer Untersuchung „*War and imperialism in republican Rome 327–70 BC*" von 1979 weitgehend wiedergefunden. Harris hat seine früheren Einsichten seither eher noch untermauert und verfeinert. Es fehlt allerdings, wenn ich richtig sehe, die Beobachtung, dass Rom in dieser Hinsicht sehr deutlich zwischen Ost und West, zwischen zivilisierten Räumen und Barbarenland unterschied. Hispaniens Mitte, Norden und Westen waren Barbarenland – danach wurde gehandelt.

Es gibt Forschungsmeinungen, wonach der römische Senat, welcher, wie nicht vergessen werden darf, niemals ein geschlossener Block war, mit der Entscheidung, die Halbinsel zu annektieren, lange gezögert habe, doch das hatte er bei der Einrichtung der Provinzen Sizilien und Sardinien auch – und länger – getan. Keine Zeit hingegen ließ sich der siegreiche Feldherr Scipio. Auch Werner Dahlheims raffiniert-gescheites Bemühen, Roms angeblichen *contre coeur*-Verbleib aus den aktuellen politischen Umständen im Mittelmeerraum zu erklären (1977, 77 ff.), sticht nicht: Schon in den Jahren 206 und 203/2 v. Chr. nach dem Präliminarvertrag mit Hannibal oder spätestens nach dem Sieg bei Zama hätte sich die römische Militärmacht von der Iberischen Halbinsel zurückziehen und deren heterogene, konsens-unwillige Völkerschaften risikolos sich selbst überlassen können, sofern sie dies wirklich gewollt hätte. Tatsächlich aber beeilte sich der Sieger mit der Neugründung, Okkupation und Bündnisbindung von Städten bzw. Stämmen in Hispanien. Bereits die ersten strategischen und diplomatischen Maßnahmen Scipios machen deutlich, wie wenig er beabsichtigte, das „befreite" Land in den politischen Zustand *quo ante*, ohne Karthago, zu versetzen. Es ist in unserem Zusammenhang nicht von Belang, ob Scipio das gewissermaßen im Alleingang tat oder ob er sich in Rom rückversichert hatte. In jedem Fall konnte er sich der damals führenden Senatsgruppe sicher sein. Vor seiner Abreise zur Konsulatsbewerbung für 205 v. Chr. nach Rom bestellte er L. Marcius und M. Iunius Silanus zur Verwaltung der *provincia ulterior* bzw. *citerior*. In den folgenden Jahren hörte der Senat nicht auf, Propraetoren bzw. Prokonsuln mit entsprechender Befehlsgewalt in das vorgeblich befreite Land zu entsenden, zunächst provisorische Stellen, die ab 197 v. Chr. in reguläre umgewandelt wurden. Es verging einige Zeit darüber, bis man in Rom, wo es in diesen Jahren auch anderes zu tun gab, eine definitive Entscheidung traf und eine brauchbare Form gefunden hatte, mit dem neuen Besitz umzugehen. Die offiziellen Begründungen für den Verbleib, sofern solche überhaupt formuliert wurden, haben stets mit Aufständen, Widersetzlichkeiten oder „Verrat" zu tun. Das sind fast immer veritable *petitiones principii*. Dahinter steht, wie sich angesichts der hispanischen Beschwerden des Jahres 171 v. Chr. zeigt, fast niemals etwas anderes, als auf der Seite der Einheimischen das zivile und/oder militärische Einklagen römischer Versprechungen sowie Abgabendruck und Opposition gegenüber einer als Besatzungsmacht auftretenden vorgeblichen „Befreiungsarmee".

Kaum eine römische Quelle hat das gute Recht dieser Logik akzeptiert: Lediglich Livius, dessen subversive Töne der Forschung nicht immer aufgefallen sind, lässt scheinbar ganz nebenbei den gesunden Menschenverstand in der siegreichen, aber übermäßig lange Zeit auf ihre Besoldung wartenden Armee Scipios zu Wort kommen: *„Zuerst"*, heißt es im Jahre 206 v. Chr., *„gab es nur Gespräche im Geheimen: Wenn es Krieg in der Provinz gebe, wieso denn zwischen friedfertigen Stämmen?"* Und warum, wenn der Krieg gewonnen sei und *„die Provinz eingerichtet, warum geht es dann nicht heim nach Italien?"* (28, 24). So konnte man das sehen! Die das angeblich sagten, tragen kuriose Namen: Albius aus Cales und Atrius aus Umbrien: Herr Schwarz und Herr Weiß nicht im Gegensatz zueinander, sondern in Übereinstimmung. Die düpierten Einheimischen dachten und formulierten Ähnliches (Liv. 29,1,22).

Tatsächlich wurde allenthalben mit größter Selbstverständlichkeit der Gewinn des großen und reichen Landes als rechtmäßige Kriegsbeute betrachtet, die es zu verteidigen galt. Vor einigen Jahren hat Badian darüber geklagt, die jüngere Altertumsforschung lege zuviel Gewicht auf sozioökonomische Aspekte der Geschichtsdeutung. Das mag gelegentlich zutreffen, doch wäre die Vernachlässigung dieser Gesichtspunkte ebenso beklagenswert, zumal für den Westen, wo nach römischem Selbstverständnis gegenüber den dort wohnenden ‚Barbaren' Verträge, Absprachen, gar menschliche Rücksichten nur beschränkt als bindend oder verpflichtend anzusehen waren und Vertragsbruch jedenfalls nicht als unbedingt strafwürdig galt. Man dachte, wie Badian selbst formuliert, in der Regel gar nicht daran, zugunsten namenloser Barbaren Angehörige der eigenen aristokratischen Schicht strafrechtlich zu belangen. Die Richtigkeit dieser These wird sich vor allem in republikanischer Zeit immer wieder erweisen.

Als die vom „karthagischen Joch" Befreiten ihre neue Freiheit zu reklamieren beginnen, werden sie, sofern sie nicht

Abb. 13 Die Minen von *río Tinto* (Sevilla) sind von vorgeschichtlicher Zeit bis in die Gegenwart in Gebrauch. Metalle: Kupfer und Silber.

klein beigeben, unterworfen: Erst der Nordosten, später der Süden, dann die Mitte und der nördliche Westen. Daraus wurde ein 200 Jahre dauerndes Bemühen, das erst Augustus schlecht und recht abschließen konnte. Bis in spätrepublikanische Zeit verfuhr Rom anderswo ähnlich, wofür Caesars Gallienzugriff beredtes Zeugnis ablegt. Noch Tacitus' sarkastische Bemerkung „*tam diu Germania vincitur*, d. h. „so lange schon wird Germanien besiegt" (*Germ.* 37,2) macht deutlich, dass sich über Jahrhunderte wenig geändert hatte und vieles sich niemals ändern würde.

In seinem späten Büchlein „Zöllner und Sünder" hat Badian wahrscheinlich gemacht, dass das römische System von Steuererhebung und Abgabenpolitik während der mittleren Republik im Großen und Ganzen funktionierte. Wir haben guten Grund zu vermuten, dass die Annexion der Iberischen Halbinsel erheblich dazu beitrug, diesen Zustand zu ändern. Hispanien war nach Sizilien und Sardinien die erste Eroberung, die durch verlässliche Quellen halbwegs befriedigend dokumentiert ist und überdies, alles in allem, die im ökonomischen Sinne reichste Akquisition seit Beginn der römischen Expansion. Mitten im zweiten Krieg mit Karthago war der Kapitalbedarf der *res publica* gewaltig – welch Wunder also, dass man zugriff. Dass sich im Laufe des 2. Jhs. v. Chr. die gröbsten Scheußlichkeiten in Hispaniens Mitte und Westen jenseits der politisch-militärischen Frontlinie, quasi im Verborgenen des „barbarischen Hinterlandes", abspielten und lange weitgehend unbeachtet, jedenfalls meist straflos blieben, hatte nicht zuletzt damit zu tun, dass die Verwaltung der neuen Provinzen tatsächlich grundsätzlich funktionierte. Die Verteilung der Kriegsbeute erfolgte nach dem bewährten Schlüssel; *vectigal* und alle weiteren Abgabe-Erhebungen dürften normal abgewickelt worden sein, was immer das aus der Sicht der Provinzialen bedeutet haben mag. Über das Wirken früher *publicani* auf der Halbinsel, denen Cato 195 v. Chr. die Minen zu Pacht und Ausbeutung überlassen haben wird, hören wir in den Quellen fast nichts, was durchaus nicht bedeutet, dass sie keinen Schaden angerichtet hätten. P. A. Brunt (1971, 210) nimmt an, dass die hispanischen Minen zu einem späteren Zeitpunkt *„passed into private ownership, and that some of the owners were roman capitalists"*, wozu der oben gegebene Hinweis auf Silberminen in Crassus' Besitz passen würde. [Abb. 13]

Dass sich die Dinge nicht problemlos entwickelten, beweist jener bereits erwähnte Vorgang, den Livius (43,2) aus dem Jahre 171 v. Chr. berichtet: Es seien Gesandte verschiedener *populi* aus beiden hispanischen Provinzen beim römischen Senat vorstellig geworden, die sich zunächst über die Habgier (*avaritia*) und Anmaßung (*superbia*) der römischen Beamten beschwert und dann auf Knien gebeten hätten, nicht zuzulassen, dass sie als Verbündete (*socii*) Roms schlimmer ausgeplündert und geplagt werden sollten als dessen Feinde. Als Antwort erfand der Senat das sogenannte Rekuperatorenverfahren, wonach die Provinzialen je zwei (römische) *patroni* (Ombudsleute) wählen sollten, die ihre Sache vor Gericht vertreten würden. Daraufhin kam es zu Verfahren wegen Veruntreuung von Geldern, nicht aber zu Verurteilungen. Ein Angeklagter wurde freigesprochen, zwei entzogen sich der Verurteilung durch freiwilliges Exil. Es gab sogar Gerüchte, so Livius, dass die *patroni* selbst nicht zulassen wollten, dass gegen *nobiles ac potentes* Anklage erhoben werde. Auch wird sogleich mitgeteilt, wie der zuständige Praetor verhinderte, dass seine Standesgenossen in allzu große Schwierigkeiten gerieten. Weitere Übergriffe der römischen Verwaltung, wie die Festsetzung der Getreidepreise und anderes mehr kamen zur Sprache: Auch hier erhielten die Hispanier positive Bescheide. Man könnte sagen, dass sich der Senat damals *in toto* durchaus provinzialenfreundlich und um vernünftige Konfliktlösungen besorgt zeigte, dass aber die aristokratische Verhaltensnorm mit Eigennutz und Mangel an *common sense* allzu oft den Sieg davon trug.

In praxi galt, was C. Gracchus später als Staatsziel formulierte, dass *„die Provinzen des römischen Volkes zum Wohl des römischen Volkes ausgebeutet werden sollten"* (Badian 1997, 80; 135 und *passim*), nur, dass allzu oft das „römische Volk" keineswegs der begünstigte Teil war. Harris (2006, 123, Anm. 3) mag Recht damit haben, Valerius Maximus (2,8,4) einen Irrtum vorzuwerfen, nichtsdestoweniger ist die Tatsache, dass Triumphe grundsätzlich *„für die Erweiterung des Imperiums"* zugesprochen wurden, aussagekräftig genug.

Hispanien nach dem Ende des großen Krieges

„Tribute sind der Preis des Friedens."

(Oros. 5, 286)

Im Frieden von 201 v. Chr., den Scipio Karthago diktierte, wofür er vom römischen Senat freie Hand erhielt, ist von der Iberischen Halbinsel nicht die Rede. Man darf aber unterstellen, dass das Verbot der Anwerbung keltischer Söldner auch auf die hispanischen Kelten zu beziehen ist. Diese Söldner, Iberer und vor allem Hispano-Kelten, waren als Kampfverbände zu gefährlich, als dass man Karthago weiterhin ihre Rekrutierung hätte erlauben können: Sie spielten in beiden Kriegen zwischen Rom und Karthago eine wichtige Rolle. Wir kennen einige mit lateinisch oder griechisch adaptierten Namen: *Moeniacoeptus* und *Vismarus*, *insignes reguli Gallorum* (Liv. 24,42,8) fallen 214 v. Chr. auf karthagischer Seite; *Moericus* und *Belligenes* verraten 212 v. Chr. Syrakus und die karthagische Sache an Rom, wofür sie und ihre Gefolgschaft reich belohnt werden (Liv.25,30,2–12; 26,21,10–13) und die überdies, will man Badian (1967, 254 f.) folgen, eine neue Form von Integration von ‚Barbaren' in die offizielle römische Namengebung begründen. Soldaten von der Iberischen Halbinsel, mehrheitlich aus dem indoeuropäischen Raum, werden bis zum Ende des Imperiums (im Westen) in allen Teilen der Welt für Rom kämpfen.

Das jahrhundertelang bestehende hispanische Dominium Karthagos existierte nicht mehr. Was blieb, waren die Nachfahren der Westphoiniker und Punier in Tarschisch, der Region, welche bald *Hispania ulterior* oder *Baetica* heißen würde, soweit sie den Krieg überlebt bzw. ihren Frieden mit Rom gemacht hatten. Das gilt in erster Linie für *Gades*, wie das alte, rechtzeitig von Karthago abgefallene HaGadir nun heißt, und Hasdrubals Qrt Hadašt, das zu *Carthago Nova* wird und sich mit seinem funktionstüchtigen Hafen, seinen günstigen Verkehrsverbindungen und dem Minen-Umland rasch zum Einfallstor aller derjenigen römisch-italischen Kriegsgewinner entwickelte, die sich von dem neu eroberten vermeintlichen *Dorado* gute Geschäfte erhofften. Dazu kam eine große Anzahl von Städten und kleineren Siedlungen an der Küste, im andalusischen Binnenland und auf den Balearen, die durch literarische Quellen, Grabungsarchäologie und Numismatik als punisch oder punisch beeinflusst erwiesen sind. Auch intensive punische Handelsaktivitäten überlebten den Krieg, wie die Verbreitung punischer Amphoren im gesamten mittelmeerischen Westen und darüber hinaus belegt.

Es wird mehr als 200 Jahre dauern, bis die letzten äußeren Zeichen der jahrhundertelangen Semitisierung dieses Raumes völlig verschwunden sind, und weitere 700 Jahre, bis *Al-Andalus* aufs Neue eine orientalisch-nordafrikanische Kulturprägung erhält: Sowenig wie die keltische wird die Halbinsel die semitische Prägung je verlieren.

Die Räumung der karthagisch dominierten Gebiete hinterließ zunächst ein politisches und organisatorisches Chaos. Einzelne Stämme und Gemeinden arrangierten sich mit der römischen Verwaltung der neuen Provinz *Hispania ulterior*; andere darunter auch punische Städte, wie Malaca, *Sexs et omnis Baeturia* rebellierten, kaum zehn Jahre nach Ende des Krieges. Auch starke iberische Stämme des Nordostens lehnten sich gegen die neuen Herren auf, denen sie – kaum zu Unrecht – Wortbruch vorwarfen. Dort, im heutigen Katalonien, sind es bereits 205 v. Chr. die Ilergeten, Ausetaner und Sedetaner die – wie Livius (29, 1, 22 ff.) berichtet – unter Führung des *Indibilis* einen „großen Krieg" beginnen. Man wolle nicht, so die Begründung, den einen Imperialismus gegen einen neuen eintauschen. Nicht anders die Turdetaner im Süden: Unter Führung der *reguli* Culchas und Luxinius erheben sich 197 v. Chr. zahlreiche Städte gegen die neuen Herren: „Im Jenseitigen Hispanien ist ein großer Krieg ausgebrochen" (Liv. 33,21,6.). Der Praetor der *provincia ulterior*, M. Helvius, kann diesen Aufstand anscheinend ohne größere Probleme niederschlagen. Zwei Jahre später beendet der Praetor der *provincia citerior*, Q. Minucius Thermus, die Erhebung der *reguli Budar* und *Baesadines*, deren Herrschaftsbereiche vermutlich im Norden der *ulterior* zu suchen sind (Liv. 33,44,4). Beide Beamte wurden in Rom ob ihrer Siege ausgezeichnet. Im Jahre 196 v. Chr. gab es in der *provincia citerior* erneut Kämpfe, in deren Folge der Prokonsul C. Sempronius Tuditanus getötet und sein Heer geschlagen wurde. Livius legt Wert auf die Feststellung, dass der Krieg in Hispanien, der zusammen mit dem gegen Karthago geendet habe, fünf Jahre nach dessen Ende neu begonnen habe (33,24,5). Er betont, dass es sich um einen *„fast neuartigen Krieg"* gehandelt habe, welcher *„tum primum in suo nomine"*, also in hispanischem Namen, geführt worden sei, d. h. ohne punische Hilfestellung (33,24,6). Die Nachricht ist deswegen bedeutend, weil hier festgestellt wird, dass damals Hispanier versucht haben, sich zum Subjekt ihrer Geschichte zu machen, ein Umstand, der anscheinend Verwunderung erregte.

Gleichwohl sind diese Versuche, den Gang der Dinge aufzuhalten, folgenlos geblieben. Der an Fremdherrschaft gewöhnte Süden, ohnehin eher unkriegerisch und für militärische Unternehmungen von hispano-keltischen Söldnern abhängig, war zu dauerhaftem und breit angelegtem Widerstand kaum fähig und ergab sich in sein Geschick. Osten und Süden wurden durch Garnisonen wie Castulo, Carthago Nova, Italica u. a. gesichert. Tarraco, in zwei Bauabschnitten mächtig befestigt (Hauschild 2006, 153 ff.), erhält um 200 v. Chr. sogar ein römisches Kulturdenkmal, das erste im Lande: Ein Relief der Göttin Minerva in Ruhestellung mit *hasta*, gestützt auf das *scutum*. Nicht Mars, sondern die Patronin der Ingenieure: Symbol des mit Lanze und Langschild bewachten Friedens? [Abb. 14]

Ferner wurden Art und Höhe der Tribute sowie sonstige Abgaben festgesetzt, und nach einem historischen Moment der Starre entwickelten sich die Verhältnisse weitestgehend im Sinne der neuen Herren.

Der amerikanische Althistoriker Robert C. Knapp hat 1977 viel Mühe darauf verwandt, den Beginn der römischen Verwaltung in den beiden neuen hispanischen Provinzen, deren Endzustand in den Berichten von Varro und Plinius ausgebreitet ist, zu ihrem Ursprung zurückzuverfolgen. Das gelang nur in Teilen, da die Quellengrundlage äußerst unbefriedigend ist. Man legte die innere Grenze der beiden Provinzen fest, aber niemand vermag zu sagen, wann genau sich die Verwaltungsstrukturen herausbildeten, die später so selbstverständlich zu sein scheinen.

Jedenfalls hören wir nichts von *leges provinciae* für die beiden Hispanien, die üblicherweise die gesetzliche Grundlage – man könnte auch sagen: das Besatzungsstatut – für neu erworbene Territorien bildeten. Vielmehr hat es den Anschein, als habe man auf römischer Seite improvisiert und sehr flexibel auf die Bedürfnisse reagiert, die sich aus immer neuen Situationen ergaben, und, was besonders wichtig ist: Man tat nur das, was am notwendigsten zu tun erschien, d. h. man schuf ein komplexes System von Bindungen der unterschiedlichen sozialen Einheiten an Rom. Die Einen – Gades zum Beispiel – wurden föderiert und behielten Steuer-

Abb. 14 Fragment des *Minerva*-Reliefs aus der Torre de Minerva/Bastion der Stadtmauer von Tarraco. Um 200 v. Chr.

Grosso modo „funktioniert" die zunächst nur improvisierte Organisation der neuen Provinzen, soweit sie mit den von Karthago kontrollierten Regionen identisch waren; noch hören wir nicht vom Fehlverhalten römischer Beamter. Ob die römischen Bürgersoldaten aus Hispanien abgezogen werden und nur noch Kontingente italischer Hilfstruppen auf der Halbinsel bleiben, weil die Lage stabil ist oder aus einem anderen Grunde, wissen wir nicht. Sicher ist aber, dass zwei für die Zukunft entscheidende Entwicklungen verhältnismäßig rasch erkennbar sind. Es sind dies ein starkes Anwachsen der lokalen/regionalen Münzprägung und die Eingliederung der Menschen in den unter Kontrolle gebrachten Gebieten in das römische Klientelsystem. Dieses, man würde heute sagen, ‚soziale Netzwerk', ist in den ‚lateinisch' geprägten Ländern des südlichen Europa bis in die Gegenwart spürbar: Es beschreibt die gesellschaftliche Interdependenz Mächtiger und weniger Mächtiger bis hinunter zu freigelassenen Sklaven, verdienten Soldaten und ganzen militärischen Formationen, ein Patronatsverhältnis, das auf gegenseitiger Loyalität aufgebaut ist und materiellen ebenso wie immateriellen Beistand und jede Art von Förderung beinhaltet, durchaus im Guten wie im Bösen. Ernst Badian wurde mit der grundlegenden Untersuchung zu diesem Phänomen 1956 in Oxford promoviert (*Foreign Clientelae* 1967²); Korrekturen sind angebracht, aber im Wesentlichen hat die Arbeit Bestand. Die Übertragung dieses Systems auf die Provinzen hat gerade bei den westlichen Eroberungen Roms eine politisch-gesellschaftliche Wirkung besessen, die kaum zu überschätzen ist. Für Hispanien bedeutet das, dass von den Cornelii, Baebii, Sulpicii, Aemilii etc. der Eroberungszeit bis auf Pompeius Magnus und die Iulii nahezu alle Provinzgouverneure zahllose Einheimische zum gegenseitigen Nutzen und Frommen in ein persönliches Nahverhältnis aufnahmen. Es waren in aller Regel die Reichen und Mächtigen (*"boni et locupletes"*) der provinzialen Städte und Stämme, die in militärischen, wirtschaftlichen oder administrativen Zusammenhängen in die Klientel römischer Würdenträger eintraten. Die Folge – neben anderen Konsequenzen – war eine enge Verzahnung der politisch und wirtschaftlich relevanten Eliten mit der Kolonialmacht, welche, neben dem Nutzen für die Beteiligten, dem Frieden und der reibungslosen Verwaltung in den Provinzen diente. Nichts belegt die

und Finanzhoheit, andere wurden steuerpflichtig. Dritte, die dauerhaft Widerstand geleistet hatten, wurden unterworfen und fielen unmittelbar an Rom. Der Bergbau wurde verstaatlicht, was bedeutet, dass die Minen, soweit sie nicht von der Armee direkt kontrolliert wurden, von Staats wegen Steuerpacht-Gesellschaften bzw. dem Meistbietenden überlassen wurden. Wo man es für geboten hielt, wurden inner-einheimische Abhängigkeiten gelöst, wofür wir im Falle der *turris Lascutana* ein frühes epigraphisches Zeugnis besitzen. Gerade solche Fälle wird es häufig gegeben haben: So konnte die Besatzungsmacht Freunde gewinnen. Es gab auch Beschwerden, beispielsweise im Jahre 199 v. Chr. aus Gades, weil dorthin 206 v. Chr. eine Besatzung gelegt worden sei (Liv. 32,2,5), die man nun loswerden wollte. Um die Interpretation dieser Stelle bei Livius ist in der Forschung viel Aufhebens gemacht worden: Knapp (1977, 209 f.) hat wohl richtig gesehen, dass nach Auffassung der Gaditaner keine Bedrohung von karthagischer Seite mehr existiere und also eine Besatzung überflüssig sei. Dem Antrag wurde vom römischen Senat entsprochen; fortan machte Gades Jahrhunderte lang nur noch im Guten von sich reden.

Bedeutung dieser Einrichtung nachdrücklicher als die Vorgänge im Zusammenhang mit der Einführung des Rekuperatorenverfahrens auf Initiative hispanischer Beschwerdeführer im Jahre 171 v. Chr. Die Provinzialen wählten als senatorische *patroni* den älteren Cato und P. Cornelius Scipio für die *provincia citerior* sowie L. Aemilius Paullus und C. Sulpicius Gallus für die *Ulterior*. Alle vier gehörten zu den großen Klientelherren Hispaniens in der ersten Hälfte des 2. Jhs. v. Chr.

Dass diese Nahverhältnisse später Probleme schufen, als im Laufe des 1. Jhs. v. Chr. der römische Bürgerkrieg Parteigegensätze, beispielsweise zwischen Caesar und Pompeius, auch in die Provinzen trug, ändert nichts an diesem Gesamteindruck. Und so finden wir in den Auflistungen bei Badian, die keinen Anspruch auf Vollständigkeit erheben, für die hispanischen Provinzen zahlreiche Belege für Verbindungen dieser Art und daneben entsprechende Freigelassenen-Namen sowie solche, die auf Bürgerrechtsverleihungen an Einheimische hinweisen, was in aller Regel den Eintritt in die Klientel des jeweiligen *patronus* bedeutete.

Man kann sich fragen, ob all dem bereits ein politisch-soziales Konzept zugrunde lag, wie es viel später tatsächlich deutlich wird, oder ob das, was Macht und Ansehen Einzelner erhöhte, einfach nur römischem Pragmatismus und aristokratischem Selbstverständnis entsprach. Man kann auch behaupten, dass alle diese Schritte vorwiegend dazu dienten, die Einheimischen zu korrumpieren und mögliche Widerstände zu unterlaufen. Für alle drei Hypothesen gibt es Belege, wenn diese auch nicht durchgehend, sondern nur phasenweise erkennbar und durchweg an Einzelpersonen geknüpft sind. Nichtsdestotrotz haben Klientelwesen, Bürgerrechtsverleihungen und die wohlbedachte Zulassung sozialer Mobilität in den Provinzen aus römischer Sicht insofern eine eher positive Wirkung gehabt, als man so etwas wie eine kulturell-politische Identität von ‚Barbaren' ohnehin nicht ernst nahm, gleichwohl aber konfliktfreien Verkehr mit diesen im Rahmen der römischen Ordnung wünschte.

Von großer Bedeutung für die soziale und kulturelle Anbindung Hispaniens an Rom sind neben den Garnisonen und den sehr früh in römischen Dienst gestellten einheimischen Hilfstruppen auch Siedlungsgründungen wie die von Italica mit Kriegsinvaliden bereits 206 v. Chr., *Graccurris* am mittleren Ebro im Jahre 179 v. Chr. und *Carteia* an der Straße von Gibraltar im Jahre 171 v. Chr..

169 v. Chr. oder 152 v. Chr. gründete Claudius Marcellus *Corduba* am mittleren Baetis, die spätere Hauptstadt der *provincia ulterior* mit „ausgesuchten Römern und Einheimischen" (Strabon 3,2,1), wobei „Römer" in Strabons Sprachgebrauch auch Italiker einschließt. Die hier eingeleitete ‚Kohabitation' erscheint klug und wegweisend; eine außerhispanische Parallele bieten die „*Salassi incolae*" in Aosta. Solche und vergleichbare Lösungen beweisen, dass neben den zahlreichen mediokren Funktionären, welche Rom nach Hispanien sandte, gelegentlich auch visionäre Köpfe auf die Halbinsel gelangten.

Der Name der ältesten römischen Gründung auf hispanischem Boden, Italica, weist auf die Ansiedlung mehrheitlich italisch-stämmiger Veteranen. Carteia, ursprünglich, wie schon der Name verrät, eine punische Stadt, die im oder nach dem zweiten Krieg ihre Selbständigkeit verloren haben muss, wurde aufgrund einer *legatio novi generis hominum* („Gesandtschaft einer neuen Gattung von Menschen") an den römischen Senat als „lateinische Kolonie von Freigelassenen" neu gegründet. Damit löste der Senat geschickt ein immerwährendes Problem aller auswärtig stationierten Armeen in Krieg und Frieden: Über 4.000 Soldatenkinder „*von römischen Soldaten und einheimischen Frauen, mit denen die Ehe nicht gestattet ist*" benötigten eine Rechtsgrundlage und die Chance einer Existenzgründung. Man bat um eine Stadt, in der man leben könne. Der Senat entschied, sie sollten ihre Namen und die Namen derer, die sie freizulassen wünschten, bei dem zuständigen Provinzstatthalter angeben und wies ihnen *Carteia ad Oceanum* zur Ansiedlung zu. Er dekretierte ferner, dass von den früheren Bewohnern der Stadt diejenigen, die dies wünschten, unter die Kolonisten aufgenommen werden und Landzuweisungen erhalten sollten (Liv. 43, 3). Knapp hat zu Recht bemerkt, dies sei „*a typically Roman response to a new situation*" gewesen (1977, 117). In der Tat muss die Entscheidung als kluge und weitsichtige Maßnahme gewertet werden. Ob wir es hier mit einem Präzedenzfall zu tun haben, wissen wir nicht.

Den vielleicht wichtigsten und nachhaltigsten Beitrag zur Verklammerung der hispanischen Provinzen mit der römisch-hellenistischen Welt leisteten Wirtschaft und

Handel. Der aus Sizilien stammende Historiker Diodoros schreibt (5, 36): „… *als sich die Römer zu Herren Iberiens gemacht hatten, strömte eine Menge von Italikern zu den Minen; getrieben von Habgier trugen sie großen Reichtum davon. Dazu kaufen sie eine große Zahl von Sklaven, die sie den Minenaufsehern übergeben; diese Leute treiben an zahlreichen Stellen Stollen in die Erde und suchen nach Silber- und Goldadern …*" Solche Glücksritter strömten in beträchtlicher Zahl nicht allein in die Bergbaugebiete, auch in die Hafenstädte und überall hin, wo man Geschäfte machen konnte, ausgestattet mit dem Privileg eines höheren Rechtsstatus und der Beherrschung der lateinischen Sprache. Spanische Philologen haben herausgefunden, dass das Lateinische eher aus dem italischen Hinterland als aus Rom auf die Halbinsel gekommen sei. Und in der Tat waren es ja nicht die Gebildeten, die sich nach Hispanien aufmachten, sondern neben römischen Bürgersoldaten italische Militärkontingente und eben solche, die in den neuen Provinzen ein besseres Auskommen suchten, als ihnen die Heimat hatte bieten können. Am Ende dieser Entwicklung, in caesarisch-augusteischer Zeit, wird, um ein Beispiel zu geben, die große Industrie- und Handelsstadt Carthago Nova Generationen lang von Familien regiert, die von Soldaten und Freigelassenen abstammten, deren unmittelbare Vorfahren Geschäftsführer großer römischer Unternehmer oder Gesellschaften gewesen waren, und deren Söhne und Enkel nun die städtische Oberschicht einer *colonia civium Romanorum* bildeten (Koch 1993, *passim*). Man hatte, wie später Engländer in Indien, Spanier auf Cuba, Holländer in Südafrika, „sein Glück in den Kolonien gemacht". Dies freilich ist noch Zukunftsmusik! Zu den neuen wirtschaftlichen Impulsen gehört auch die Zunahme der Münzprägung auf der Halbinsel. Bislang hatten nur die punischen und griechischen Zentren, in barkidischer Zeit auch Castulo und Saguntum Münzen geprägt (García-Bellido 2001, 409 ff.); nun tun das auch iberische Städte und politische Einheiten, deren Strukturen wir nicht genauer kennen. Die Gründe dafür sind nicht eindeutig: Ist es vor allem die Notwendigkeit, den neuen Herren Abgaben zu entrichten oder geht es auch darum, in die wirtschaftliche Moderne einzutreten und konkurrenzfähig zu werden? Wahrscheinlich ist, dass beide Gesichtspunkte eine Rolle spielten; Prestigebedürfnis mag ein weiteres Motiv gewesen sein. Einige der Prägestätten stellten ihre Tätigkeit nach dem zweiten punischen Krieg ein, andere emittierten Münzen, bis in der frühen Kaiserzeit die hispanische Münzprägung insgesamt eingestellt und die Iberische Halbinsel vollständig in das monetäre System Roms eingegliedert wird. Münzen mit iberischen Legenden prägen in Ermangelung einer eigenen Schrift auch die östlichen und die am Oberlauf des Ebro wohnenden hispanischen Kelten; die großen indoeuropäischen Völker der Mitte und des Westens, die Vettonen, Vakkäer, Gallaeker, Cantabrer, Asturer und Lusitaner haben dagegen niemals eigene Münzen geprägt und sich so der ökonomischen ‚Moderne' verweigert – auch dies ein Indiz.

Kulturell lässt Rom die neuen Untertanen gewähren: Gezielte Bemühungen um Integration gibt es grundsätzlich nicht; als dergleichen in sertorianischer Zeit versucht wird, bleibt das Bemühen, sofern es überhaupt ernst gemeint war, Episode und ohne Nachahmung. Es gab keinen Zwang, Latein zu lernen. Klar war aber, dass, wer gesellschaftlich seinen alten Status behalten oder weiter aufsteigen wollte, die Sprache der Eroberer erlernen musste. Das galt für Politik, Wirtschaft und Militär. Wer keine entsprechenden Ambitionen besaß, blieb gesellschaftlich zurück. ‚Romanisierung' widerfuhr vornehmlich den Städten, besonders den östlich und südlich gelegenen; das ‚platte Land', vor allem im indoeuropäischen Teil der Halbinsel, war nach Ausweis der epigrafischen Quellen noch in der Spätantike nur oberflächlich bis gar nicht ‚romanisiert' und sprach neben seiner Muttersprache, wenn überhaupt, ein eher holpriges Latein.

Ähnliches lässt sich über den religiösen Bereich sagen: Iberische Religiosität, von deren Inhalten wir wenig wissen, lebte ebenso fort wie die keltische und phoinikisch-punische. Die auf die Halbinsel drängenden Fremden brachten ihre Kulte aus Italien und dem hellenisierten Osten mit; die Römer importierten ihr eigenes Pantheon. Das blieb so, bis in der beginnenden Spätantike das Christentum – auf seinem rigiden Monotheismus bestehend – den klassischen Polytheismus der Antike mehr oder minder erfolgreich zu bekämpfen begann.

Einzig Menschenopfer, die es anscheinend um die Mitte des 2. Jhs. v. Chr. zumindest bei den Lusitanern noch gab (Liv. *Per.* 49; Strabon 3,3,6), hat Rom im

Laufe seines Vordringens in den indoeuropäischen Westen und Nordwesten verboten, Plutarchos (*quaest Rom.* 83) zufolge bei den *Bletonenses*, die im lusitanisch-vettonischen Raum zu suchen sind. Caesar hatte später während seiner Praetur im punischen Gades möglicherweise noch Ähnliches zu erledigen (Cic., *pro Balbo* 19). Das war zweifellos ein Akt der Humanität, wie man sie mittlerweile in der hellenistischen Welt verstand, und der einzige Eingriff in die religiöse Selbstbestimmung der neuen Provinzialen, von dem die Quellen wissen. Nur am Rande sei vermerkt, dass die Kulturnation Rom um 114/113 v. Chr. selbst noch Menschenopfer brachte, was Conrad Cichorius seinerzeit zu der Feststellung veranlasst hat, dass der Firnis der griechischen Kultur doch wohl nur sehr dünn über der damaligen römischen Zivilisation gelegen habe: „*Im Kern waren die Römer damals eben immer noch Barbaren*" – alles in allem keine unrichtige Feststellung!

Wir sind der Entwicklung insgesamt weit vorausgeeilt. Unter *provinciae* verstand man in Rom keineswegs nur die von den Karthagern im Krieg „erbeuteten" Regionen Hispaniens, also Andalusien und den östlichen Küstenstreifen mit Katalonien. Beansprucht wurde auch deren Hinterland, genau genommen das gesamte Land, über dessen Ausdehnung und Beschaffenheit man freilich so wenig informiert war wie über die dort lebenden Menschen. Was C. Cornelius Cethegus „*qui proconsule Hispaniam obtinebat*", wie Livius (31,49,7) für das Jahr 200 v. Chr. überliefert hat, „*in agro Sedetano*" zu suchen hatte, wo er angeblich ein einheimisches Heer besiegte, wobei 15.000 *Hispani* gefallen und 78 Feldzeichen erbeutet worden seien, wissen wir ebenso wenig wie, ob es sich um einen Angriffs- oder einen Verteidigungskrieg handelte. Nach Jürgen Untermann bewohnten die iberischen *Sedetani* (die in der Forschung häufig mit den östlich von ihnen siedelnden *Edetani* verwechselt sind) das rechte Ufer des Ebro von Zaragoza bis zum Küstengebirge. Die römische Expansion in der *provincia citerior* strebte also ebroaufwärts. Im Jahre 196 v. Chr. erhielt Cn. Cornelius Blasio die *ovatio* für einen Sieg über Hispano-Kelten in der *provincia citerior*, der Vormarsch nach Westen ging demnach weiter. Im selben Jahr wurde der Propraetor C. Sempronius Tuditanus in der *provincia citerior* von nicht näher bezeichneten Einheimischen geschlagen und tödlich verwundet. Am oberen Baetis in der *provincia ulterior* besiegte im Jahre 195 v. Chr. M. Helvius keltiberische Söldner der „unkriegerischen" Turdetaner (*maxime imbelles*, wie Liv. 34,17,2 formuliert) und erhielt ebenfalls eine *ovatio*.

Im selben Jahr, tatsächlich aber, wenn Fr. Münzer Recht hat, bereits 196 v. Chr., gelang Q. Minucius Thermus ein großer Sieg über die iberischen *chiefs* Budar und Baesadines. Die in der Forschung umstrittene Frage, ob Thermus in der *Citerior* oder der *Ulterior* gekämpft habe, lässt sich unschwer lösen: Einen Triumph konnte man nur durch Erfolg in der ‚eigenen' Provinz erlangen und Livius (33,44,4) muss in seinen Vorlagen (möglicherweise Cato *maior*) die Regionalbezeichnung *Turda/Turta=Turdetania* als Ortsnamen missverstanden haben (Koch 1984, 136). Thermus siegte also eindeutig in ‚seiner' *provincia ulterior*.

Tatsächlich ist die Berichterstattung der Quellen über diese ersten Jahre chaotisch, undurchsichtig und vielfach verdorbt. Eines ist freilich deutlich: In beiden Provinzen sind die römischen Statthalter in Kämpfe verstrickt, die in romfreundlichen Quellen meist als „Aufstände" von Einheimischen und ungerechtfertigte Widerstände gegen das römische Regiment in Hispanien interpretiert werden. Den antiken Autoren scheint so wenig wie vielen neueren Forschern bewusst zu sein, dass die hispanischen *populi*, seien es Iberer, Hispano-Kelten oder andere, die römische Auffassung nicht begreifen, geschweige denn akzeptieren konnten, wonach die schiere Beanspruchung eines Raumes (*provincia*) alle dort Wohnenden zu Untertanen machte, die damit ihre freie Selbstbestimmung ebenso wie manche Lebensformen einbüßten, wie sie seit ewigen Zeiten praktiziert worden waren. Es sind also keineswegs „Aufstände" gegen eine als legitim akzeptierte Autorität, sondern die Weigerung, einen *oktroi* zu akzeptieren, der sie, auch wenn sie niemals die Waffen gegen Rom erhoben hatten, automatisch zu dessen Untertanen machte. Es versteht sich, dass dieser Widerstand, der Rom sehr lange und sehr schwer zu schaffen machen sollte, in den mittleren und nordwestlichen Gebieten des Landes, welche niemals Fremdherrschaft hatten ertragen müssen, heftiger und nachhaltiger geleistet wurde als im Süden und Südosten, wo man an Fremdherrschaft gewöhnt war. Ein eher kurioses Detail steuert Appianos bei: Die Hispanier hätten im Jahre 197 v. Chr. eine Rebellion begonnen im Vertrauen darauf, dass die Römer ihnen wegen der Kämpfe gegen die transpadanischen Kelten und Philipp von Makedonien keine Beachtung schenken würden (*Iber.* 8, 39). Woher der Historiker, wenn er sie nicht selbst erfunden hat, diese Information bezogen haben kann, ist unklar. Dass am Beginn des 2. Jhs. v. Chr. hispanische *chiefs* in den strategischen Kategorien eines mediterranen Zweifrontenkrieges dachten, ist nicht wahrscheinlich. Vorstellbar ist, dass sich in Rom an Hannibals Beziehungen zu Philipp von Makedonien sowie an karthagische Verbindungen mit alten Partnern auf der Iberischen Halbinsel Sorgen knüpften, die leicht zu Gerüchten führen konnten. Sicher ist aber, dass die Hispanier an nichts weniger dachten als an eine internationale Anti-Rom-Allianz. Sie wollten frei sein von Besatzungen, Abgaben und anderen Verpflichtungen. Mit anderen Worten, sie wollten Rom loswerden, nicht mehr und nicht weniger.

Dass das konsularische Kommando des älteren Cato in Hispanien im Jahre 195 v. Chr. die große Wende in den römisch-hispanischen Beziehungen gebracht hätte, wie in der Forschungsliteratur hier und da behauptet wird, lässt sich kaum belegen. Die antiken Quellen, allen voran Livius, schenken Catos Tätigkeit in beiden hispanischen Provinzen erstaunlich viel Aufmerksamkeit. Das mag zum einen daran liegen, dass Cato – von dem Livius (34,15,9) mit delikater Bosheit feststellt, er sei *„kaum ein Verkleinerer der ihm entgegen gebrachten Lobpreisungen gewesen"* – nach den z. T. desaströsen Misserfolgen des ersten römischen Jahrzehnts auf der Halbinsel vergleichsweise erfolgreich operierte, zum anderen aber auch, dass er die antiscipionische Partei im Senat auf einem wichtigen Außenposten glücklich repräsentierte, was innenpolitisch positiv zu Buche schlug. Da auch die ihm unterstellten Provinzstatthalter erfolgreich operierten, ließen sich die hispanischen Erfolge propagandistisch trefflich nutzen. Allein die Tatsache, dass ein amtierender Konsul mit beträchtlichem Heeres- und Flottenaufgebot in das seit seiner Inbesitznahme unruhige Land geschickt wurde, macht die Sorgen deutlich, die man sich im Senat machte und die Livius formuliert hat (33,44,4).

Cato vertrieb zunächst eine einheimische Besatzung aus der alten massiliotischen Kolonie Rhode und fuhr dann nach Emporion, von wo aus er seine militärischen Operationen begann. Er kämpfte erfolgreich (und durchaus nicht zimperlich, wie Liv. 34, 9,13 vermerkt: *„alles erfüllte er mit Fluchtbedürfnis und Schrecken"*) im Nordosten und im Süden und scheint einiges System in die Organisation der Armeen und der Provinzverwaltungen sowie in das Abgabenwesen vor allem der *Citerior*, wie Gellius (*N. A.* 2,22) mitteilt, gebracht zu haben (*„er belegte die Eisen- und Silbergruben mit hohen Abgaben"*, Liv. 34, 21, 7). Appianos (*Iber.* 41) schreibt ihm das Strategem zu, die Schleifung der Befestigungsmauern der einheimischen Siedlungen am Ebro durchgesetzt zu haben. Doch führten alle diese Maßnahmen zu neuen Widerständen, die Cato mit äußerst rigiden Mitteln brach, bevor er nach Rom zurückkehrte, wo der Senat ein dreitägiges Dankesfest veranstaltete und einen Triumph bewilligte.

Es ist kaum möglich, die Bedeutung von Catos Wirken in den hispanischen Provinzen angemessen einzuschätzen. Abgesehen von seiner Begabung als Selbstdarsteller hatte er, wie man heute sagen würde, eine ‚gute Presse'. Livius, sein Biograf Plutarchos sowie Appianos, gewiss keine politischen Analysten, loben seine Tätigkeit auf der Iberischen Halbinsel über den grünen Klee. Offenbar billigte der Senat seine dort getroffenen Maßnahmen (Plut. *Cato maior* 11), was freilich wenig über deren politische und gesellschaftliche Nachhaltigkeit aussagt. Livius' Behauptung *„Ganz Hispanien diesseits des Ebro ist bezwungen"* (34,16,7) ist mit Sicherheit übertrieben. Schon für das folgende Jahr muss Livius berichten, dass nach Catos Abreise *„sehr viele Stämme"* rebelliert hätten (35,1,1-3) und dass ein Aufstand von *omnis Hispania* lediglich durch die militärischen Erfolge Scipio Nasicas, des Statthalters der *Ulterior*, verhindert worden sei.

In dieser Zeit – 194 v. Chr. – hören wir erstmals von einem Zusammenstoß mit den *Lusitani*. Diese indoeuropäischen Bewohner des Raumes zwischen *Durius* (Douro) und *Tagus* (Tejo), der Atlantikküste und der mittleren Extremadura im Osten, die eine dem Keltischen verwandte Sprache sprachen, pflegten lange vor der römischen Okkupation der Halbinsel und noch lange nach deren Beginn Raubzüge zu den reicheren Nachbarn im Süden zu unternehmen. Die Gründe dafür sind nicht eindeutig: In dem überwiegend armen Land ohne bedeutende städtische Zentren lebten im wesentlichen auf Transhumanz angewiesene Hirten, die für den Eigenbedarf wohl auch ein wenig Ackerbau und Bergbau betrieben. Dort hören wir nichts von Reichtümern; vermutlich brachte während der ersten Generationen römischer Anwesenheit auf der Halbinsel auch der Handel mit den nachmals berühmten Pferden keine großen Erträge. Ob sie nun aus nackter Armut die reicheren Nachbarn heimsuchten oder ob ein *ver sacrum*-Phänomen hinter diesen periodischen Raubzügen steht, wissen wir nicht. Wenn dem so war, dann handelt es sich bei Letzterem um einen ritualisierten Eskapismus aus der üblichen Armut. Auf dem Heimweg von einem derartigen Unternehmen „cum praeda ingenti" (Liv. 35,1,5) wurde bei Ilipa am Baetis ein starker Verband lusitanischer Kämpfer von Scipio Nasica überfallen. Die Lusitaner wehrten sich tapfer, unterlagen aber schließlich und flohen oder wurden gefangen. Dieser ersten Konfrontation werden viele folgen; bereits im Jahre 190 v. Chr. schlug ein lusitanischer Verband den Prokonsul L. Aemilius Paullus im südlichen Andalusien vernichtend. Möglicherweise handelte es sich um einen ähnlichen Raubzug wie drei Jahre zuvor. Wieder operieren die Lusitaner weit außerhalb ihrer eigentlichen Wohngebiete und wieder scheint der römische Statthalter bemüht, den bisher gewonnenen Teil seiner Provinz zu schützen. Bis in die 50er-Jahre des 2. Jhs., als in dem Konflikt mit *Viriatus* die Lusitanerkriege ihren Höhepunkt erreichen, wird sich diese kuriose militärische Dialektik fortsetzen.

Ungeachtet des wechselhaften Kriegsglücks dachte man römischerseits nicht daran innezuhalten, das Gewonnene zu konsolidieren und sich mit dem Erreichten zu begnügen. Trotz aller Rückschläge und Widerstände innerhalb der beiden okkupierten Zonen und an der ‚Barbaren'-Grenze nördlich und westlich davon halten der Wille zur Eroberung und die Dynamik dieses Prozesses an. Es gab dazu nach römischem Selbstverständnis auch keinerlei Alternative: Das innere Gesetz aristokratischer Herrschaftsstrukturen fordert den Agon, den Wettkampf unter Rivalen um höchste Ehren und größten (wohl auch materiellen) Erfolg. Konsequenterweise musste ein System, dessen essentielle Motivationen eng mit militärischer Bewährung verbunden waren, schon deswegen immerzu Krieg führen – nach der Eroberung Italiens notwendig außerhalb der Apenninenhalbinsel –, um agonale Betätigungsfelder zu behalten. Augustus' Entscheidung, nach fast zwei Jahrhunderten diesen Prozess zu stoppen und das Imperium auf seine inzwischen gewonnen Grenzen festzulegen, erweisen ihn, was immer seine weiteren Gründe waren, als einen ungewöhnlich weitsichtigen Politiker.

Es ist also ganz wesentlich diesem Ethos, verbunden mit dem eisernen Beharrungswillen und -vermögen der römischen Eliten in mittelrepublikanischer Zeit, zuzuschreiben, dass die hispanischen Angelegenheiten auch dann noch vorangetrieben wurden, wenn die Erfolgsaussichten gering und die Kosten, vor allem die menschlichen, kaum vertretbar waren. Etwas kommt hinzu: Neben dem Bedürfnis aristokratischer Eliten nach Ruhm und Ehre, die um sich greifende Verherrlichung individueller Selbstbestätigung, d. h. die Wahrung der persönlichen *dignitas*, die im 1. Jh. v. Chr. in dem sich ausbreitenden Hellenismus einen immer höheren Stellenwert erhält, und schließlich – mit wachsendem Streben nach Luxus (Velleius Paterculus 2,1) – die Notwendigkeit, sich Geld zu verschaffen.

Lässt die *lex Oppia* von 215 v. Chr. noch eine gewisse Affinität zu der viel gepriesenen altrömischen Bescheidenheit erkennen, so schuf der neue ‚Zeitgeist', unter anderem gespeist von zunehmenden Erfahrungen in und mit dem Osten und seiner Opulenz, in Luxus-anfälligen Kreisen Roms kostspielige Bedürfnisse, wie man sie früher nicht gekannt oder sogar verachtet hatte. Die teilweise sehr skurrilen gesetzlichen Maßnahmen gegen *sumptus* aller Art (Gell. *N. A.* 2, 24) werden denn auch bis zum Ende der Republik immer umfangreicher – vermutlich ohne durchschlagenden Erfolg. *Sumptus* war teuer und verlangte die Erschließung neuer Geldquellen. Zu Einnahmen nennenswerter Art für sich selbst – jenseits der ‚normalen' Abgaben für die *res publica* – kamen Provinz-Gouverneure und ihre *entourage* nur durch Eroberungszüge in nach den üblichen ideologischen Vorgaben beanspruchten, aber noch nicht wirklich gewonnene Regionen. Weiterhin durch den Einheimischen vielfach unter Vertragsbruch aufgezwungene Militäraktionen, die in hohem Maße ausbeuterisch – imperialistisch – kolonialistischen Charakter tragen sowie durch die allzu oft unklug-spontanen Verhaltensweisen von Einheimischen, die nur allzu gern als Provokationen interpretiert und militärisch beantwortet wurden. Gemeint sind hier nicht die durchweg als verbrecherisch empfundenen Vorgehensweisen von Statthaltern wie Sulpicius Galba und Licinius Lucullus (s. u.), sondern die als ganz normal empfundenen, gelegentlich kritisierten, aber letztlich tolerierten Schrecklichkeiten. Wieso Badian (1980, 137, Anm. 10) die Aussage des Appianos (*Iber.* 51), *„Lucullus habe die Vakkäer überfallen, weil er ruhmsüchtig gewesen sei und Geld gebraucht habe"*, in Zweifel zieht, ist mir ebenso unerfindlich wie, was diesen Forscher zu der absurd untertreibenden Feststellung veranlasst haben kann: *„Daß hin und wieder bei einem von einem römischen Kommandeur auf eigene Faust an der Barbarengrenze begonnenen Krieg auch die Hoffnung auf Beute mitgespielt haben kann, ist anzunehmen, aber nicht zu beweisen"* (1980, 139, Anm. 29). Beide Einschätzungen sind nur durch weitgehende Nicht-Beachtung der hispanischen Verhältnisse in den letzten beiden Jahrhunderten der Republik zu erklären. Und nicht nur dort. Noch im *bellum civile* Caesars (1,4) spürt man die Gier von Angehörigen der römischen Aristokratie nach der Ausbeutung von Provinzen und *„largitionibus regum appellandorum"*: ,Barbarischen' Königen ihren sozialen Status zu bestätigen, d. h. zu verkaufen, galt offenbar auch noch im Jahre 50 v. Chr. als bedeutende Einnahmequelle. Überdies muss man, spätestens seit John Keegans *Agincourt*-Untersuchung (1978, 114 ff.), unterstellen, dass bei der jeweils kämpfenden Truppe, seien es nun Römer oder italische bzw. einheimische Hilfstruppen, der Wunsch nach Beute ein sehr bedeutendes Movens war. Die erfolgreichsten Statthalter Cato, Gracchus, Claudius Marcellus u. a. beeilten sich denn auch, ihre Truppen in dieser Hinsicht zu befriedigen. Der aristokratische *comment* verlangte von einem römischen Militärbefehlshaber, die Truppe angemessen an der Beute zu beteiligen, wie die skurrilen Berichte bei Livius und Plutarchos über den dem Aemilius Paullus bestrittenen Triumph zeigen. E. S. Gruen trifft mit seinen Überlegungen *„Material rewards and the drive for Empire"* (1984, 68) zweifellos Richtiges, wenn er die bei Plinius überlieferte Forderung *„pecuniam magnam bono modo invenire"* (auf anständige Weise viel Geld zu machen) (*n. h.* 7, 139–140) als eine Maxime der römischen Aristokratie bezeichnet. Allerdings ist dieses Zitat aus der Leichenrede für einen verdienten Politiker und Feldherrn, betrachtet man die Realität in den hispanischen Provinzen, zumeist wohl eher Ideal als Wirklichkeit gewesen. Natürlich ist nicht in Abrede zu stellen, dass es in Roms Hochadel redliche Leute gab, aber – und das scheint Gruen zu übersehen – das moralische Gefälle in Richtung auf das ,Barbaricum' im Westen war beträchtlich.

Ein typisches Beispiel für die Skrupellosigkeit nicht aller, aber sehr vieler römischer Provinzverwalter gibt Caesar im Rahmen seiner Propraetur im *Hispania ulterior* im Jahre 61 v. Chr. Was Suetonius und Plutarchos höflich umschreiben, bringt Appianos (*bell. civ.* 2, 8) auf den hinreißend formulierten Punkt: *„Caesar wurde mit der Feststellung vernommen, ihm fehlten 25 Mio. Sesterzen, um nichts zu besitzen"* – das war der heitere Zynismus des geborenen Glücksspielers. Das Problem in unserem Zusammenhang besteht darin, dass er schuldenfrei und dazuhin mit reich gefüllter Börse nach Rom zurückkehrte, ohne dafür belangt zu werden, um wenig später in Gallien ein vergleichbares und noch umfassenderes Unternehmen ins Werk zu setzen. Es ist sehr die Frage, ob die nonchalante Art und Weise, wie in einem neueren Beitrag über „Caesars Statthalterschaft in Spanien" (Festschrift Bleicken, 2002, 263 ff.) mit diesem ,Kavaliersdelikt' römischer Aristokraten umgegangen wird, dem Gefühl der Zeitgenossen, vor allem der provinzialen Opfer, gerecht wird. Überdies ist die dort entwickelte Vorstellung einer quasi-mafiosen Komplizenschaft Caesars mit Licinius Crassus weitgehend spekulativ (und, was die Kassiteriden-Frage angeht, nicht einmal wahrscheinlich), abgesehen davon, dass es sich bei der geschuldeten Summe um Sesterzen und nicht, wie behauptet, um Denare handelte. Caesars loyaler Mittäter war sein enger Vertrauter Mamurra, von dem Catullus spottete, er genieße gegenwärtig nach der gallischen, der britannischen und der pontischen seine vierte Beute, die *„iberische, von der der goldführende Fluß Tagus weiß"* (29, 18 f.). Es ist ein Manko der bisherigen Caesar-Forschung, nicht versucht zu haben, der rätselvollen Psyche des Diktators durch eine kritische Betrachtung seiner „Freunde" auf den Grund zu kommen. Wenige der sogenannten ,Großen' der Geschichte weisen eine insgesamt so zwielichtige *entourage* auf wie Caesar – das sollte zu denken geben.

Und noch einen späten Höhepunkt kennt, dem *bellum Alexandrinum* zufolge, die *chronique scandaleuse* verbrecherischer Gouverneure in Hispanien: Die

Amtsführung des Q. Cassius Longinus, der ab 49 v. Chr. für Caesar die *Ulterior* verwaltete. Dass ein solches Verhalten, wenn es nicht gerade maßlos übertrieben dargestellt oder aus innenpolitischen Gründen propagandistisch instrumentalisiert wurde, in das System der römischen Provinzverwaltung eingebettet war, begründet die Klassifizierung ‚ausbeuterisch' weit mehr als die staatliche Bergwerks- und Rohstoffpolitik, die zwar – indem sie dem Land seinen Reichtum dauerhaft entzog und zum eigenen Nutzen verwandte – Hispanien ausbeutete, doch dies gewissermaßen in überschaubaren Grenzen und kontrolliert.

Radian hat das so formuliert: *„Die rätselhafte Widersprüchlichkeit in der römischen Politik – offene Expansion und Expansionsdrang gegenüber Barbaren und hegemonialer Imperialismus bei sorgfältiger Vermeidung jeglicher Annexion, sobald es sich um einen Gegner auf gleicher oder höherer Kulturstufe handelte …"* (1980, 23). Soweit die Quellen durchblicken lassen, handelt es sich tatsächlich bei einem Großteil dieser Kriegszüge vor allem des 2. Jhs. v. Chr., aber auch später noch, um unprovozierte, unter Vorwänden geführte Angriffskriege, wie sie vor allem in Westeuropa, keineswegs nur in Hispanien, noch lange üblich bleiben sollten. Unter dem Vorwand, *gloriam imperiumque* Roms zu vergrößern, wurden in diesem riesigen Raum noch ohne eindeutige, völkerrechtlich fixierte Grenzen Gemeinden überfallen und Stämme meist unter eklatantem Bruch des Völkerrechts attackiert *ad maiorem gloriam* vor allem der Gouverneure und zur Erhöhung ihrer Revenuen. Allergröbste Vergehen wurden gerügt, selten bestraft: Dass aber grundsätzlich ein systemischer Fehler, eine menschenverachtende Ideologie der Behandlung als ‚barbarisch' empfundener Völkerschaften in Hispanien wie anderswo zugrunde lagen, dafür haben erst Livius und vor allem Tacitus eine gewisse Sensibilität entwickelt, wobei *Hispani* noch bis weit in die Kaiserzeit mit dem Barbarenklischee leben mussten.

Bereits 193 v. Chr. kämpfte M. Fulvius Nobilior im Herzen der Halbinsel. Bei *Toletum* besiegte er vereinigte Verbände der Vakkäer, Vettonen und „Keltiberer" (Liv. 35, 7,7-8). Nach Verlängerung seines Kommandos schlug er im folgenden Jahr vettonische und oretanische Truppen und konnte in der Folge Toletum einnehmen (Liv. 35, 22.6–8) Damit war der Tagus erreicht. Solche Siege sind nicht endgültig und in Wirklichkeit von meist nur beschränkter Wichtigkeit, aber sie machen Rom und seine Waffen in Gebieten bekannt, in die bislang allenfalls die Barkiden vorgestoßen waren. Umgekehrt verbesserten diese Vorstöße das römische Wissen um Land und Leute, Bodenschätze und andere Ausbeutungsmöglichkeiten. Man erhöhte die Truppenstärke der nach Hispanien geschickten Armeen, in denen mehr und mehr italische Bundesgenossen eingesetzt werden (Liv. 36,2,8), was, wie bereits gesagt, auch kulturelle Folgen hatte, und so wird die ‚Barbarengrenze' mit zäher Mühe und trotz vieler Rückschläge immer weiter vorangeschoben. Das militärisch-politische Konzept ist denkbar schlicht: Anspruch, Unterwerfung, Bündnis, Abgaben, Geiselstellung, bei Zuwiderhandlung härteste Bestrafung.

Exkurs 4
Die indoeuropäischen Völker Hispaniens

"Sobald man das Idubeda-Gebirge hinter sich hat, ist man in Keltiberien, einem großen und ungleichen Land"
(Strab. 3,4,12)

Den indoeuropäisch/keltischen Raum auf der Halbinsel, d. h. die Gebiete nördlich der Sierra Morena und westlich der Küstenkordillere im Osten, hatte der große Krieg, sieht man von der Stellung von Söldnern und einzelnen kurzlebigen Bündnissen mit Karthago, später auch mit Rom, ab, höchstens in den Randzonen berührt. Die interdisziplinäre Forschung ist seit Langem damit beschäftigt, die antike Ethnografie dieses Raumes zu erhellen, über welche die Quellen, in erster Linie Poseidonios/Strabon, bei allem Bemühen für unser neuzeitliches Wissensbedürfnis doch nur unzureichende Wahrnehmungen hinterlassen haben. Auch die modernen Annäherungen konnten noch keineswegs auf alle Fragen befriedigende Antworten liefern (Almagro-Gorbea – Ruiz Zapatero 1992). Ein Hauptproblem besteht darin, dass wir die zu postulierende Ureinwohnerschaft (bzw. die Ureinwohnerschaften) dieses riesigen Gebietes nicht von den im Laufe von Jahrtausenden eingewanderten und bis weit in römische Zeit immer noch einwandernden größeren und kleineren Ethnien unterscheiden können, weil die vielfachen kulturellen Überlagerungen ältere Identitäten verwischt oder sogar zum Verschwinden gebracht haben. Das gilt ebenso für das linguistische wie für das archäologische Profil dieses Raumes. Ein anderes Problem liegt in den diachronen Binnenwanderungen, von denen antike Quellen berichten (Strabon 3, 4, 12), allerdings erst spät und kaum in angemessener Relation zu der Häufigkeit, mit der sie stattgefunden haben müssen, wenn man sprachliche und archäologische Belege heranzieht. Was sich mit aller Vorsicht sagen lässt, ist, dass der westliche Norden (mit Ausnahme der *Vascones*), der Westen sowie das Zentrum zu der Zeit, als helleres Licht auf die Halbinsel fällt, weitgehend indoeuropäisiert und in Teilen keltisiert erscheinen. Dabei ist die linguistische Forschung uneins darüber, inwieweit die *Lusitani* als "keltisch" anzusehen sind oder ob sie nicht vielmehr einen eigenen Zweig der indoeuropäischen Sprachenfamilie bilden. Meine eigene These, dass die "Keltiberer" im Bereich der östlichen Meseta bis zum Ebro keine Sonder-Ethnie waren, sondern ursprünglich als im Ebroraum siedelnde Kelten wahrgenommen und später von der Überlieferung missverstanden wurden (Koch, 1978, *passim*), ist inzwischen weitgehend akzeptiert. Aber über die Identität der westlich davon siedelnden Stämme herrscht keineswegs Einigkeit: Handelt es sich um Kelten oder um keltisierte Indoeuropäer? Woher kommen die *Gallaici*, die eng mit den *Lusitani* verwandt erscheinen, woher die *Celtici* im Südwesten? Handelt es sich um Splittergruppen, die aus einem genuin keltischen Wohngebiet auf der Halbinsel nach Süden und Südwesten abgewandert sind? Und wie steht es mit den Zahlenverhältnissen? Vor allem: Wann ist das alles geschehen? Bislang gibt es mehr Fragen als Antworten, und es ist zweifelhaft, ob sich dieses Verhältnis je verändern wird. Ein Sonderproblem ist das des Umfangs und Zeitpunkts möglicher „keltischer" Einwanderungen. Da sich kaum entsprechende Zeugnisse gefunden haben, müssten „Kelten" vor der mitteleuropäischen Hallstatt-D-zeitlichen Wahrnehmbarkeit auf die Halbinsel gekommen sein – aber waren diese Einwanderer bereits „Kelten"? Herodotos spricht von Κελτοί im Westen, aber das ist Hörensagen und geografisch unpräzise. Es gibt kaum LaTène-zeitliche Funde in Hispanien. Haben die Zuwanderungen aufgehört? Zudem weisen besonders die Forschungen Wilhelm Schüles (1969) einen sehr frühen Zustrom östlichen Kulturguts von erstaunlicher Vielfalt auf die Halbinsel nach, die weniger von Handelsverbindungen als von Einwanderungen zeugen, wobei wir aus der Geschichte der spätantiken Völkerwanderungen wissen, dass diese so gut wie nie aus ethnisch homogenen Gruppen bestanden, sondern stammfremde Mitwanderer einschlossen (Wenskus 1961, 439 ff.). So wird es auch früher gewesen sein, was die Verhältnisse nicht transparenter macht.

Andererseits gibt es unabweisbare archäologische und sprachliche Zeugnisse: Sowohl die vermutlich aus dem Schwarzmeerraum (möglicherweise von Begegnungen mit Skythen) von frühen Kelten mitgebrachte Sitte der *têtes coupées* [Abb. 15] als auch das Verteidigungselement *chevaux-en-frise* [Abb. 16] oder mit *-briga* zusammengesetzte Ortsnamen [Abb. 17] finden sich über den als indoeuropäisch anzusprechenden Raum verteilt und lassen wenig Zweifel an mindestens dessen partieller „Keltisierung". Die Schriftzeugnisse auf Bleiblechen oder Stein in iberischer, griechischer und lateinischer Schrift, die, da die Kelten keine eigene Schrift entwickelt hatten, an den Rändern des indoeuropäischen Siedlungsraumes, quasi in Konvergenzzonen, seit dem fünften vorchristlichen Jh. verfertigt wurden, lassen an ihrer sprachlichen Keltizität keinerlei Zweifel. Es gab also „Kelten" auf der Halbinsel. Freilich, ob nur keltisierte Indoeuropäer oder tatsächlich solche, die *"durch ihre Religionspraktiken, ihre Sprachen und die Namen ihrer Städte"*, wie Plinius sagt (*n. h.* 3,13) als Kelten wahrgenommen wurden, muss offen bleiben, da auch diese Form der Unterscheidung oberflächlich bleibt und entsprechende Selbstbezeichnungen fehlen. Auch fehlt es nicht an Hinweisen auf Verhaltensformen, die „Kelten" gemeinsam scheinen: Dazu gehört beispielsweise die Aufforderung des Anführers an den gegnerischen Feldherrn zum Zweikampf vor der Schlacht, wie Appianos sie (nach Polybios) vor *Intercatia* schildert (*Iber.* 53 f.) und wie sie später Sertorius *more Celtico* seinem Gegenspieler Caecilius Metellus präsentiert (Plut. *Sert.* 13).

Kulturell wie politisch bietet das indoeuropäische Hispanien ein uneinheitliches Bild: Es gibt größere und kleine Stammesgruppen, die – wenn auch fast immer in Einzelsiedlungen in Schutzlagen – in größer oder kleiner dimensionierten Siedlungsräumen lebten, aber so gut wie nie – etwa im Krieg – als geschlossene Stammesverbände in Erscheinung treten. Daher die Notwendigkeit, jede befestigte Siedlung einzeln zu erobern, wovon bei Cato, Aemilius Paullus und später dem älteren Gracchus immerzu die Rede ist. Dem entspricht, was wir über ihre Kultpraxis wissen: Gottheiten mit einer gewissen überregionalen Verbreitung, daneben spezielle Gruppen- oder sogar Clan-*numina*, von denen wir, überliefert durch römerzeitliche epigrafische Zeugnisse, inzwischen über 300 verschiedene kennen, die jeweils nur einmal vorkommen und deren Zahl sich durch epigrafische Funde ständig vermehrt. Allianzen selbst innerhalb der Großstämme erscheinen meist als ephemer und zweckgebunden ohne dauerhafte Wirkung – das jedenfalls ist der Eindruck der griechisch-römischen Quellen. Die gesellschaftliche Struktur der meisten dieser Stämme erscheint vergleichsweise einfach: Unter bzw. neben einem – wahrscheinlich gewählten – *chief* existiert eine ritterliche Elite, die in den Krieg zieht und darunter spezialisierte Handwerker sowie bäuerliches „Volk". Wir hören gelegentlich von „Senaten", womit die lateinischen und griechischen Autoren vermutlich Ältestenräte meinen, die bei den Hispano-Kelten zuweilen als Befürworter eines gemäßigten Verhaltens gegenüber Rom auftreten und nicht selten von jugendlichen Heißspornen überstimmt werden. Darüber hinaus fehlen ins Allgemeine zu wendende Einzelheiten. [Abb. 18 a und b]

Was alle diese ‚Barbaren' auszeichnet, ist Kargheit des Lebensstils, Genügsamkeit in Ansprüchen, Verachtung von Luxus, daneben Mut, Zähigkeit, Kampfesfreude und wildes, gänzlich apolitisches Unabhängigkeitsbedürfnis. Gemessen am Osten und Süden des Landes ist die indoeuropäische Zone unter antiken Bedingungen überwiegend arm; noch heute gestatten die Granitwüsten der nördlichen Meseta, der Sierras, Extremaduras und Galicias mehrheitlich nur Weidewirtschaft. Darum die ständigen *raids*, darum die Bereitschaft, sich als Söldner in der gesamten Mittelmeerwelt zu verdingen, zuweilen auch, wenn die Löhnung angemessen ist, gegen die eigenen Nachbarn (Plut. *Cato maior*, 10). Daher auch der Eindruck häufiger Binnenwanderungen, von denen wir im Detail wenig wissen, über die wir aber zuweilen durch einen Zufall, wie den von der Auffindung einer Inschrift, welche die Wanderung der *Rixamae* aus der Celtiberia nach Südwesten in die Gegend um Huelva belegt, Kenntnis erhal-

Abb. 15 *Tête coupée*. Auch nachdem keine abgeschlagenen Feindes-Köpfe mehr die Pferde-Trensen zierten, behaupteten in den keltischen Zonen der Halbinsel *têtes coupées* als Dekorationselemente aus Stein oder auf Fibeln ihren Platz.

ten (Frdl. Mitt. von A. U. Stylow). Diese Eigenschaften teilen sie mit vielen Bewohnern Galliens, der Britischen Inseln und Germaniens, und hier dürfte ein wesentlicher Grund dafür zu suchen sein, dass Rom sich mit den westlichen ‚Barbaren' so schwer tat. Florian Meister (2007, 94) irrt entschieden, wenn er meint, dass die römische Verwaltung dieses Problem begriffen habe und um Abhilfe bemüht gewesen sei. Solches geschah tatsächlich nur in Ausnahmefällen. Kargheit und Unzugänglichkeit ihres Landes prägten die Menschen im indoeuropäischen Teil Hispaniens in der Antike und noch lange danach. Vorgänge, wie der *Comuneros*-Aufstand in Alt-Kastilien gegen Karl von Habsburg zur Verteidigung der alten Gemeinderechte zeigen deutlich Verhaltens-Merkmale früherer Zeiten. Es ist auch kein Zufall, dass im 16. nachchristlichen Jahrhundert die rücksichtslosesten *conquistadores* der „Neuen Welt" aus diesen Zonen stammten.

Der eine oder andere Stamm bzw. bestimmte Gruppen scheinen intern Lösungen für sozialverträgliche Verteilung von bebaubarem Land und Ernteerträgen gefunden zu haben, wie Diodoros (5,34,4) für die Vakkäer berichtet, die er für die zivilisatorisch am weitesten fortgeschrittenen Hispano-Kelten hält. Auch Frontinus spricht von gemeinsamem Eigentum bei Lusitanern und Salmantinern. Freilich ist es an der Zeit, einige ältere Forschungsstandpunkte zu den hispanischen Indoeuropäern zu problematisieren, die, obgleich offenbar Zeitgeist-abhängig, von Generation zu Generation mitgeschleppt werden. In erster Linie die Vorstellung von den guten, naturverbundenen, anspruchslosen und darum unverdorbenen ‚Barbaren', wie sie Adolf Schulten aufgrund weitgehend naiv-unkritischer Exegese antiker Quellen geprägt hat. Dieser uralte Topos ist anscheinend von und seit Poseidonios auf die hispanischen Verhältnisse angewandt worden. Wir

Abb. 16 Mit *chevaux-en-frise* verteidigten keltische und keltisierte Hispanier ihre Wohnstätten: Hohe, spitze in den Boden gerammte Steine erschwerten jedwede Annäherung an die schützenden Mauern.

finden ihn vorwiegend bei den hellenistischen Autoren, später *mutatis mutandis* bei Tacitus, Franz von Assisi, Rousseau und ihren Geistesverwandten. Die hispanischen Indoeuropäer waren nicht ‚gut'; sie lebten ‚natürlich', weil sie keine andere Wahl hatten, wollten sie überleben. Sie waren intransigent, wenn erforderlich auch tückisch und hinterhältig, unbändig freiheitsbedürftig (freilich ohne ‚Konstruktivität' als Korrektiv der ‚Freiheit'), meist unfriedlich, exzessiv grausam, von äußerst beschränktem Gemeinsinn und wenig innovationswillig, möglicherweise zu Neuerungen auch selten fähig. Sie waren auch gastfreundlich und großzügig – kurz: Sie besaßen alle guten und ungüten Eigenschaften wenig zivilisierter Gesellschaften im westlichen Europa. Roms Anfangs-Fehler bestand wesentlich darin, diese Befindlichkeiten weder zu verstehen noch auch verstehen zu wollen und sich nicht um unmittelbare Abhilfe zu bemühen. Statt Analyse der Lebensverhältnisse, die erst Generationen nach dem Zweiten Krieg mit Karthago sehr vorsichtig stattfand, erscheint militärische Überwältigung als einziges Mittel. Dass die römischen Eroberer sich mit solchen Menschen und diesem Land schwer taten, kann also nicht überraschen. Eher verwundert, dass die *guerrilla*-Taktik, mit der die Einheimischen den römischen Armeen über Generationen Paroli boten, diese nicht früher oder später zermürbten, wie es in unseren Tagen den gelegentlich als „Römer der Neuzeit" bezeichneten USA in Vietnam oder Afghanistan widerfuhr, deren Soldaten dieser Kampfesweise vor allem psychologisch nicht dauerhaft gewachsen waren. Das mag – ohne Unvergleichbares vergleichen zu wollen – gewiss auch daran liegen, dass Rom zunächst noch eine breite Öffentlichkeit fehlte, die das Vorgehen in den Provinzen kritisch hinterfragt hätte. Überdies bezweifelten die aristokratischen Eliten nicht im Mindesten die moralische Berechtigung ihres Tuns im Grundsätzlichen. Der Senat wiederum entwickelte als Gremium nicht wirklich komplexe politische Konzepte, sondern lediglich einen allgemeinen *comment*, im Vertrauen darauf, dass seine in die Provinzen delegierten Mit-

Die indoeuropäischen Völker Hispaniens

Abb. 17 Die „untermannsche Linie" trennt das indoeuropäische Hispanien mit den mit *-briga* gebildeten Namen von dem nicht-indoeuropäischen Landesteil. Namengeber war in den 1960er-Jahren der bedeutende Sprachwissenschaftler Jürgen Untermann.

glieder sich entsprechend verhalten würden. Es blieb also, wie in Adelsrepubliken üblich, den entsandten Oberbeamten überlassen, das Rechte zu tun, wofür sie in aller Regel die Unterstützung ihrer „Parteien" hatten, durchaus kritisch beobachtet von den oppositionellen Interessengruppen im Senat. Und so bekämpften die Statthalter Roms wieder und wieder die gleichen Gegner und besaßen keine Skrupel, gegen hartnäckigen Widerstand härteste Maßnahmen zu ergreifen, die von der Vernichtung der eroberten Siedlungen und Ausrottung der gesamten Einwohnerschaft bis zu deren Verkauf in die Sklaverei reichten. Überdies wurde der Widerstand kriminalisiert: Aufständische heißen in den Quellen *latrones* (= Räuber; ihre Anführer „*Räuberhauptleute*"); dass es auch bei ‚Barbaren' legitimen Widerstand geben könnte, kam den meisten Statthaltern und ihren Stäben nicht in den Sinn (Koch, 2004, *passim*). Nur am Rande sei bereits hier darauf hingewiesen, dass wir dem Begriff *latrones* in der Spätantike erneut begegnen werden: Im Zusammenhang mit der (keltischen!) Bagauden-Bewegung, die eigentlich in Südwest-Gallien entstanden war, aber auf den Nordwesten der Halbinsel übersprang. Wieder wird es um Armut und Raub in denjenigen Regionen gehen, die bereits am Beginn der römischen Eroberung durch Lebensformen auffallen, in denen Armut und Raubzüge feste Bestandteile sind – nun freilich unter anderen Vorzeichen. Es gehört zu den Kuriosa der hochmittelalterlichen Geschichtsrezeption, dass der Kleriker Sigebert von Gembloux am Beginn des 11. Jhs. den bagaudischen Widerstand in einem Atem mit dem der Viriatus, Sertorius und Spartacus nennt. Doch davon später!

Abgesehen von den immer wieder als unannehmbar empfundenen römischen Auflagen gab es außerdem ein zentrales Missverständnis zwischen den einheimischen *populi* und der römischen Verwaltung: Die zahllosen Verträge, welche man miteinander schloss, bestanden nach einheimischem Verständnis – ausschließlich personenbezogen – mit dem vertragschließenden römischen Beamten. Die römische

Abb. 18a und b Der indoeuropäische Aristokrat ist ein *Reiter mit Lanze* wie auf dieser keltischen Münze (As) mit der iberischen Aufschrift Śekobiŕikes aus dem nördlichen „Keltiberien".

Seite hingegen betrachtete diese Verträge im Grundsatz als auf Dauer geschlossen, und dieses Missverständnis führte dazu, dass die Einheimischen sich zumeist nach Abreise des jeweiligen Statthalters bzw. dem Ende von dessen *imperium* aller Verpflichtungen ledig fühlten. Rom hat weder in Hispanien noch später in Germanien und anderswo genügend Fantasie entwickelt, dieses Problem zu lösen.

Ein gutes Beispiel für solche Vorgänge, deren es zahllose gegeben haben muss, bietet die nicht lange vor 1984 unter seltsamen Umständen unweit des *castro Villas viejas* bekannt gewordene „Bronzetafel von *Alcántara*", datiert in das Jahr 104 v. Chr., welche darüber informiert, was geschehen konnte, wenn ein besiegter einheimischer *populus* sich einem früher unterlegenen römischen Gouverneur „dedierte", d. h. ergab. Die Einheimischen restituierten ihr Beutegut und durften dafür ihren Wohnplatz, ihren Besitz, ihre Gesetze etc. behalten *„solange es dem Senat und dem römischen Volk beliebe"*. Dies war – zumindest theoretisch – die erfreuliche Lösung; die unerfreuliche hätte mit Plünderung und Zerstörung des *castro* und dem Verkauf der Restbevölkerung in die Sklaverei geendet. Niemand wird je wissen, welche die häufiger praktizierte Lösung war.

Zwischen Cato und Gracchus

„Die Perfidie der Römer war Grund für einen großen Aufstand."

(Oros. 4, 278)

Die 80er-Jahre des 2. Jhs. v. Chr. sehen im wesentlichen Kämpfe mit Lusitanern und Keltiberern; 186 v. Chr. siegen römische Verbände bei *Calagurris* am Oberlauf des Ebro über „Keltiberer" und für das Jahr 185 v. Chr. gibt Livius einen hochdramatischen Bericht von Niederlage und Sieg der vereinigten propraetorischen Armeen am Tagus nahe Toletum, also im Zentrum des „Keltiberer"-Gebiets. Die beiden Kommandeure erhalten Triumphe. Und so geht das immer weiter: Siege werden erfochten, Niederlagen erlitten, einmal gegen Lusitaner, dann wieder gegen „Keltiberer", meist an der Barbarengrenze, gelegentlich auch dahinter. Die Quellen, vornehmlich Livius, bieten ebenso langweilige wie deprimierende Aufzählungen militärischer Aktivitäten, immer wieder unterbrochen von Bezeugungen der Hoffnung auf den endgültigen Sieg (Liv. 39, 21, 10), während gleichzeitig im südlichen und östlichen Hinterland die sprachliche Latinisierung und die mediterrane Akkulturierung zunehmen und überdies gute Geschäfte gemacht werden. Von dem, was man heute den *human factor* nennt, von den unvorstellbaren Leiden der Kämpfenden und nicht minder der Alten, Frauen und Kinder, von den Strapazen auf beiden Seiten ist so gut wie nie die Rede: Die römischen Autoren geben nüchterne Zahlen: Erschlagene Feinde, eigene Verluste, in die Sklaverei verkaufte Besiegte (Keegan 1978, 114 f.).

Interessant sind die Beute-Berichte: Wie früher gezeigt wurde, sind das Wissen um das hispanische *Dorado* und die Bemühung um die Ausbeutung seiner Ressourcen uralt. Was neu ist, mit Ansätzen bereits in barkidischer Zeit, ist in der Phase unmittelbar nach der Vertreibung der Karthager der systematische ausbeuterische Doppel-Zugriff sowohl auf Fertigprodukte wie auf Lagerstätten nicht nur gesuchter Metalle, sondern von Anfang an auch auf landwirtschaftliche Produkte sowie Salz, Spartgras, *vestimenta* etc., und zwar einerseits durch Staat und provinziale Verwaltung, andererseits durch private Unternehmer aus allen gesellschaftlichen Schichten. Allein die Eroberung Neukarthagos hatte neben allem anderen 600 Talente erbracht; Livius in seiner kuriosen Detailfreude zählt *276 paterae aureae*, jede ein Pfund schwer sowie 18.300 Pfund Silber und *vasorum argentorum magnus numerus* (26, 47, 7 f.). Er lässt uns auch wissen, dass Ende des 3. Jhs. v. Chr. nach der Vertreibung der Barkiden aus Hispanien die

Abb. 19 Industriell hergestellter *Bleibarren* aus Carthago Nova mit Fabrikanten-Stempel der italischen *Roscii* – Familie. Barren mit diesen und anderen Erzeuger-Stempeln aus der großen Industrie- und Hafenstadt finden sich im gesamten Mittelmeerraum. 2./1. Jh.v. Chr.

Getreidepreise in Rom beträchtlich gefallen seien, *„weil eine große Menge Getreide aus Hispanien geschickt worden sei"* (30, 26, 5 ff.). Vom Ertrag des offiziellen Zugriffs berichten die Annalen, von den nach Hispanien strömenden zahlreichen Italikern spricht Diodoros 5, 36. Von einem dritten ausbeuterischen Bemühen freilich reden die Quellen nur in Nebensätzen; hier spricht die Einführung des Rekuperatoren-Verfahrens in Rom für sich.

Man hat errechnet, dass allein zwischen 205 und 195 v. Chr. offiziell 193.000 römische Pfund Silber (327 gr.), rund 600.000 Stück gemünztes Silber und ca. 5.700 römische Pfund Gold dem römische Aerar zugeführt wurden. Die Einnahmen aus den Minen, wie immer sie in den ersten Jahren organisiert waren, sind dabei nicht eingerechnet. Schulten hat aus der livianischen Überlieferung die Menge des dem Aerar in den Jahren 209–169 v. Chr. zugeführten Goldes mit 12.329 römischen Pfund errechnet, wobei die *Citerior* fünf mal mehr als die *Ulterior* erbrachte (1957, 478). Es erscheint geradezu als selbstverständlich, dass der ältere Cato, der selbst in seinen *Origines* von *„schönsten Eisen- und Silbergruben"* und einem *„großen Berg aus reinem Salz"* (F 93 Peter) schwärmt, als erste Maßnahme seines Kommandos im Jahre 195 v. Chr. Bergbau und *vectigal* endgültig ‚organisierte' mit dem Ergebnis, dass in den Minen nahe Neukarthago in Polybios' Zeit, also gut zwei Generationen nach dem gewonnenen Krieg, 40.000 Sklaven täglich Silber im Werte von 25.000 Drachmen erarbeiteten, wobei die Schilderung der grauenvollen menschlichen Kosten des hochprofitablen 24 Stunden-Betriebs vermutlich Poseidonios (bei Diod. 5, 38) verdankt wird. Schulten beziffert das Ergebnis der ersten vierzig Jahre römischer Präsenz auf der Halbinsel wiederum nach der livianischen Überlieferung auf über 2 Mio Pfund Silber (1957, 486). Rechnet man Badians Aufstellung der Kriegskosten dagegen, so hatte sich das Unternehmen Hispanien ökonomisch entschieden gelohnt. Der Wert dessen, was an erpressten Gütern, nicht deklarierter Kriegsbeute, zahllosen versklavten und profitabel z. T. ins Ausland verkauften Kriegsgefangenen, was an Ausbeutung durch *publicani*, gemeinem Raub jenseits des üblichen Prozedere römischer Armeen in die Taschen der Eroberer aller Ränge gelangte, ist dabei schlechterdings nicht zu ermessen. Tatsächlich wissen

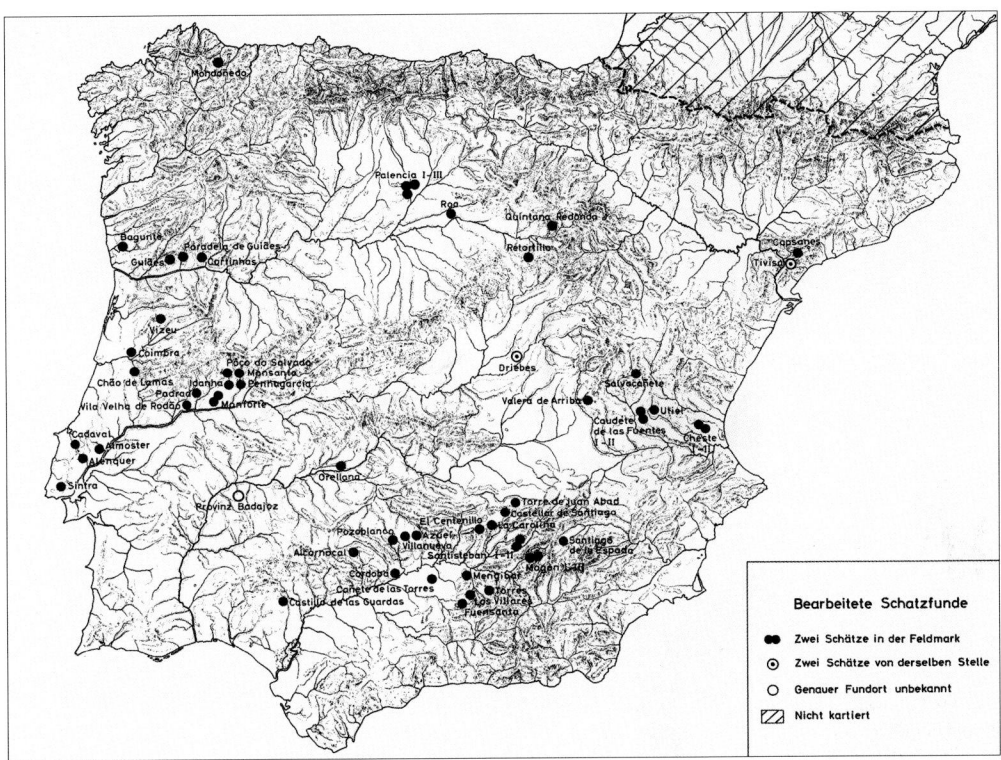

Abb. 20 Die bis in die 1960er-Jahre gefundenen Schatzverstecke aus der Zeit der römischen Eroberung Hispaniens hat Klaus Raddatz im Jahre 1969 zusammengestellt.

wir nicht viel über *publicani* auf der Iberischen Halbinsel; es gab *societates publicanorum* in *Sisapo* (CIL X 3964 aus *Capua*) und *Carthago Nova* [Abb. 19]. Freilich ist üblicherweise in den Quellen von *publicani* so wenig die Rede wie heutzutage von Pächtern staatlicher Besitztümer.

Immerhin hören wir aus durchweg zuverlässigen, aber nicht selten unzulässig verallgemeinernden Quellen vom enormen Reichtum des Landes mit dem „*Gold und Edelsteine führenden Tagus*" (Mela 3, 8; Catullus 29, 19), der Opulenz der iberischen Städte und der einheimischen Oberschicht, den silbernen und goldenen Gebrauchsgegenständen und von entsprechender Beute. Das gilt keineswegs in gleicher Weise für den größeren Teil des indoeuropäischen Hispanien; man muss sich das gelegentlich in Erinnerung rufen.

Eine überaus mitteilsame, zudem weitgehend objektive Quelle zur Beleuchtung der entsprechenden Verhältnisse auf der Halbinsel zwischen den Barkiden und den caesarischen Bürgerkriegen ist Klaus Raddatz' Untersuchung der „Schatzfunde auf der iberischen Halbinsel" aus dem Jahre 1969. Hier wird deutlich, in welchem Maße auch jetzt noch die Schatzfunde in Verbindung zu den Lagerstätten stehen, wo also konsequenterweise der römische Zugriff ein Versteckszenario schuf, wie privater Reichtum damals aussah und wo römischer Zugriff sich zunächst nicht zu lohnen schien. [Abb. 20] Aber spätestens, als Caesar in der Nachfolge des Brutus Callaicus, der von seiner lusitanisch-gallaekischen Beute aus den 130er-Jahren v. Chr. u. a. einen Marstempel gebaut haben soll, im Jahre 61 v. Chr. ohne jede erkennbare Notwendigkeit – die üblichen „Räuber"-Ausreden ließen sich immer finden und wären mit Polizeiaktionen zu erledigen gewesen, wie Cassius Dio ausdrücklich formuliert (37,52,1) – „*weil er es so wollte und aus Ruhmsucht*" den lusitanischen Westen attackierte, begann sich auch diese geografische Lücke zu schließen. Nach modernen Berechnungen er-

63

gab in flavischer Zeit die Ausbeutung der Goldminen des hispanischen Nordwestens ca. 7 % des gesamten Staatshaushaltes. Die Aussage der Schatzfunde wird im Kern durch die literarischen Quellen bestätigt.

Im Jahre 180 v. Chr. betritt der ältere Gracchus als Propraetor der *provincia citerior* für zwei Jahre den hispanischen Kriegsschauplatz. Der große Prosopograf Friedrich Münzer hat in der Realenzyklopädie sein bestes getan, den Wirrwar in den Quellen, hinter dem vielfach römische Partei-Rivalitäten standen, zu erhellen und die offenbaren Übertreibungen der Berichte zugunsten des Gracchus auf plausible Wahrscheinlichkeiten zurückzuführen. Zweifellos muss der ältere Gracchus zu den strategisch erfolgreicheren und politisch klügeren Statthaltern gerechnet werden. Sein Aufmarschplan gegen die zentralen Wohngebiete der Hispano-Kelten führte ebroaufwärts durch das Jalóntal nach Südwesten, wohin ihm der Statthalter der *Ulterior* entgegenzog. Nach siegreichen Konfrontationen mit hispano-keltischen Verbänden gelang es, einige der kleineren *populi* zu unterwerfen und den größeren Stamm der Arevaker, dem wir eine Generation später im Numantinischen Krieg als gefährlichem Gegner Roms begegnen werden, für ein Bündnis zu gewinnen. Nach hellenistischem Vorbild gründete er als erster Römer in Hispanien anstelle des älteren *Ilurci*, nicht weit vom heutigen Zaragoza gelegen, eine nach ihm benannte Stadt – *Graccurris* –, die später auf Münzen als *municipium Graccurris* erscheint und sich eines langen Lebens erfreuen wird. Über die dort Angesiedelten schweigen sich die Quellen aus: Wahrscheinlich wiederum emeritierte Soldaten der *socii* und loyale Einheimische.

Bemerkenswert ist eine Initiative, die Schule machen wird: Gracchus organisierte so etwas wie einen sozialen Ausgleich, indem er dafür sorgte, dass Mittellose Land erhielten und in einheimische Gemeinden aufgenommen wurden (Appian. *Iber*. 43). Das war eine Maßnahme, die von dem Bemühen zeugt, die Ursachen lokaler und regionaler Missstände zu bekämpfen, die Hunger und materieller Not geschuldet waren, vor allem in Jahren mit schlechten Ernten. Landzuweisungen als Verlockung zum Verzicht auf räuberische Aktionen werden später im Katalog der Befriedungsmaßnahmen der römischen Verwaltung eine wichtige Rolle spielen. Eine andere Maßnahme war eher von strategischer Bedeutung: Appianos (*Iber*. 44) berichtet, Gracchus habe im Zuge seiner Friedens- und Bündnisverhandlungen mit hispano-keltischen Stämmen dem Vorbild Catos folgend verlangt, auf die *„Befestigung neuer Siedlungen"* zu verzichten. An der Interpretation dieser Abmachung wird sich in den 50er-Jahren des 2. Jhs. v. Chr. die *Segeda*-Affäre mit allen Folgen entzünden.

Es scheint Gracchus gelungen zu sein, für einige Zeit das hispano-keltische Gebiet zur Ruhe zu bringen: *„sie blieben friedlich"* (Liv. 41, 26, 1). Doch im Jahre 175 v. Chr. gibt es erneut kriegerische Auseinandersetzungen mit *Celtiberi*. Niemand weiß, wo und warum, und wenn die ohnehin dünn fließenden Quellen für die nächsten Jahre – außer über die weitgehend verpuffenden Rekuperatoren-Maßnahmen des Jahres 171 v. Chr. (s. S. 49) – aus Hispanien wenig berichten, so bedeutet das mitnichten, dass dort Ruhe geherrscht hätte. Genaues wissen wir nicht. Dafür, dass es zuweilen auch ‚ruhigere' Jahre gab, mag sprechen, dass in den Jahren 169 und 168 v. Chr. jeweils nur ein Statthalter auf die Halbinsel geschickt wurde. Da aber der Praetor M. Claudius Marcellus, der später Corduba gründete, im Jahre 169 v. Chr. die völlig unbekannte *nobilis urbs Marcolica* einnahm, wie Livius (45, 4,1) berichtet, kann es zumindest in diesem Jahr nicht völlig friedlich zugegangen sein. Wenn Untermann Recht hat und es sich bei *Marcolica* um einen hispano-keltischen Ortsnamen handelt, müsste Marcellus im Südwesten oder in der *Celtiberia* selbst Krieg geführt haben.

Für mehr als zehn Jahre, bis 155 v. Chr. lassen uns die Quellen fast vollständig im Stich. Das mag daran liegen, dass das livianische Werk größtenteils verloren ist, aber auch, dass die Aufmerksamkeit der römischen Politik auf andere Schauplätze gerichtet war. Vielleicht auch drangen keine beunruhigenden Nachrichten von der Halbinsel nach Rom; möglicherweise hatte man sich an das übliche militärische Hin und Her gewöhnt. Auch scheint sich das kriegerische Vordringen in bislang noch nicht penetrierte Gebiete verlangsamt zu haben, denn in den nun folgenden Kriegsjahren sind es noch immer Lusitaner und hispanische Kelten, mit denen es römische Statthalter zu tun haben, anscheinend heftiger und blutiger als zuvor. Es ist der im 2. Jh. n. Chr. schreibende Alexandriner Appianos, dessen *„Iberiké"* wir, trotz einer Reihe eklatanter Fehler vor allem in geografischer

Hinsicht, trotz Verwechslungen und Irrtümern nahezu alles Wissen über die Jahre verdanken, in denen Polybios teilweise und Livius ganz verloren ist. Zudem ist er nach Herkunft und Bildung ein ideologisch und intellektuell vergleichsweise unabhängiger Autor, der es sich leisten kann, die Lusitaner, welche im Jahre 154 v. Chr. anscheinend wieder raubend in Wohngebiete ihrer reicheren Nachbarn im Süden – *„römische Untertanen"* – eingefallen waren, als *„autonom"* zu bezeichnen (*Iber.* 56), was den älteren römischen Historikern kaum eingefallen wäre.

Angeführt wurde dieser lusitanische Verband, dem sich auch Kämpfer der Vettonen angeschlossen hatten, von einem Mann mit dem sprechenden Namen *„Punicus"*. Das kann alles bedeuten: Spitzname, Hispanier aus punischem Umfeld, das es immer noch gab, Afrikaner usf. Diesem Punicus gelang es, ein römisches Heer unter zwei Praetoren zu schlagen und, nachdem er Vettonen als Verbündete gewonnen hatte, in das Gebiet der Blasto-Phoiniker vorzudringen. Das waren von Hannibal umgesiedelte Afrikaner, die von den „autonomen Lusitanern" als Untertanen Roms betrachtet wurden. Es ist das alte Lied: Die Lusitaner tun, was sie immer getan hatten, sie beschaffen sich vor allem fehlende Nahrungsmittel bei den Nachbarn mit reicherer Agrarproduktion, und natürlich kann die römische Provinzverwaltung das nicht zulassen.

Mit Punicus, der bald umkommt, und seinem Nachfolger mit dem keltischen Namen Kaisaros, der dem Praetor Mummius, dem späteren Zerstörer von Korinth, im Jahre 153 v. Chr. eine schwere Niederlage beibringt, beginnt in den Quellen die Reihe lusitanischer *caudillos*, die zu Viriatus, dem bedeutendsten unter ihnen, führt und mit ihm endet. Das römische Vordringen hatte die Region der *reguli* in nördlicher und nordwestlicher Richtung verlassen und bekam es mit neuen militärischen Strukturen zu tun, die ‚barbarischer' als diejenigen des kulturell seit jeher avancierten Südens und weitaus gefährlicher erscheinen. Diese üblicherweise frei gewählten *caudillos* kommandieren Gruppen von *guerrilla*-Kämpfern, die sich spontan auf irgendein Ziel hin zusammenfinden, durch keinen militärischen Drill diszipliniert, äußerst flexibel, sehr schnell und ohne viele Skrupel. Kundig die natürlichen Gegebenheiten der Region ausnutzend, überfallen sie unvorbereitete römische Heeresverbände und verschwinden rasch wieder. Damit verbreiten sie große Irritation und richten beträchtlichen Schaden an.

Eine andere Gruppe unter Kaukainos, die aus dem Gebiet nördlich des Tagus kam, durchzog das Stammesgebiet der Konier, die, ethnisch nicht einzuordnen, im Südwesten der Halbinsel wohnten und als ‚Kyneten' bereits in den frühesten Quellen erscheinen. Man plünderte deren Hauptstadt *Konistorgis* und setzte, aus welchen Gründen auch immer, nach Afrika über (Appian. *Iber.* 58). Leider lassen uns die Quellen völlig im Dunkeln darüber, was diese lusitanische Explosion ausgelöst hatte: Waren es die üblichen Raubzüge aus reiner Not, waren es Provokationen von römischer Seite oder irgendein besonderes Ereignis?

Ob der nahezu gleichzeitige neue „Keltiberer"-Krieg zufällig oder aufgrund einer Verabredung mit den Lusitanern ausbrach, ist offen. Er entzündete sich, wenn Appianos (*Iber.* 44) zutreffend berichtet, an der haarspalterischen Interpretation der Gracchus-Verträge durch die *„große und mächtige"* Beller-Stadt *Segeda* unweit des heutigen Calatayud (dazu Untermann, Namenbuch, s. v.) und deren Weigerung, sich die römische Sicht der Dinge zu eigen zu machen. Die gegen die Stadt geschickte römische Armee erlebte ein Desaster; die Kelten unter selbstgewählten Anführern, die in den griechischen Quellen Karos, Leukon und Ambon heißen, kämpfen, nicht unähnlich den Truppen in der Revolutionsphase Frankreichs oder den spanischen *guerrilleros* gegen die napoleonische Besatzung, um ‚Land und Freiheit'. Ein weiteres Debakel folgte kurz darauf bei *Numantia*, einer großen Stadt der Arevaker etwa 100 km von Segeda entfernt, wohin sich dessen Einwohner beim Herannahen neuer römischer Truppen geflüchtet hatten.

Es ist der Eintritt von Numantia in die nationale Geschichte Spaniens. Wie sich an Viriatus die Portugiesen allzeit begeistert haben, so entzündete sich am 20 Jahre lang dauernden heldenhaften Widerstand dieser Stadt gegen die römische Eroberung der nationale Stolz der Spanier, zumal Adolf Schulten – wie später dem Viriatus – auch Numantia ein pathetisch-heroisches Denkmal gesetzt hat.

Da nach dem Zweiten Weltkrieg den meisten Deutschen – wohl als Folge der Pervertierung ‚nationaler Gefühle' durch die Nationalsozialisten – die Empfindung für ihre eigene fernere Vergangenheit abhanden gekommen ist, bringt man hierzulande für nationale Symbolik dieser Art kaum noch Verständnis auf. Dagegen gibt es bei allen unseren Nachbarn unverändert identitätsstiftende nationale Symbole, die gepflegt werden. Es gibt keinen Grund, sie nicht ernst zu nehmen! Zu diesen nationalen Symbolen gehört auch im heutigen Spanien Numantia!

Als Folge der Niederlagen gegen die „Keltiberer" begann man in Rom, den hispanischen Kriegsschauplatz zu fürchten, wie Polybios (35,4) ausführlich darstellt: *„Da Q. Fulvius Nobilior, der Oberbefehlshaber des vergangenen Jahres in Hispanien, und die Teilnehmer des Feldzugs in Rom die Kunde von der ununterbrochenen Folge schwerer Kämpfe, von der großen Zahl von Gefallenen und der Tapferkeit der Keltiberer verbreitet hatten und Marcellus offenbar aus Angst dem Krieg aus dem Wege zu gehen suchte, bemächtigte sich eine ungewöhnliche Kriegsscheu der Jugend, wie sie die Älteren noch nie erlebt zu haben meinten. Die Drückebergerei ging so weit, daß sich weder die genügende Zahl Bewerber für das Amt der Militärtribunen meldete, sondern die Stellen unbesetzt blieben, wohingegen sich früher immer viel mehr als nötig zu bewerben pflegten, noch die von den Konsuln vorgeschlagenen Legaten (---) dem Rufe Folge leisten wollten. Das Schlimmste war: Die jungen Männer suchten sich der Aushebung zu entziehen (---)."*

Abgesehen davon, dass diese Passage wesentlich der Vorbereitung des großen Auftritts von P. Cornelius Scipio, dem nachmaligen Sieger von Numantia, dem *patronus* und Freund des Polybios, dient, dürften die mitgeteilten Tatsachen im Großen und Ganzen der Wahrheit entsprechen: Man scheute den Krieg in einem kargen Land gegen unberechenbare, grausame und anscheinend unbezähmbare ‚Barbaren', die mit höchster Motivation um ihr Land und für ihre Unabhängigkeit kämpften, in rascher Folge ein um das andere römische Heer besiegt hatten, wo die Beuteerwartung geringer war als anderswo und die Aussichten insgesamt schlecht. Bereits die Vorverlegung der Beamtenwahlen in den Januar war anscheinend mit Blick auf die Entfernung und die klimatischen Verhältnisse der hispanischen Provinzen erfolgt (Broughton, MRR I, 452) und gewiss hat Helmut Simon Recht, wenn er unterstellt, man habe sich von der Wahl des zweimaligen Konsuls M. Claudius Marcellus zum Konsul für das Jahr 152 v. Chr. einen besonders tüchtigen Mann als Nachfolger des unglücklich agierenden Nobilior für den „keltiberischen" Kriegsschauplatz versprochen. Zudem kannte Marcellus das Land aus seiner erfolgreichen hispanischen Amtsperiode 169. Seine Wahl und seine Bestimmung für die *Citerior* fanden unter ungewöhnlichen Umständen statt. Dass er später im Senat auf Schwierigkeiten stieß und auch in manchen Quellen unter Wert beurteilt wird, hat, wie man seit Langem gesehen hat, viel damit zu tun, dass man Scipio Aemilianus' Sonne nicht verdunkelt sehen wollte.

Tatsächlich versuchte Claudius Marcellus – freilich mit nur ephemerem Erfolg – einen Strategiewechsel! Er setzte auf friedliche Übereinkünfte mit den Stämmen, scheute aber auch, wo notwendig, hartes Durchgreifen nicht. Jedenfalls gelang ihm ein umfassender Waffenstillstand mit den Rom geneigten „Keltiberern", die er zudem überzeugte, zusammen mit den politischen Gegnern im eigenen Lager eine Gesandtschaft nach Rom zu schicken, um Friedensverhandlungen zu führen. Simon hat diese eher kuriosen Vorgänge überzeugend dargestellt (1962, 33 ff.) und auch die Hintergründe des Scheiterns der Friedenspläne des Marcellus im Senat aus dem reichlich verworrenen Quellenmaterial herausgefiltert. Im Senat setzten sich die Falken mit der Forderung nach energischer Fortsetzung des Keltiberer-Krieges durch, was die Ablehnung der Vorschläge des Konsuls bedeutete. Dieser erfüllte die Weisungen aus Rom, kämpfte auch kurz und erfolgreich vor den Mauern von Numantia und schloss, als die drei Stämme (Beller, Titter und Arevaker) ihm ein entsprechendes Angebot machten, einen Frieden zu seinen Bedingungen (Appian. *Iber.* 50), während sein Nachfolger im Amt, L. Licinius Lucullus, nur unter Schwierigkeiten die nötigen Zurüstungen für sein hispanisches Kommando zustande brachte. Bei Livius (*Per.* 48) heißt es, dass der Konsul Claudius Marcellus *„alle Keltiberer befriedet zu haben scheine"*. Jedenfalls ist von denjenigen Hispano-Kelten, die im engeren Sinne als *Celtiberi* verstanden wurden, eine Reihe von Jahren hindurch nirgendwo die Rede.

Der um sein primäres Kriegsziel gebrachte Lucullus suchte derweil weiter westlich und nordwestlich die ihm in den Quellen attestierte Ruhmsucht und Beutegier zu befriedigen. Hier ist freilich zu berücksichtigen, dass diese Nachrichten entscheidend von dem unter ihm als *tribunus militum* dienenden Scipio Aemilianus beein-

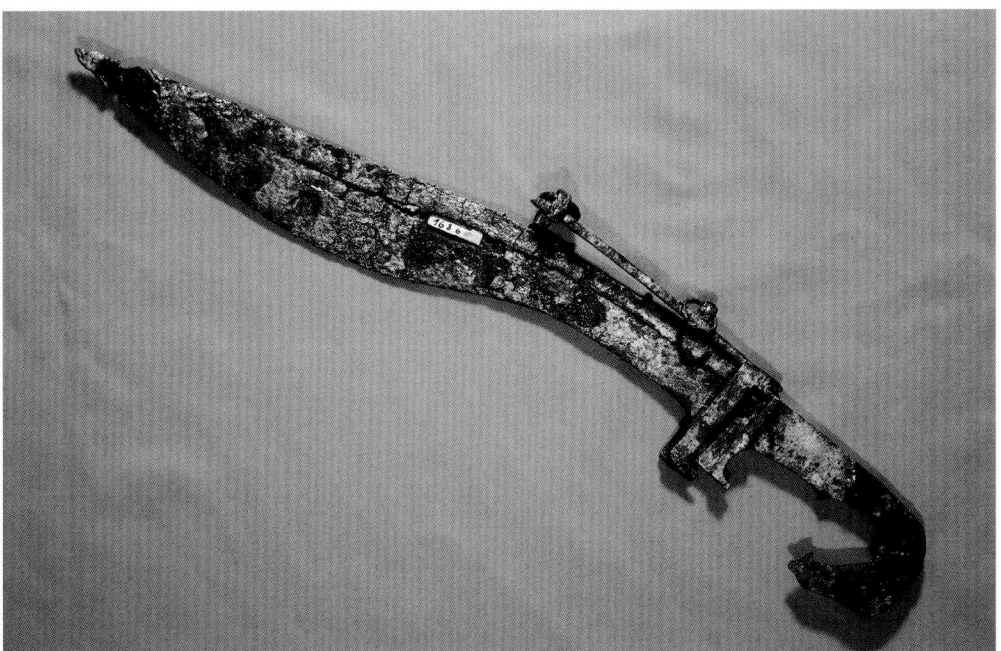

Abb. 21 Die *falcata* war als Hieb- und Stichschwert die auffälligste und wirkungsvollste Waffe der Iberer. Aus einem Grab in Gormaz (Soria). 3. Jh. vor Chr.

flusst sind. Da die um die Mitte des 2. Jhs. v. Chr. anscheinend besonders heftigen innenpolitischen Konflikte und ihr Niederschlag in den zeitgenössischen Quellen von Parteilichkeit nicht frei sind, müssen sie mit großer Vorsicht bewertet werden; die aus der römischen Innenpolitik überkommenen Ressentiments wirkten lange nach. So wurde, wie oben festgestellt, die sehr kluge und konstruktive Provinzverwaltung des Marcellus kaum angemessen gewürdigt. Ob Lucullus tatsächlich der Ausnahme-Bösewicht war, den die antike Geschichtsschreibung aus ihm gemacht hat, oder ob er nur einer in der langen Reihe von zynisch-skrupellosen ‚Barbaren'-Verächtern unter Roms hispanischen Statthaltern war, wissen wir nicht. Gewiss hat Schultens Abneigung gegen ihn in der Forschung einen zweifelhaften Einfluss ausgeübt. Jedenfalls ist Münzers Hinweis, dass Lucullus „*ohne Auftrag und Rechtsgrund*" gegen die (bei Polybios/Appianos eindeutig keltischen) Vakkäer im heutigen Altkastilien losgeschlagen habe, reichlich naiv: Der „Rechtsgrund" war der grundsätzliche Anspruch auf die gesamte Provinz und präzise Aufträge pflegten Provinzgouverneure nur in speziellen Notfällen zu erhalten. Wie die meisten seiner Kollegen seit 206 v. Chr. bemühte sich auch Lucullus um Erweiterung des römischen Machtbereichs gegen „*Vaccaeos et Cantabros et alias incognitas adhuc gentes*" (Liv. *Per.* 48). Dass er dabei besonders brutal und hinterhältig vorgegangen sein soll, ist eine andere Sache. Zwar verrät die Behandlung von *Cauca*, halbwegs zwischen dem heutigen Valladolid und Segovia gelegen (Appian. *Iber.* 51–55), zweifellos ein besonderes Maß an Perfidie, aber auch hier dient die moralische Verwerflichkeit des Lucullus in erster Linie als Folie für Scipio Aemilianus' leuchtende Integrität. Simons Bemühung, die Objektivität des Berichtes zu retten und die Rechtslage entsprechend zu interpretieren, steht auf schwachen Füßen.

Scipio rettet später in dem außerordentlich geschickt komponierten Bericht, der deutlich Polybios als Vorlage hat, durch die Annahme eines *more celtico* angebotenen Zweikampfes (anscheinend zu Pferde, vgl. Polyb. 35,6) mit einem „*durch hervorragend gefertigte Waffen ausgezeichneten Barbaren*" vor der bislang nicht eindeutig identifizierten Vakkäerstadt *Intercatia* gewissermaßen die Ehre Roms. Er blieb Sieger „*obgleich er von kleinem*

Wuchs, der Gegner aber hochgewachsen war". Und Scipio, nicht der Oberbefehlshaber Lucullus, ist nach diesem Bericht überraschenderweise denn auch derjenige, der die Einwohner der Stadt zur *deditio* überredet, obgleich sie nicht gestürmt werden konnte. Intercatia stellt Geiseln, liefert 10.000 *saga* (jene wollenen Mäntel, deren Übernahme in Rom ebenso wie die des hispanischen Hieb/Stoß-Schwertes, der *falcata*, [Abb. 21] und später des *gladius hispaniensis*, zu den nachhaltigen Reminiszenzen der Eroberung der Iberischen Halbinsel gehören) und Schlachtvieh. Polybios/Appianos: *"Was nun Gold und Silber betrifft, die Lucullus verlangt und um derentwillen er den Krieg gewagt hatte, so bekam er davon nichts. Tatsächlich hatten sie keines; diese speziellen Keltiberer messen solchen Metallen keinerlei Wert bei".* Simon (1962, 55 Anm. 73) bezweifelt sehr zu Unrecht diese Aussage mit der Begründung, anderswo sei sehr wohl von keltiberischem Besitz von Edelmetall die Rede. Aber einmal bedeuten Zugang zu und Besitz von Edelmetallen noch nicht automatisch dessen Wertschätzung, zum anderen waren die zivilisatorischen wie habituellen Unterschiede zwischen den einzelnen Stämmen bzw. Stammesgruppen z. T. erheblich, wie sich besonders im Bereich der Konvergenz-Zone zwischen dem indoeuropäischen und dem „iberischen" Siedlungsgebiet in vielfältiger Weise zeigt.

Anschliessend versuchte Lucullus vergeblich, *Pallantia* (Palencia) zu erobern und zog sich danach, von den Einheimischen bis zum Durius verfolgt, nach Turdetanien ins Winterquartier zurück. Appianos (*Iber.* 55): *„Das war das Ende des Krieges mit den Vakkäern, den Lucullus gegen den Willen des römischen Volkes unternommen hatte. Er wurde deswegen aber niemals zur Rechenschaft gezogen".* Offenbar hatte Lucullus' Amtsführung in Hispanien – anders als später diejenige des Galba – in Rom keine Folgen (dazu Simon 1962, 59) oder, was schon früher geschehen war, es gelang seinen politischen Freunden, entsprechende Anklagen zu verhindern. Er hatte nichts getan, was subjektiv gegen den *comment* verstieß.

Als der zweite der präsumtiven Übeltäter unter den römischen Provinzgouverneuren dieser Jahre auf der Iberischen Halbinsel gilt Ser. Sulpicius Galba, ein berühmter Redner, der im Jahre 150 v. Chr. die *provincia ulterior* von einem M. Atilius übernommen hatte. Kurioserweise wird sein kaiserlicher Nachfahre Galba in der von Suetonius verfassten Biographie (*Galba* 3) mit denselben negativen Charakterzügen ausgestattet wie sein Ahnherr 200 Jahre zuvor: Habsucht und Geiz, wobei nicht klar ist, ob Suetonius dabei nicht traditionelle Ressentiments bediente.

In Zusammenhang mit dem Vorgänger des älteren Galba benennt Appianos mit seltener Deutlichkeit ein strategisch-politisches Konzept, welches bis in augusteische Zeit häufig Anwendung fand. Es heißt (*Iber.* 58): *„. . . Atilius überfiel Lusitaner, tötete 700 von ihnen und nahm ihre größte Stadt – Oxthrake – ein. Das versetzte die umwohnenden Stämme in solchen Schrecken, daß sie alle die Unterwerfung anboten. Darunter waren auch einige vettonische Völker, Nachbarn der Lusitaner."* Das ist nach heutigem Verständnis purer Terror! In dieser Vorgehensweise liegt einer der zentralen Gründe für den nachhaltigen Widerstand sowohl der Lusitaner wie der Kelten auf der Halbinsel.

Kaum war Atilius mit seinen Truppen ins Winterquartier gezogen, schlugen lusitanische Verbände erneut los; Appianos (*Iber.* 58) lässt vermuten, dass sie, wie üblich, aus ihren Siedlungsgebieten in die reicheren Regionen zogen, die Rom inzwischen als unterworfen betrachtete. Der neue Praetor Galba marschierte eilig gegen sie, siegte auch zunächst, unterlag aber schließlich und floh nach *Carmo* (Carmona), von wo er im südlichen Portugal in das Winterlager ging. Da die Lusitaner weiterhin die westliche *Ulterior* heimsuchten, griff der in Turdetanien im Winterlager stehende Konsul Lucullus ein, errang nahe Gades einen Sieg und zog daraufhin in einer offenbar konzertierten Aktion mit Galba in das lusitanische Kernland, welches sie verwüsteten. Wie üblich erschienen bei Galba lusitanische Abgesandte, die um Gnade und die Erneuerung der früher getroffenen Abmachungen baten: *„Er empfing sie freundlich, befahl eine Waffenruhe und gab sogar vor, mit ihnen zu sympathisieren, da sie doch nur durch ihre Armut gezwungen gewesen seien zu rauben, Krieg zu führen und Verträge zu brechen. ‚Denn' sagte er,‚schlechtes Ackerland und Elend nötigen euch, dies zu tun. Aber ich werde meinen armen Freunden (φίλοι) gutes Ackerland geben und sie in drei Gruppen in einer fruchtbaren Gegend ansiedeln'"* (Appian. *Iber.* 59).

Hier ist das bereits benannte zweite Kernproblem angesprochen: Das karge Land war nicht in der Lage, die Einwohnerschaft zu ernähren; Auswanderung oder Raub boten Alternativen, wie man sie zu allen historischen Zeiten kennt. Da die Informationen von Polybios, vielleicht zusätzlich auch von Cato, stammen, darf man gewiss sein, dass das Problem nicht nur den Provinzverwaltungen, sondern auch in Rom bekannt war. Offenbar wusste man auch, wie den Schwierigkeiten beizukommen wäre. Dennoch wurde lange Zeit nichts unternommen, um Abhilfe zu schaffen, was auch erklärt, warum die Lusitaner trotz drohender Sanktionen von Seiten Roms an ihren Raubzügen festhalten mussten: Sie litten Hunger! Terentius Varro hat noch in spätrepublikanischer Zeit Gutsherren (*"auf Sardinien und in Hispanien nahe der Grenze zu Lusitanien"*) den Rat gegeben, profitable Felder, wenn sie von Raub bedroht waren, gar nicht erst zu bestellen (*rer. rust.* 1. 16. 2), was für sich spricht.

Galba jedenfalls hieß die angeprochenen drei Stammes-Gruppen (Val. Max. 9,6,2) ihre Waffen niederlegen und ließ sie, nachdem das geschehen war, umbringen. *„So vergalt er Verrat mit Verrat und ahmte so die Barbaren in einer Weise nach, die für einen Römer unwürdig ist. Nur wenige entkamen, darunter Viriatus ..."* (Appian. Iber. 60).

Der Fall wurde in Rom viel diskutiert; zwei Volkstribunen verlangten, von dem greisen Cato unterstützt, Anklage. Einer, L. Scribonius Libo, schlug sogar vor, die von Galba in die Sklaverei verkauften Lusitaner zurückzukaufen und in Freiheit zu setzen. So weit aus den Quellen ersichtlich, wurde Galbas Handlungsweise nahezu überall missbilligt. Es gab einen Aufsehen erregenden Prozess (Liv. *Per.* 49; Simon 1962, 62 ff.), doch auch hier kam es zu keiner Verurteilung. Fünf Jahre später konnte der Missetäter Konsul werden.

Wenn die Angelegenheit überhaupt eine positive Folge hatte, so war dies die „Einrichtung der *quaestio repetundarum* als erster ständiger Gerichtshof für derartige Vergehen" (Münzer, RE IV A 1 [1931] s. v. *Sulpicius* Nr. 58), welcher aber in hispanischen Angelegenheiten, wie man weiß, längst nicht so häufig tätig wurde, wie es angezeigt gewesen wäre.

Mit Galba wurde anscheinend der moralische Tiefpunkt in der römischen Verwaltung der hispanischen Provinzen erreicht. Zweifellos gab es auch später noch Beamte, die mit Galba die Auffassung teilten, gegenüber ‚Barbaren' sei jede Art von Maßnahme in Krieg und Frieden moralisch wie rechtlich zu rechtfertigen, aber – soweit ich sehe – erfuhr die Spirale zynischer Menschenverachtung keine weitere Drehung. Gleichwohl – nichts zeigt deutlicher die geradezu naive Gewissenlosigkeit in weiten Teilen der herrschenden Klasse in Rom – bewarb sich Galba in seinem Konsulatsjahr 144 v. Chr. ebenso wie sein Amtskollege Aurelius Cotta um ein hispanisches Kommando. Valerius Maximus hat die Begründung für die Ablehnung beider Anträge durch Scipio Aemilianus überliefert: „*... quia alter nihil habet, alteri nihil est satis*", zu deutsch: Der Eine hat nichts und der Andere kann nicht genug bekommen.

Exkurs 5
Zur Langzeit-Typologie eines Kämpfertypos auf der Iberischen Halbinsel

„Diebe, Straßenräuber, Banditen, Guerrilleros."

Der eine oder andere Leser wird sich verwundert fragen, was dieses Thema in einer historischen Übersicht wie dieser zu suchen habe. Es gibt gute Gründe für einen von der geschichtlichen Rolle des Viriatus ausgehenden Ausflug in die hispanisch-spanische Diachronie: Einmal, dass die Analyse/Erforschung von historischen Mentalitäten in den letzten Jahrzehnten bemerkenswerte Erkenntnis-Fortschritte gebracht hat, sodann der interessante, wenngleich nicht immer überzeugende, Essay von Hans Magnus Enzensberger über den spanischen Anarchisten Buenaventura Durruti vor dem und im spanischen Bürgerkrieg von 1936–39, ferner Karl Schmitts anregende Betrachtungen über die *guerrilla* im spanischen Unabhängigkeits-Krieg von 1808 (vgl. Koch 2004, *passim*) und schließlich meine eigene Neugier angesichts der *mutatis mutandis* auffallenden historischen Parallelen zwischen den geografischen Voraussetzungen, der speziellen Art von Kriegführung und – so weit erkennbar – den Persönlichkeitsstrukturen einiger Protagonisten der genannten geschichtlichen Phasen. Zu den früheren *pastores* (Hirten), dem Lusitaner Viriatus und dem Kastilier Juan Martín Díaz „El Empecinado" (die bereits 1814 in einem spanischen Siegesgedicht miteinander verglichen werden [Abella-Nart 2007, 131]), und dem aus der spanischen Extremadura stammenden Durruti gesellte sich im Laufe der Arbeit noch Juan Bravo, einer der Führer des *Comuneros*-Aufstandes gegen den jungen König Karl von Habsburg, später Kaiser Karl V., an dem ich den drei anderen Genannten verwandte Wesenszüge meine feststellen zu können (Pérez 2001, *passim*). [Abb. 22, Abb. 23 und 24]

Nicht minder interessierte mich die Reaktion der jeweiligen politisch-militärischen Gegner dieser Männer: Sie besteht von Rom bis zu der „nationalen" Seite im Spanischen Bürgerkrieg übereinstimmend darin, die Rolle der Genannten zu entpolitisieren und sie selbst zu verunglimpfen. Indem man ihnen den Kombattanten-Status aberkannte, ersparte man sich einen politischen Diskurs über die Berechtigung ihrer politisch-militärischen Aktionen. In allen Fällen erfolgte die Kriminalisierung, was umso leichter fiel, als die lusitanischen Stämme seit jeher durch Raubzüge in den reicheren Süden des Landes ihre Versorgungslage zu verbessern versucht hatten. *El Empecinado* hatte 1793 im Krieg gegen das revolutionäre Frankreich eher am Rande des geltenden Rechts operiert. Durruti, ein überzeugter Anarchist, hatte Banken überfallen. Dass in bestimmten Situationen allen Drei der Status „normaler" Truppenführer zuerkannt wurde, ändert daran nichts. Dagegen war Juan Bravo ein unbeschriebenes Blatt; er galt in dem Augenblick als kriminell, als er sich der ‚gottgewollten Obrigkeit' widersetzte, ungeachtet der guten Gründe, die ihn dazu trieben. Charismatische Anführer ihrer Kampfverbände waren alle vier.

Zunächst gilt es, die Terminologie zu klären. Im Griechischen bezeichnet *lästäs* den gemeinen Dieb, *lästarchos* den Räuberhauptmann, während im Lateinischen *latro* den gemeinen Dieb bezeichnet. Im Spanischen ist *ladrón* der Dieb schlechthin, während *bandolero* den Straßenräuber auf dem Land und in den *sierras* meint, der in der Regel innerhalb einer

Abb. 22 *Juan Bravo* führte 1521 den sogenannten Aufstand der *Comuneros* gegen den spanischen König Carlos de Habsburgo, später Kaiser Karl V., um die Beibehaltung der uralten Gemeinderechte (*fueros*).

Gruppe agiert. Diesen Typus kennt die gesamte Mittelmeerwelt schon in der Antike. Der sogenannte *bandolerismo* besitzt auf der Iberischen Halbinsel eine Tradition, die Rom vorfand und so wenig ausrotten konnte wie später die Wisigoten. Ciceros Freund Atticus fürchtete die Reise durch die *montes Mariani* (Sierra Morena) wegen der „Räuber". Bandoleros gab es dort noch unter dem Regime des General Franco. Traditionell existiert in Spanien der romantisierende Mythos des „guten" *bandolero*, eine *Robin Hood* vergleichbare Projektion, welcher immer auf der Seite der (zahlreichen) Armen steht, der „stark" und „tapfer", „frei" und „autonom" erscheint und der ungeliebten Obrigkeit meist erfolgreich die Stirn bietet. Diesem Typus werden *Viriatus* und *El Empecinado* zugerechnet; sie galten und gelten offen oder heimlich als Heroen. Die Art ihrer Kriegführung (auf spanisch „*golpe y huida*", was „zuschlagen und sich zerstreuen" bedeutet) ist nahezu identisch. Nur selten werden die rücksichtslose Grausamkeit dieser Männer gegen sich und andere, ihre Menschenverachtung und die Bereitschaft zur Verletzung aller Regeln thematisiert. Andererseits wird allen Genannten in der modernen Historiografie niemals zugebilligt, was – etwa im Zweiten Weltkrieg – Partisanen auf dem Balkan, in Italien oder in Polen ohne Weiteres zugestanden wird, nämlich Widerstand gegen eine als ungerecht empfundene Eroberungs/ Besatzungs-Armee geleistet zu haben. Tatsächlich handelte es sich aber beim Widerstand der indoeuropäischen Stämme um nichts anderes.

Entscheidend ist: Was immer die lusitanischen „Räuber", zu denen auch einzelne Deserteure und alle möglichen *outlaws* gehört haben mögen, unter Viriatus' Führung gegen Rom unternehmen, hat eine politische Dimension. Sie wurde weder von den griechischen noch von den lateinischen Quellen gesehen, ob mit Absicht oder nicht, muss offen bleiben. E. J. Hobsbawm's bei Dyson (1975, 149) zitierte Definition des „*social bandit*": „*Social banditry is universally found whereever societies are based on agriculture (including pastoral economies) and consist largely of peasants and landless laborers ruled, oppressed and exploited by someone else – lords, governments, lawyers, or even banks*" beschreibt nur einen Teil der frühen hispanischen Problemlage. Auch sie unterschlägt die ethnische und politisch-kulturelle Dimension und übersieht, wie auch Dyson selbst (a. a. O. 146 ff.), die existentielle Bedeutung dieser Raubzüge für die bitterarmen Bewohner der Extremadura und der benachbarten *sierras*. Um ein später zu behandelndes Phänomen vorweg anzusprechen: Diese Einschätzung gilt weitgehend auch für das in der Spätantike und während der gotischen Herrschaft unter ähnlichen sozialen Bedingungen beträchtlich anwachsende Räuber-Unwesen. Neben Raubzügen cantabrischer und vaskonischer Scharen, die in ihrer ethnischen Geschlossenheit eher den frühen lusitanischen Banden ähneln, gibt es jetzt eher ein ausgesprochenes Sozial-Banditentum, dessen gemeinsamer Nenner Armut, Deklassierung, Entrechtung und nicht selten religiöse Verfolgung sind. Die Zusammensetzung dieser Gruppen ist heterogen, ihre politischen Ziele, soweit sie existieren, wechseln – in den zeitgenössischen Quellen und in der modernen Forschung sind sie durchweg als Kriminelle dargestellt, was nur sehr bedingt richtig ist.

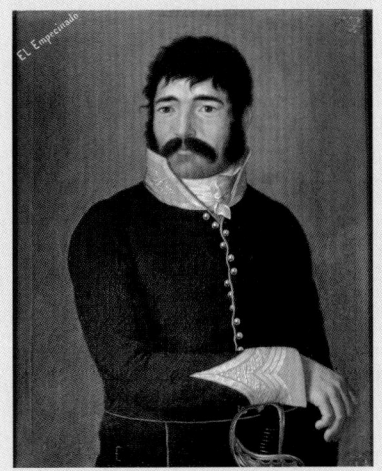

Abb. 23 *El Empecinado* (der Hartnäckige) 1775–1825.

Abb. 24 *Buenaventura Durruti* (1896–1936), in der Tradition des Bandolerismo stehend, ist der spanische Anarchist schlechthin: Proletarisch-anspruchslos, gewalttätig, dabei gutmütig, antiautoritär, naiv-idealistisch, todesmutig und ein Fanatiker sozialer Gerechtigkeit. Bürgerkriegsplakat mit Durrutis Totenmaske von 1936–37.

Die politische Dimension gilt in neuerer Zeit auch für die *guerrilleros* um Juan Martín Díaz und – von einem bestimmten historischen Augenblick an – für den ehemaligen *ladrón* Durruti.

Das Kuriose: Alle vier stammen aus derjenigen Zone der Iberischen Halbinsel, die allzeit arm und granitern und den extremsten klimatischen Bedingungen unterworfen war. Von dort stammten, wie bereits angemerkt, auch viele der frühen spanischen Konquistadoren, deren Grausamkeit sprichwörtlich war. Es könnte sein, dass sich die unbarmherzige Härte des Landes in den Charakteren seiner Bewohner wiederfindet.

Der Krieg des Viriatus

„Sie hatten keinen bedeutenden Führer – außer Viriatus."

(Iustin. epit. 44,1)

Ob seine unmittelbare Beteiligung an den geschilderten Vorgängen den jungen Lusitaner Viriatus [Abb. 25] dazu veranlasst hat, während der nächsten zwölf Jahre den Römern in Hispanien Paroli zu bieten, wie man gelegentlich unterstellt hat, oder ob die bisherigen lusitanisch-römischen oder römisch-hispanischen Erfahrungen insgesamt ihn dazu motiviert haben, ist unwesentlich. Einmal unterstellt, die antiken Quellen sind hier repräsentativ, so ist klar, dass der römischen Kolonialarmee erstmalig eine einheimische Führungspersönlichkeit gegenübertrat, die, ausgerüstet mit bemerkenswertem Charisma, großem strategischem, taktischem und vielleicht sogar politischem Geschick, von römischer Seite als ernstzunehmender Gegner angesehen, geachtet und gefürchtet wurde und von deren Aktivitäten man sogar im griechischen Osten Notiz nahm (Polyb. 38, 10).

Dass er auf Dauer keine Chance hatte, die Entwicklung zu einer *Hispania romana* aufzuhalten, versteht sich von selbst, doch schien es zeitweise vorstellbar, für die lusitanischen *populi* erträgliche Lebensbedingungen und eine auch für Rom nützliche Partnerschaft zu erreichen. Letzten Endes zerstörten aber mangelnde Weitsicht auf römischer Seite, auf der Seite der Einheimischen Unverständnis, Neid und Eifersucht, diese positive Perspektive.

Über die Persönlichkeit des Viriatus und seine Kampfjahre ist in der internationalen historischen Forschung so gut wie alles gesagt. Dabei überwiegt sowohl in Deutschland (Mommsen; Schulten; Gundel; teilweise leider auch noch bei Simon und Bengtson) als auch auf der Iberischen Halbinsel besonders in der Zeit der Autokraten Salazar und Franco die Tendenz, Viriatus mit verklärenden Zügen zum ‚Edlen Wilden' sowie zum Heros des ‚lusitanischen', ja eines gesamthispanischen Freiheitskampfes zu stilisieren und ihn mit Ikonen des westeuropäischen Widerstands gegen Rom, wie *„Arminius und Vercingetorix, mit Tacfarinas und Decebalus"* (Schulten 1917, 209) u. a. zu vergleichen, deutlich erkennbar in plastischen Darstellungen vor allem des 19. Jhs. (Olmos *et alii* 1996, 225 f.). Das hatte in den Mommsen-Schulten-Generationen mannigfaltige zeitgeschichtliche Gründe und ist auch nicht gänzlich ohne Berechtigung. Bereits die hellenistische Historiografie (Polybios; Poseidonios; Diod.; Cassius Dio) hat ein vielfach stark topisch-klischiertes und idealisiertes Bild des lusitanischen *caudillo* gezeichnet; sogar Livius (*Per.* 51) malt mit seiner berühmt gewordenen Charakterisierung: *„vom Hirten zum Jäger, vom Jäger zum guerrillero* (lat. *latro*, dazu Koch, 2004, *passim*), *bald dann regulärer Heerführer (iusti exercitus dux)"* ein durchweg positives Bild. Ihm folgt in der Spätantike der hispanische Patriot Orosius (4, 291 f.). Tatsächlich wurde also bereits in der Antike aus ganz unterschiedlichen Gründen ein Viriatus-Mythos geschaffen, den es aber zu relativieren gilt. Das beginnt mit der angeblich „geringen Herkunft" (Dio 22, 73), zu der weder der Name noch die Selbstdarstellung als *„Mann mit der Lanze"* (Diod. 33,7) passen (Koch 2003, 71 und *passim*; Ders., 2008, 243 und Anm. 11). Auch wenn die livianische Charakterisierung – vermutlich nach Poseidonios – vorzüglich in den Rahmen hellenistischer Unterhaltungs-Literatur passt, sie ist vermutlich ebenso falsch wie die Behauptung, Astolpas, der Schwiegervater des Viriatus sei ein reicher Lusitaner gewesen (Meister 2007, 94, s. dagegen Koch 2008, *passim*). Eher ist wahrscheinlich, dass Viriatus der Oberschicht (von der wir, anders als einige Forscher glauben, kaum etwas wissen) eines der lusitanischen *populi* angehörte, sich, wie dort üblich, in bestimmten relevanten Zusammenhängen – Waffenbeherrschung Jagd, Sport, Krieg – hervortat und als Anführer (auf Zeit) anerkannt wurde. Dass er jemals alle Lusitaner anführte, ist nicht erwiesen, ja nicht einmal wahrscheinlich, wie denn stets zu berücksichtigen ist, dass ‚die Lusitaner' ebenso wie die anderen großen indoeuropäischen Ethnien in zahlreiche Stammesgruppen zerfielen, die außer der Sprache und bestimmten habituellen Elementen (Kultus, Siedlungsbau, militärische Taktik, Wirtschaftsleben) nicht allzu viel verband.

Es scheint, dass einige hellenistische Autoren solche Heroisierungen mit einer unterschwelligen Romkritik verbanden, andere mit Zivilisationskritik, wie auch denkbar ist, dass man in Rom ‚große' Gegner aufwertete, um verständlich zu machen, dass die eigentlich unbesiegbare Supermacht sich mit bestimmten Feinden so schwer tat. Man tut gut daran, hinter dem Mythos dem wirklichen Viriatus nachzuforschen, der bemerkenswert genug ist. Dessen erste Kampfhandlungen als Anführer fanden wieder im Süden statt, dann wandte sich Viriatus aber auch gegen die Kelten im Osten und Nordosten, so weit sie sich mit Rom arrangiert hatten, belagerte das heutige Segovia und drang bis nach *Segobriga*, der östlichsten Stadt der Hispano-Kelten vor. Dass er drei praetorische Armeen zum Teil vernichtend schlug, ist nicht zu bezweifeln, wobei jeweils die herkömmlichen lusitanischen Strategeme, speziell die Scheinflucht, eben nur begabter, angewandt worden zu sein scheinen. Noch Caesar (*b. c.* 1, 44) zeigt Respekt vor dieser Kampfesweise, die später zuweilen von römischen Heerführern nachgeahmt wurde. Nicht zu übersehen ist freilich auch, dass es in den ersten Jahren des Viriatus-Krieges (148–144 v. Chr. Geb.) nur mäßig kompetent geführte römischen Truppen waren, die den Lusitanern unterlagen. Mit verhaltenem Stolz erzählt Orosius, Viriatus habe *„römische Insignien in seinen Bergen als Siegeszeichen angebracht"* (4, 292).

Als im Jahre 144 v. Chr. Q. Fabius Maximus Aemilianus, ein Bruder des Scipio Aemilianus und Konsul des Vorjahres, die *provincia ulterior* übernahm, änderte sich das insoweit, als Viriatus aus dieser Provinz verdrängt werden konnte, in welcher er anscheinend eine Reihe von Stützpunkten hatte gewinnen können. Dieser Vorgang, der, wie vieles in diesen Jahren, durch die Forschung noch keineswegs befriedigend erhellt werden konnte, zeigt, dass es mit der vollständigen römischen Kontrolle des Baetis-Raumes keineswegs so weit her war, wie oft behauptet wird (zum Problem vgl. Koch 2008, 250 ff.).

Viriatus' Reaktion, die Simon (1962, 101) als „staatsmännisch" bezeichnet, erweist ihn als einen in größeren Dimensionen planenden Strategen. Es gelang, einige „keltiberische" Stämme zum Bruch der mit Claudius Marcellus geschlossenen Verträge zu veranlassen und damit eine zweite Front zu errichten (Appian. *Iber.* 62), die im Unterschied zu früher, als Lusitaner und Kelten auf eigene Rechnung gegen römische Truppen gekämpft hatten, koordinierte Aktionen impliziert. Ich würde das noch nicht „staatsmännisch" nennen, aber ein strategischer Erfolg war diese Allianz, wie es sie, soweit wir wissen, früher niemals gegeben hatte. Richtig hat man bereits in der Antike hier die Wurzeln des späteren Numantinischen Krieges gesehen (Appian. *Iber.* 66).

Da hatte Rom nun seinen hispanischen „Flächenbrand" (Polyb. 35,1), ein „Feuer mit vielen Brandherden", das plötzlich hier, dann dort aufflackert und darum schwer zu löschen ist. Der Senat reagierte mit der

Entsendung eines der Konsuln für das Jahr 143 v. Chr., Q. Caecilius Metellus, in die *Citerior*, ein tüchtiger Soldat, dem es gelang, innerhalb seiner beiden Amtsjahre das „dieseitige" = östliche „Keltiberien" zu befrieden. Dagegen misslang die versuchte Einnahme von Numantia und des arevakischen *Termantia*. Von Metellus' Erfolgen verspielte sein Nachfolger Q. Pompeius einiges. Dessen Betrug an den Numantinern, die sich aus purer Not zu Verhandlungen bereit gefunden hatten (Appian. *Iber.* 79) sowie die sich anschließende Posse einer numantinischen Gesandtschaft nach Rom, der beschlossenen Auslieferung des Pompeius an die Numantiner, die – anders als später die des Hostilius Mancinus – nicht zustande kam und der Senatsbeschluss, den Krieg gegen Numantia weiterzuführen, müssen als unrühmliches Vorspiel zu dem Drama des Jahres 133 v. Chr. gewertet werden.

Derweil blieben die Lusitaner keineswegs untätig. Die Raubzüge dauerten an, anscheinend ging es diesmal in den Osten der Halbinsel, wo ein „Räuberhauptmann" namens Tanginos die *Sedetania* plünderte, dort aber von Q. Pompeius besiegt wurde. Appianos (*Iber.* 68) überliefert noch weitere Namen von *guerrilla*-Anführern: Curius, Appuleius und Konnoba, welche wieder in der *Ulterior* operierten und allesamt dem Prokonsul Q. Fabius Maximus Servilianus, einem weiteren Bruder des Scipio Aemilianus, der für das Jahr 141 v. Chr. die *Ulterior* mit für die Scipionen typischer harter Hand und nicht ohne Erfolg verwaltete, zum Opfer fielen. Es ist anzunehmen, dass diese Männer, von denen nur zwei, Tanginos und Konnoba, einheimische Namen tragen, während es sich bei Curius und Appuleius vermutlich um römische Überläufer handelte, ihrerseits lusitanische und andere einheimische Verbände – Konnoba ist ein iberischer Name – anführten. Ob das im Einvernehmen mit Viriatus geschah oder, wie ich vermute, unabhängig von diesem, muss offen bleiben.

Viriatus hatte sich in Richtung auf seine Heimatregion zurückgezogen, *„aus Versorgungsgründen und weil sein Truppenverband sehr zusammengeschmolzen war"*, wie Appianos berichtet, brachte es aber wenig später fertig, bei einer unbekannten Stadt *Erisana* die Armee des Fabius zu überwältigen. Was folgte, war ein sehr typisches Manöver römischer Politik in Notsituationen: Man bot Frieden, Verträge bei gleichrangiger Partnerschaft und die Anerkennung als *amicus populi Romani* – um das alles bei passender Gelegenheit für Makkulatur zu erklären. Viriatus hatte sich und seinem Truppenverband vertraglich den Besitz des Gebietes, in dem er sich aufhielt, womit – darin ist die Forschung einig – wahrscheinlich die *Baeturia* gemeint ist (Simon 1962, 123; speziell zur Baeturia s. A. M. Canto 1997, 20–46), bestätigen lassen (Appian. *Iber.* 69). Welcher Teil der Baeturia gemeint ist, der keltische oder der turdulische, vgl. die Karte bei Canto (a. a. O. 25), ist unsicher. Da Viriatus später in *Arsa* angegriffen wird, dürfte es sich um die *Baeturia turdula,* den östlichen Teil, gehandelt haben

So hätte das Lusitaner- zusammen mit dem Viriatus-Problem zufriedenstellend gelöst werden können: Was immer sonst die Lusitaner zu ihren Raubzügen trieb, das vergleichsweise fruchtbare Gebiet nordwestlich des Baetis hätte die notorische Versorgungsfrage erledigt. Es muss nicht bezweifelt werden, dass die dort angesiedelten Lusitaner mit der Zeit loyale Bundesgenossen Roms geworden wären. Indes hieße es den gerade in diesen Jahren übermächtigen Einfluss der Scipionen-Partei mit ihrem arroganten Beharren auf einem rückwärts gewandten Rom-Ethos zu verkennen, wollte man der stärksten Kraft im Senat eine Weitsicht unterstellen, zu der sich allenfalls 150 Jahre später unter ganz anderen Voraussetzungen der augusteische Prinzipat hat durchringen können.

Erst einmal, und noch für geraume Zeit, waren in Hispanien die ‚Falken' am Zuge: Q. Servilius Caepio, der dritte der Scipionen-Brüder, Konsul 140 v. Chr., hintertrieb die Einigung mit Viriatus und nahm sogleich den Krieg gegen ihn wieder auf (Simon 1962, 124 ff.). Da er keine Aussicht sah, Viriatus militärisch besiegen zu können, ließ er ihn durch drei Männer aus *Urso*, angeblich enge Vertraute des lusitanischen *caudillo*, im Schlaf töten. Wenn die Nachricht bei Livius (*Per.* 55) Vertrauen verdient, sind die Drei – möglicherweise im Gefolge ihres Auftraggebers – in Rom vorstellig geworden, um eine Belohnung zu kassieren. Sie wurden aber *„aus der Stadt gejagt, eine Belohnung wurde verweigert"*. Man liebte den Verrat und hasste die Verräter ...

Dazwischen liegt allerdings eine Begebenheit, die ich bereits früher problematisiert habe (Koch 2008) und bei der ich den Quellen gegenüber misstrauisch bin: Die Erzählung von Viriatus' Kapitulation gegenüber dem Gouverneur der *Citerior*, M. Popillius Laenas, im Jahre 139 v. Chr., von der allein Diodoros (33, 19; Dio, frg. 75) berichtet. Die Forschung hat sich bemüht, die Lücken der Überlieferung zu überbrücken und die Widersprüche zu harmonisieren. Das Ergebnis ist ein ganz neues Bild des Lusitaners, welches mit der Bereitschaft zu Verhandlungen aus der Position des Schwächeren, der Unterwerfung ohne zwingende Notwendigkeit, der Preisgabe von Kampfgefährten nicht zu dem Bild eines „Romulus Hispaniens" und „*Hannibal barbarus*" passt, welches antike Quellen und zahlreiche moderne Forscher von ihm gezeichnet haben. Auch die Informationen zu den drei Meuchelmördern, deren Namen schlecht überliefert sind und die, wenn sie aus Urso stammten, schwerlich Lusitaner gewesen sein dürften, ihre Motive zur Tötung des ‚Freundes', kurz, die ganze Geschichte der Jahre 140–38 v. Chr. ist, Viriatus betreffend, unpräzise, widersprüchlich und bedarf einer grundsätzlich neuen Untersuchung, wobei die Hypothese Simons (1962, 135 Anm. 69), wonach Poseidonios die Hauptquelle für die Viriatus-Vita gewesen sei, die Klärung nicht einfacher macht. In diesem Fall könnte vieles der von Poseidonios verfolgten moralisierenden Tendenz halber zurecht gebogen worden sein.

Was sich einigermaßen zuverlässig sagen lässt, ist, dass von den zahlreichen in den Quellen genannten lusitanischen *guerrilla*-Führern Viriatus der tüchtigste und über Jahre erfolgreichste war. Dass er in Rom gefürchtet und bewundert wurde, steht außer Frage. Ansätze zur Planung überregionaler Allianzen mit Partnern sowohl im indoeuropäischen wie auch im andalusischen Raum sind erkennbar, scheitern aber mittelfristig weniger an Rom als an der Intransigenz und Politik-Unfähigkeit der einheimischen *gentes*, die langfristig weder konsensfähig noch -willig erscheinen.

Die *more Lusitano* veranstaltete Totenfeier ist bei Appianos (*Iber.* 75) und Diodoros (33, 21ª) ausführlich beschrieben; die Berichte tragen ebenso eindeutig topische Züge wie die idealisierenden Nachrufe.

Viriatus' Tod änderte wenig: Was von seinem Kampfverband übrig war, wählte einen gewissen Tautalos oder Tautamos zum neuen Anführer. Dieser zog nach Osten, wurde aber zurückgetrieben und musste sich Caepio ergeben. Was die Quellen dann berichten, muss als kleines Wunder neu gewonnener Einsicht gelten. Appianos (*Iber.*75) schreibt: „*(Caepio) nahm ihnen alle Waffen ab und gab ihnen genügend Land so daß sie nicht mehr aus Hunger zu Raubzügen genötigt werden sollten.*" Diodoros (33, 4) fügt hinzu, dass sie eine Stadt erhalten hätten, in welcher sie leben sollten. Leider wird kein Name genannt, doch gestattet diese Maßnahme einen vorsichtigen Rückschluss auf die Größenordnung dieses und anderer lusitanischer Kampfverbände: Um mehr als einige hundert, allenfalls tausend aktive Kämpfer mit ihrem Anhang wird es sich kaum gehandelt haben. Die Forschung scheint einig in der Vorstellung, dass die Nachricht bei Livius (*Per.* 55), D. Junius Brutus, Caepios Nachfolger in der *provincia ulterior*, später *Callaicus* genannt, habe „*denjenigen, die unter Viriatus gekämpft hatten, bebaubares Land und eine Stadt*" gegeben „*die Valentia genannt wurde*", sich auf Caepios Maßnahme beziehe. Quellenaussage und Ort sind problematisch: Einige Forscher haben konsequenterweise *Valentia* in der antiken *Lusitania* gesucht, andere gingen von einer strategischen Dislozierung aus und hielten die antike Vorgängerstadt des heutigen Valencia für das den Lusitanern zugewiesene *oppidum*. Da aber die archäologische Forschung inzwischen erwiesen hat, dass es sich bei dem mediterranen *Valentia* um eine Gründung mit ausschließlich italischen Kolonisten handelte, liegt entweder ein Missverstehen der Quelle vor oder es ist von zwei Gründungen dieses Namens auszugehen. Am schlüssigsten scheint mir die zuletzt wieder von F. Pina Polo ins Gespräch gebrachte Lösung, das von Brutus Callaicus gegründete *Brutobriga* (Liv. 37, 57,3–4) für die römisch veranlasste Ansiedlung der lusitanischen *guerrilleros* in Anspruch zu nehmen.

Für problematisch halte ich dagegen jeden Versuch, diesen und ähnliche Vorgänge in einen Zusammenhang mit ‚Deportationen' als Strafmaßnahmen der römischen Besatzer zu bringen (Pina Polo, 2004, 211–246; Ders. 2006, 281–288): Das republikanische Rom machte in Hispanien viele politische Fehler – ‚Massendeportationen' im modernen Wortsinn gehörten nicht dazu!

Wie immer das Problem der Landzuweisung an Viriatus' führerlose Kämpfer gelöst werden wird, man hat jedenfalls von sehr kleinen, beweglichen Trupps von Kämpfern und Beutemachern auszugehen, die sich gelegentlich mit anderen gleichartigen Verbänden zu Ak-

Abb. 25 Heroisch-kämpferisch und pathetisch liebt das friedfertige Portugal die Vorstellung seines einzigen antiken Helden! *Viriatus-Denkmal* in Viseu/Portugal.

Verhältnisse nicht grundsätzlich; es gab für den überwiegenden Teil der Lusitaner die gleichen Probleme wie vorher und in Ermangelung brauchbarer Alternativen auch die gleichen Lösungen, für die noch ein Epigramm Senecas Zeugnis ablegt: *„Als der lusitanische Räuber deine Mauern erschütterte und mit der Lanze deine Tore durchbohrte"* (Anth. Lat. 409R).

Bis zu Sertorius, rund 60 Jahre später, hören wir nicht wieder von einem charismatischen Anführer, der größere Aufmerksamkeit und entsprechenden Zulauf gefunden hätte. Dagegen ist auf römischer Seite erneut ein Strategiewechsel zu erkennen. Brutus begnügte sich in den Jahren 138–136 v. Chr. nicht damit, auf lusitanische Übergriffe in den Süden zu reagieren, sondern ging in die Offensive mit dem primären Ziel, die Durius-Grenze bis zum Atlantik zu stabilisieren. Überdies verband er große Härte gegenüber denen, die Widerstand leisteten, mit Großzügigkeit gegenüber solchen, die sich freiwillig unterwarfen. Damit scheint er so viel Erfolg gehabt zu haben, dass er es wagen konnte, zu Land und zu Wasser nach Norden vorzustoßen (wobei die Schiffe in die zahlreichen *rías*, breite Fjord-ähnliche Flussmündungen, und damit landeinwarts fuhren) und das so gut wie unbekannte südliche Gallaekien bis etwa zum *Minius* (Minho) zu unterwerfen (Strabon 3,3,4). Nach einem Zwischenspiel in „Keltiberien" zog Brutus im Jahre 136 v. Chr. noch einmal in den Nordwesten, beseitigte alte wie neue Unruheherde und zeigte dabei anscheinend die gleiche Mischung aus Härte und Flexibilität wie früher; vor allem hielt er Wort, wie der in den Quellen ausführlich thematisierte Fall von *Talabriga* lehrt (Appian. Iber. 73). Im Ganzen hatte er mit dieser Politik Erfolg, was ihm später den Ehrennamen *„Callaicus"* sowie einen Triumph eintrug.

tionsbündnissen zusammenschlossen und später wieder auseinanderliefen. Auch das relativiert die Berichte über den „Feldherrn" und „Armeeführer" Viriatus nicht unerheblich. Übrig bleibt ein *guerrilla*-Hauptmann, der ein über das übliche Maß hinaus begabter Stratege und raffinierter Taktiker gewesen sein dürfte, alles freilich *more Lusitano*. Persönlichkeiten, wie den lusitanischen *caudillo*, hat die Iberische Halbinsel zu allen Zeiten hervorgebracht. Doch greift die Qualifikation ‚staatsmännisch' eindeutig zu hoch!

Natürlich änderten der Tod des Viriatus und die Entwaffnung und Versorgung seiner Kampfgruppe die

Es mag sein, dass die Kämpfe in „Keltiberien", die inzwischen begonnen hatten, von den lusitanischen Angelegenheiten ablenkten – tatsächlich verschwindet Lusitanien nach zwei Generationen heftiger Auseinandersetzungen, Wortbruchs, Betrugs und bitterem Leids auf beiden Seiten für geraume Zeit sozusagen aus dem Schlagzeilen.

Der numantinische Krieg

"Exclamare hoc loco dolor exigit – Aufschreien lässt mich hier der Schmerz!" Ich stehe nicht an, diesen Aufschrei des Orosius rund 700 Jahre nach dem Untergang von Numantia einen sehr spanischen Aufschrei zu nennen: Temperamentvoll, pathetisch und patriotisch zugleich, auch wohl ein wenig theatralisch, aber, betrachtet man die schreckliche Angelegenheit mit geziemender Distanz, keinesfalls unberechtigt.

Der „Numantinische Krieg" ist seit jeher ein Lieblingsthema der Hispanisten wie der Militärhistoriker, vor allem wohl, weil in seinem Kontext Rom eine der peinlichsten Niederlagen zugefügt wurde, die es je erlebte. Auch ist die gewaltige militärische Operation, die Scipio Aemilianus gegen die Stadt Numantia ins Werk setzte, um die Schande des Hostilius Mancinus vergessen zu machen, in ihrer überdimensionierten logistischen Brillanz ein schlimmes Lehrstück dafür, was Supermächte allzeit zu tun bereit sind, wenn man ihr Selbstgefühl demütigt, sogar dann, wenn die eigenen Verluste an gesellschaftlicher Substanz entsprechende Anstrengungen schwerlich rechtfertigen. Es war die Zeit, in der das hochmütige Ethos der römischen Aristokratie in drei von vier Weltgegenden Exempel statuierte: Korinthos und Karthago im Jahre 146 v. Chr.. Das dritte, Numantia, wurde im Jahre 133 v. Chr. geradezu „rasiert", wie Appianos (*Iber.* 98) feststellt. Was war der Grund?

Alles begann damit, dass die Stadt Segeda ihre Mauern erweitert hatte, was *de iure* nicht gegen die Bestimmungen der alten Gracchus-Verträge verstieß. Rom freilich interpretierte die Vertragsbestimmungen anders, man konnte keine Einigung erzielen, die Verträge wurden gekündigt, der Krieg erklärt. Um sein großes Heer zu retten, sah sich der bald darauf bei Numantia eingekesselte Konsul Hostilius Mancinus unter tätiger Mithilfe des späteren Sozialreformers Ti. Gracchus, dessen vom Vater ererbte Klientelbeziehungen Plutarchos (*Ti. Gracchus* 6) hervorhebt, zur Kapitulation und zum Abschluss eines Friedensvertrages gezwungen, der jedoch umgehend vom Senat widerrufen wurde. Volk und Senat von Rom beschlossen stattdessen, den Konsul den Numantinern zu überstellen, und so kam es zur „*kläglichsten Szene der römischen Geschichte*" (Bengtson 1967, 160): Mancinus musste einen langen Tag gefesselt vor dem Stadttor ausharren, weil die Numantiner sich weigerten, die damit insinuierte Auflösung des Vertrags zu akzeptieren.

„Warum, Römer, habt ihr so große Worte wie Recht, Treue, Tapferkeit und Mitleid in betrügerischer Weise in Anspruch genommen?"

(Oros. 5, 296)

Abb. 26 *Polychrome Kanne* aus einer Werkstatt des späteren, nun römischen, Numantia. 1. Jh. v. Chr.

Der hochdramatische Vorgang zeigt exemplarisch Roms gnadenlos formalistische Staatsraison in dieser Zeit: Die Schonung zahlloser römisch-italischer Menschenleben vor Numantia galt nichts gegenüber der keinesfalls hinnehmbaren Verletzung der römischen Ehre. Der Konsul musste geopfert werden, um der juristischen Form und dem moralischen Anspruch zu genügen. Da dieser Schachzug nicht gelang, wurde Mancinus aus dem Senat gestoßen und verlor sein Bürgerrecht. Dass er später rehabilitiert wurde, tut nichts zur Sache.

Nach weiteren Schlappen gegen die hispanischen Kelten setzten die ‚Falken' in Rom für 133 v. Chr. die Wahl des Scipio Aemilianus zum Vollstrecker einer ‚harten' Lösung der hispanischen Probleme durch. Dieser reiste in Begleitung von Polybios, dem Dichter Lucilius und dem Numiderprinzen Iughurta, der bei dieser wenig erfreulichen Gelegenheit Latein gelernt haben soll

(Sall. *Hist.* 2,9,3), an den Kriegsschauplatz und wurde den in ihn gesetzten Erwartungen auf grausame Weise gerecht, indem er nach neunmonatiger Belagerung Numantia dem Erdboden gleich machte. [Abb. 26] Appianos schrieb den Nekrolog: *„(Scipio) zerstörte es, weil er entweder glaubte, es sei zum Besten für Rom oder, weil er cholerisch war und rachsüchtig gegenüber den Besiegten oder, so sagen manche, weil er glaubte, große Schwierigkeiten seien der Nährboden für großen Ruhm. Jedenfalls nennen die Römer ihn bis heute zu Africanus und Numantinus, weil er beide Städte vernichtet hat. Nachdem er das Land der Numantiner unter deren Nachbarn verteilt und bestimmte Maßnahmen in den anderen Städten getroffen hatte, wobei er die einen steuerlich einschätzte, die anderen mit Geldstrafen belegte, segelte er nachhause."*

Scipios ‚Strafgericht' mit seinem unerhörten militärischen Aufwand und der schonungslosen Konsequenz der Durchführung bescherte weiten Teilen des Landes für ein halbes Jahrhundert eine Art Friedhofsruhe. Erstmalig berichten die Quellen von der üblichen Senatskommission, welche die Friedensmaßnahmen in den wieder- bzw. neugewonnenen Teilen der Provinz organisieren sollte. Vordergründig hat es den Anschein, das Land habe resigniert. Nicht, dass die Kämpfe gänzlich aufgehört hätten: Es erhoben sich zuweilen Gemeinden aus Gründen, die sehr selten genannt werden. Auch gab es immer wieder hinterhältige Übergriffe römischer Gouverneure, aber weder die Vernichtung von Kolenda noch die Tötung von angeblich 20.000 Arevakern oder die Dislozierung von *Termes* (Appian. *Iber.* 99–101) fanden das Echo der früheren Kämpfe, auch nicht die Niederlage einer römischen Armee gegen die Lusitaner (Liv. *Per.* 56). Das liegt nicht nur an der schlechten Quellenlage sondern auch daran, dass Rom gravierende Probleme anderer Art hatte – beispielsweise die „gracchische Revolution", die Hispanien nicht wesentlich tangierte – und, dass die Iberische Halbinsel scheinbar aufgehört hatte, eine existentielle Bedrohung darzustellen.

Quasi nebenbei hören wir, dass kurz vor der Wende vom 2. zum 1. Jh. v. Chr. die Kimbern – nach Livius (*Per.* 63) ein Wandervolk – auf ihren Wanderungen durch ganz Europa über die Pyrenäen nach Hispanien gekommen, aber von den „Keltiberern" vertrieben worden seien (*Per.* 67). Das ist, wie bereits früher angemerkt, ein deutlicher Hinweis auf die selten wirklich zum Stillstand kommenden europäischen Binnenwanderungen und die ganz unterschiedlichen Formen, ihnen zu begegnen. Was diese Germanen nach Hispanien führte, ob sie, was wahrscheinlich ist, neuen Siedlungsraum suchten, was der römische Senat ihnen in anderem Zusammenhang abgeschlagen hatte (Liv. *Per.* 65) oder ob sie nur Beute machen wollten, steht dahin. Im Jahre 103 v. Chr. zogen sie über die Pyrenäen nach Norden zurück. In der Geschichte Hispaniens spielten sie keine Rolle mehr.

Der polybianische *„Krieg wie Feuer"* jedenfalls, der hispanische Flächenbrand, schien fürs erste ausgetreten. Dass er jederzeit wieder aufflammen konnte, würde sich nur zu bald zeigen.

Zwischen Numantia und Sertorius

„Die es fürchtet, besiegt Rom; die Besiegten liebt es!"

(Rut. Namant. 1, 72)

Davon, was in den „friedlicheren" Landesteilen in diesen Jahren vor sich ging, berichtet keine literarische Quelle. Es lässt sich jedoch leicht erschließen, dass im Laufe des 2. Jhs. v. Chr. vorwiegend im Osten und Süden des Landes eine Entwicklung mehr oder weniger lebhaft vorangeschritten war, die gemeinhin in eher undifferenzierter Weise als ‚Romanisierung' bezeichnet wird. Untersuchungen zu diesem Thema gibt es zuhauf: Es lässt sich – oberflächlich betrachtet – zwischen sprachlicher, religiöser, habitueller ‚Romanisierung' unterscheiden; es ‚romanisieren' sich Verwaltung und Militärwesen, Architektur, Handel und Handwerk, Totengedenken, Gewandung und überhaupt so gut wie alle Lebensformen, der Kunstgeschmack, das Wohnen und der Sport. Ein Theater oder einen Circus hat die Halbinsel vor der römischen Besitzergreifung (und noch lange danach) nicht gekannt. Aber die Infrastruktur des Landes mit zahlreichen neuen Stadtgründungen, mit Wasserversorgung, Brückenbau und ständig weiter ausgebautem Straßennetz besserte sich fortlaufend. So weit ist sich die Altertumsforschung im Wesentlichen einig.

Nicht einheitlich wird die Frage beantwortet, wo, wann und wie tief die Romanisierung griff, ob sie eher unter Zwang oder freiwillig erfolgte und vor allem, was genau sie bedeutete. Denn es versteht sich, dass der ‚Romanisierung' genannte umfassende kulturelle Impakt nicht nur in verschiedener Weise rezipiert wurde, er war auch in sich keineswegs aus einem Guss. Vielmehr war die Romanisierung ein Amalgam, zusammengesetzt aus vielfältigen Elementen: Aus allem nämlich, was ihre sehr unterschiedlichen Träger, nämlich römische und italische Soldaten, levantinische Händler, griechische Schulmeister und Philosophen, Sklaven und Sklavinnen aus dem gesamten Mittelmeerraum sowie Angehörige der senatorischen Oberschicht und viele andere auf der Halbinsel zu hinterlassen beliebten. Die Skala reicht weit: Sie hinterließen Dialekte, Kinder, Kultformen, Haushaltsgeräte, Freigelassene, neue Techniken, Kochrezepte, Inschriften, Bestattungsgewohnheiten, Geschäftsideen, Tempelformen und vieles mehr. Kurz: Sie drückten dem Land tausend Stempel auf, die alle unter dem Rubrum ‚Romanisierung' zusammengefasst werden und diesen Begiff zu einem vielfältig schillernden machen. Die ebenfalls reichlich heterogene Einwohnerschaft des Landes, von den halb-hellenisierten Puniern im Süden über die gräzisierten Iberer der Ostküste zu den lusitanisch-gallaekischen Halbnomaden im Westen, nahm von alledem an, was ihr gefiel und was sie brauchen konnte – und das wiederum fiel sehr unterschiedlich aus. Während in den südlichen und östlichen Städten sowie im Ebrotal archäologische, epigrafische und sonstige Quellen rasche Fortschritte in der Akzeptanz der fremden Kultur erkennen lassen, verhielten sich die westliche Mitte und der gesamte Westen mehr als reserviert. Partiell-regional ändert sich das rund hundert Jahre später mit der Gründung der größeren Städte (*Emerita Augusta*, später *Lucus Augusti*; *Asturica Augusta, Legio* und wenige andere); hingegen hat die Landbevölkerung, wie sich zeigen wird, wenn überhaupt, nur sehr oberflächlich an der sogenannten Romanisierung partizipiert. [Abb. 27 a und b]

Wie bereits angedeutet, übte die römische Verwaltung keinerlei Druck auf die hispanischen Partner, Verbündeten, Untertanen (wie die unterschiedlichen Rechtsformen in den hispanischen Provinzen heißen) aus. Wer nicht Latein lernen wollte, riskierte nichts, solange er die Regeln nicht verletzte. Um es mit dem großen englischen Althistoriker Ronald Syme zu sagen: *"… (the Roman government) was at no pains to impose the use of Latin everywhere".*

Der soziale Druck, der besser ‚gesellschaftlicher Sog' genannt wird, resultierte vielmehr aus dem Interesse an sozialem Aufstieg, sei dieser durch militärischen oder politischen Ehrgeiz oder materielles Interesse begründet. Bereits gegen Ende des 2. Jhs. und verstärkt im 1. Jh. v. Chr. begegnen wir Vertretern der provinzialen Elite – Angehörige der einheimischen Oberschicht, Nachkommen in Hispanien naturalisierter Römer/Italiker, arrivierte Freigelassene, auch tüchtige Angehörige der Unterschichten –, die als Klienten/Protegés der Protagonisten zunächst der Eroberungsphase, dann der Bürgerkriege in Erscheinung treten. Dabei ist es oft nicht möglich, die tatsächliche Herkunft dieser Leute zu ermitteln, da der verliehene (oder usurpierte) römische Name diese nicht preisgibt. Klar sind die Verhältnisse bei den geschlossen eingebürgerten Angehörigen einer militärischen Formation aus der *Hispania citerior*, der *turma Saluittana* im italischen Bundesgenossenkrieg (CIL I² 709). Klar ist auch die gaditanische Herkunft eines gewissen Hasdrubal oder von Caesars alertem Mitarbeiter Cornelius Balbus, da Ciceros Verteidigungsplädoyer *pro Balbo*

Abb. 27 a und b *Hispania*-Darstellung auf einer Emission des Postumius Albinus. 2. Jh. v. Chr.

darüber Mitteilung macht. Aber wer sind die *„neun gaditanischen Sklaven"*, die Cicero zufolge Sulla ihr Bürgerrecht verdankten (*pro Balbo* 22, 50)? Und aus welchem Grunde? Bei der Identifizierung von vielen dieser Leute sind wir auf Indizienbeweise angewiesen, wieder andere entziehen sich jeder Festlegung. Das gilt besonders für Personen, welche als Nachkommen römisch/italischer Einwanderer der ersten Stunde oder als Soldatenkinder, vielleicht auch durch betrügerische Aneignung einen lateinischen Namen trugen und in die stadtrömische Politik gerieten. Kein Mensch weiß, zu welcher der genannten Kategorien Q. Varius, *tribunus plebis* im Jahre 90 v. Chr. und angeblich vom *Sucro* (Júcar) beim heutigen Valencia stammend gehörte. Oder Q. Fabius aus Saguntum (Cic. *pro Balbo* 22,50). Persönliche Verunglimpfungen waren die Würze der innenpolitischen Auseinandersetzungen im Rom der späten Republik: Da wird Cornelius Balbus als *„Tartessius"* verspottet, der Caesarianer Decidius Saxa, soll *„ex ultima Celtiberia"* stammen, was aus dem „hinterletzten hispanischen Kaff" besagen soll. Q. Varius wird *„hibrida"* genannt, d. h. man zieht seine ‚lateinische' Herkunft in Zweifel – alle Versuche, dieses und anderes wissenschaftlich exakt aufzuklären, sind bislang gescheitert. Was entscheidend ist: Ob einheimischer Häuptlingssohn, Abkömmling italischer Einwanderer, Soldatenkind aus Carteia, Valentia oder begabter Hochstapler: Kaum ein Jahrhundert nach der Eroberung Hispaniens durch die *res publica Romana* kommen vereinzelt, dann immer häufiger *Hispani/Hispanienses* von der Halbinsel zeitweise oder dauerhaft nach Rom, um dort Karriere zu machen.

Die Untersuchung von B. Díaz Ariño zur frühen lateinischen Epigrafik Hispaniens, der vielleicht markantesten und unbestechlichsten Quelle für die Entwicklung

Abb. 28 und 29 *Große Opfernde* und *Togatus* vom Cerro de los Santos (Albacete). Die Enkel derjenigen, die im 2. Jh. v. Chr. in dem iberischen Heiligtum in Landestracht den einheimischen Göttern opferten, trugen am selben Platz 100 Jahre später die römische Toga.

der ‚Romanisierung' auf der Halbinsel, bestätigt, was zu erwarten war: Die größte Massierung lateinischer Inschriften aller Art findet sich dort, wo auch die übrigen frühen Manifestationen römisch-hellenistischer Präsenz quantitativ am eindrucksvollsten sind: In Carthago Nova und Tarraco. In Städten wie Gades, das am Ende der römischen Republik 500 Bürger mit dem Vermögenszensus römischer Ritter besessen haben soll und dessen Reichtum sprichwörtlich war (Horat. *Carm.* 3,6,30), ist die Romanisierung belanglos. Die alte Phoinikerstadt war mindestens seit barkidischer Zeit hellenisiert und das Lateinische bedeutete für die internationale Kaufmannschaft, welche den Ton angab, nach Punisch und Griechisch die gängige Drittsprache.

Man muss freilich auch den Zufall in Rechnung stellen: Es entspricht zwar der zu erschließenden Tendenz, dass auch Corduba und später Emerita Augusta als Provinz-Hauptstädte ein vergleichsweise großes Inschriften-Aufkommen haben. Gleichzeitig kann aber die Tatsache, dass andere wichtige Städte weniger römische

Inschriften aufweisen, von der Zufälligkeit der Fundsituation abhängen; sie repräsentiert nicht zwingend den Grad der Romanisierung. Gleiches gilt für nahezu jede Bemühung, Quantitäten und Qualitäten archäologischer Funde in historisch relevante Statistiken zu übersetzen.

Dass zu den römischen Armeen in Hispanien als „Agenten von Romanisierung" die gewaltige Zahl hispanischer Hilfstruppen auf den meisten Kriegsschauplätzen und in zahlreichen Garnisonen rund um das Mittelmeer zu addieren ist, die, wenn sie in die Heimat zurückkehrten, natürliche Multiplikatoren der hellenistisch-römischen Kultur im weitesten Sinne waren, ist längst gesehen worden. Gleiches gilt für See- und Kaufleute auf dem Mittelmeer, Sklaven aus dem Osten, Lehrer und Schauspieler – ihnen allen begegnet man im Hispanien der späten Republik und frühen Kaiserzeit. Ihnen und manch anderem Einzel-Phänomen ist der Eindruck zu verdanken, den Besucher aus dem Osten, wie Poseidonios von Apameia in den 90er-Jahren oder Asklepiades von Myrleia, der in den 70er-Jahren des 1. Jhs. v. Chr. „in Turdetanien" Griechisch lehrte, und den Geografen, wie Artemidoros von Ephesus und Strabon von Apameia, von Hispaniens Süden vermitteln: Italische Verhältnisse!

Für den „Romanisierung" genannten Vorgang gibt es zwei einleuchtende Metaphern. Die eine ist die Entwicklung der Bekleidung der Votivdarstellungen in dem iberischen Heiligtum vom *Cerro de los Santos* (Albacete): Sie beginnt klassisch iberisch [Abb. 28] und endet in der zweiten Hälfte des 1. Jhs. v. Chr. mit der Toga [Abb. 29]. Die andere ist die Ikonografie der berühmten „hispanischen Reitermünzen" (Untermann 1975): Während die Reiter auf den Münzemissionen der Landesmitte *more celtico* ihre Lanzen schwingen, zeigen die Emissionen des Ostens und Nordostens Reiter, welche Palmzweige tragen (Koch 2003, 73). Solcher Wandel bedarf keines Kommentars.

Der Krieg des Sertorius

„Die gesamte Citerior stand in Flammen"

(Sall. Hist. 1, 84)

Der heutige Althistoriker, der sich in einer Zeit, welche ‚Alte Geschichte' zunehmend für eine *quantité negligéable* hält und allenfalls für Film- oder TV-Vorlagen taugend, der ehrwürdigen Tradition bewusst ist, in der er steht, sieht sich gelegentlich mit Themen konfrontiert, deren Behandlung durch die Vorgänger-Generationen ihn befremdet, ja verstört und ratlos zurücklässt. Ein solches Thema ist der in den 80er- und 70er-Jahren des 1. Jh. v. Chr. erfolgte Versuch des römischen Praetors Q. Sertorius, von Hispanien aus in den römischen Bürgerkrieg einzugreifen.

Der große Mommsen gab im dritten Band der „Römischen Geschichte" mit einer enkomiastischen Würdigung des Soldaten und Staatsmannes die Richtung vor. Kritische Stimmen, wie die Wilhelm Ihnes in seiner „Römischen Geschichte" von 1886, wurden, wie Helmut Berve vermerkte, nahezu „erdrückt". Schulten folgte im Jahre 1926. „Sertorius" ist nach „Tartessos", „Viriatus" und „Numantia" sein viertes großes hispanisches Thema. Man könnte geneigt sein, hier eine präfaschistische Annäherung an ‚Führer'-Sehnsüchte und die Stilisierung eines der „einsamen Charismatiker" in der Antike zu sehen, wie sie in dem nach dem Ersten Weltkrieg an seiner Identität verzweifelnden Deutschland in Poesie (Stefan George) und historischer Literatur (Friedrich Gundolf) virulent sind und die – ohne die geringste Ahnung, wohin solche Sehnsüchte führen können – weite Kreise des Bürgertums dem kommenden Faschismus mindestens geneigt machte.

Tatsächlich aber muss Schulten, der seiner Sertorius-Biografie Sabatiers *„l'amour est la véritable clef de l'histoire"* („Liebe ist der wahre Schlüssel zur Geschichte") als Motto voranstellte und damit Thukydides' und Tacitus' Motivationen bewusst mied, in einem älteren und durchaus ehrwürdigen geistesgeschichtlichen Kontext gesehen werden: Auf der einen Seite stehen der Sertorius zugeneigte Sallustius Crispus, Mommsen und – kaum nachvollziehbar - Harald Fuchs (1964²), die den gegen Sulla Rebellierenden mit ungewöhnlichen Superlativen preisen, auf der anderen die livianische Tradition und die Renaissance, die den „Hochverräter" verdammen. Dazwischen – das führt Schulten vor – Goethe mit der feinen Beobachtung von Sertorius' „Weltflucht" und sogar Friedrich II. von Preußen, die sich beide von der seltsamen Gestalt eher irritiert zeigten.

1929 äußerte sich in der Zeitschrift „Hermes" Helmut Berve in unpathetisch-differenzierter Weise über den Insurgenten und rückte Sertorius in ein historisch vertretbareres Licht. Bei Victor Ehrenberg erscheint 1935 Sertorius wiederum eher positiv als weitsichtiger Vorläufer Caesars. Schließlich nimmt sich im Jahre 1954 auch Lothar Wickert des Themas an: Sein Sertoriusbild ist insgesamt eher nüchtern: Fehle Sertorius in der Geschichte Roms – man würde nichts vermissen, lautet sein Fazit.

Q. Sertorius aus Nursia im Sabinerland gehört offenbar zu jenen Persönlichkeiten nicht nur der antiken Geschichte, die – geheimnisvoll-attraktiv und noch im Scheitern grandios – das Interesse vieler Menschen auf sich ziehen. Dazu kommt, dass die Quellen ihn extrem positiv und extrem negativ gezeichnet haben und damit quasi zur politisch-menschlichen Anteilnahme einladen.

In jüngster Zeit scheint sich in Spanien und anderswo eine Sertorius-Renaissance anzubahnen. Im Jahre 2007 erschien die Marburger Dissertation von Florian Meister unter dem Titel „Der Krieg des Sertorius und seine spanischen Wurzeln", welche, typisch für Erstlingsarbeiten, alle Probleme Hispaniens in republikanischer Zeit auf einmal zu lösen versucht und *grosso modo* darauf abzielt, Sertorius (wie auch Viriatus) in eher Schultenscher Manier in die hispanisch-indoeuropäische Tradition des *„bandolerismo"* (= ‚Rauben' als Sozial- und Versorgungsausgleich) zu integrieren.

Dieser Ansatz ist nicht neu; ich halte ihn im Hinblick auf Sertorius für falsch. Es ist auch keine Glaubensfrage, welcher der ideologisch divergierenden Quellen man trauen sollte. Vielmehr ist es so, dass die Fakten eindeutig sind. Allerdings ist einzuräumen, dass die hochsensible, neurotisch-labile, vielleicht manische Persönlichkeit, die in allen antiken Nachrichten über Sertorius gleichermaßen erkennbar ist, verwirrend erscheint.

Nüchtern betrachtet ist die Sertorius-Affäre der Versuch eines – heute würde man sagen – ‚linken' Parteimannes und Anhängers des Marius und des Cinna, von Hispanien aus in den Bürgerkrieg gegen den ‚erzreaktionären' – tatsächlich in vieler Hinsicht äußerst ‚fortschrittlichen' – Diktator Sulla einzugreifen und mindestens die ihm als Propraetor zugewiesene *provincia citerior* Hispaniens für die populare Seite zu retten. Meister (2007, 206) irrt, wenn er mit Blick auf die überwiegend einheimische Anhängerschaft des Sertorius bezweifelt, dass es sich um einen „Bürgerkrieg auf spanischem Boden" gehandelt habe. Sertorius' Auseinandersetzung mit Metellus und Pompeius war nicht weniger ein Bürgerkrieg als wenige Jahrzehnte später diejenige zwischen Caesar und den Pompeianern. Die Motive der Protagonisten dieser Auseinandersetzung waren so eindeutig römisch, wie die Ziele des Kampfes: Dass Sertorius Einheimische für diesen Kampf instrumentalisierte und ganz offenbar irreführte, verändert nicht die Einschätzung der Vorgänge als Teil des sullanisch-popularen Bürgerkrieges.

Dass der Hauptgrund für viele Fluchten in die hispanischen Provinzen in diesen Jahren alte und jüngere Klientelbeziehungen waren, ist nicht auszuschließen; bei jedem der in diesem Zusammenhang erwähnten politischen Flüchtlinge sind Hispanienbeziehungen nachzuweisen. So war wenige Jahre zuvor M. Licinius Crassus, ein Sullaner, aus Furcht vor Verfolgung durch das ‚linke' Régime von Marius und Cinna in das südliche Hispanien zu „Freunden seiner Familie", den Vibii Pac(c)iaeci (anders: Pac[c]iani), geflohen, die ihn einige Monate versteckt hielten. Diese Vibii Pacciaeci stellen seit jeher eine Herausforderung für die Forschung dar und sind gleichzeitig eine Warnung, unsere Möglichkeiten, der wirren prosopografischen Gemengelage in den hispanischen Provinzen des 1. vorchristlichen Jhs. auf den Grund zu kommen, zu überschätzen. Vibii Pac(c)iaeci tauchen in verschiedenen Namenversionen sowohl in sullanischer wie caesarischer Zeit in der Baetica auf. Münzer (RE XVIII 2061) hat versucht, die verstreuten Nachrichten zu einem stimmigen Bild zu fügen, das in Teilen plausibel ist, aber nicht ohne Spekulationen auskommt. Alle Bearbeiter (außer Weinrib, der sonst Münzer folgt) haben eine Stelle bei Valerius Maximus übersehen, (5,4, ext. 3), die vielleicht weiteres Licht auf die Verhältnisse wirft, was einer eigenen Untersuchung bedarf.

Nach Cinnas Tod im Jahre 84 v. Chr. sammelte Crassus einen Heerhaufen von ca. 2.500 Mann, dessen Zusammensetzung niemand kennt, und zog marodierend durch die *provincia ulterior*, bis er schließlich zu Metellus Pius nach Afrika übersetzte und danach zu Sulla stieß. Plutarchos (*Crassus* 5–6) erzählt diese Begebenheit als Episode aus dem äußerst farbigen Leben des Crassus; für die Geschichte der Iberischen Halbinsel ist sie ohne große Bedeutung. Gleiches gilt für die

Abb. 30 *Schleuderblei* aus dem Sertorius-Krieg mit der Aufschrift *Q. Sert. Procos.* aus dem *río Tinto* – Gebiet.

Hispanien-Flucht des Marianers M. Iunius Brutus, der im Jahre 88 v. Chr. Praetor gewesen war. Beide – und womöglich ähnliche – Vorfälle verraten jedoch, wie sehr Hispanien bereits in den ersten Jahrzehnten des 1. Jhs. v. Chr. in die tumultuöse Innenpolitik der *res publica* einbezogen war, ferner, wie bedeutend – wie schon im numantinischen Krieg für Ti. Gracchus – spätestens seit dem Prokonsulat des Vaters in den Jahren 96–93 v. Chr. die hispanischen Klientelbeziehungen auch der Licinii Crassi geworden waren. Deutlich wird zudem, dass man ohne jedes Mandat im Süden der *Ulterior* in den mittleren 80er-Jahren anscheinend mühelos eine kampftüchtige Privatarmee zusammenbringen und die öffentliche Ordnung stören konnte, ohne dass die römische Administration aktiv in Erscheinung trat. Matthias Gelzer nennt die Truppe in seinem Crassus-Beitrag in der Realenzyklopädie aus dem Jahre 1926, damit dem zeitgenössischen Sprachgebrauch entsprechend, ein „Freikorps", mit dem er die „Gegenrevolution" habe beginnen können.

Leider fehlen für die erste Hälfte der innenpolitisch chaotischen 80er-Jahre sowohl die Namen der hispanischen Statthalter als auch sonst alle Nachrichten, aus denen erhellen könnte, was sich damals auf der Halbinsel abspielte. Crassus verschwand bald aus Hispanien, und nun war es Sertorius, der für rund ein Jahrzehnt so etwas wie eine Gegen-Gegenrevolution betrieb.

Was und wie er das tat, war unerhört: Überzeugt von der Legitimität der popularen Regierung berief er – den Diktator Sulla nachahmend – einen Senat aus Emigranten (*ex proscriptis*), setzte Quaestoren und Praetoren ein (Plut. *Sert.* 22) und ließ sich selbst, wie auf unlängst gefundenen Schleuderbleien zu lesen, zum Prokonsul wählen [Abb. 30] – eine veritable Gegenregierung im Exil. Das wird Schule machen. Von Galba im Jahre 68 n. Chr. bis zu Postumus in der Spätantike, das hatte bereits Schulten gesehen, wird uns dieses Phänomen immer wieder begegnen. Die Quellen heben hervor, dass Sertorius Hispanier an alledem nicht beteiligte, was für die Beurteilung der Angelegenheit wichtig ist. Das Ganze war auch insofern ein Novum, als zwar seit Beginn der Unterwerfung der Halbinsel Erfolge in Hispanien innenpolitischen Prestigegewinn in Rom zu bringen pflegten, nun aber die in die Provinz getragenen Bürgerkriegs-Auseinandersetzungen das Gewicht eines westlichen Außenpostens Roms sogar soweit erhöhte, dass Roms damaliger Hauptfeind im Osten, Mithridates VI. von Pontus, über die Möglichkeit eines Zangenangriffs von Osten und Westen nachgedacht zu haben scheint.

Es ist in der Forschung gelegentlich gesehen worden, dass hier zum ersten Mal in der Geschichte Roms ein Phänomen von Zentrifugalität auftaucht, welche ansatzweise in der frühen Kaiserzeit, beginnend mit Iulius Vindex, besonders aber später mit Usurpationen von Maternus (Herodian. 1,9,10) bis zu dem Bagauden „Kaiser" Amandus (RIC V 2, 595), Magnus Maximus u. a., das Imperium in die Bestandteile zu zerlegen versuchte, deren gewaltsame Zusammenfügung seit dem 3. vorchristlichen Jh. das römische ‚Weltreich' begründet hatte.

Die Quellenlage zu Sertorius ist unter den oben formulierten Einschränkungen deutlicher Parteilichkeit unproblematisch: Sallustius scheint in seinen nur fragmentarisch erhaltenen *„Historien"* dem *„bellum Sertorianum"* viel Platz eingeräumt zu haben; wahrscheinlich ist dieses Material Grundlage für die Sertorius-Biografie des Plutarchos. Wie schon in der Behandlung des Viriatus-Krieges – es gibt eine Reihe topischer Übereinstimmungen in beider Lebensbeschreibungen – liegt die Schwierigkeit in der moralisierenden Tendenz der Autoren. Das gilt auch für die livianische Tradition. Gleichwohl lässt Plutarchos keinen Zweifel daran aufkommen, dass Sertorius die Hispanier für seine Zwecke missbrauchte und dass er ausschließlich römische Interessen verfolgte, wenn auch in einem antisullanischen Sinn. Ihn und seine vermeintlichen Ziele darum positiv zu überzeichnen, wie Mommsen und Schulten in voller Kenntnis der Quellen das, jeder auf seine Weise, tun, dürfte mehr mit der Psychopathologie ihrer Zeitumstände zu tun haben als mit zutreffender Textexegese. Tatsächlich ist Sertorius – ebenso wie Catilina und in mancher Hinsicht auch Caesar – ein Produkt des sich auflösenden ethischen *comment* der späten Republik, also des Zustandes, den Christian Maier mit einem Wort Ciceros zutreffend als den der *res publica amissa* bezeichnet hat.

Sertorius schlug, angeblich von den Lusitanern gerufen, mit seinen einheimischen Truppenverbänden und verstärkt durch Römer/Italiker, die sich durch das *regnum Sullanum* bedroht fühlten und nach Hispanien geflüchtet waren, einige römische Truppenverbände unter Caecilius Metellus und anderen, unterlag aber schließlich dem jungen Cn. Pompeius, dessen Stern damals aufzugehen begann. Im Jahre 72 v. Chr. wurde er von den eigenen Parteigängern ermordet (Plut. *Sert*. 25–27).

Es ist hier nicht ausführlich darüber zu reden, dass – und warum – Sertorius zu den umstrittensten Gestalten der römischen Geschichte gehört. Das hat nicht zuletzt mit der angeblichen Bedrohung Italiens (Sallust. *Hist.* II 98) und dem möglicherweise beabsichtigten Zusammengehen mit Mithridates sowie der angeblich vereinbarten „Abtretung" einiger kleinasiatischer Klientel-Fürstentümer (die Rom allerdings nicht wirklich „gehörten") zu tun. Die Quellen zu diesen kaum befriedigend zu erhellenden Vorgängen sind so widersprüchlich wie die moderne Forschung. Wie Sertorius von seinem aragonesischen Refugium im fernen Westen aus solches hätte bewerkstelligen wollen, aus welchem Recht und mit welcher Macht, all das bleibt dabei gänzlich offen. Was an dem berühmten, bei Sallustius (*Hist.* II 98) überlieferten Brief des Cn. Pompeius an den Senat politisch-taktische Unwahrheit ist, und ob der Mithridates-Vorgang (Plut. *Sert*. 23) so stimmt oder ob es sich um eine Propaganda-Lüge handelt, wird kaum je aufzuklären sein.

Uns interessiert hier der ‚hispanische' Sertorius und der bleibt weitgehend rätselhaft!

Dass der Praetor des Jahres 83 in der *Hispania citerior* durch die innenpolitische Entwicklung quasi ins Exil gezwungen wurde, ist unabweisbar. Dass er auf abenteuerlichen Fluchtwegen weg von der Halbinsel (deren Beschreibung viele topische Züge aufweist) schließlich dorthin zurückkehrte und, nachdem sein Angebot zur Kapitulation gegen Amnestie (Plut. *Sert*. 22) abgelehnt worden war, zum lusitanischen, später auch zum „keltiberischen" *guerrilla*-Chef mutierte, sich die Taktiken und Kampfesweisen der Einheimischen bis hin zur Duell-Forderung an den römischen Feldherrn auf der Gegenseite (Plut. *Sert*. 13) aneignete und mit anderen römischen Exulanten in den Bürgerkrieg eingriff, ist zumindest teilweise richtig, auch wenn Evasions-Utopien, wie die bekundete Absicht, zu den „Inseln der Glückseligen" zu fahren, eher an einen hochneurotisch-depressiven *Fletcher Christian* und die „Meuterei auf der Bounty" erinnern und möglicherweise romanhaft übertrieben sind.

Dass „*das ganze Diesseitige Hispanien lichterloh brannte*", wie Sallustius (*Hist*. 1, 85) schreibt, war jedenfalls das Ergebnis des Zusammenstoßes von legitimen römischen Aktivitäten und Sertorius' illegitimen Aktionen; die Formulierung erinnert sehr an Polybios' „Krieg wie Feuer" und ist vielleicht sogar von dort entlehnt. Unabweisbar ist auch, dass manche der *populi* im indoeuropäischen Teil der Halbinsel nur auf eine Gelegenheit gewartet hatten, sich erneut gegen Rom zu erheben, und dass Sertorius mit skrupelloser Ranküne (Plut. *Sert*. 11) und viel Einfühlungsvermögen das naive Bedürfnis der Lusitaner und Hispano-Kelten nach einem charismatischen ‚Führer' (ein entsprechendes Angebot hatte auch schon Scipio Africanus erhalten) deren *fides*, ihren Aberglauben, ihren religiösen Nativismus für seine Zwecke instrumentalisierte. Gleichzeitig könnte die von Sertorius betriebene Gewöhnung der Einheimischen an römische Kleider, Waffen und Kampfmethoden, die „Romanisierung" von Söhnen der hispano-keltischen Oberschicht im aragonesischen *Osca* (Huesca) mit Unterricht in lateinischer und griechischer Sprache auch als ein Akt innovativer Kolonialpolitik verstanden werden, wie sie vordem noch niemand praktiziert hatte (und wie England sie viel später in Indien praktizieren wird) – wenn nicht die raffinierte *de-facto*-Geiselnahme der „Schüler" taktisches Raffinement und Hintersinn nahelegte, welche die von manchen Sertorius zugeschriebenen „staatsmännischen Züge" zumindest relativieren. Abwegig ist jedenfalls, Sertorius für einen Kämpfer für Hispaniens Freiheit zu halten, wie Schulten und andere das tun. Zweifellos dachte Sertorius auch in Hispanien römisch, und nur römisch (Plut. *Sert*. 22). Der französische Dramatiker

Corneille bewies in seinem „Sertorius" das richtige Einfühlungsvermögen, wenn er diesen sagen lässt „*Rome n'est plus dans Rome, elle est toute où je suis*" ("Rom ist nicht mehr in Rom, Rom ist da, wo ich bin!"). Richtig an der Darstellung der Mithridates/ Sertorius – Beziehung bei Plutarchos (*Sert.* 23–24) ist, dass Sertorius keine antirömische Außenpolitik betrieben hat. Was in diesem Zusammenhang von den Briefen „einflussreicher Männer" aus Rom an Sertorius zu halten ist (Plut. *Sert.* 27), die diesen aufgefordert haben sollen, nach Italien zu kommen, um zu revoltieren und die Verfassung zu ändern, ist nicht einfach zu beantworten und kann auch nicht Gegenstand dieser Arbeit sein. Immerhin muss man die Möglichkeit einräumen, dass antisullanische Kreise über einen sertorianischen „Marsch auf Rom" von der Iberischen Halbinsel her nachgedacht haben, so wie es später manchen „Marsch auf Rom" gab, den einen und anderen auch von Hispanien aus.

Gekämpft wurde, wie auch die Verteilung der Schatzverstecke aus der Zeit belegt, über zehn Jahre im ganzen Land: Bei den Vakkäern, Vaskonen, in „Keltiberien", an der Ostküste. Auch die *provincia ulterior* wurde immer wieder einbezogen.

Opfer dieser Vorgänge waren überwiegend die Einheimischen, die den Preis für die römisch-innenpolitische Kontroverse zu zahlen hatten: Totschlag, Raub und Brandschatzung von Ernten und Siedlungen (Sallust. *Hist.* I 112). Es gab auch, wie bereits am Beginn der römischen Besatzungszeit, die landesüblichen Opportunismen. Plutarchos zählt die *populi* auf, die sich sogleich auf die Seite der am Ende „stärkeren Bataillone" des Pompeius schlugen, an erster Stelle Lacetaner und Indiketen (*Pomp.* 18, vgl. auch Sallust. *Hist.* II 98, 5).

Sertorius' Ende gleicht weitgehend dem des Viriatus, nur dass es diesmal nicht von gegnerischer Seite gedungene Mörder waren, sondern eine Verschwörung von Mit-Exulanten gegen den Anführer, wofür persönliche Rivalitäten, Neid und Eifersucht als Motive angegeben werden (Plut. *Sert.* 25), was zutreffen kann oder auch nicht. Wahrscheinlicher ist, dass – wie Livius (*Per.* 92) Diodoros (37, 22 mit ärgerlicher Negativ-Topik) und Plutarchos (a. a. O.) nur am Rande mitteilen – die Hispanier sich von dem zunehmend ohne ‚*fortune*' agierenden Sertorius zu distanzieren begannen, woraufhin dieser immer häufiger die Kontrolle verlor und sich zu Gewaltakten, beispielsweise gegenüber seinen Geiseln in Osca, hinreißen ließ. Es mag also sein, dass Römer in seiner Umgebung Racheakte der Hispanier zu fürchten begannen und deshalb Sertorius beseitigten, weil er für sie selbst eine Gefahr zu werden drohte. Appianos schreibt zum Jahr 72: „*Sertorius war jetzt offensichtlich von einer gottgesandten Krankheit geschlagen; er vernachlässigte seine Aufgaben, nahm luxuriöse Angewohnheiten an, ergab sich Trunk und Weibern (---), er reagierte cholerisch, bestrafte grausam, war mißtrauisch gegen jedermann so daß Perperna (-----) um seine Sicherheit zu fürchten begann …* (*bell. civ.* I 113). Übertrieben oder nicht: Dies ist in der Essenz die Beschreibung eines labilen Charakters in seiner Verzweiflung angesichts des sicheren Untergangs. Nicht zuletzt ob dieser Tragik hat Sertorius vermutlich so viel Aufmerksamkeit erfahren.

Nach dem Tod ihres landfremden *caudillo* unterwarfen sich die meisten seiner einheimischen Anhänger den beiden römischen Kommandeuren Metellus und Pompeius; wenige blieben an der Seite der Exulanten, die jetzt Perperna kommandierte. Dieser unterlag bald dem Pompeius, geriet in Gefangenschaft und wurde umgehend hingerichtet, „aus Furcht" – so Plutarchos (*Sert.* 27; *Pomp.* 20) – „*daß es Aufstände und Unruhen geben könne, wenn die Namen der (sc. stadtrömischen) Korrespondenten des Sertorius allgemein bekannt würden.*"

Die Reste der römischen Sertorianer zerstreuten sich in alle Winde. Manche schifften sich in *Dianium* (Denia) ein und fuhren nach Osten, viele nach Sizilien (Cic. *Verr.* 5, 72; 146; 151; 154). Die Perperna – Komplizen kamen alle um, „*außer Aufidius*", so erzählt Plutarchos (*Sert.* 27), „*der in einem elenden Barbarendorf bis ins hohe Alter in äußerster Armut und Verachtung lebte.*" Andere flohen nach Nordwesten. Caesar berichtet im Zusammenhang mit Crassus' späteren Operationen gegen aquitanische Stämme, diese hätten von den angrenzenden hispanischen Völkern Hilfstruppen und Anführer geholt: „*Zu Anführern wurden diejenigen gewählt, welche den gesamten Krieg unter Q. Sertorius mitgemacht hatten und von denen man glaubte, daß sie summa sapientia rei militaris besäßen.*" (*bell. Gall.* 3, 23, 3–5). Das ist eine hochinteressante Information, belegt sie doch sehr frühe politische Verbindungen zwischen dem hispanischen Nordwesten und dem gallischen

Südwesten, die romfeindlichen Charakter tragen. Wir werden im Verlauf der Kaiserzeit häufiger auf diese transpyrenäische Verbindung stoßen, für die spätere Zeiten den Namen *Spanogallia* finden werden und die in der Spätantike immer nachdrücklicher als eine Zone des Widerstands gegen die Herrschaft Roms erscheint.

Was sich jenseits aller politischen und militärischen Absichten entwickelte, ist der erhebliche Romanisierungs-Fortschritt, den dieser Krieg großen Teilen des Landes brachte, wozu auch Stadt-Gründungen wie *Metellinum* (Medellín) und *Pompaelo* (Pamplona) im Gebiet der Vaskonen weit im Nordwesten der Halbinsel gehörten, nicht zu vergessen die Soldaten, die Perperna aus Italien mitgebracht hatte und die, wie Brunt (1971, 470 ff.) nicht ohne Plausibilität vermutet, zumindest vorerst nicht dorthin zurückkehren konnten und sich in irgendeiner Form in Hispanien arrangieren mussten. Was *Pompaelo* angeht, so hat Schulten (Sertorius, 121 f.) die allgemeine strategische Bedeutung dieser Gründung richtig gesehen und auch, dass Pompeius damit seinen Nachschub aus Gallien deckte, da die Durchquerung Hispaniens anscheinend zu riskant gewesen wäre.

Damit war Roms Macht weit in den Nordwesten der Halbinsel vorgetragen worden; der siegreiche Feldherr, bereits früh der Versuchung der Alexander-*imitatio* verfallen und außerordentlich eitel, ließ auf der anderen (östlichen) Seite des Landes, auf dem Col Perthus, eine Erinnerung zurück: „*Auf den Höhen der Pyrenäen errichtete er ein Denkmal wegen des Sieges über die Hispanier*" (Sallust. *Hist*. 3, 89). Und ein Hispanier, der auf der ‚richtigen Seite' gekämpft hatte, begann im Gefolge des Pompeius eine steile Karriere in Richtung auf Macht und Einfluss in Rom: L. Cornelius Balbus aus Gades, einer der begnadetsten Opportunisten, den die Antike kennt.

Warum Sertorius tat, was und wie er es tat, und die damit möglicherweise verbundenen politischen Ziele – all das bleibt undurchschaubar. Ob er sich als neuer Coriolanus verstand und in den Hispaniern seine Volsker sah – wir wissen es nicht. Was wir wissen, ist, dass ein fähiger Soldat und ein nicht unbegabter Politiker in den Turbulenzen des römischen Bürgerkriegs auf eine bislang unerhörte Weise scheiterte. In und für Hispanien hat er, so scheint es, irgendetwas nachhaltig Konstruktives aus eigener Entscheidung nicht bewirkt, es sei denn, man vermag den oben genannten gänzlich ephemeren kolonialpolitischen Innovationen eine gute Seite abzugewinnen. Ich kann das nicht!

Nicht einmal ikonografisch ist dem Insurgenten beizukommen: Als Staatsfeind aus Italien vertrieben, als *caudillo* hispanischer Stämme am Ende erfolglos, hat ihn auch die Kunst im Stich gelassen. Wir besitzen keine zuverlässige Darstellung des Sertorius. Im Sabinerland wollte niemand den vermeintlichen Vaterlandsverräter abgebildet sehen; Hispanien wandte sich ab, da er alle Hoffnungen enttäuscht hatte. Denen, die sich zwischen alle Stühle setzen, errichtet man keine Statuen!

Exkurs 6
Das 1. Jh. v. Chr. in Hispanien

„Was, wenn Dich das Los an die Spitze von Afrikanern, Hispaniern oder Galliern gestellt hätte, diesen grässlichen und barbarischen Völkerschaften?"
(Cic. ad Quintum frat. 1,1,27)

Vermutlich ist keine Zeitspanne für die Entwicklung der römisch-hispanischen Beziehungen so bedeutsam gewesen wie das 1. vorchristliche Jh., in dem alle für die Zukunft entscheidenden strukturellen Weichenstellungen erfolgten. Es sind dies die häufigere Verleihung des römischen Bürgerrechts an Einzelpersonen und Gruppen, Stadtrechtsverleihungen an hispanische Gemeinden, das beträchtliche Anwachsen der Klientelen bedeutender Politiker und Militärpersonen und manches mehr.

Von der Karriere des älteren Balbus, dessen prototypischen Aufstieg zum *civis Romanus* Cicero beschrieben hat, war bereits die Rede. Das Paradebeispiel einer Gruppen-Einbürgerung liefert die *turma Saluittana*, ein 30-köpfiger hispanischer Reiter-Verband aus dem mittleren Ebroraum, der für den Einsatz im Bundesgenossenkrieg (91–89 v. Chr.) von Pompeius Strabo, dem Vater des späteren Triumvirn, *virtutis causa* (für Tapferkeit) im Heerlager bei Asculum mit dem römischen Bürgerrecht ausgezeichnet wurde; die Originalurkunde ist inschriftlich erhalten. Diese Quelle von unschätzbarem Wert verrät mehr über „Romanisierung" als hundert Abhandlungen. Die Hispanier tragen iberische Namen mit Angabe der Vaternamen, aber drei von ihnen, die aus *Ilerda* (Lérida) stammen, tragen vor dem einheimischen Vaternamen römische Vor- und Gentilnamen, was sie als Bürger einer bereits privilegierten Stadt ausweist. Bis auf die Drei werden diese Neu-Römer allesamt „Pompeius" heißen und in der nächsten Generation nicht mehr zwingend als Hispanier erkennbar sein. Balbus hieß bereits vor der Einbürgerung durch Pompeius Magnus „Cornelius" und behielt diesen Namen – auch er wäre ohne seine politische Karriere nicht als wahrscheinlich punisch-stämmig zu identifizieren. Solche Umstände machen die Frage nach dem Verhältnis von Einheimischen und Immigranten, etwa in den auf hispanischem Boden operierenden Armeen im ersten und zweiten Bürgerkrieg mit immer wieder überlieferten Rekrutierungen hispanischer „Römer" aus den jeweiligen klientelen Netzwerken der Protagonisten und auch noch in den Auseinandersetzungen nach Caesars Tod kaum beantwortbar. Die Forschung ist überzeugt, dass viritane Einbürgerungen und solche in Gruppen häufiger stattfanden, zumal Pompeius Magnus und Caesar unterstellt wird, in dieser Hinsicht großzügig gehandelt zu haben, was die Verhältnisse nicht durchschaubarer macht. Als sicher kann aber gelten, dass in Verbindung mit dem Sertorius-Krieg, den pompeianischen und caesarischen Aktivitäten danach und schließlich dem zweiten Bürgerkrieg die Zahl der echten wie der „Neu-" Römer in den hispanischen Provinzen beträchtlich anstieg. Erkennbar wird das auch an den *conventus civium Romanorum*, Vereinen römischer Bürger in den großen Städten, deren Zahl im Laufe des 1. Jhs. v. Chr. ständig zuzunehmen scheint. Sie nehmen in den Bürgerkriegs-Auseinandersetzungen lebhaft Partei für die eine oder andere Seite. Viele ihrer Mitglieder werden in die *legiones vernaculae* genannten Truppenkörper aufgenommen worden sein, die in den hispanischen Provinzen selbst rekrutiert wurden (Caes. *bell. civ.* 1, 86).

Freilich wird für immer unklar bleiben, aus welchen sozialen Schichten diese Aufsteiger kamen. Zweifellos sind zunächst die einheimischen *boni et locupletes* in Betracht zu ziehen: Jener *rex Indo* aus dem Süden, von dem schon die Rede war, könnte aus dem Bürgerkrieg, wenn er ihn denn überlebt hätte (s. *bell. Hisp.* 10), als *C. Iulius Indo civis Romanus* heimgekehrt sein. Gleiches gilt für die Stammesführer in der *provincia citerior*, die Caesar als *principes* bezeichnet (*bell. civ.* 1, 74). Aber auch jeder *peregrinus*, einheimisch oder eingewandert, kommt für eine Bürgerrechtsverleihung in Betracht. Ähnliches gilt für die Verleihung von (römischen oder lateinischen) Stadtrechten an hispanische Gemeinden. Welche der großen und kleineren Städte im Osten und Süden, von Emporiae, Tarraco bis nach Carthago Nova, Corduba, Hispalis, wann und durch wen in welchen Rechtsstatus versetzt wurde, ist in der Forschung umstritten und ohne neue epigraphische Funde (und Erkenntnisse) kaum zu klären. Die Forschung ist über die grundlegenden Untersuchungen F. Vittinghoffs und seines Schülers H. Galsterer aus den 1960/70er-Jahren nicht wesentlich hinausgekommen. Dass Caesar und Pompeius, gewiss auch die Protagonisten des nachcaesarischen Bürgerkriegs und schließlich Caesars Erbe Octavianus entscheidenden Anteil daran hatten, steht außer Zweifel. Klientelverbindungen, Bürgerrechts-Verleihungen und die Gewährung von Stadtrechten sind die entscheidenden Klammern zwischen Rom und seinen am längsten umkämpften Provinzen. Die Konsequenz sind wachsendes urbanes Selbstgefühl, Patriotismus, verbunden mit zunehmender Bereitschaft zu Euergetismus, wachsende Loyalität gegenüber dem Zentrum Rom, Karriereanstöße sowie gewiss auch die Bereitschaft weiter Kreise einheimischer Neubürger, eine neue Identität, die von *cives Romani ex Hispaniis*, anzunehmen. Caesars spätere Rechtssetzungen und erst recht die augusteischen sanktionierten im Wesentlichen einen Zustand, der sich im Laufe dieses 1. Jhs. v. Chr. ergeben hatte. Was die stets involvierten, meist konkurrierenden, Klientelverbindungen angeht, so war der erste *princeps* – Augustus – gut beraten, alle existierenden Klientelen auf sich selbst einzuschwören und damit eine Unzahl potentieller sozialer Spannungen bereits im Vorfeld unmöglich zu machen.

Wenig, viel zu wenig, wissen wir über das Alltagsleben in den Städten und Dörfern der hispanischen Provinzen und über das, was gemeinhin als ‚öffentliche Kultur' bezeichnet wird. Es ist anzunehmen – die Ergebnisse der archäologischen Forschung belegen nichts Gegenteiliges – dass der engere indoeuropäisch bewohnte bäuerliche Raum wenig Anteil an den Veränderungen der Lebensumstände nahm, die das übrige Land *peu à peu* in das Klein-Italien verwandelten, welches die Reiseschriftsteller wahrzunehmen meinten. Es bedurfte einiger Generationen vorsichtigen Zuwartens, bis die Bewohner der nördlichen Mitte und des ländlichen Nordwestens nach dem zweiten Bürgerkrieg und der behaupteten Eroberung des nordwestlichen Restes der Halbinsel der *pax Augusta* vertrauten und ihre Schutzlagen und Rundhütten verließen, um sich in der Ebene niederzulassen – manche dieser Anlagen wurden erst in flavischer Zeit aufgegeben. Dagegen begegnen vergleichsweise früh Hinweise auf ambitionierte Gestaltung von Privathäusern auch außerhalb der großen Städte, wie ein frühes großes Mosaik aus Caminreal (Teruel) belegt .

Die ‚großen' Städte, Tarraco im Osten, Corduba, Hispalis im Süden und manche der kleineren Stadtanlagen, Valentia, Palma, Pollentia auf den Balearen, Baetulo und Barcino in Katalonien, Castulo, Urso oder Onuba im Süden/Südwesten, dürften nun italischen Landstädten ähnlich gesehen haben. Parallelen zu Gades sind möglicherweise östlicher zu finden und Neukarthago mit seinen hochragenden Mauern und der jüngst weitgehend freigelegten barkidischen Residenz (*arx Hasdrubalis*) wird große Teile seines hellenistischen Erbes bewahrt haben. Gleiches gilt gewiss für Carmo und andere karthagische Gründungen. Auch ihr großer Aufbruch wird erst in die Zeit nach dem Krieg um Caesars Erbe fallen, etwa in die letzten beiden Jahrzehnte des Jahrhunderts.

Das Leben in diesen Städten noch ohne Theater und Circus dürfte nach heutigen Maßstäben langweilig gewesen sein – ich bezweifle allerdings, dass es so empfunden wurde. Gades jedenfalls erhielt noch zu Ciceros Lebzeiten ein (hölzernes) Theater, in dem der bekannte Schauspieler Herennius Gallus auftrat (Cic. *ad fam.* 10, 32, 2), auch scheint es hier bereits Gladiatorenkämpfe gegeben zu haben (Cic. a. a. O. 10,3). Darbietungen der *puellae Gaditanae* sowie religiöse und profane Feste, öffentliche Rezitationen und dergleichen dürften den Gaditanern ebenso Freude bereitet haben wie anderswo die feierlichen Auftritte von *poetae nati Cordubae*, von denen Cicero reichlich süffisant berichtet, sie *„klängen irgendwie schwülstig und provinziell"* (pro Arch. 26). Dass dies daher rühren könnte, dass das früh auf die Halbinsel gebrachte Lateinische nicht die elegante Hauptstadt-Sprache war, sondern diejenige von Bauern-Soldaten aus der italischen Provinz, hat in Rom niemanden interessiert.

Das bunte südliche Leben, welches sich weitgehend außerhalb der Häuser auf Straßen und Plätzen abspielte, mit Märkten, auf denen Gerichtstage abgehalten wurden und alle Arten von Handwerkern tätig waren (Cic. *Verres* 4, 56, ebenfalls auf *Corduba* bezogen), dürfte sich von dem heutigen wenig unterschieden haben. Darstellungen und Überreste von Musikinstrumenten auf der Halbinsel bereits bronzezeitlich nachweisbar. Auch über Initiationsriten, Waffenspiele und mehr oder weniger spektakuläre Totenfeiern sowie öffentliche Opfer gibt es Andeutungen in den Quellen. Dass bereits früh hier und da Lateinisch und Griechisch gelehrt wurde, ist nicht nur durch Sertorius' Osca-Aktivitäten belegt; nicht wenige *ludi magistri* und *grammatici* werden auf Grab-Inschriften genannt. In bescheidenem, gewiss provinziellem, Rahmen konsolidiert sich das „römisch" werdende Hispanien, allen militärischen Auseinandersetzungen zum Trotz.

Gleiches lässt sich mit aller Vorsicht von der wirtschaftlichen Entwicklung sagen. Wirtschafts-Informationen liefern die literarischen Quellen kaum je direkt; man ist weitgehend darauf angewiesen, sie zu erschließen. Dass der Reichtum von Gades aller Wahrscheinlichkeit nach durch See- und Binnenhandel, Schiffbau sowie den Verkauf von Fischprodukten erwirtschaftet wurde, lässt sich aus zahlreichen Hinweisen am Rande erkennen. Dass Corduba, Endpunkt der größeren Baetis-Schifffahrt und an der uralten Heraklesstraße von den Pyrenäen bis nach Gades gelegen, abgesehen von seiner fruchtbaren ländlichen Umgebung, eine herausragende Rolle im Vertrieb von Kupfer aus der Sierra Morena (*aes Marianum* oder *Cordubense* bei Plinius [*n. h.* 34,4]) spielte, ist ebenso bekannt wie die herausragende Rolle von Carthago Nova für die Silber- und Blei-Produktion des östlichen Scheidegebirges und die Verschiffung von Bleibarren mit Erzeuger-Stempeln [s. Abb. 19] in den gesamten Mittelmeerraum. Dass sich in dieser Stadt, die von Caesar ihr römisches Stadtrecht erhalten hatte, eine ausgesprochene Freigelassenen-Aristokratie entwickeln konnte, die über Generationen alle wichtigen Ämter in der *Vrbs Ivlia Victrix Nova Carthago* bekleidete, habe ich vor einigen Jahre zeigen können (Koch 1993, *passim*). Sie verdankte Aufstieg und Reichtum durchweg ihren industriellen und merkantilen Aktivitäten. Ab wann genau Öl, Wein, Obst und Getreide, von deren reichlichem Vorkommen Strabon (3, 4, 16) berichtet, frei exportiert wurden, wovon Amphoren- und Sigillata-Scherben in der gesamten römischen Welt reichlich Zeugnis geben, ist nicht eindeutig erkennbar. Die meisten literarisch überlieferten Daten zur Wirtschaft der hispanischen Provinzen stammen aus der frühen Kaiserzeit; sie lassen sich nicht ohne Weiteres in die Vergangenheit projizieren, da die langen Kriegsjahre zwischen Caesars Tod und dem Ende von Augustus' „Unterwerfung des hispanischen Nordwestens" im Jahre 19 v. Chr. der freien Entfaltung der Märkte nicht förderlich waren. Zweifellos gab es auch früh bereits Latifundien im Besitz von Römern oder Pseudo-Römern (Brunt 1971, 214); ihre Zahl nahm in der Kaiserzeit erheblich zu. Immerhin hat der hispanische Süden mit Iunius Moderatus Columella aus Gades auch einen Autor hervorgebracht, der, gestützt auf die große römische Tradition wissenschaftlich betriebenen Landbaus, in umfassender Weise die empirisch-wissenschaftliche Grundlage der Landwirtschaft auch auf seine baetische Heimat anwendbar machte. Ihre Erträge werden bis weit in die Kaiserzeit besonders – und nachweislich – für die Versorgung der Hauptstadt eine bedeutende Rolle spielen.

Auf der dieser Arbeit vorgegebenen Abstraktionshöhe über die kultisch-religiöse Situation Hispaniens im 1. Jh v. Chr. zu schreiben, ist einfach: Von der kultischen Substanz in den unterschiedlichen Kulturzonen wurde nichts aufgegeben, doch kam vor allem in dem nicht-indoeuropäischen Gebiet manches hinzu. Es ist davon auszugehen, dass die früher punischen Gebiete ihre Gottheiten eher hellenisierten als latinisierten (Koch 1982, *passim*); das Melqart-Heiligtum in Gades existierte noch in der Spätantike. In Carthago Nova ist sehr früh ein Kult für Atargatis belegt, ebenso die Verehrung von Isis und Serapis. Dort sind auch die ältesten Kultvereine nachgewiesen, Freigelassenen-Kollegien in einer von Freigelassenen dominierten Stadt (CIL I² 2270; 2271); möglicherweise gehört auch die Inschrift HEp 1, 487 aus der Nähe von Cartagena in diesen Zusammenhang. Vergleichbare Eindrücke vermitteln die alten Einflussräume des Griechentums, Emporion in erster Linie.

Die Stadtmauer von Tarraco, errichtet in den ersten Jahrzehnten der römischen Eroberung (Hauschild 1993, 217 ff.), enthält das bereits erwähnte ebenso frühe Relief der Göttin Minerva. Sehr rasch kommen die klassischen römisch-hellenistischen Kulte auf die Halbinsel, mitgebracht von römisch-italischen Militärpersonen, Kaufleuten und sonstigen Einwanderern; östliche Gottheiten kommen durch Händler, Soldaten, Sklaven oder im Ostmittelmeerraum akkulturierte Römer. Dieser Prozess verläuft parallel zur Gesamtentwicklung der Romanisierung und endet erst mit dem Sieg des Christentums im 4. Jh. n. Chr.

In den indoeuropäischen Gebieten finden wir im ländlichen Raum bis in die Spätantike die alten Clan- und Stammes-Gottheiten, gelegentlich synkretistisch vermittelt und sprachlich zuweilen an das Lateinische adaptiert. In den Städten wird – vielfach wohl auch aus Gründen politischer Opportunität – eher römisch gebetet. Hier gibt es vermehrt synkretistische Vermittlung, aber auch, je nach Handel und Wandel, östliche Kult-Zuwanderung, vor allem in den Hauptstädten der Provinzen. Inwiefern über das Verbot von Menschenopfern am Beginn des Jahrhunderts hinaus Kultgebräuche verändert oder angepasst wurden, wissen wir nicht. Dass die unterschiedlich schnell sich entwickelnde Verschriftlichung auch für die religiöse Praxis der bislang völlig schriftlosen Räume Konsequenzen hatte, etwa durch die Aufzeichnung von Opferliturgien, versteht sich. Aber das muss nicht notwendig zur Veränderung der Kultpraxis geführt haben. Dieser Zustand blieb tendenziell erhalten. Die religiöse Systematisierung in der frühen Kaiserzeit wird einiges Neue bringen, aber das Althergebrachte kaum verändern.

Caesar in der Hispania ulterior

Wenige Jahre nach dem Ende des Sertorius betrat ein anderer populärer Politiker als Quaestor des Antistius Vetus für ein Jahr ganz unspektakulär die hispanische Bühne, aber anders als der unglückliche römische *caudillo* einheimischer *populi* veränderte Caesar im Laufe seines Lebens das Land so nachhaltig, dass es nach dem Tode des nachmaligen Diktators im Jahre 44 v. Chr. reif war für die ‚neue Zeit', die mit Augustus anbrach. Von dieser ersten Amtszeit des damals 32-jährigen sind keine Einzelheiten bekannt. Sie fand in der *provincia ulterior* statt und es muss als sicher gelten, dass Caesar Kontakte knüpfte, die sich später als nützlich erweisen würden. Im Jahre 61 v. Chr. sehen wir Caesar dann als praetorischen Gouverneur derselben Provinz. In diese beiden Amtsjahre fallen die oben thematisierten – möglicherweise vom Zaun gebrochenen (Dio 37, 52, 3–4) – Kriegszüge gegen Lusitaner und Gallaeker und die Geldbeschaffung zur Tilgung seiner immensen Schulden. Der Historiker Cassius Dio (37, 52, 1 f.) liefert für diese Aktivitäten eine treffende Analyse: *„Obgleich (Caesar) ohne große Mühe (Lusitanien) von räuberischen Übergriffen, die dort vielleicht schon immer üblich gewesen waren, hätte reinigen und dann beruhigen können, lag dies nicht in seiner Absicht. Er war auf Ruhm aus, wollte dem Pompeius und seinen anderen Vorgängern dort (---) nacheifern, und seine Ziele waren alles andere als bescheiden. Tatsächlich hoffte er, in dieser Zeit etwas zustande zu bringen, was ihm umgehend das Konsulat einbringen würde".* Außerdem versuchte er eine – zumindest für den römischen Westen – neue Politik, indem er sich Städte, Gemeinden und bedeutende Einzelpersonen als Klienten dauerhaft persönlich verpflichtete, wozu offenbar auch viritane Verleihungen des römischen Bürgerrechts gehörten, was für die damit Beschenkten das *entrée* zu einer Karriere schlechthin bedeutete (Cic. *pro Balbo*, 19). Pompeius hatte im Umkreis des Sertoriuskrieges ähnliches getan (Cic. a.a.O. 3;8), sodass der im Jahre 49 v. Chr. teilweise auf der Iberischen Halbinsel ausgetragene Bürgerkrieg zwischen Caesar und Pompeius sich wie die Auseinandersetzung zwischen zwei großen politischen Netzwerken ausnimmt. Ob die beiden Protagonisten der römischen Politik um die Jahrhundertmitte auch die Anhängerschaft der popularen bzw. konservativen Kontrahenten der marianisch-sullanischen Zeit auf der

„Als Quaestor erhielt er das Jenseitige Hispanien. Als er nach Gades kam und beim Tempel des Herkules ein Standbild Alexanders des Großen sah, da stöhnte er auf, erbittert über die eigene Trägheit: Nichts bemerkenswertes habe er geleistet in einem Alter, in dem Alexander bereits die ganze Welt erobert habe."

(Suet. Caes. 7)

Iberischen Halbinsel „erbten", wie man aufgrund einer Bemerkung Caesars (*bell. civ.* 1, 61; 1, 29) annehmen könnte, steht dahin; manches, wie die merkwürdige Piso-Affäre, spricht dafür. Den Calpurnii Pisones scheint die Iberische Halbinsel kein Glück gebracht zu haben. Der erste, ein Catalinarier, wurde im Jahre 64 v. Chr. während seines Kommandos in der *provincia citerior* von einheimischen Reitern unter seinem Befehl erschlagen. Sallustius, der den Vorgang berichtet (*Cat.* 18f.), hält es für möglich, dass die Mörder Klienten des Pompeius waren. Rund 90 Jahre später trifft es den nächsten, ebenfalls in der *Citerior* – davon später.

Gewiss werden diejenigen im Lande, die Sertorius nachtrauerten, sich eher an Caesar gehalten haben. In die Jahre von dessen Propraetur fällt die Politik der Schuldenregelung mit Städten der Provinz (von der er vermutlich privat profitierte), über die Cicero (*pro Balbo* 19) berichtet. Hier rekrutierte er auch den Stab von loyalen Mitarbeitern, der ihn für den Rest seines Lebens begleitete: Die Balbi, Saxae, Titii Hispani, deren Hintergrund nur im Falle der Cornelii Balbi eindeutig indigen ist, während man bei den anderen eher die Abstammung von frühen italischen Migranten vermuten darf.

Für die Jahre zwischen der Propraetur Caesars und dem Beginn des zweiten Bürgerkrieges zu Beginn des Jahres 49 v. Chr. schweigen die Quellen über die hispanischen Provinzen und so wird nicht erkennbar, ob der Statthalter der C*iterior* für das Jahr 59 v. Chr., Cornelius Lentulus Spinther, seine ihm später von Caesar (*bell. civ.* 1,4) unterstellten Ambitionen, sich die Taschen zu füllen, dort befriedigen konnte. Für das Jahr 56 v. Chr. berichtet Cassius Dio (39, 54) von Auseinandersetzungen mit Vakkäern im Raum Clunia, für die Gründe nicht mitgeteilt werden. Sie endeten mit einem Remis und das wird der Grund dafür sein, dass weitere Nachrichten fehlen. 55 v. Chr. übernahm Cn. Pompeius beide hispanischen Provinzen, die er fortan jahrelang durch zwei Legaten, L. Afranius und M. Petreius, verwalten ließ. Sie werden, später verstärkt durch den Schriftsteller M. Terentius Varro, *„die Heere ohne Feldherrn"* anführen, die Caesar den eigenen Worten nach besiegen müsse, bevor er sich dem *„Feldherrn ohne Heer"*, Cn. Pompeius, zuwenden würde.

Caesars Krieg in der *Citerior* 49 v. Chr. dauerte nach eigenem Bekunden 40 Tage (*bell. civ.* 2, 32). Bei Ilerda ergaben sich die beiden Generäle des Pompeius mit ihrem Heer. Die aus Hispanien stammenden Soldaten des pompeianischen Heeres wurden nach Hause geschickt, der Rest entlassen. Interessanterweise kämpften in Pompeius' Heer lusitanische Verbände und auch solche Einheimische aus der *Citerior*, für welche die *caetra*, der kleine handliche Rundschild, quasi als Erkennungszeichen diente. Woher die 2000 *„Hispanorum et Gallorum equites"* stammten, die König Jubas Leibwache bildeten (*bell. civ.* 2, 40), erfahren wir leider nicht, doch wird es sich um Söldner gehandelt haben, die anscheinend nach wie vor auf der Halbinsel angeworben wurden – sie alle sind bereits vor Jahrzehnten in der spanischen Forschung als *„Agenten der Romanisierung"* bezeichnet worden – genau das waren sie auch und dazu in sehr effizienter Weise.

Varro, Pompeius' Parteigänger in der Baetica, der sich abwartend verhalten hatte, übergab nach Caesars Sieg im Nordosten seine Truppen, soweit sie ihm nicht bereits davon gelaufen waren, in Corduba an den Sieger.

In diesem Zusammenhang erfahren wir einiges über die nicht unbeträchtliche Zahl römischer Bürger im Süden, ihren Reichtum und ihre Beteiligung an der provinzialen Militärorganisation (*bell. civ.* 2, 18–20) So gab es anscheinend Bürgerwehren in römischen/lateinischen Bürgerkolonien (*cohortes coloniciae*); erstmalig ist von der *legio vernacula* die Rede, welche aus Bürgersoldaten bestand, die aus der Provinz stammten. Der rechtliche Unterschied zwischen beiden ist nicht ganz deutlich, es handelte sich aber wohl eher um Soldaten mit römischem oder lateinischem Bürgerstatus als um romanisierte Einheimische. Wir erfahren auch, wie stark nach wie vor die Klientelbezüge waren und wie sie sich verteilten. Und schließlich wird, wenn auch nur summarisch, deutlich, wie sehr Caesar auch in der *Citerior* Städte und Gemeinden durch Zuwendungen aller Art, worunter vor allem Rechtsprivilegien und Abgabenfreiheit zu verstehen sind, an sich gebunden hatte.

Der dritte und letzte Akt der langen und intensiven Hispanienbeziehung Caesars spielt im Jahre 46 v. Chr. Dass er für Caesar beinahe schlecht ausgegangen wäre, war die Folge einer der wenigen falschen Personalentscheidungen, die der späte Caesar in wichtigen Zusammenhängen getroffen hat: Der Bestimmung des Q. Cassius Longinus zum Statthalter der *provincia ulterior* im

Jahre 48 v. Chr. Longinus, der anscheinend zu den korruptesten, brutalsten und gierigsten Magistraten Roms in Hispanien gehörte, gelang es, nicht nur den zivilen Teil der *Ulterior*, sondern nach und nach auch die dort stationierten Truppen gegen sich aufzubringen, wie alle literarischen Quellen übereinstimmend berichten (*bell. Alex.* 48–64). In Corduba bei einem Attentat von Männern (mit gut lateinischen Namen) aus Italica verletzt, floh er vor seinem Nachfolger Trebonius von Malaca aus zu Schiff nach Norden und ertrank, als sein Schiff in der Ebromündung unterging. Im Zusammenhang mit der unglücklichen Statthalterschaft des Longinus erfahren wir weitere Details aus dem Leben der Provinz. Dazu gehört, dass neben der Legion der in Hispanien Geborenen (*legio vernacula*), ein zweiter Verband von Leuten existierte, welche *„als Folge ihres langen Aufenthaltes dort schon selber zu Einheimischen geworden waren"*, und dass eine weitere Legion eben ausgehoben worden war. Das bestätigt nachdrücklich die Annahme, in der *Ulterior* habe gegen Mitte des 1. Jhs. v. Chr. eine beträchtliche Zahl römischer Bürger gelebt. Hinzu kommt eine Aushebung von *equites Romani* aus den *coloniae* und den *conventus* der römischen Bürger, Truppen, die Longinus Caesar in Afrika hätte zuführen sollen. Vor dem Ausbruch eines Bürgerkrieges im Bürgerkrieg bewahrte die Provinz allein die Ankunft des neuen Statthalters.

Der Effekt von Longinus' Fehlverhalten bestand darin, die Provinz so sehr gegen die caesarische Seite aufzubringen, dass die Söhne des Pompeius, Cn. und Sex. Pompeius, wenig später keine Probleme hatten, dem Rat des Cato, nach dem Tod des Vaters nach Hispanien zu gehen, folgend, dort, gestützt auf die alten Klientelverbindungen, den Rachekrieg gegen Caesar weiter zu führen.

Die Harvard-Dissertation (1990) von Ernest Joseph Weinrib *„The Spaniards in Rome"* hat mit großer Sorgfalt diese Auseinandersetzung und ihre sozialen Folgen für die *provincia ulterior* und deren weitere Beziehungen zum römischen Machtzentrum dargestellt. Es zeigt sich, dass die caesarischen (bzw. die procaesarischen) Darstellungen der hispanischen Szenerie des zweiten Bürgerkrieges der Bedeutung der pompeianischen Partei nicht wirklich gerecht werden (wollen). Das letzte Kapitel – *bellum Hispaniense* genannt – offenbart das in aller Deutlichkeit und Härte. Hinter dem bürgerkriegstypischen Furor des literarisch wertlosen und nur fragmentarisch erhaltenen Berichtes, der sich mit der Beschreibung der fast unerträglichen Grausamkeiten liest, als sei er von einem Hispanier geschrieben worden, der Goyas *„Desastres de la guerra"* kannte, bieten die Informationen zur Situation im Zentrum der *provincia ulterior* zwischen Corduba und Gades Mitteilungen wie die, dass es in den Städten eine zahlreiche römisch-italische Bevölkerung gab, die überwiegend äußerst wohlhabend war und darum von beiden Kampf-Parteien gnadenlos ausgeplündert wurde, und wo auch als ‚Barbaren' Bezeichnete wie Caecilius Niger unverdächtige lateinische Namen tragen. Auch lusitanische Freischärler, vermutlich aus der Klientel der Pompeius-Familie (Caesar nennt sie *homines perditi*, was von „ruchlos" bis „verloren" und „verdorben" alles bedeuten kann), sind erwähnt. Die Rede ist ferner vom *more punico* inszenierten Freitod des Annius Scapula in Corduba, von der Kreuzigung flüchtiger Sklaven, von Foltern, Verstümmelungen, Verbrennungen – alles in allem eine Sammlung von Scheußlichkeiten. Stadt um Stadt musste erobert werden, manche dieser Städte wurden verbrannt, gefolgt von grausamen Massakern – kurz, ein furchtbares Ende, aus dem schließlich Caesar nur mühsam als Sieger hervorging.

Zuvor hatten sich die wichtigsten Pompeianer und auch sonstige Caesarfeinde in Afrika zusammengefunden, hatten dort – wie zuvor Sertorius in Osca – eine Art Gegensenat gebildet, waren jedoch bei Thapsus vernichtend geschlagen worden (*bell. Afr.* 79–86). In beiden gegnerischen Heeren kämpften Soldaten von der Iberischen Halbinsel, ein Zeichen dafür, in welchem Maße *Hispani* und *Hispanienses* in die römische Innenpolitik, wo immer sie exekutiert wurde, eingebunden waren. Wer von den Caesargegnern nicht im Kampfe fiel oder sich, wie der jüngere Cato, Heros der *lost causes*, nicht den Tod gab, floh nach Hispanien als vermeintlich letzter Bastion der Pompeianer: Beide Pompeiussöhne, Caesars abtrünniger Legat T. Labienus und ihr Anhang (*bell. Afr.* 95).

Caesars schwer erstrittener Sieg bei Munda am 17. März 45 v. Chr. machte den unruhigen Jahren im Süden Hispaniens ein Ende. Einzig Sex. Pompeius, den Velleius Paterculus, der ihn nicht leiden kann, *„unerzogen, von unflätiger Sprache, unternehmungslustig, energisch und von flinkem Verstand"* nennt (*Hist. rom.* 2,

Abb. 31 a und b Frühkaiserzeitliche Prägung aus *Carthago Nova*. Die junge *colonia Romana* präsentiert stolz den neuerbauten Augustus-Tempel.

73), konnte in die *provincia citerior* fliehen, wo er zunächst bei den Lacetanern Unterschlupf fand, dann aber nach Caesars Abreise noch einmal Teile des Landes unter seine Kontrolle brachte (Dio 45, 10) – ein freilich ephemeres Unternehmen ohne größere Konsequenzen. Konstruktives ist aus dieser Zeit nicht bekannt. Nach Caesars Ermordung baute Sex. Pompeius eine Flotte (Appian. *bell. civ.* 4, 84–85), mit der er zehn Jahre hindurch verzweifelte Versuche machte, im Machtgefüge Roms seine Rolle zu finden, bis er schließlich im Jahre 35 v. Chr. in Milet den Tod fand.

Nach gewonnenem Krieg kehrte der Sieger gemächlich heim. Augustus' Biograf Nikolaos von Damaskus liefert eine reichlich sentimentale Beschreibung, wie sein Adoptivsohn Octavianus Caesar entgegenreiste und in Calpe bei Gibraltar mit ihm zusammentraf (11,23–27). Danach ging es zu Schiff nach Neukarthago, wo zu regieren war. Wenn nicht bereits früher, so wurde aus dem ehemals punischen Qrt Hadašt jetzt die römische *Colonia Urbs Victrix Iulia Nova Carthago*. Wo Caesar noch Station machte, wissen wir nicht, in Tarraco vielleicht, vielleicht auch in Emporion – danach hat die Iberische Halbinsel ihn nicht wieder zu Gesicht bekommen.

Caesars Wirken auf der Iberischen Halbinsel zwischen 68 und 45 v. Chr., vor allem die Entscheidungen, die der endgültige Sieg und die bis zu seiner Ermordung unangefochtene Allmacht möglich machten, das heißt: Die Bürgerrechts- und Stadtrechtsverleihungen, die Vergrößerung des Senats in Rom unter vielfältiger Berücksichtigung von Vertrauenspersonen des Diktators aus den westlichen Provinzen, brachten weite Gebiete Hispaniens auf das Niveau zumindest der italischen Provinz. Weinrib zeigt, wie die Familien der später in Rom zu Ehren kommenden Hispano-Römer in dieser Phase Namen und Gesicht erhalten. Auch wenn altadelige Römer (und weniger altadelige, wie M. Tullius Cicero) sich über ‚die Provinzler' mokierten, die nun massenhaft den Senat bevölkerten: Dies war die neue Zeit mit rechtlichen und sozialen Strukturen, deren die zu eng gewordene *res publica Romana* bedurfte, um den Erfordernissen von Gegenwart und näherer Zukunft gerecht zu werden. Niemand hat das so deutlich verstanden wie der einstmals populare Politiker Caesar und niemand hat so entschlossen, wenn auch auf von Sulla vorgezeichneten Wegen, die entscheidenden Schritte getan.

Caesars Tod im März 44 v. Chr. ließ die Welt den Atem anhalten, doch hat der Schock die hispanischen Provinzen höchstens kurzzeitig paralysiert. Es ist nicht leicht festzustellen, ob die von Caesar zu Bürgerkolonien erhobenen Gemeinden ‚am Tage danach' damit begannen, mit gewachsenem Selbstbewusstsein und, stolz darauf, mit dem privilegierten Teil der Welt sozusagen ‚auf Augenhöhe' zu existieren, ihre Stadtmauern zu reparieren, Foren und Theater zu bauen, oder ob sie damit solange warteten, bis die Ruhe im Lande wiederhergestellt war. Wahrscheinlich gab es beides. Die Stadt Carthago Nova jedenfalls prägte umgehend Münzen, die den neuen Stadtnamen und das neue Stadtregiment vorführten [Abb. 31 a und b], weitere der älteren Gemeinden folgten.

M. Aemilius Lepidus, nach Caesars Tod für kurze Zeit Herr des Westens, hat, außer einigen Münzemissionen und ein paar Inschriften, auf der Halbinsel keine Spuren hinterlassen. In den turbulenten Jahren bis zum Sieg des Octavianus über den Rivalen Antonius lag die Iberische Halbinsel politisch-militärisch im Schatten der ‚großen Bühne'. Einzelne Militäraktionen lassen sich erschließen: Ein ‚Aufstand' der Cerretaner wurde im Jahre 39 v. Chr. von Domitius Calvinus mit gewisser Mühe unterdrückt (Dio 48, 42). Aber wir erfahren nicht einmal andeutungsweise, um was es ging. Gleiches gilt für die Begründung des Triumphes von C. Norbanus Flaccus *ex Hispania* im Jahre 34 v. Chr. und ebenso für die Triumphe des Marcius Philippus im Jahre 33 v. Chr. und des Claudius Pulcher ein Jahr später. Es wird auch nicht klar, ob in dieser Zeit aus innenpolitischen Gründen Triumphe großzügiger bewilligt wurden und ob es sich bei den entsprechenden militärischen Aktionen um die altbekannten Provokationen zum Zwecke des Erwerbs von Ruhm und Beute handelte, um schlichte Polizeiaktionen mit für die römische Verwaltung erträglichem Ausgang oder um ernstzunehmende Konflikte mit politischem Hintergrund. Für den letzten bekannten Triumph vor dem *regnum Augustanum*, den des Calvisius Sabinus im Jahre 28 v. Chr., gilt das gleichermaßen.

Die einzig wirklich interessante Nachricht aus diesen Jahren, Hispanien betreffend, überliefert Cassius Dio (48, 45): *„In dieser Zeit (sc. 38 v. Chr.) (---) segelte Bogud, der Maure, nach Iberien. Er agierte entweder auf Anweisung des Antonius oder aus eigenem Antrieb und richtete großen Schaden an, erlitt umgekehrt aber auch selbst manches Unangenehme. Inzwischen erhoben sich die Bürger seines eigenen Landes nahe Tingis gegen ihn, und so verließ er Hispanien. Es gelang ihm aber nicht, seinen eigenen Besitz zurückzugewinnen. Die Anhänger Caesars (=Octavianus) in Hispanien und auch (König) Bocchus kamen den Aufständischen zu Hilfe. Dem war er nicht gewachsen. Bogud ging zu Antonius (---) und die Tingitaner erhielten das römische Bürgerrecht."*

Ganz gleich, aus welchen Gründen dieser Raubzug des schillernden Caesarfreundes Bogud erfolgte: Er erinnert daran, dass die Überquerung der Meerenge von Gibraltar niemals einseitig in NS-Richtung erfolgt war. Die nächsten rund 200 Jahre wird die Stabilität der augusteischen Reichskonstruktion ungewollte SN-Bewegungen verhindern, danach werden sie nicht mehr zu verhindern sein.

Exkurs 7
Römische Hispanier – hispanische Römer

„Hispanienses – Hispani."

Das Thema ist delikat: Prosopografische Forschung, eine Mischung aus Genealogie, Rätselraten und Detektivarbeit, besetzt im Rahmen der Altertumswissenschaften eine schmale Nische. Hervorragende Fachleute, Friedrich Münzer etwa, Conrad Cichorius oder Ronald Syme, haben in akribischer Forschungsarbeit (und nicht selten vom Glück oder vom Zufall beschenkt) in der römischen Geschichte soziale Netzwerke über Generationen aufgespürt, komplizierte Familienbeziehungen entwirrt und so gleichsam den humanen Hintergrund des politischen Geschehens in langen Phasen der Alten Welt deutlich gemacht. Die gewaltige Sammlung *Prosopographia Imperii Romani* listet die meisten von ihnen auf. In der aristokratischen Welt des republikanischen Rom waren Abstammung, Verwandtschaft, ‚angemessene' Heiraten von größter Bedeutung, da nur so die herrschende Oligarchie die Kontrolle über die sorgfältig organisierten und in Jahrhunderten verfeinerten Machtstrukturen und den Zugang zu ihnen glaubte ausüben und behalten zu können. *Homines novi*, wie die meist begabten und ehrgeizigen Aufsteiger aus der italischen Provinz mit ungläubig-herablassendem Staunen in den feinen Kreisen der Hauptstadt genannt wurden, machten in der *res publica* Sensation, Aufsteiger aus den Provinzen im 1. Jh. v. Chr. geradezu Skandal. Dass es zunehmend *„foreign clientelae"* gab, mochte noch hingehen, da diese im kompetitiven Rahmen einer aristokratischen Gesellschaft eine plausible Rolle spielen konnten. Aber dass Menschen von fernher, aus unklaren Verhältnissen und ohne Stammbaum in den engen Kreis von patrizischen oder der (jüngeren) Nobilität angehörenden Aristokraten einbezogen werden sollten, war unerhört und für manch einen unerträglich. Bereits Sulla hatte die altehrwürdige *lectio senatus*, welche von Zeit zu Zeit notwendig wurde, um das erhabene Gremium nicht aussterben zu lassen, reichlich unkonventionell durchgeführt. Caesar, der den Senat angeblich auf 900 Mitglieder vergrößerte, verstieß damit gegen den heiligsten *comment* der römischen Aristokratie. Und vielleicht war, um mit Shakespeare zu sprechen, nicht so sehr seine *„ambition"* der Grund für seine Ermordung, sondern die in gewissen Kreisen aufdämmernde Erkenntnis (sowie das helle Entsetzen darüber), dass es mit der traditionellen Adelsgesellschaft und ihrer Herrschaft früher oder später vorbei sein würde.

Vor diesem Hintergrund kommt der Frage nach der sozialen Verankerung der Aufsteiger aus den hispanischen Provinzen eine besondere Bedeutung zu.

P. A. Brunt (1971) hat die Fragen von Bürgerrechtserwerb, Italikern außerhalb Italiens, Rekrutierungen in den Provinzen, auswärtigen Bürgervereinen etc. vor und nach Caesar umfassend abgehandelt. Die Beschreibung der Verhältnisse in Hispanien lässt vor allem nach der rechtlichen Seite hin wenig zu wünschen übrig. Auch die bereits erwähnte Dissertation von Weinrib versucht, aufbauend auf den Ergebnissen älterer Arbeiten von de Laet bis Wiegels und unter Zuhilfenahme der teilweise genialen prosopografischen Miszellen von Ronald Syme, das Problem des gesellschaftlichen Hintergrunds der ‚neuen' Männer aus Hispanien einer Lösung näher zu bringen – sie tut dies mit Fleiß und Akkuratesse. Allerdings ist sich der Autor zuweilen zu sicher, eindeutige Ergebnissen zu erzielen: Plausibilität ist eben keine Sicherheit. Offenbar ist Weinrib sich nicht im Klaren darüber, dass jede derartige Unternehmung an einem bestimmten Punkt zum Scheitern verurteilt ist, weil nämlich nahezu alle beteiligten Seiten lügen, übertreiben, entstellen, camouflieren – und weil kaum je der Wahrheitsbeweis angetreten werden kann. Syme (1937) hat uns in einem kleinen Beitrag *„Who was Decidius Saxa?"* gelehrt, wie mit diesen Problemen umzugehen sei, und dass man sich allzu oft mit Annäherungen zu begnügen habe. Vor allem ist dort deutlich gemacht, wie die Quellen zu benutzen sind. Noch Eduard Meyer hatte Cicero geglaubt und kurioserweise übersehen, dass der bedeutende Redner in den philippischen Reden vor allem ein Parteimann war, der die Wahrheit manipulierte wie die meisten Wahlkampfredner seiner wie unserer Tage, von modernen Presseorganen ganz zu schweigen. Decidius Saxa, um den es geht, konnte von überall her gekommen, konnte alles gewesen sein, konnte unberechtigt einen römischen Namen angenommen haben oder aus einer alten italischen Familie stammen – wir wissen es nicht. Und das gilt für die meisten dieser Caesarianer und Pompeianer in der späten Republik, die in Rom Aufsehen erregten und Abneigung, wenn sie plötzlich, d. h. nach Caesars Tod, im falschen politischen Lager auftauchten.

Die Cornelii Balbi, Onkel und Neffe, dagegen stammten gewiss aus Gades und waren also möglicherweise von punischer Deszendenz. Letzteres ist keineswegs sicher, sondern eine Schlussfolgerung. Der Latifundienbesitzer und Freund des Crassus, Vibius Pa(c)ciaecus, von dem bereits die Rede war, trägt einen guten lateinischen Namen und scheint reich gewesen zu sein – war er deswegen zwingend Römer oder auch nur Italiker, gar „gebürtiger Kampaner", wie Münzer annahm? Zweifellos war L. Vibius Pa(c)ciaecus, *„ein angesehener Mann aus dieser Provinz* (Baetica) *und bestens informiert"* (*bell. Hisp.* 3,4), möglicherweise ein Sohn – oder jedenfalls ein Verwandter – des Crassusfreundes, ein Hispano-Römer der ersten Reihe. Die Titii Hispani (Cic. *ad fam.* 5,16; Cichorius 1922, 251; Weinrib 1990, 62; 286 ff.) müssten nach der Grammatik geborene Hispanier gewesen sein, aber vielleicht waren sie auch die Nachkommen eines der italischen Kriegs-Invaliden aus der Gründungszeit von Italica, die nun *Hispani* genannt wurden, so wie im 19. Jh. Spanier, die in Geschäften für kürzer oder länger auf Cuba gelebt hatten, *„Cubanos"* genannt wurden, auch wenn sie als Nachkommen alteingesessener Familien in Ciudad Real oder Valdepeñas geboren waren. Auch wenn Catullus seinen Dichter-Kollegen Egnatius einen Sohn der *cuniculosa* (karnickelreichen) *Celtiberia* nennt (37, 17–20; 39, 17; zu dem Epitheton *cuniculosus, -a* vgl. Koch, 1984, 136 ff.), so ist das ebensowenig wörtlich zu nehmen wie Ciceros galliger Spott über Decidius Saxa. Die karge Weite Altkastiliens, ihre ‚barbarischen' Bewohner und das, was man sich über Land und Leute – zutreffend oder nicht – erzählte, muss im Rom Ciceros und der frühen Kaiserzeit höchst unappetitliche Assoziationen ausgelöst haben. Was den *„mit iberischem Urin eingeriebenen Zahn"* (Catullus 37, 20) betrifft: Der große kastilische Schriftsteller Miguel Delibes hat in seinem wunderbaren Roman *„Los santos inocentes"* von 1981 dem zeitgenössischen Umgang mit der *Hibera urina* ein heiteres Denkmal gesetzt. Catullus wusste, wovon er sprach, aber das macht Egnatius noch nicht zum *Celtiber*; Skutsch und Münzer waren in ihren Egnatius-Lemmata für die Realenzyklopädie (s.v. Nrr. 3; 8) gut beraten, der Häme des Dichters mit Misstrauen zu begegnen. Mit anderen Worten, Vorsicht ist geboten.

Was sicher ist: Sie alle schwemmte die ‚römische Revolution' nach oben, manch einen an Caesars und anderer wichtiger Männer Seite und von dort vielleicht in Caesars vergrößerten Senat der *„Männer von dunkler Herkunft"* und der *„Aufsteiger und zweitklassigen Senatoren"*, wo dann Gerüchte, Neid, üble Nachrede oder auch die eine oder andere unliebsame Wahrheit – und eben auch Cicero sich an ihnen rieben. Den Balbi hat das nicht schaden können, obgleich der jüngere vor allem in seiner Heimat reichlich Skandal machte; der nüchterne Asinius Pollio dürfte in seinem Bericht an Cicero nicht übertrieben haben (*ad fam.* 10, 32). Ausgeglichen wurde des jüngeren Balbus schändliches Betragen in Gades allerdings durch stramme Loyalität zum Kaiser (Trillmich 2003, 625 ff.). Manche dieser schillernden Figuren sind im Strudel der Kriege verschwunden. Weitere Persönlichkeiten, etwa jene *Turullii* aus Carthago Nova (Syme 1964, 123 f.; Koch 1984, 233 ff.), von denen womöglich einer der Mörder Caesars abstammte, bleiben ausführlicher zu erforschen.

Eine bemerkenswerte Leistung ist Weinribs prosopografische Durchdringung der *Annaea gens* aus Corduba. Hochbegabt und sehr wohlhabend schafften zahlreiche ihrer Mitglieder – wie wenig früher die Cornelii Balbi – nicht nur den Sprung nach Rom und in höchste Staatsämter, sie heirateten klug und besaßen zudem weitreichende Beziehungen in den hellenistischen Osten. Woher sie kamen und was ihren Reichtum begründete, hat freilich auch Weinrib nicht ermitteln können. Ein wichtiges Ergebnis seiner Recherchen ist die enge Verbindung, die die meisten der uns bekannten Hispano-Römer untereinander pflegten. Die Seneca-Familie, Columella aus Gades und Porcius Latro (dem Augustus und Agrippa zuhörten) waren eng befreundet. Senecas jüngster Sohn, M. Annaeus Mela, heiratete die Tochter des Redners Lucanus, ebenfalls aus Corduba. Beider Sohn war der Dichter der *„Pharsalia"*, Annaeus Lucanus, der in Athen studiert hatte und eine kultivierte Dame aus dem Osten, Argentaria Polla, heiratete. Und so geht das immer fort, nicht nur in der Baetica, sondern auch, wenngleich minder zahlreich, an der Ostküste und im Ebrotal. Von dort stammten der Epigrammatiker Valerius Martialis aus Bilbilis und der Redner M. Fabius Quintilianus aus Calagurris, um nur zwei Beispiele zu nennen.

In ihre hispanische Heimat kehren nur wenige zurück; Karrieristen, wie Plinius' Freund Baebius Hispanus, *praefectus urbi* im Jahre 117 n. Chr., zogen es vor, sich in Italien niederzulassen. Weinrib hat das alles auf den Punkt gebracht (a. a. O. 180) und stellt zusammenfassend fest: *„The massive literary production of men from Spain from the time of Augustus to that of Trajan is an indication of the degree to which talented provincials from the Iberian peninsula were eager to express their aspirations within an area of activity traditional to Roman society. Thence it was but a small step to participation in affairs of state and in the politics of the capital"*. Vielleicht ist diese Feststellung zutreffend. Nicht erklärt – und vielleicht nicht erklärbar – ist die Kumulation von intellektueller Qualität und künstlerischer Begabung auf engem Raum. Man möchte glauben, dass einheimische Begabung und zugewandertes Talent sich in den Zonen vereint hätten, wo die transkulturellen Einflüsse am längsten zu beobachten sind: im Baetis-Tal, in Teilen der Ostküste und im Tal des Ebro. Es wird Jahrhunderte dauern bis der Nordwesten Vergleichbares vorzuweisen hat.

Rechtsverleihungen an hispanische Gemeinden, besonders in der *Ulterior*, zwischen Caesar und Augustus sind in der althistorischen Forschung ein seit langem diskutiertes Thema. Hier mag der Hinweis genügen, dass in den knapp 60 Jahren zwischen Caesars Tod und dem Ausgang des Augustus die bereits weitgehend romanisierten Städte des Südens mit ihren *conventus c. R.* und einem nicht zu unterschätzenden Anteil lateinisch akkulturierter einheimischer Eliten, wie den *„ausgesuchten Einheimischen"*, die man als Mitbewohner in das neu gegründete Corduba (und anderswohin) einlud, rechtlich auf den Stand Italiens gebracht wurden. Die Flavier werden einen weiteren Schritt in diese Richtung tun und es ehrgeizigen Aufstiegswilligen auf raffiniert-einfache Weise ermöglichen, Römer zu werden.

Die Folge von alledem war, dass sich die Attraktivität der Stadt und Weltmacht Rom für die provinzialen Eliten (nicht nur Hispaniens) eher noch erhöhte: Wer etwas „werden wollte" ging nach Rom; mit dem Bürgerrecht im Gepäck gelang jedwede Karriere leichter. Es ist also nur folgerichtig, dass sich zunehmend Hispanier unter den „wichtigen Leuten" der Hauptstadt finden – als Beamte, Militärs und sogar im ‚Kulturleben', wie man heute sagen würde.

Hispanien und die pax Augusta

"…weil durch sein Verdienst und seine unermüdliche Fürsorge Hispanien befriedet ist"

(CIL VI 31627)

Niemand muss den Vollender des römischen Weltreiches sympathisch finden; ein angesehener Althistoriker unserer Tage nannte Octavianus Caesar ein „finsteres Genie". Andere fanden weit schlimmere Epitheta für den ersten *princeps*. Aber es gibt keinen Dissens darüber, dass es Augustus wie kaum jemandem in der Weltgeschichte gelang, ein riesiges Reich aus dem Jammertal jahrzehntelanger Selbstzerfleischung zu retten, es in eine überlebensfähige Form zu gießen und zukunftsfähig zu machen. Ob man die Art, wie er das tat, klug, taktisch genial oder gnadenlos grausam und mit meisterlicher Ranküne betrieben findet, ist ohne Belang – es wird eine Mischung aus alledem und mehr gewesen sein. In jedem Fall war das Konstrukt erfolgreich, auch wenn sein Schöpfer im Laufe eines langwierigen revolutionären Prozesses der alten *res publica* nahezu jede Substanz nahm und ihr unter raffiniert vorgetäuschtem Erhalt der meisten alten Formen einen neuen, weitgehend entpolitisierten, Inhalt gab. Indem er „dunkle Randzonen", wie den noch weitgehend unbesiegten hispanischen Nordwesten, so gut es ging, „befriedete", alle politischen Gegensätze neutralisierte, „uneinsichtige" Gegner ausschaltete und den gesamten Staatsapparat auf sich ausrichtete – scheinbar sanft und nach außen bescheiden, aber mit stählerner, zuweilen brutaler Härte –, machte er sich unter der harmlos klingenden Vorstellung *„princeps inter pares"* sein zu wollen, zum Herren der Welt. In ihrem kurz vor ihrem frühen Tod vorgelegten Sammelwerk „Die Kaiserinnen Roms" (2002) haben Hildegard Temporini-Vizthum und Werner Eck minuziös beschrieben, mit welch rücksichtsloser Kälte der „Erhabene" und seine kongeniale Gattin Livia die erste Dynastie römischer *principes* komponierten und nach Bedarf stets neu arrangierten. Es ist eine Familie, zusammengefügt aus teils begabten, teils psychopathisch-düsteren, teils aufgehellteren Naturen, zusammengehalten durch egomanen Ehrgeiz, die sich mit allem Raffinement von Täuschung, Ranküne und propagandistischer Überwältigung ein Weltreich unterwirft, überaus geschickt neu organisiert (Eck 2012, *passim*) und damit nahezu ein Jahrhundert nach außen hin erfolgreich ist. Dass es zudem gelang, über die Hintergründe der einzelnen Schachzüge dichten Nebel zu verbreiten, den nicht einmal Zeitgenossen zu lichten vermochten, sodass spätere Darstellungen, wie die des

Tacitus, in ohnmächtigem Zorn Gerüchte, Halbwissen und Vermutungen in Historiographie zu verwandeln hatten und so letztlich den Nebel noch undurchdringlicher machten, erfüllt uns mit schaudernder Bewunderung. Im Vordergrund freilich: Eindrucksvolle Bauten, zu plastischen Kunstwerken geronnene Euphorie in Rom und, wirkungsmächtig noch, in den Provinzen, die den in Wirklichkeit durchaus nicht apollinisch geratenen „Erhabenen" in jenen übermenschlich schönen „Augustus von Primaporta" verwandelte, den wir heute noch bestaunen. Und selbstverständlich die *pax*!

"Im Frühling oder Sommer des Jahres 27 v. Chr. Geb. verließ Caesar Augustus Rom und reiste nach Gallien. Was war das Ziel dieser Reise? Zeitgenossen, nicht gerade die mit dem größten Durchblick, mutmaßten, der Imperator beabsichtige eine Expedition nach England, und der Herrscher sah es nicht ungern, daß solche Gerüchte für eine kleine Weile die Runde machten. Das Vorhaben würde rasch beweisen, daß Caesar Augustus über billigen Ruhm erhaben sei. Es war Arbeit zu erledigen." Mit diesen Worten beginnt Ronald Syme (1970) seine ebenso kurze wie konzise Studie über „*The Conquest of North-West Spain*". Es folgt eine geradezu abenteuerlich detaillierte Beschreibung dieser Feldzüge, verbunden mit präzisen Abstrafungen des einen und anderen Quellenautors sowie einiger sich weniger sorgfältig über Generalstabskarten beugender Kollegen – von Schulten bis Schmitthenner. Das Ergebnis ist eine Art Fahrtenbuch des *princeps* auf der Reise durch Nordwest-Hispanien: Der große Sir Ronald als Militärhistoriker – dazu muss man geboren sein. Was hier zählt, ist, dass der Tempel des Janus Ende 25 v. Chr. geschlossen werden konnte, weil nun, so die Autobiografie des Augustus, Friede sei. „*... Caesar kehrt von Hispaniens Küste als Sieger heim*" dichtete Horatius Flaccus (*carm.* 3, 14), während Vergilius unbeirrt gegen „*Überfälle rebellischer Iberer a tergo*" einen guten Hund empfiehlt. Natürlich weiß Syme (ebenso wie Horatius), dass *Hispania* tatsächlich erst durch M. Agrippa im Jahre 19 v. Chr. *perdomita* (gezähmt) wurde, und so steht es auch bei Livius (28, 12, 12). Es blieben der (erst später entstandene) eindrucksvolle Leuchtturm in La Coruña und die *arae Sestiae* sowie *sagum*, *gladius hispaniensis* und die bekannten kleinen Rundschilde der „Besiegten" auf Sieges-Monumenten der frühen Kaiserzeit (Polito 2012, 142) als Zeugen der (behaupteten) Vollendung der Eroberung. Aber dann schreibt Syme noch einen Epilog zu seinem Leitfaden für Militärgeografen. Er macht klar, welchen Anteil Augustus tatsächlich an diesem Feldzug seiner Generäle hatte, während er im Jahre 25 v. Chr. in Tarraco abwartete – „*tired and ailing*". Natürlich wurde dort auch regiert, wenngleich Klaus Bringmann (2007, 131 ff.) nach meiner Einschätzung die daraus resultierende Bedeutung für Tarraco überbewertet. Für Hispanien insgesamt hatte dieser Aufenthalt kaum spektakuläre Folgen. Schließlich berichtet Syme vom Schicksal der Männer, die dem Sieger seine *Hispania pacata* ermöglicht hatten. Er endet: „*Die vorliegende Abhandlung ist nicht beschränkt auf Einzelheiten von Krieg und Topografie; sie war angelegt um zu demonstrieren, wie kapriziös und fragmentarisch die schriftliche Überlieferung ist*". Tatsächlich wissen wir nicht viel über den Krieg im Nordwesten des Landes, außer, dass danach anscheinend wenigstens für eine Weile Ruhe herrschte. Ruhe, nicht Frieden, und wohl auch nur die Fixierung des *status quo* der bislang erreichten Landgewinne, keineswegs der vollendeten Eroberung.

Auf jeden Fall geriet Hispaniens Norden mit seiner Unbotmäßigkeit durch den Dichter Horatius in die Weltliteratur: „*O Septimus, reise ich nach Gades oder zu den Bergen der unzivilisierten Cantabrer ...*" (*carm.* 2,6). Später dann der Vollzug: „*An Hispaniens Küste ist nun der alte Feind, der Cantabrer, wenn auch spät gefesselt, unterworfen ...*" (*carm.* 3,8). Woher hätte der Dichter es auch besser wissen sollen? Der kaiserliche Propagandaapparat funktionierte.

Wir wissen freilich auch nichts über größere Unruhen *vor* diesem Feldzug, wenngleich Theodor Mommsen ein wenig naiv von der Zahl der römischen Triumphe im Nordwesten aus der Zeit zwischen Caesars Ausgang und Augustus' „Einherrschaft" auf die Kriegsbereitschaft der Einheimischen schließt. Römische Gouverneure wussten inzwischen, durch welche Art von Provokationen oder ‚Missverständnissen' sie zu militärischen Ehren kommen konnten. Möglicherweise hatten manche dieser Triumphatoren in den wirren Jahren nach Caesars Tod die Probleme erst geschaffen, welche der Caesar Octavianus mit seiner Offensive zu lösen hoffte.

Die Unterstellung scheint nicht unberechtigt, dass es in Wirklichkeit um eine Art Komplettierung der Inbesitznahme Hispaniens und um „natürliche Grenzen" ging. Freilich war auch der einheimische Widerstand nicht mehr, was er vordem gewesen war: *Korokotta*, einer jener „Räuberhauptleute" im Westen des Landes, wie sie im 2. vorchristlichen Jh. die römische Verwaltung dauerhaft geplagt hatten, auf den Augustus ein Kopfgeld von einer Mio. Sesterzen hatte aussetzen lassen, wurde begnadigt und darüber hinaus beschenkt (Cassius Dio 56, 43). Kurz: Aus „Räubern" wurden Untertanen.

Dass die ‚Operation Nordwesten' fast zehn Jahre in Anspruch nahm, dürfte an der Unwegsamkeit des Landes und an seiner ethnisch-politischen Zersplitterung gelegen haben. Garnisonen wie *Lucus Augusti* (Lugo) und *Asturica Augusta* (Astorga) wurden eingerichtet, drei Legionen in Asturien (2) und Cantabrien (1) stationiert. Die reichen Goldlager konfiszierte man für das kaiserliche Aerar: Plinius (*n. h.* 33, 21) weiß, dass Asturien und Gallaekien 20.000 römische Pfund Gold pro Jahr lieferten [Abb. 32]. Jahrhunderte werden vergehen, bis diese Zone wieder anders von sich reden macht.

Es hat nicht den Anschein, als habe man sich im Nordwesten sehr um die neuen Herrn geschert – die Verachtung für die ‚Barbaren', welche aus Strabon (3,4,16 ff.) spricht, beruhte gewiss auf Gegenseitigkeit: Bis zum Ende der „römischen" Zeit blieb die römisch-hellenistische Kultur ein dünner Firnis über dieser Zone, auch, wenn man sehr *peu à peu* von den *castella/castros* in die Ebene hinunterstieg, um dort bequemer zu leben. Gleichzeitig ist klar, dass Gallaekien und das nördliche Lusitanien, für Strabon nahezu ununterscheidbar, gegenüber dem angepassten Süden und Osten und der weitgehend ‚stummen' Mitte diejenigen Regionen des Landes sind, die so etwas wie eigene Identität bezeugen, für die vor allem die änigmatischen Kriegerstatuen stehen, die aus diesem Gebiet stammen [Abb 33]. Wir kennen weder den genauen Zweck von deren Existenz noch den Zeitpunkt ihrer Aufstellung, doch bekunden sie so etwas wie das stolze Eigengesicht der dort lebenden *gentes* (MM 2003, 1–305). Bis in die Spätantike werden die Völker des Nordwestens immer wieder Zeichen ihres

Abb. 32 *Las Médulas. Die Idylle ist trügerisch. In den Goldbergwerken, wie in Las Médulas, arbeiteten sich unzählige Sklaven zu Tode.*

Eigensinns setzen, als *pagani* wie als Christen gleichermaßen.

Wesentlich für das Land war, dass der neue Herrscher Caesars Stadtrechtspolitik weiterführte, die Provinz-Einteilung durch Einrichtung von Gerichtsbezirken (*conventus*) verfeinerte und die ökonomisch und militärisch relevanteren Teile Hispaniens durch Einführung des von der Provinzverwaltung unabhängigen, nur dem Kaiser verpflichteten Prokuratorenamtes seiner persönlichen Kontrolle unterwarf. Später kamen „Provinzial-Landtage" und eine ausgeklügelte Kult-Organisation dazu. Die Neuorganisation hatte – abgesehen davon, dass nun die Verwaltung stärker kontrolliert wurde und die ausbeuterischen Übergriffe stark (wenn auch nicht vollständig, vgl. Plin. min. *ep.* 3,4,2) abnahmen – für die Halbinsel deutliche ordnungspolitische Konsequenzen. So kam der Bergbau unter direkte staatliche Kontrolle. Es ist eine wohlfeile Hypothese, dass die östliche Grenzverschiebung zwischen Baetica und Tarraconensis in dieser Zeit wesentlich das Ziel hatte, die ergiebigen Bergbauzonen der nordöstlichen Sierra Morena in die tarraconensische Provinz zu überführen, die der Kaiser kontrollierte.

Um aller Welt vorzuführen, wohin die Richtung des kaiserlichen Absolutismus ging, wurde unter Tiberius der in Rom lebende Sext. Marius – vermutlich der größte und erfolgreichste Bergbau-Unternehmer der *montes Mariani* – hingerichtet und sein Vermögen dem kaiserlichen Aerar zugeschlagen (Tac. *Ann.* 6, 19). Ob der Vorwurf des Inzests mit seiner Tochter, auf den sich die Anklage stützte, berechtigt war oder nur ein Vorwand, steht dahin. Die Version dieser Vorgänge, die Cassius Dio (58, 22, 2–4) gibt, verdient wenig Vertrauen. Blutschande wurde, wie der (auf einer falschen Anklage beruhende) Fall des Iunius Silanus zeigt, schwer bestraft. In Sachen Marius spricht jedoch einiges für die Vermutung, dass die Verstaatlichung der Minen auf jeden Fall beabsichtigt und die Anklage vorgeschoben war, um dieses Ziel zu erreichen. Man hat nie mehr von ähnlichen Vorfällen auf der Iberischen Halbinsel gehört. Vermutlich markiert der Fall des Sext. Marius, der, obgleich als *„reichster Mann Hispaniens"* apostrophiert, keineswegs ein *hispanus* gewesen sein muss, das Ende einer Entwicklung, die mit der bald nach der Eroberung auf die Halbinsel strömenden *„Menge von Italikern"* ihren Anfang genommen hatte. In Städten wie Carthago Nova hatte diese Entwicklung mit der Bildung einer vorwiegend aus dem Libertinenstand kommenden Oberschicht, die reich geworden war und hohes Sozialprestige gewonnen hatte, im zeitlichen Kontext der Kolonieerhebung ihren Höhepunkt erreicht, um dann in der Kaiserzeit zu einem wachsenden Elitentransfer aus den hispanischen Provinzen nach Rom zu führen. Auf der anderen Seite scheint es auch in der Kaiserzeit immer Mittel und Wege gegeben zu haben, günstig, sprich illegal, an hispanisches Edelmetall zu kommen: Plinius (*n. h.* 33, 145) berichtet, dass unter Claudius ein kaiserlicher Sklave, Rotundus, *dispensator Hispaniae Citerioris*, eine 500 römische Pfund schwere silberne Schüssel besessen habe, für deren Herstellung eigens eine Werkhalle erbaut werden musste, und dazu acht Nebengefäße von 250 Pfund Silber Gewicht. Es hat manchen Epigrafiker verwundert, wieviele kaiserzeitliche Inschriften in Hispanien über Stiftungen von Statuen von 100, gar 150 Pfund Silber berichten, ganz zu schweigen von der 100 Pfund schweren goldenen Statuette für Augus-

Abb. 33 *Gallaekischer Krieger*. Zahlreiche – wenn nicht alle – größere Gemeinden des antiken Gallaekien stellten zu einem unklaren Zeitpunkt in spätrepublikanisch/frühaugusteischer Zeit Statuen keltischer Krieger in typischer Gewandung und Bewaffnung auf: Subversion? Identitätsbewahrung? Trauer um die verlorene Freiheit?

tus, welche die Baetica dem „Friedenstifter" schenkte (CIL VI 31267), den 7.000 Pfund schweren hispanischen Goldkronen für den britannischen Triumph des Claudius (Plin. *n. h.* 33,54) und der immerhin noch 15 Pfund schweren goldenen Krone, die dem in Hispanien zum Kaiser ausgerufenen Galba in Tarraco überreicht wurde (Suet. *Galba* 12).

Jedenfalls war die Pazifizierung des Landes *more Romano* derart erfolgreich, dass später ein einziger Truppenkörper, die *Legio VII Gemina*, auf lange Zeit genügte, um Ruhe zu garantieren (Stroheker 1972–74, 589). Ihr verdankt Spanien die schöne Stadt León. Es ist gewiss kein Zufall, dass sie dort stationiert war, wo die Edelmetallförderung des Landes in dieser Zeit – und weitere rund hundert Jahre lang – den höchsten Produktivitätszuwachs verzeichnen konnte. Noch die nach 409 eindringenden Germanen organisierten ihre Interessenzonen unter Berücksichtigung einer mehr oder weniger ausgewogenen Aufteilung der ausbeutbaren Goldlagerstätten im Nordwesten der Halbinsel.

Daß die um Lusitanien verkleinerte *Ulterior* als *provincia Baetica* der Verwaltung des Senates überlassen wurde, war eine kluge Entscheidung der an geschickten Schachzügen reichen Politik des ersten *princeps*: Von hierher kam ein großer Teil der Reserve-Elite für die römische Verwaltung und das Latifundien-System, das sich in diesem Raum herausbildete, hat alle kommenden Zeiten überdauert. Ob die Abtrennung Lusitaniens und dessen Einrichtung als dritte hispanische Provinz mit *Augusta Emerita* (Mérida) als Hauptstadt ethnografischer Einsicht entsprach, wissen wir nicht; jedenfalls wurde, nachdem sich die Schaffung einer *provincia Transduriana* als wenig sinnvoll erwiesen hatte, die bekannte Dreiteilung betrieben, die, obzwar in der Spätantike für eine Weile aufgegeben, *grosso modo* bis in die Gegenwart Bestand hat: Der andalusische Süden, der iberische Osten mit Katalonien und die beiden Kastilien, d. h. die indoeuropäisierte Mitte, und die westlichen und nördlichen Appendices, wie sehr diese auch um Eigenständigkeit bemüht erscheinen.

Die ersten Jahrhunderte des Principats

„Die Provinzen standen in Blüte."

Für einen Historiker ohne spezielles Interesse an Verwaltung und Militärwesen erscheinen die ersten beiden nachchristlichen Jahrhunderte des kaiserzeitlichen Hispanien auf den ersten Blick als eine eher langweilige Zeitspanne: Das Land genoss nach allgemeiner Auffassung endlich Frieden. Wohlstand breitete sich aus. Karrieren in Politik, Militär und sogar im Literaturbetrieb brachten begabte Landessöhne bis nach Rom – die ‚Haupt- und Staatsaktionen' früherer Zeiten blieben aus. Doch ist Vorsicht geboten! Irgendwo in dem riesigen Reich – und eben auch auf der Iberischen Halbinsel – geschah immer irgendetwas, was diesen Frieden störte. Manchmal ist es allein eine Frage des Zufalls, ob der rechte Autor zur Stelle war, um diese „Störung" zu beschreiben. Der Jüdische Aufstand hatte einen solchen Chronisten, die hispanischen Provinzen hatten keinen. Wirklich Ruhe gab es aber auch in Hispanien kaum.

Den Quellen zufolge scheint die einst so ungebärdige *Hispania* wie verwandelt, geradezu paralysiert von Glück und Wohlbefinden. Es wird gebaut und verschönert, der Kaiserkult, wie es scheint, ohne Widerstände eingeführt. Mehr noch: Nachdem Tarraco dem ersten *princeps* einen Tempel erbaut hatte, erbaten Gesandte der *Baetica* vom Senat die Erlaubnis, *„nach dem Vorbild Asiens für Tiberius und seine Mutter einen Tempel zu bauen"* (Tac. *Ann.* 4,37,1) – vorauseilender Gehorsam nach hellenistischem Vorbild? Der Kaiser war klug genug, das Ansinnen abzulehnen. Die dynastische Propaganda, mithilfe der „Macht der Bilder" in jedem Theater, auf jedem *forum* etabliert, wurde allem Anschein nach widerspruchslos hingenommen.

Ist das nach Jahrzehnten der Bedrohung, der Aderlässe, Zerstörungen, Beraubungen und Demütigungen das ‚Glück des Friedens'? Hatten die (modern geschätzten) rund sechs Millionen Hispanier in dem *princeps* Augustus endlich den großen *caudillo* gefunden, den die *fides Iberica* sich seit jeher gewünscht hatte? Oder sind es allein die fehlenden literarischen Quellen? Und war es tatsächlich das Glück aller oder wenigstens der Meisten?

Was wir sehen, ist in Wirklichkeit nur die vergleichsweise glatte Oberfläche! Die antiken Berichte von Strabon bis Plinius beschäftigten sich durchweg mit der Positiv-Bilanz des Landes; das tun auch die meisten modernen Historiker. Die der „neuen Zeit" weniger gewogenen Autoren sind überwiegend verloren. Tacitus lässt gelegentlich erkennen, dass ihn Zweifel plagten, ob er unter der besten aller denkbaren Herrschaftsformen lebte. Überdies war Vorsicht geboten, politische Vorbehalte allzu laut und deutlich zu artikulieren.

Kaum jemand von den Modernen hat sich mit dem historisch Unspektakulären des antiken Hispanien befasst, kaum jemand mit den Zonen, die Rom und seiner Kultur den Rücken wiesen. Es ist wahr: Soweit Handel und Gewerbe blühen konnten, blühten sie. Vom römischen Monte Testaccio bis nach Xanten, in der Wetterau, in Mittel-England und auch im mittelmeerischen Osten finden sich neben den Hinweisen auf hispanischen *manpower*-Export, d. h. Militärpersonen in römischen Diensten, die Spuren hispanischer Lieferungen von Öl, Wein, der berühmten Fischsauce *garum* und anderer Güter. Neros Lieblingspferd war ein hispanischer Import (Suet. *Nero* 46,1). Die größeren Städte im Süden und Osten der Halbinsel, auch in Lusitanien und am mittleren Ebro entwickelten sich prächtig; der ältere Plinius, der es wissen musste, weil er für Vespasianus als *procurator* in der Tarraconensis Dienst getan hatte, zählt sie (fast) alle auf (*n. h.* 3, 3–31).

J. M. Blázquez hat 1990 alle antiken Daten von bevölkerungsstatistischem Wert zusammengestellt, wenn auch keineswegs immer befriedigend interpretiert. Wichtig ist die Beobachtung, dass Rom auch in den ‚barbarischen' Stammesgebieten der Mitte und des Westen die Verstädterung förderte: Die zahlreichen bei Ptolemaios erwähnten *fora* sind Ausdruck dieser Politik.

Vermutlich ist Strabons Beobachtung zutreffend, wonach die „romanisiertesten" Gebiete der Halbinsel mit Italien gleichgezogen hatten. In den Metropolen und *conventus*-Zentralorten, vereinzelt auch anderswo, entstanden Kaiserkult-Komplexe und Theater; wir haben keinen Anlass zu bezweifeln, dass diese besucht wurden. Im Hinterland der großen Städte allerdings konnten Zuschauer gelegentlich verschreckt davonlaufen, wenn sie zum ersten Mal einen Schauspieler auf Kothurnen in Kostüm und Maske deklamieren hörten, wie Gellius amüsiert berichtet hat – da war ‚Provinz'. ‚Provinziell' blieb anscheinend auch die Aussprache des Lateinischen: Wie immer Columella, Lucanus, die beiden Seneca, Latro, Martialis oder der Rhetor Antonius Iulianus (Gell. *N. A.* 19,9) sich angehört haben mögen: So wie der jüngere Plinius seinem hispanischen Freund Voconius Romanus attestiert, „wie die Musen selber Latein zu sprechen" (*ep.* 2,13,4), so wurde Hadrianus Aussprache in Rom als *agrestius*, d. h. ‚provinziell' bespöttelt (SHA *Hadr.* 3,1). Miriam Griffin hat deutlich gemacht, dass der ältere Seneca nicht ohne patriotischen Stolz „auf jener starken und ländlichen Sitte hispanischer Art" bestand, die in deutlichem Gegensatz zu der stadtrömischen Dekadenz der Zeit stand – die sprachliche Unterscheidung eingeschlossen (1972, 13). Und da ist der *„quisdam Gaditanus"*, der *„vom Ende der Welt"* nach Rom reiste, um den Historiker Livius zu sehen, und, nachdem er ihn gesehen hatte, umgehend nach Hause zurückkehrte. (Plin. min. *ep.* 2,3,8) Da ist auch der vielzitierte Bauer aus *Termes* in der *Celtiberia* (Tac. *Ann.* 4, 45), der im Jahre 25 n. Chr. L. Calpurnius Piso, den Statthalter der Tarraconensis, totschlug, den zweiten Piso, der auf diese Weise in Hispanien umkam. Jener Bauer hatte *socii*, die er nicht verraten wollte; es wird sich also um ein Komplott gehandelt haben. Er bezeugt, dass man auf dem Lande weiterhin Keltisch sprach; sein grausamer Freitod in verzweifelter Ausweglosigkeit mutet so ausdrücklich hispanisch an, dass es einen schaudert. Den Satiriker Iuvenalis veranlasste der Vorfall, grundsätzlich vor den *Hispani* zu warnen, welche die Einforderung von geschuldeten Abgaben nicht ertrügen …

Seit einigen Jahrzehnten sind in Hispanien mithilfe immer sensiblerer Metalldetektoren immer neue prächtige Bronzetafeln mit Stadt- und Bergbau-Rechten, Katastern und kaiserlichen Verordnungen aller Art gefunden worden. Solche primären Quellen erfüllen die modernen Erforscher der kaiserzeitlichen Verwaltung mit Entzücken. Gleichwohl besaß dieses blühende Hispanien noch immer weite Räume, deren Bewohner in Rundhütten lebten und ein karges Dasein fristeten, auch wenn die Logistik des überwiegend dünn besiedelten Landes immer präziser funktionierte, das Straßennetz immer besser ausgebaut wurde (Nünnerich-Asmus 1993, 121 ff.) und der Bergbau florierte. Gleichwohl hatte Mommsen Recht: „Die einheimische Bevölkerung Spaniens … tritt in der Geschichte der Kaiserzeit nirgends deutlich erkennbar hervor!" (Röm. Gesch. V, 1919, 8°, 62 f.). Die Quellen schweigen über sie, selber artikulierte die Bevölkerung Hispaniens sich nicht: Man muss mühsam nach ihr suchen!

Jedenfalls gab es unter der glatten Oberfläche auch anderes! CIL XI 395 spricht von *„einer erfolgreichen Unternehmung gegen Asturer"* im Jahre 66 n. Chr., was nicht weiter verwundert; bereits Mommsen hat an der endgültigen Befriedung des Nordwestens Zweifel geäußert. Noch unter den wisigotischen Königen in der Spätzeit der hispanischen Antike hören wir von der Niederwerfung nordwestlicher *gentes* wie der Vaskonen und Cantabrer sowie von solchen, deren Namen vordem nirgendwo erwähnt und deren genaue Wohnsitze der Forschung immer noch unbekannt sind.

Tatsächlich ist die *Hispania pacata* als dauerhafter Zustand immer Wunschtraum oder Propaganda-Behauptung geblieben.

Plinius (*n. h.* 3,3,30) erzählt im Zusammenhang mit der Erwähnung der vespasianischen Verleihung des *ius Latium „universae Hispaniae"*, was, wie wir wissen, nicht ganz korrekt formuliert ist, beiläufig: *„iactatum procellis rei publicae"*, eine diskrete Umschreibung für ‚politische Unruhen'. Waren das die Unruhen im Zusammenhang mit der Nachfolge Neros oder noch andere? Die literarischen Quellen, die von der Erhebung des Servius Sulpicius Galba, jenes Patriziers mit dem altrömischen Bauernschädel, zum Nachfolger Neros als Kaiser Roms berichten – Suetonius, Plutarchos und Tacitus; Cassius Dio taugt in diesem Zusammenhang nicht viel –, teilen wie nebenbei mit, dass Carthago Nova und *Clunia* (Coruña del Conde) Schauplätze bedeutender politisch-militärischer Vorgänge waren. In Neukarthago, der *conventus*-Hauptstadt, hielt Galba Gerichtstage ab, als er zum Caesar ausgerufen wurde. Auch die *conventus*-Hauptstadt Clunia, das mitten in Alt-Kastilien liegt, dürfte er vor allem als Gerichtsherr besucht haben. Außerdem ließen sich in der *Celtiberia* die Hilfstruppen ausheben, von denen Suetonius (*Galba* 10) berichtet.

Das waren nicht mehr, wie viel früher, auswärtige Angelegenheiten. Seit den Zeiten eines Sertorius handelt es sich um römische Innenpolitik in der Provinz, und also sind die Schauplätze scheinbar Nebensache. Nur scheinbar! Abgesehen von Emilio Gabba (1960, 229) und Ronald Syme (1967³, 592 f.) scheint kaum jemanden, der bei Suetonius (*Galba* 10) las, Galba habe *„aus vornehmen, durch Klugheit und Alter hervorragenden Leuten"* – Hispano-Römern, wie es scheint – *„vel instar senatus"* berufen, *„um in wichtigeren Angelegenheiten dessen Rat einzuholen"*, der Gedanke an Sertorius' hispanischen ‚Senat' gekommen zu sein, obgleich die Parallele schlagend ist. Und was mag Galba bewogen haben, Münzen zu prägen, die eine personifizierte HISPANIA und die entsprechende Aufschrift tragen?

Johannes von Antiochia (fr. 91, 10–22, Müller) insinuiert, der aus Aquitanien stammende Iulius Vindex, Initiator des Aufstandes gegen Nero, habe bereits an ein Sonderregiment für die beiden Westprovinzen gedacht. Inwieweit es hier konkrete Pläne gab, wissen wir nicht. Dagegen ging es bei der späteren Erhebung des Iulius Civilis (den Tac. [*Hist.* 4, 13] – nur optisch? – mit Sertorius vergleicht) nicht mehr um die beiden großen Westländer, sondern um ein erstes *Imperium Galliarum* und germanische Sonderwege. Von beidem wird man in spätantiken Zeiten noch manches hören.

Galba selbst hatte acht Jahre der Tarraconensis vorgestanden; er kannte Land und Leute. Überhaupt sind die turbulenten Monate zwischen Neros Ende und der Etablierung der Flavier im Westen des Imperiums eine Art Probelauf für Entwicklungen, die viel später ihre Sprengkraft entfalten: Der Beinahe-Abfall Hispaniens, der gesamte Abfall Galliens unter Vindex, Militärputsche, Usurpationen mit allen Konsequenzen. Dass der zweite Prätendent des ‚Vier-Kaiser-Jahres', Salvius Otho, zehn Jahre die Lusitania verwaltet hatte, bevor er mit Galba nach Rom reiste, ist eher Zufall. Von hispanischen Beziehungen seiner Familie ist nichts bekannt. Galba hingegen besaß solche Beziehungen seit altersher. Natürlich gab es die üblichen ‚Kollateralschäden': Galba ließ loyale Beamte der baetischen Provinz (Tac. *Hist.* 1, 37; Alföldy 1969, 155 ff.) und wahrscheinlich auch solche von anderswo hinrichten und belegte Hispanien mit erheblichen Sondersteuern, die Vespasianus, der Sieger, umgehend wieder ermäßigte. Man kann Suetonius (*Galba* 12) dahingehend interpretieren, dass es in der *Hispania Tarraconensis* Ansätze zu einem Bürgerkrieg gegeben habe, dort nämlich, wo sich Städte Galba verweigerten und mit der Schleifung ihrer Mauern bestraft wurden. Und vielleicht spielte bei der flavischen Verleihung des *ius Latium* ja tatsächlich die Absicht des Vespasianus eine Rolle, sich dem erneut in Unruhe versetzten Land als großzügig-wohlwollender Herrscher zu empfehlen.

Mit den flavischen Kaisern, denen Nerva und die *Hispani* Traianus und Hadrianus auf dem Thron nach-

Abb. 34 *Hadrianus* der Philosoph. Der zweite Hispanier auf dem Kaiserthron.
Freilich ist an dem Liebhaber der hellenistischen Kultur wenig hispanisches erkennbar.

folgten, scheint für eine gewisse Zeit wirklich Frieden in die hispanischen Provinzen eingezogen zu sein, wie keineswegs überall sonst in der römischen Welt. [Abb. 34] Das bedeutet nicht, dass es nicht in den 90er-Jahren Statthalter wie Baebius Massa (Plin. min. *ep.* 3,4) oder Caecilius Classicus (beide in der Baetica) gegeben hätte, welch' letzteren der jüngere Plinius als *„abscheulichen und eindeutig schlechten Menschen"* bezeichnet hat (*ep.* 3, 4; 9) und der sich seiner sicheren Verurteilung durch Selbstmord entzog. Der Mann hatte – man erinnere sich an Caesar – nach Rom geschrieben, er komme schuldenfrei zurück, denn er habe durch „den Verkauf von *parte Baeticorum*" bereits vier Millionen Sesterzen eingenommen (Plin. min. *ep.* cit.). Das bedeutet nichts anderes, als dass die frühere Ausplünderung des Landes vermittels militärischer Gewalt durch eine quasi zivile Ausplünderung ersetzt worden war. Aber das waren möglicherweise Ausnahmen.

Mehr war die Rede von den *puellae Gaditanae (oder wie man heute sagen würde „Show-girls" aus Gades)* mit ihren *„Klappern und Rasseln"* (Stat. *silv.* 1,6,70), die alle Welt – und auch Martialis (5, 78, 26) und Juvenalis (11, 162) – durch laszive Tänze und schlüpfrige Liedchen entzückten; der jüngere Plinius (*ep.* 1, 15) zählt die aktuellen abendlichen ‚Delikatessen' auf: *„Austern, Sautaschen, Seeigel, Gaditanerinnen"*. Wir lesen auch von seltenen Pflanzen, Tieren und Gemüsen, Artischocken etwa (Plin. *n .h.* 19, 152). Und der Rhetor Quintilianus aus der „keltiberischen" Provinz erlaubte sich, lateinische Lehnwörter *„ex Hispania"* als vulgär zu kritisieren (1, 5, 57).

Fast alles deutet darauf hin, dass in Hispanien der flavische ‚Aufschwung' nachhaltiger ausfiel als der augusteische. Dazu trug gewiss bei, dass die neuen Stadtrechtsverleihungen den raffiniert geplanten Effekt besaßen, das durch die Bekleidung von städtischen Magistraturen erwerbbare römische Bürgerrecht denjenigen – quasi durch eigenes Verdienst – zukommen zu lassen, auf die Rom seit jeher besonderen Wert legte: den *boni et locupletes*. So wurde auch in den Provinzen eine staatstragende Schicht geschaffen. Die Chancen sozialer Mobilität, früher eher eine Folge von Berufungen ‚von oben', waren jetzt für jeden gegeben, der ehrgeizig (und wohlhabend) genug war, sie wahrzunehmen.

Natürlich hatte das seinen Preis: Wo Romanisierung tatsächlich griff, löschte sie die Reste althispanischer Identität scheinbar vollends aus. Von den selbständigen städtischen Münzprägungen, die unter Caius aufgegeben werden mussten, bis zur generellen Akzeptanz des Kaiserkultes verschwand nahezu jede Eigenständigkeit in und unter römischem Firnis. Wo freilich „Romanisierung" nur geduldet, nicht wirklich verinnerlicht wurde, blieb man im Wesentlichen dem ‚Barbarentum' verhaftet. Hier wurden die alten Götter verehrt, hier baumelten die Köpfe getöteter Feinde zwar nun nicht mehr als Trophäen von den Pferdetrensen, aber sie wurden als hölzerne oder steinerne Repliken an Türrahmen, am Balkenwerk von Häusern oder als Apotropaica in Mauern angebracht.[Abb. 35] Man muss dies und anderes als bescheidene Zeichen kultureller Selbstbehauptung verstehen. Widerstand gegen Rom ist das nicht, allenfalls eine Form passiver Resistenz.

Von aktivem Widerstand auf der Halbinsel gegen das römische System bzw. solche, die es repräsentierten, haben wir gesprochen. Es gibt ihn – so oder so – während der gesamten Kaiserzeit. Von einem hispanischen Widerständler in Rom bleibt zu reden: Aemilius Regulus aus Corduba gehört zu denen, die sich im

Jahre 41 n. Chr. gegen Caius verschworen. Nur Flavius Josephus (*Ant. Iud.* 19, 17–19) nennt seinen Namen: „*Drei Planungen für seinen (sc. Caius') Tod waren in Vorbereitung: an der Spitze eines jeden standen gute Männer. Aemilius Regulus aus Corduba in Iberien war der Mittelpunkt des einen Verschwörerkreises (---). Ihr Haß auf Caius hatte folgende Gründe: Regulus bewegte allgemein Entrüstung und Erbitterung über geschehenes Unrecht. Er besaß nämlich den unabhängigen Geist eines freien Mannes und das in solchem Maße, daß er es ablehnte, die Verschwörungspläne geheim zu halten …*".

War Regulus Soldat wie der Mitverschwörer Cassius Chaerea, ein Praetorianer-Tribun? Oder Senator wie Annius Vinicianus, ein anderer Verschworener – wir wissen es nicht. Suetonius, der das Attentat beschreibt, nennt weder Regulus noch Vinicianus mit Namen. Vermutlich war Regulus ein Mann von gewissem gesellschaftlichem Rang. B. Kavanagh (2001, 379 ff.) hat versucht, ihn mit der Seneca-Familie in Verbindung zu bringen. Vielleicht war er Stoiker. So, wie Josephus ihn beschreibt, besaß er jedenfalls die *vehementia cordis* des typischen *Hispanus*. Ob er die ‚Tyrannis' an sich verabscheute oder nur den aktuellen Tyrannen, wissen wir ebensowenig, wohl aber, dass Corduba – man denke an Annius Scapulas Selbsttötung – spätestens seit caesarischer Zeit ein politisch unruhiger Ort war, dazuhin mit ausgeprägtem Selbstbewusstsein.

Literarisch fassbarer „Widerstand gegen Rom" ist gelegentlich thematisiert worden, etwa von G. Boissier am Ende des 19. Jhs. oder später bei Harald Fuchs in den 1930er-Jahren. Er ist dort an romkritischen Bekundungen aus Italien und im griechischen Osten festgemacht. Aus Hispanien waren Seneca und Lucanus – auch sie *Cordubenses*! – daran beteiligt, allerdings richtet sich deren Opposition nicht gegen das System, sondern gegen einzelne seiner Repräsentanten.

Eindrucksvoll gerieten entsprechende Forschungs-Bemühungen, zumindest die „große Politik" und die römische Oberschicht betreffend, bei einem 1986 von der Fondation Hardt veranstalteten althistorischen Kolloquium zu „*Opposition et résistance a l'empire d'Auguste a Trajan*" (1987). Dort wurde einerseits klar, in wie vielschichtiger und umfassender Weise Opposition und Widerstand in der frühen Kaiserzeit existiert haben,

Abb. 35 Echte oder nachgebildete *Kopf-Trophäen* zur Abwehr des Bösen schmücken im Bereich des hispanischen Keltenlandes noch immer alte Wohnhäuser. Aus dem *castro* Yecla de Yeltes, westlich von Salamanca.

andererseits aber auch, wie wenig aus den literarischen Quellen, in erster Linie Tacitus, politische und private Motive, prinzipielles und akzidentielles Handeln in differenzierter Weise zu erschließen sind. Das Thema ist ein außerordentlich schwer zu beackerndes Feld. Immerhin ist es diesem Kolloquium gelungen, die Kategorien zu benennen, in deren Rahmen Forschung überhaupt sinnvoll erscheint (K. A. Raaflaub 1987, 1–63, mit umfassender Bibliographie). Das Ergebnis, wie deprimierend auch immer, steht freilich fest und wurde auch deutlich formuliert: Eine ernstzunehmende politische Alternative zum Kaisertum tut sich in der untersuchten Zeitspanne nirgendwo auf. Auf der iberischen Halbinsel findet sich erst in der Spätantike substantiell Romkritisches, etwa bei Orosius. Allerdings zielt diese Kritik überwiegend auf die Vergangenheit Hispaniens. Den zahlreichen hispanischen Autoren der frühen Kaiserzeit, soweit sie überliefert sind, fehlen alternative Ideologien, Einsicht oder Mut. Seneca und Lucanus sind, wie gesagt, die Ausnahmen; ernsthafte Alternativen liefern aber auch sie nicht. Die frühen Vorwürfe der eroberten Einheimischen hatten nicht Hispanier, sondern Sallustius und Livius formuliert.

Es sollte jedoch niemand glauben, es habe darüber hinaus keinen Widerstand gegeben; man muss nur die Zeichen zu lesen verstehen. Versuche kulturellen Identitätsbehalts in Hispanien waren kaum je Gegenstand systematischer Forschung. Eine hilfreiche Ausnahme ist W. Trillmichs Behandlung der hispanischen Münzprägung am Beginn des Prinzipats (2003, *passim*). Dort wird gezeigt, mit welcher Subtilität man traditionelle Identitäten zu retten versuchte. Deutlich wird aber auch, dass solche Bemühungen unter Caius-Claudius offiziell unterbunden wurden und dass mancherorts, zum Beispiel in Gades, vorauseilender Gehorsam oder opportunistisches Raffinement freiwillig auf die weitere Bekundung des herkömmlichen Eigenprofils verzichtete.

Raaflaub hat einleuchtend gezeigt, dass und warum im frühen Prinzipat systematischer Widerstand aus den weitergehend romanisierten Zonen der westlichen Provinzen gar nicht zu erwarten ist: Die Mittel- und Oberschichten von dort waren für ihren Aufstieg auf die Kaiser angewiesen. Vermutlich ist aber die latente Bereitschaft, auf Alternativen zu Rom zu setzen, in Gallien ebenso wie in Teilen der Iberischen Halbinsel niemals völlig verschwunden. Ohne einen solchen Traditionsfaden sind Phänomene späterer Zeiten, die uns noch beschäftigen werden, nicht zu erklären.

Nicht von ungefähr beobachten wir, wie nach den unter Pompeius und Caesar, später unter Augustus in Rom zu Bedeutung gelangten Hispaniern nun die nächsten Generationen von *Hispani* die ihnen gebotenen Möglichkeiten nutzen. Ebenso, wie in den früheren Bürgerkriegszeiten, hatten auch die Auseinandersetzungen der späten 60er-Jahre des 1. Jhs. n. Chr. zu Aderlässen in allen gesellschaftlichen Schichten geführt, die auszugleichen waren. Wie bereits ausgeführt, machten sich ungewöhnlich viele hispanische Literaten, Redner und Deklamatoren in Rom breit – zu den früher Genannten kommt noch der berühmte Deklamator D. Junius Gallio, ein enger Freund des Dichters Ovidius Naso und des Seneca, der unter Tiberius ein Opfer seiner politischen Instinktlosigkeit wurde (Tac. *Ann.* 6,3; Cassius Dio 58, 18, 3)). Viele von ihnen waren in die Politik ihrer Zeit verstrickt; nicht wenige, wie Seneca und Gallio, sehr zu ihrem Schaden. Interessant ist auch, dass die Integration vieler dieser Männer in die stadtrömische Gesellschaft und deren kulturelles Leben bereits so weit fortgeschritten war, dass die literarischen Quellen ihre Herkunft nicht mehr vermelden, was zwei Generationen früher noch undenkbar gewesen wäre. Der aus Italien verbannte Gallio wählte Lesbos zum Exil, keineswegs seine andalusische Heimat, wo für seine Bedürfnisse das Raffinement des Lebensgenusses offenbar nicht weit genug entwickelt war. Dass Tiberius ihm die Idylle nicht gönnte und ihn stattdessen nach Rom zurück beorderte und unter Hausarrest stellte, spricht für sich.

Wie viele und welche Hispanier von Caius „Caligulas" Erhebungen in den Ritterstand und wohl auch in den Senat profitierten, von denen Cassius Dio (59, 9) berichtet, wissen wir nicht. Es werden nicht wenige gewesen sein. Allerdings: Nicht alle *Hispani*, die sich nun nach Rom aufmachten, um ihr Glück zu machen, wie das Jahrhunderte früher Italiker in umgekehrte Richtung getan hatten, gelang das. Martialis (3, 14), der selbst gegen Ende seines Lebens nach Hispanien zurückkehrte, wie der jüngere Plinius berichtet (*ep.* 3,21), hat jenen Hispanier *Tuccius* unsterblich gemacht, der kurz vor dem Erreichen seines Zieles erfuhr, dass nun selbstverständlich die *sportula* wegfielen, und der daraufhin an der Milvischen Brücke umkehrte.

Es gab offenbar sehr rasch so etwas wie hispanische Netzwerke in der Hauptstadt, deren Angehörige sich gegenseitig stützten, halfen, förderten. Möglicherweise war Claudius Caesar für den Aufstieg des Annius Verus aus *Uccubi* (beim heutigen Espejo) verantwortlich, des Urgroßvaters des Kaisers Marcus, wie die SHA (*Marcus* 1) überliefert. Syme (1967[3], 791 f.) hat die Genealogie dieser Familie erforscht, welche zeigt, was aus Abkömmlingen der hispanischen Provinzen werden konnte, wenn sie über Generationen tüchtig und ehrgeizig waren – und Glück hatten. Hier wird freilich auch deutlich, wie sehr solche Persönlichkeiten über ihre Heimat hinauswuchsen. Wie Hadrianus ist auch Marcus Aurelius in Rom geboren. Einmal nur hat Hadrianus als Kaiser das Land seiner Väter besucht, Marcus, soweit wir wissen, niemals. Dass die hispanischen Bindungen dennoch Bestand hatten, wird durch viele Indizien bezeugt.

Vespasianus' *lectio senatus* ließ auch verdiente Militärs und Verwaltungsleute zu Ehren kommen. Syme (1967[3], 585) und Weinrib (1990) haben sie vorgestellt. Hier sind die hochrangigen Militärs C. Dillius Aponianus und C. Dillius Vocula aus Corduba zu nennen, nach

Weinrib (1990, 159) Nachkommen jenes Pompeianers Q. Aponius, der vor der Schlacht von Munda den Widerstand gegen Caesar anführte. Das bedeutet hundert Jahre Karriereleiter. Ebenfalls aus der baetischen Metropole stammten die senatorischen Dasumii; aus Carteia kam Q. Cornelius Senecio Annianus, der es zum Konsulat brachte. Eine militärische Karriere machten die Cornelii Bocchi, Vater und Sohn, die aus Lusitanien stammten, sowie Cornelius Nigrinus aus der Tarraconensis, Konsul und Provinzstatthalter im Osten, ein potentieller Rivale des Traianus um die Adoption durch Nerva. Auch der große Jurist Fabius Mela scheint aus Hispanien gekommen zu sein sowie die Konsulare L. Pedanii Secundus bzw. Salinator, gebürtig aus *Barcino* (Barcelona) Vor allen ist der in jeder Hinsicht bedeutende L. Licinius Sura zu nennen, gewiss der seit dem älteren Balbus einflussreichste Hispanier in Rom sowie nach allgemeiner Auffassung zweifacher „Kaisermacher" und erster ‚Paladin' des Traianus. Syme bezeichnete ihn als *„enigmatic figure"*. Es ist richtig: Unter prosopografischen Gesichtspunkten ist dieser Mann reichlich mysteriös. Keine Vorfahren, weder Ehefrau noch Kinder, wahrscheinlich homosexuell, ohne nachweislichen Geburtsort, aber einer *tribus* zugehörig, die eher auf Carthago Nova als auf Tarraco oder Barcino weist, wo jedoch seine bekannten Bau-Stiftungen hinführen. Dieser Sura war nacheinander (zuweilen auch gleichzeitig) Anwalt, Orator, Soldat, Statthalter, aber auch Philosoph, Dichter, Dichterfreund (etwa des Hispaniers Martialis), Briefpartner des jüngeren Plinius, Kunstsachverständiger, Mäzen – und nicht zuletzt Lebemann. Cassius Dio (68,15,3) bescheinigt ihm αὔχημα, was mit ‚starkes Selbstbewusstsein' zu übersetzen ist und damit früh das Klischee vom ‚stolzen Spanier' bedient. Tatsächlich stößt hier die hohe Kunst der Prosopografie an ihre Grenzen. Die Licinii zählen zu den häufigsten frühen Namengebern in den hispanischen Provinzen, doch führt diese Erkenntnis ohne weitere Daten zu nichts als Spekulationen. Aus Neukarthago, wo die *tribus Sergia* dominiert, kennen wir immerhin die aus republikanischer Zeit stammende schöne Versinschrift eines *C. Licinius C. f. Torax* (CIL I² 3449d, ca. Mitte – 2. Hälfte 1. Jh. v. Chr.). Hier, wie so oft, warten wir auf neue Quellen …

Was Loyalität, verbunden mit Talent, bewirken konnte, beweisen die Karrieren des M. Ulpius Traianus und seines gleichnamigen Sohnes, des nachmaligen *optimus princeps*. Über die frühe, eher bescheidene, Herkunft der Familie – *familia antiqua magis quam clara* (Eutr. 8,1) – aus Italica, wo der spätere Kaiser geboren wurde, hat nicht einmal Syme mehr als Spekulationen zustandegebracht; sie bleibt, wie die vieler hispanischer Aufsteiger, im Dunkeln. Dennoch gehören die ihrigen zu den spektakulärsten Karrieren von Hispaniern in den ersten 150 Jahren der Kaiserzeit. Jetzt sind in den hispanischen Provinzen auch entsprechende äußere Bezüge herzustellen: Suras Triumphbogen, der *Arco de Bará* bei Tarragona (CIL II 4282), hadrianische Stiftungen in Italica, weitere Monumente im Süden, aber auch sonst im Lande, künden noch heute davon, dass das römische Hispanien 300 Jahre nach dem Beginn der mühevollen Eroberung *urbi et orbi* zwei ‚hispanische' Kaiser geschenkt hat, keineswegs die schlechtesten sowie die (kurzzeitige) *rara temporum felicitas*, welche allenthalben gepriesen wurde.

Exkurs 8
Der innere Ausbau des Landes und die sogenannte Monumentalisierung

„Als die Tarraconenser Augustus wissen ließen, auf seinem Altar sei eine Palme gewachsen, bemerkte dieser sarkastisch: ‚Es scheint, daß ihr ihn häufig anzündet'." (Quint. 6,3,77)

Von der voranschreitenden Verbesserung der Infrastruktur des Landes war bereits die Rede: Mit dem Prinzipat erhielt sie neuen Schwung. Die Entwicklung von Straßenbau und Straßennetz von der republikanischen Zeit bis auf Constantinus hat Annette Nünnerich-Asmus anschaulich dokumentiert (1993, 121 ff.). Man erkennt deutlich die systematisch betriebene Erschließung des Landes bis zu einem Höhepunkt in der Epoche der hispanischen Kaiser, aber auch die Vernachlässigung des Südens und die Bevorzugung des Nordwestens in constantinischer Zeit. Zum Straßenbau gehörte der Bau von soliden Brücken, die mehr und mehr aus Stein errichtet wurden und von denen eine erstaunliche Zahl, verstreut über das ganze Land von Córdoba bis Portalegre und von Alcántara bis Pontevedra, erhalten ist [Abb. 36]. Ähnliches lässt sich von den Aquaedukten sagen, die teilweise noch heute bewunderte Glanzleistungen römischer Architekten sind, ob nun in Segovia, in Mérida, in Almuñécar, Tarragona oder anderswo. Zu den großen Straßen gehörten Ehrenbögen: Das beginnt unter Augustus beispielsweise in Medinaceli *„in the middle of nowhere"* und erreicht einen Höhepunkt mit dem Arco de Bará. Als nächstes: steinerne Theater! Es scheint, dass Theaterbauten in bestimmten Stadtrechten als zur Normal-Ausstattung gehörend verankert waren, jedenfalls finden wir entsprechende Anlagen in allen Provinz- und *conventus*-Hauptstädten (Koch 1998, 655 ff.). In Gades hatte das früh mit einer Holz-Konstruktion begonnen; Theater aus Holz hat man auch später noch vielfach saisonal errichtet. In Carthago Nova wurde vor einigen Jahrzehnten ein wunderbar an den westlichen Abfall des *Monte-sacro*-Hügels sich anlehnendes Theater aus augusteischer Zeit ausgegraben. Das in Tarraco errichtete datiert, wie die meisten öffentlichen Bauten, in flavische Zeit. Augusteische Theater/Amphitheater besaßen konsequenterweise Emerita und *Caesaraugusta*, Neu-Gründungen des ersten *princeps*, die nach italischem Standard ausgestattet wurden. Das Theater der *conventus*-Hauptstadt Clunia entstand unter der Herrschaft des Tiberius; die prachtvollen Theater- und Amphitheaterbauten in Segobriga, das weder Provinz- noch *conventus*-Hauptstadt war, aber reich, wird in die Zeit zwischen Caius und Nero datiert. Prachtvoll auch das Theater von Saguntum vom Beginn des 1. Jhs. n. Chr. Dass Italica sein Theater in der Zeit der hispanischen Kaiser erhielt, passt zu deren Politik ihrer Herkunftsstadt gegenüber; möglicherweise hatte ein Vorgängerbau bestanden. Auch diese Liste ließe sich verlängern. Listen von Foren, Porticus, Anlagen zum Kaiserkult, Öffentlichen Bädern, Statuenschmuck, Mosaiken, Tempeln würden den Rahmen dieser Arbeit sprengen – es gab alles und reichlich. Finanziert wurde das zumeist von den Städten selbst; allerdings bedurften die Kreditnahmen zuweilen der Genehmigung der römischen Verwaltung. Wenige Quellen sprechen von Euergetismus, was heute mit *sponsoring* zu übersetzen wäre, aber zweifellos hat es auch das gegeben. Hinzu kommen kaiserliche Stiftungen und solche hoher Verwaltungsbeamter der jeweiligen Provinz.

Auch der private Bereich gestaltete sich zunehmend opulent. Diese Entwicklung ging langsamer voran als die der öffentlichen Räume, war aber nachhaltiger: Bäder, Mosaiken, Plastiken, auch Grabbauten – alles wurde üppiger, teurer, kostbarer.

In flavischer Zeit erreichte diese Welle auch das *barbaricum*: Es scheint, dass jetzt die letzten *castros* aufgegeben wurden. Man fühlte sich nicht mehr bedroht, war auch der steilen Aufstiege müde und zog in die Ebene hinab, wohl auch in die neu gegründeten Städte. Dass die Gallaeker, Asturer, Cantabrer oder Vaskonen ihren Lebensstil wesentlich geändert hätten, ist nicht zu vermuten, am wenigsten die bäuerliche Bevölkerung. Aber die Soldaten, die sich hatten anwerben lassen und in allen Teilen der römischen Welt Dienst taten, bauten sich, wenn sie überhaupt zurückkehrten, von dem mitgebrachten Beutegeld ein Häuschen auf dem ererbten Acker oder in der nächstgelegenen Gemeinde und erzählten von der weiten Welt und ihren Abenteuern darin. Die eine oder andere Erfahrung aus anderen Kulturräumen, Bauweise, Landbau und Religion betreffend, mag umgesetzt worden sein, aber im Großen und Ganzen blieben diese Menschen sich treu, wie sich noch nach Jahrhunderten zeigen wird.

Man hat von der Entwicklung der öffentlichen Bautätigkeit in den hispanischen Provinzen seit Augustus als „Monumentalisierung" gesprochen und diese Bezeichnung 1987 bei einem internationalen Kolloquium in Madrid plausibel zu machen versucht (Trillmich – Zanker 1990). Ich habe seinerzeit den Begriff problematisiert (Koch 1995, *passim*); meine Bedenken sind seither eher noch gewachsen. Was tatsächlich geschah – und zwar, wie sich immer klarer zeigt, deutlicher und ausführlicher in flavischer Zeit als am Beginn des Prinzipats – ist die Selbstidentifizierung der hispanischen

Der innere Ausbau des Landes und die sogenannte Monumentalisierung

Mittel- und Oberschichten mit Römischem – teils mit Nachhilfe der römischen Administration, wesentlich aber aus eigenem Wollen. Bauherrn, Architekten und Baumeister verhielten sich genauso wie die meisten Literaten und Deklamatoren aus Hispanien: Sie gerierten sich römisch und ernteten, wie Martialis, *gloria, laus et aeternitas* (Ruhm, Preis und Ewigkeit) (Plin. min. *ep.* 3,21). Sie strebten nicht absichtsvoll Monumente an oder gar Monumentales, sondern kopierten Rom und Italien und dies in jeder Weise, öffentlich und privat; allenfalls folgten sie Verschönerungsmoden. Michael Pfanner hat Suetonius (*Aug.* 46) nicht genau genug gelesen, wenn er behauptet, dass Augustus etwas mit der Art und Weise zu tun gehabt habe, wie die Provinzen nun ihre Städte veränderten (1990, 59 ff.). Der *princeps* kümmerte sich, Suetonius zufolge, ausschließlich um Rom und Italien; die westlichen Provinzen liefen einfach hinterher. Jedenfalls wurde nach der Schaffung der Voraussetzungen für den Kaiserkult gesehen. Die Unterschichten blieben davon weitgehend unberührt, das bäuerliche Land fast völlig. Was von alledem von Rom gewollt war, ist nicht leicht auszumachen. Gewiss gab es ein Konzept für Gründungen *ex novo*, besonders, wenn es sich um Soldatenansiedlungen handelte, wie es das bereits in sullanischer Zeit gegeben hatte. Schon unter Augustus wird deutlich, dass zahlreiche dieser Gründungen dort erfolgten, wo eine Stadtkultur bislang gefehlt hatte. Aber im Ganzen verfolgte die römische Verwaltung auch jetzt eine höchst pragmatische und geschmeidige Politik und überließ den Einheimischen die Ausgestaltung ihrer Städte; zur Übernahme römisch-italischer Modelle waren diese offenbar nur zu gern bereit.

Abb. 36 Aus traianischer Zeit stammt die *Brücke von Alcántara*, die – unweit der heutigen Grenze zu Portugal – über den *Tagus* (Tajo) führt und in römischer Zeit im Westen Hispaniens Süden mit Gallaekien und dem Nordwesten verband. Sie ist ein Geschenk der umwohnenden Gemeinden an sich selbst und repräsentiert beste römische Ingenieurkunst.

Krisenzeichen? Das 2. Jh. n. Chr. in Hispanien

Heutzutage zeigt sich allenthalben eine gewisse Tendenz, den Begriff „Krise" inflationär zu verwenden. Das gilt auch für viele Darstellungen der Zeit nach den hispanischen Kaisern. Wir haben Grund gesehen anzunehmen, dass die Bürgerrechts-Verbesserungen durch Caesar, Augustus und später durch die Flavier urbanistische Folgen zeitigten. Deren Ausbleiben in späteren Jahrzehnten hat bei zahlreichen Gelehrten Krisenvermutungen ausgelöst. Aber weder konnte (oder musste) in flavischer Zeit und danach überall der „Kaiserkultkomplex" erneuert werden, wie das anscheinend in Tarraco geschah, noch gab es jederzeit ökonomischen Spielraum für – oder uneingeschränkte Lust auf – ‚Verschönerungen'. So lässt sich denn vielerorts in nachhadrianischer Zeit – hie und da bereits früher – eine Verlangsamung der öffentlichen Bautätigkeit bis hin zum Stillstand beobachten. Und wieso auch nicht: Schließlich besaß man nun alles, was man sich nach Lage der Dinge hatte leisten können und wollen. Zudem hat Pfanner (1990, 106 ff.) überzeugend dargelegt, dass sich „das Engagement und das Interesse" der Anlage von „Massen-Kulturbauten wie Amphitheater oder Thermen" zuwandte und dass zunehmend in privaten Häuserbau und Ausstattungen investiert wurde – das bedeutet Veränderung, auch mentaler Art, aber keinesfalls „Krise". Dass die *munificentia publica* (öffentliche Stiftertätigkeit) sich nicht überall, aber vielerorts, nach mehreren Generationen erschöpft hatte, ist nachvollziehbar. Der patriotische Enthusiasmus, der den Aufbruch in augusteischer wie in flavischer Zeit getragen hatte, war irgendwann verbraucht. Was meist unbeachtet blieb: Es gibt keine wirkliche Gleichzeitigkeit dieser Beobachtungen. Wenn es zutrifft, dass in Corduba in der zweite Hälfte des 3. Jhs. n. Chr. wenig gebaut wurde, bedeutet das nicht, dass es sich mit Emerita Augusta oder Asturica Augusta genauso verhielt. Und dass Kaiser, etwa Hadrianus, Kultbauten, wie den Augustus-Tempel in Tarraco, den ersten seiner Art in Hispanien, nach rund 150 Jahren sanierten, hat für mein Empfinden sowenig Überraschendes wie die Sorge desselben Hadrianus um Italica, die Stadt seiner Vorfahren, die gleichzeitig die früheste römische Gründung im Lande war.

Was nicht zu vergessen ist: Nicht wenige derjenigen, deren Eifer und Großzügigkeit die Städte in die Lage versetzt hatten, in Verschönerungen zu investieren, waren Generation für Generation nach Rom oder Italien verzogen, jedenfalls in die Nähe der Macht. Gleichzeitig drängten die Eliten der Provinzen in die jeweiligen Provinzhauptstädte. Von Licinius Sura, der im Raum Tarraco – Barcino als Euerget bekannt ist (CIL II 4508), wissen wir, dass er weit umfangreichere Stiftungen in der Hauptstadt tätigte. Diese teilweise extrem reichen Leute fehlten ihren Heimat-Provinzen. Die so entstehenden Lücken hatten zweifellos punktuell wirtschaftliche Folgen; ähnliches wird Spanien im 19. und 20. Jh. erleben, als die andalusischen Magnaten in die Hauptstadt oder ins Ausland zogen und von der Ausbeutung ihrer Latifundien auf großem Fuße lebten, wovon die großartige (leider wenig bekannte) spanische Roman-Literatur vor allem des 19. Jhs. Zeugnis ablegt.

Andere, beispielsweise die ‚Großen Familien' in Neukarthago, welche spätrepublikanisch und frühkaiserzeitlich eine immense Rolle gespielt hatten, verlieren sich – zumindest epigrafisch – Ende des 1. Jhs. n. Chr. oder wenig später, wie denn überhaupt der Rückgang der frühen überreichen Epigrafik Carthago Novas auffällt. Der Grund dafür dürfte im Nachlassen der industriellen Produktivität der Stadt und ihrer Umgebung zu suchen sein. Ähnliches widerfuhr anderen industriellen Standorten wie *Munigua* (Mulva). Aber das sind lokale und regionale Wirtschaftsprobleme, die immer noch keine allgemeine Krise bedeuteten, zumal zeitgleich andere Industrie-Standorte an Bedeutung gewannen. Zu ihnen gehörte möglicherweise der Bergbau nördlich und westlich von Italica, der nach Auffassung von Rolf Nierhaus (1966, 204 ff.) Italica in hadrianischer Zeit reich machte.

Man sollte sich also hüten, den Krisen-Begriff zu strapazieren: Ohne Zweifel ging es der hispanischen Ober- und Mittelschicht bis weit in das 3. Jh. n. Chr. gut; es steht zu vermuten, dass es dem großen Rest der Bevölkerung nicht schlecht ging. Dass inzwischen mehr repariert als neu gebaut wurde, haben wir zu erklären versucht – es geht dabei um Mentalitätswechsel, noch keineswegs um Krise.

Die Krise rückt näher

„Die Mauren verwüsten Hispanien" – „Ausgelaugt sind die hispanischen Provinzen".

Die sogenannte ‚Historia Augusta' ist eine tückische Quelle! Um das Jahr 400 n. Chr. entstanden, vereinigt sie historisch Richtiges, Halbwahres und Falsches, ist voreingenommen, zuweilen deutlich tendenziös und doch für die Reichsgeschichte im 2. und 3. Jh. n. Chr. unverzichtbar. Antoninus Pius (138–161 n. Chr.) gehört zu den ‚guten Kaisern' dieses Werkes, darum *„ging es unter seiner Herrschaft allen Provinzen gut"* (7, 2). Marcus' Regierungszeit (161–180 n. Chr.) werden Übergriffe der *Mauri* zugeschrieben, welche *„Hispanias prope omnes vastarent"* (*Marcus* 21, 1). Das trifft in diesem Umfang keinesfalls zu. Ob, wie gelegentlich vermutet wurde, der Hinweis *„compositae res et in Hispania, quae per Lusitaniam turbatae erant"* (*Marcus* 22, 11) auf den gleichen Vorgang anspielt, wissen wir nicht. Anscheinend gelang es der kaiserlichen Regierung, die zeitweise die Baetica aus der Verantwortung des Senates gelöst und sich selbst unterstellt hatte, der Schwierigkeiten Herr zu werden.

Was ist davon zu halten? Ohne Zweifel hat es maurische *raids* in den hispanischen Süden zu fast allen ‚römischen' Zeiten bis weit in die Spätantike gegeben, so wie es *raids* lusitanischer Gruppen bis nach Nordafrika vorrömisch und mindestens bis in caesarische Zeit gegeben hat. Möglicherweise hatten alle diese Raubzüge in das reiche Andalusien sogar gleiche oder ähnliche Motive. Der letzte in den Quellen vermerkte maurische Überfall hatte im Jahre 38 v. Chr. stattgefunden, was keinesfalls bedeutet, dass Raubzüge seither unterblieben wären. Die Schwierigkeit, die historische Situation richtig einzuschätzen, liegt, wie so oft, bei den Quellen. Was für Geschichtsschreiber der frühen Zeiten als Routine erscheinen konnte, musste den Autor der *Historia Augusta* irritieren, da sein Blick auf die Friedenszeiten der ‚guten' Kaiser gerichtet war. Überdies wissen wir nicht, was genau jeweils die Rifbewohner und andere veranlasste, die Meerenge zu überqueren; das könnten Hunger, Abenteurertum oder auch nur eine gute Gelegenheit gewesen sein, die bekanntlich Diebe/Räuber macht. Es ist vorstellbar, dass das Wissen um den geringen militärischen Schutz des hispanischen Südens in postflavischer Zeit eine solche Gelegenheit darstellte. Sabine Panzram, die in ihrer Münsteraner Dissertation von 2002 diese Probleme aufgreift, zitiert Inschriften, die von der Verwicklung baetischer Städte in die maurischen *raids* der 70er-Jahre des 2. Jhs. n. Chr. zeugen. Frau Panzram kommt insgesamt zu der Überzeugung, dass diese Vorgänge Frieden und Wohlstand der Region nicht nachhaltig geschädigt haben; damit wird sie im Großen und Ganzen Recht haben.

Was die Aussage *Marcus* 22, 11 der *Historia Augusta* angeht, so wäre es gewiss voreilig, sie *Marcus* 21,3 an die Seite zu stellen. Ebenso gut, wie maurische Überfälle vom Atlantik her auf die wohlhabenden Häfen Lusitaniens, könnten auch einheimische Turbulenzen im lusitanischen Raum entstanden und ‚beruhigt' worden sein. Maurische *raids* und lusitanische Unruhen gehörten – wie mehrfach festgestellt – zu den Dauerphänomenen der antiken Geschichte der Iberischen Halbinsel.

Das dritte Zitat wiegt schwer, weil es auf die Spätantike und ein grundlegendes strukturelles Problem hinweist: Die durch die *Italica allectio* bewirkte personelle Ausblutung Hispaniens, gegen die bereits Traianus Maßnahmen ergriffen hatte, welche offenbar nicht dauerhaft erfolgreich gewesen waren. Über das, was mit *Italica allectio* (SHA *Marcus* 11, 7) gemeint ist, gehen die Meinungen auseinander. Während die von D. Magie besorgte Loeb-Ausgabe der SHA ganz unbefangen „*levies from Italian settlers*" übersetzt und sich dafür auf SHA *Hadrian*. 12,4 beruft, glaubt Panzram (2002, 67), *Italica allectio* beziehe sich auf den Verlust von „Mitgliedern der städtischen Elite(n)" und damit auf den Rückgang von Investitionen in städtische Bau- oder Verschönerungsprogramme. Sie verbindet damit die unter Traianus erlassene Bestimmung, wonach auswärtige Senatoren ein Drittel ihres Vermögens in den Kauf italischen Bodens zu investieren hatten, um deren Verbundenheit mit dem Reichszentrum zu manifestieren.

Ich kann dieser Interpretation aus verschiedenen Gründen nicht zustimmen: Selbst eine stilistisch so mäßig geratene Publikation wie die *Historia Augusta* hätte eine Maßnahme des Kaisers gegenüber hispanischen Senatoren nicht als *Italica allectio* bezeichnet. Ferner hielt sich in der Zeit des Marcus die Zahl der Senatoren unter den „Mitgliedern der städtischen Elite(n)" selbst in den Provinzhauptstädten in Grenzen. Sie konnten schwerlich eine „Erschöpfung der hispanischen Provinzen" bewirkt haben. Wie Panzram selbst feststellt (a. a. O. 190) zeigten sich die *benefactores* (öffentliche Wohltäter), etwa in Corduba, keineswegs als finanziell eingeschränkt. Hingegen dürften häufige und umfangreiche Aushebungen römischer Bürger auf der Halbinsel, deren Zahl auch durch die flavischen Rechtsverleihungen nicht ins Riesenhafte gewachsen sein kann, durchaus spürbare Folgen gehabt haben, die es zu begrenzen galt. Die *constitutio Antoniniana* vom Jahre 212 n. Chr., die Verleihung des römischen Bürgerrechts an (fast) alle Provinzialen, gehörte ohne Zweifel zu den Maßnahmen therapeutischer Art, um dem zunehmendem Mangel an militärischer *man-power* abzuhelfen.

Muss diese Stelle noch nicht zwingend als Hinweis auf eine ‚Krise' gewertet werden, so ist der sogenannte „*Krieg der Deserteure (bellum desertorum)*", welcher unter Commodus im Verlauf des Jahres 186 n. Chr. in Gallien ausbrach und, wie vergleichbare Ereignisse schon früher und auch später wieder, auf die Iberische Halbinsel übergriff, gewiss ein Krisensymptom.

Wir wissen viel zu wenig über diese Vorgänge, die anscheinend darin gipfelten, dass der Anführer Maternus, nach Herodianos (1,9,10) ein „*Exsoldat von großem Wagemut*", den Caesar Commodus töten und an seine Stelle treten wollte. Es hat freilich den Anschein, als nehme die Forschung diese Vorfälle nicht wirklich ernst, sondern ordne sie der „Räuber-*Bandolerismo*-Szene" zu. Das liegt nicht zuletzt daran, dass die beiden Hauptquellen, der Zeitgenosse Herodianos und die *Historia Augusta*, zu den ‚unzuverlässigen' Quellen gerechnet werden, die, aus welchen Gründen auch immer, dazu neigen, Tatsachen zu verfälschen und romanhaft zu dramatisieren.

Immerhin: Edward Gibbon hat Herodianos im Wesentlichen geglaubt; ich sehe wenig Grund, das anders zu halten. Zweifellos handelte es sich, wie bei den Umtrieben der *Bullas*-Bande in Italien (Cass. Dio 77, 10) und später bei der Bagauden-Bewegung, um sozialrevolutionäre Aktivitäten, die, verglichen mit den lusitanischen „Räubern" des 2. Jhs. v. Chr., weit stärker überregionalen politischen Zielsetzungen folgten. Es sind quasi-anarchische Parallelen zu den militärischen Usurpationen, die im 1. Jh. n. Chr. von Gallien und Nordwest-Hispanien ausgingen und die im 3. Jh. n. Chr. an der Tagesordnung sein werden.

Immer, wenn in Friedenszeiten Soldaten ihren militärischen Verbänden massenhaft davonlaufen, hat das entweder ökonomische Gründe oder solche, die mit

Abb. 37 und 38 *Kreuzverzierte Weihaltäre* aus dem gallaekischen Heiligtum auf dem Monte do Facho (Pontevedra) 3.–5. Jh. n. Chr.

das in flavischer Zeit verlassen worden zu sein scheint, erneuern oder schaffen *rustici* ein Heiligtum für einen sonst unbekannten *Deus Lar Berus Breus*. Die Ausgrabung dieses Heiligtums erbrachte ca. 130 Votivaltäre, von denen ein Großteil in ‚barbarischem' Latein anonyme Weihinschriften für diese Gottheit mit dem Zusatz *pro salute* enthält (Koch, in Vorb.).

Quantitativ ist dieser Befund ohne Vergleich. Handelt es sich um die Flucht kaum romanisierter Einheimischer in ihre alte Religiosität? Um die mancherorts bis hin nach Obergermanien zu konstatierende kulturell-kultische Renaissance des Keltentums in einer Zeit dauerhafter Krisen und des Verlusts des Glaubens an Rom? Die „Laufzeit" dieses Heiligtums reicht von der Mitte des 3. Jhs. n. Chr. bis in die Zeit der constantinischen Dynastie und, vielleicht, des gallaekischen Priscillianismus. Die beiden vermutlich spätesten Altäre tragen das christliche Kreuzsymbol [Abb. 37 und 38].

Um die Mitte der 280er-Jahre n. Chr. regen sich in Gallien wie in Hispanien erstmals die sogenannten *Bacaudae*, bunt zusammengesetzte, sozial deklassierte aufständische Haufen vor allem im hispanischen Nordwesten und wohl auch im Ebrotal. Sie stellen für die historische Forschung ein immer noch weitgehend ungelöstes Problem dar. Wir werden, da die Begaudenbewegung im 4. und 5. Jh. n. Chr. immer wieder aufflackert, später ausführlich davon zu sprechen haben.

In all diesen Jahren und bis zum Amtsantritt des Diocletianus im Jahre 284 n. Chr. ist die Iberische Halbinsel in den literarischen Quellen nicht präsent. Die *fasti* der hispanischen Provinzen sind für das 3. Jh. n. Chr. überaus dürftig. Eine nennenswerte literarische Produktion aus dieser Zeit kennen wir nicht. Öffentliche wie private Inschriften sind wesentlich seltener als in früheren Zeiten. Es ist anzunehmen, dass vor allem die Küstenstädte befestigt bzw. dass ältere Ziermauern verstärkt wurden. (Hauschild 1993, 217 ff.) Befestigt wurden auch zahlreiche *villae rusticae* im Landesinnern. Die soziale Befindlichkeit der Stadtbewohner dürfte sich, wie anderswo, verschlechtert haben. Aber das Land artikuliert sich nicht; es scheint im Schatten der Ereignisse zu verharren.

bar, wie wenige andere Abschnitte der hispanischen Geschichte. Hispanien jedenfalls gehörte nach Aussage zahlreicher Münzprägungen aus der Prägestätte Tarraco sowie einiger Inschriften aus Gemeinden der Ostküste (CIL II 3619 [Saetabi], 3834 [Saguntum] und 4505 [Barcino]) dem Westverband unter Claudius II. Gothicus nicht mehr an. Ein Hinweis der *Historia Augusta*, Hispanien habe auch unter Tetricus zum *Imperium Galliarum* gehört, ist hochverdächtig.

In Gallaekien geschieht in diesen Jahren auf einem markanten Hügel nördlich der *ría de Vigo* unmittelbar am Atlantikufer etwas Erstaunliches: Auf dem Plateau dieses Berges, unmittelbar neben einem keltischen *castro*,

schen *raids* der 70er-Jahre des 2. Jhs. n. Chr. zeugen. Frau Panzram kommt insgesamt zu der Überzeugung, dass diese Vorgänge Frieden und Wohlstand der Region nicht nachhaltig geschädigt haben; damit wird sie im Großen und Ganzen Recht haben.

Was die Aussage *Marcus* 22, 11 der *Historia Augusta* angeht, so wäre es gewiss voreilig, sie *Marcus* 21,3 an die Seite zu stellen. Ebenso gut, wie maurische Überfälle vom Atlantik her auf die wohlhabenden Häfen Lusitaniens, könnten auch einheimische Turbulenzen im lusitanischen Raum entstanden und ‚beruhigt' worden sein. Maurische *raids* und lusitanische Unruhen gehörten – wie mehrfach festgestellt – zu den Dauerphänomenen der antiken Geschichte der Iberischen Halbinsel.

Das dritte Zitat wiegt schwer, weil es auf die Spätantike und ein grundlegendes strukturelles Problem hinweist: Die durch die *Italica allectio* bewirkte personelle Ausblutung Hispaniens, gegen die bereits Traianus Maßnahmen ergriffen hatte, welche offenbar nicht dauerhaft erfolgreich gewesen waren. Über das, was mit *Italica allectio* (SHA *Marcus* 11, 7) gemeint ist, gehen die Meinungen auseinander. Während die von D. Magie besorgte Loeb-Ausgabe der SHA ganz unbefangen „*levies from Italian settlers*" übersetzt und sich dafür auf SHA *Hadrian*. 12,4 beruft, glaubt Panzram (2002, 67), *Italica allectio* beziehe sich auf den Verlust von „Mitgliedern der städtischen Elite(n)" und damit auf den Rückgang von Investitionen in städtische Bau- oder Verschönerungsprogramme. Sie verbindet damit die unter Traianus erlassene Bestimmung, wonach auswärtige Senatoren ein Drittel ihres Vermögens in den Kauf italischen Bodens zu investieren hatten, um deren Verbundenheit mit dem Reichszentrum zu manifestieren.

Ich kann dieser Interpretation aus verschiedenen Gründen nicht zustimmen: Selbst eine stilistisch so mäßig geratene Publikation wie die *Historia Augusta* hätte eine Maßnahme des Kaisers gegenüber hispanischen Senatoren nicht als *Italica allectio* bezeichnet. Ferner hielt sich in der Zeit des Marcus die Zahl der Senatoren unter den „Mitgliedern der städtischen Elite(n)" selbst in den Provinzhauptstädten in Grenzen. Sie konnten schwerlich eine „Erschöpfung der hispanischen Provinzen" bewirkt haben. Wie Panzram selbst feststellt (a. a. O. 190) zeigten sich die *benefactores* (öffentliche Wohltäter), etwa in Corduba, keineswegs als finanziell eingeschränkt. Hingegen dürften häufige und umfangreiche Aushebungen römischer Bürger auf der Halbinsel, deren Zahl auch durch die flavischen Rechtsverleihungen nicht ins Riesenhafte gewachsen sein kann, durchaus spürbare Folgen gehabt haben, die es zu begrenzen galt. Die *constitutio Antoniniana* vom Jahre 212 n. Chr., die Verleihung des römischen Bürgerrechts an (fast) alle Provinzialen, gehörte ohne Zweifel zu den Maßnahmen therapeutischer Art, um dem zunehmendem Mangel an militärischer *man-power* abzuhelfen.

Muss diese Stelle noch nicht zwingend als Hinweis auf eine ‚Krise' gewertet werden, so ist der sogenannte „Krieg der Deserteure (*bellum desertorum*)", welcher unter Commodus im Verlauf des Jahres 186 n. Chr. in Gallien ausbrach und, wie vergleichbare Ereignisse schon früher und auch später wieder, auf die Iberische Halbinsel übergriff, gewiss ein Krisensymptom.

Wir wissen viel zu wenig über diese Vorgänge, die anscheinend darin gipfelten, dass der Anführer Maternus, nach Herodianos (1,9,10) ein *„Exsoldat von großem Wagemut"*, den Caesar Commodus töten und an seine Stelle treten wollte. Es hat freilich den Anschein, als nehme die Forschung diese Vorfälle nicht wirklich ernst, sondern ordne sie der „Räuber-*Bandolerismo*-Szene" zu. Das liegt nicht zuletzt daran, dass die beiden Hauptquellen, der Zeitgenosse Herodianos und die *Historia Augusta*, zu den ,unzuverlässigen' Quellen gerechnet werden, die, aus welchen Gründen auch immer, dazu neigen, Tatsachen zu verfälschen und romanhaft zu dramatisieren.

Immerhin: Edward Gibbon hat Herodianos im Wesentlichen geglaubt; ich sehe wenig Grund, das anders zu halten. Zweifellos handelte es sich, wie bei den Umtrieben der *Bullas*-Bande in Italien (Cass. Dio 77, 10) und später bei der Bagauden-Bewegung, um sozialrevolutionäre Aktivitäten, die, verglichen mit den lusitanischen „Räubern" des 2. Jhs. v. Chr., weit stärker überregionalen politischen Zielsetzungen folgten. Es sind quasi-anarchische Parallelen zu den militärischen Usurpationen, die im 1. Jh. n. Chr. von Gallien und Nordwest-Hispanien ausgingen und die im 3. Jh. n. Chr. an der Tagesordnung sein werden.

Immer, wenn in Friedenszeiten Soldaten ihren militärischen Verbänden massenhaft davonlaufen, hat das entweder ökonomische Gründe oder solche, die mit militärischer Disziplin, mangelhafter Führung oder verfehlter Aufgabenstellung zu tun haben. Wenn solche Desertionen zu großen Plünderungszügen, militärischen Konfrontationen, gewaltsamer Gefangenen-Befreiung in mehreren Provinzen ausarten, ist der Begriff Krisensymptom gewiss nicht unangebracht, denn entweder die Provinzverwaltungen oder das Militärwesen in diesen Provinzen – oder beides – liegt im Argen. Gibbon mit seinem untrüglichen Instinkt für Phänomene des „decline" hat das so formuliert: *„Die Vernachlässigung der öffentlichen Verwaltung verriet sich bald nachher durch eine Unordnung, welche aus den geringfügigsten Ursachen entstand. Unter den Truppen begann ein Geist der Entweichung zu herrschen, und die Ausreißer, statt ihr Heil in Flucht und Verborgenheit zu suchen, machten die Straßen unsicher. Maternus, ein gemeiner Soldat, aber im Besitze eines weit über seinen Stand gehenden Unternehmungsgeistes, sammelte diese Räuberbande in ein kleines Heer, erbrach die Gefängnisse, forderte die Sklaven auf, ihre Freiheit zu erringen, und plünderte ungestraft die reichen und wehrlosen Städte von Gallien und Spanien"* (übers. von J. Sporschil).

Nach der Hinrichtung des Maternus mit anschließender, in der Forschung gelegentlich bestrittener, Strafexpedition des nachmaligen Usurpators Pescennius Niger nach Gallien (SHA *Pesc. Niger* 3,4) hören wir nichts weiter von den *desertores*. Wir wissen auch nicht, in welchem Umfang Hispanien tatsächlich von den Ereignissen berührt wurde. Aber dass in den letzten Jahrzehnten des 2. Jhs. n. Chr. im römischen Westen Auflösungstendenzen erkennbar werden, ist nicht zu bestreiten, auch wenn es Hispanien insgesamt weiterhin recht gut zu gehen scheint.

Die Regierungszeit des Septimius Severus brachte zunächst eine gewisse Konsolidierung der Verhältnisse, zumal dieser militärische Praktiker die Situation der Soldaten und die Verwaltungseffizienz verbesserte. Sein Vermächtnis an seine Kinder: *„Seid einig, bezahlt die Soldaten und verachtet alles andere"* – ob nun echt oder nur *bene trovato* – beschreibt die Essenz des Regierungshandelns in dieser Zeit vermutlich genau. Doch haben anscheinend Teile Hispaniens im Zusammenhang mit der Usurpation des britannischen Statthalters Clodius Albinus in den Jahren 196–197 n. Chr., der wie Septimius Severus selbst aus Afrika kam, eine unglückliche Rolle gespielt. Nicht nur ging das in Hispanien stationierte Militär zu Albinus über, sondern auch L. Novius Rufus, der Statthalter der *Citerior* sowie hispanische Notabeln wie Fabius Paulinus in Tarraco oder Mummius Secundinus in Corduba. Sie wurden zusammen mit zahlreichen anderen Personen unterschiedlichen gesellschaftlichen Ranges hingerichtet (SHA *Severus* 12–14). José Remesal Rodríguez, langjähriger Leiter der spanischen Ausgrabungen am Monte Testaccio und einer der besten Kenner der kaiserzeitlichen Ölproduktion und ihres keramischen Kontextes in Hispanien, sieht als Folge der Albinus-Usurpation und der als besonders heftig geschilderten Vergeltungsmaßnahmen des Septimius Severus eine deutliche Zäsur im baetischen Ölgeschäft. Als Folge von Konfiskationen und Hinrichtungen habe eine Art Personalwechsel stattgefunden. Einen Bürgerkrieg sehe ich hier nicht, dazu spielten sich die Ereignisse nach den Quellen zu eindeutig in regionalem Rahmen ab.

Was alle diese im Einzelnen kaum zu durchschauenden Vorgänge für die hispanische Lebenswirklichkeit bedeuteten, ist schwer einzuschätzen. Die *rustici* in der Extremadura, in Gallaekien oder Altkastilien, die Weinbauern im Ampurdán oder die lusitanischen Fischer wurden, so scheint es, von solchen Ereignissen wenig berührt. Kaiserliche Konfiskationen (SHA *Severus* 12,3), beispielsweise im Bereich von Ölproduktion und -handel, trafen die Familien der Produzenten und Ölhändler, kaum das Land insgesamt. Die wohlhabenden Eigner der großen *villae rusticae*, deren Zahl im 2. Jh. n. Chr. beträchtlich zunahm, blieben unbehelligt, soweit sie nicht Ziel marodierender Soldaten nach Art der Maternus-Truppe waren und sich nicht konspirativ betätigten. Allerdings sind Steuer- und Verwaltungsdruck, Geldverschlechterung, Rekrutierungsprobleme und, zunächst noch nur regional, die Bedrohung der Öffentlichen Ordnung, der Verlust des Gefühls von Schutz sowohl im öffentlichen wie im privaten Bereich wohl immer deutlicher empfunden worden. Das freilich waren keine ausschließlich hispanischen Probleme.

Zum Glück für die hispanischen Provinzen fanden die nahezu ununterbrochenen militärischen Auseinandersetzungen der nächsten rund 60 Jahre weitab von der Pyrenäenhalbinsel in Britannien, im germanischen Norden, an der Donau und im Osten statt. Man gewinnt den Eindruck, dass Hispanien bis in die Zeit des „Soldatenkaisers" Postumus und noch darüber hinaus an ‚großer Politik' nicht beteiligt war. Ob Caracallas erwähnte Bürgerrechtsverleihung von den Untertanen tatsächlich als Verbesserung empfunden wurde, wird nicht recht klar: Nicht jeder wird ob des nun drohenden Militärdienstes entzückt gewesen sein. Das gilt auch für die verbleibenden *peregrini*. Eine weitere einschneidende, allerdings wohl nur kurzfristige Veränderung fällt in die Regierungszeit dieses Kaisers: Gallaekien und Asturien werden von der Tarraconensis abgetrennt und erhalten als *Hispania nova citerior* den Status einer eigenen Provinz. Nach Auffassung Alföldys (1969, 208 f.) wurde diese Trennung nach dem Tode Caracallas allerdings wieder aufgehoben.

Unter Postumus, der sich als Herrscher „*Imperator Caesar M. Cassianius Latinius Postumus*" nennt (CIL II 4919; 4943) (ab 259) und in der *colonia Claudia Augusta Ara Agrippinensium* (Köln) residierte, kam es erneut zur Bildung eines *imperium Galliarum*, welches Hispanien und Britannien einschloss. Ralf Urban hat 1999 unter dem klingenden Titel „*Gallia rebellis*" diesen und vergleichbare Vorgänge untersucht. Meines Erachtens unterschätzt er Alter und Nachhaltigkeit des Widerstandes in den indoeuropäisch-keltischen Westgebieten gegen den römischen *oktroi*, so liberal dieser nach den diversen Siegen Roms gelegentlich auch daherkam. Niemand weiß, ob man sich damals im römischen Westen an das sertorianische Modell erinnerte oder an Galbas einschlägige Aktivitäten dachte: Postumus jedenfalls schuf eine veritable Gegenregierung mit Senat und Beamten; sein Wirken in Gallien und Obergermanien fand allgemeine Zustimmung. Interessant ist, dass dieser Kaiser des Westens erstaunliche kulturelle Zugeständnisse an das Keltentum machte. Vermutlich war das keltische Erbe ganz allgemein ein wesentliches Binde-Element dieses und der späteren gallischen Sonderreiche mit hispanischem, teilweise auch britannischem Nexus. Ein anderes dürfte die enge Verzahnung großer südgallischer und hispanischer Adelsfamilien gewesen sein, wie sie Stroheker (1965, 68 f.) beschrieben hat. Die nicht-keltische Gallia Narbonensis hat denn auch niemals solche Widerstandsbemühungen mitgetragen, sondern ist durchweg romtreu geblieben.

Über die „keltische Renaissance" des 3. Jhs. n. Chr. und später, die auch in Hispanien spürbar ist, wird noch zu sprechen sein. Man gewinnt den Eindruck, dass Hispanien mehr und mehr zum Anhängsel der in dieser Zeit sehr lebendigen gallischen Provinzen wird. Das große Land zeigt so gut wie keine eigene Initiative, auch bringt es kaum mehr namhafte Persönlichkeiten hervor. Es mag an den wenigen und wenig qualitätvollen Quellen liegen, dass die Iberische Halbinsel marginalisiert erscheint, doch könnte auch der Schock des severischen Strafgerichts nachgewirkt haben. Zweifellos lagen die politisch-militärischen Schauplätze von Bedeutung jetzt anderswo. Da aber Gallien politisch äußerst aktiv erscheint, stellt sich die Frage, ob sich die kreative Energie des bis in die Zeit des Marcus so vitalen hispanischen Raumes möglicherweise erschöpft haben könnte.

Rund 350 Jahre nach der Invasion der Kimbern kamen in den Jahren 259–262 n. Chr. erstmals spürbar wieder Germanen plündernd, mordend und sengend auf die Halbinsel. Diesmal sind es Verbände aus Stämmen, die später unter dem Namen „Franken" zusammengefasst wurden, welche über Gallien nach Hispanien vordringen und u. a. auch Tarraco überfallen. Die literarischen Quellen bleiben unscharf, was die wirkliche Tragweite dieser Aktionen betrifft; Tarraco und seine Umgebung jedenfalls wurden schwer getroffen und scheinen sich lange nicht erholt zu haben (Alföldy 1975, 598 f.).

Orosius' Behauptung, die Franken hätten sich 12 Jahre lang in Hispanien aufgehalten, mag man glauben oder nicht; dauerhafte Spuren haben sie nicht hinterlassen. Das Bild, welches Blázquez (1990, 514 f.) von den Ereignissen zu vermitteln versucht hat, ist mit Formulierungen wie „*Reiche Landstriche wie die Baetica und die Levante wurden dem Erdboden gleichgemacht*" und Hinweisen auf zahlreiche Städte, in denen „*das Leben erstarb*", übertrieben und methodisch verfehlt. Viele Landesteile blieben von solchen Vorgängen völlig unberührt – das ist es, was die Einschätzung der hispanischen Befindlichkeit in diesen Jahren insgesamt so schwer macht. Zudem sind die Jahre zwischen dem Tod des Postumus im Jahre 268 n. Chr., der für rund einundeinhalb Jahrzehnte sein Sonderreich geschaffen hatte, das sogar die Regierungszeiten des Claudius Gothicus, seines Bruders Quintillus und die Anfangsjahre des Galliers Esuvius Tetricus überdauerte und erst von Aurelianus um 274 n. Chr. wieder in den Reichsverband zurückgeholt wurde, und der Ära des Diocletianus so undurchschau-

Abb. 37 und 38 *Kreuzverzierte Weihaltäre* aus dem gallaekischen Heiligtum auf dem Monte do Facho (Pontevedra) 3.–5. Jh. n. Chr.

das in flavischer Zeit verlassen worden zu sein scheint, erneuern oder schaffen *rustici* ein Heiligtum für einen sonst unbekannten *Deus Lar Berus Breus*. Die Ausgrabung dieses Heiligtums erbrachte ca. 130 Votivaltäre, von denen ein Großteil in ‚barbarischem' Latein anonyme Weihinschriften für diese Gottheit mit dem Zusatz *pro salute* enthält (Koch, in Vorb.).

Quantitativ ist dieser Befund ohne Vergleich. Handelt es sich um die Flucht kaum romanisierter Einheimischer in ihre alte Religiosität? Um die mancherorts bis hin nach Obergermanien zu konstatierende kulturell-kultische Renaissance des Keltentums in einer Zeit dauerhafter Krisen und des Verlusts des Glaubens an Rom? Die „Laufzeit" dieses Heiligtums reicht von der Mitte des 3. Jhs. n. Chr. bis in die Zeit der constantinischen Dynastie und, vielleicht, des gallaekischen Priscillianismus. Die beiden vermutlich spätesten Altäre tragen das christliche Kreuzsymbol [Abb. 37 und 38].

Um die Mitte der 280er-Jahre n. Chr. regen sich in Gallien wie in Hispanien erstmals die sogenannten *Bacaudae*, bunt zusammengesetzte, sozial deklassierte aufständische Haufen vor allem im hispanischen Nordwesten und wohl auch im Ebrotal. Sie stellen für die historische Forschung ein immer noch weitgehend ungelöstes Problem dar. Wir werden, da die Begaudenbewegung im 4. und 5. Jh. n. Chr. immer wieder aufflackert, später ausführlich davon zu sprechen haben.

In all diesen Jahren und bis zum Amtsantritt des Diocletianus im Jahre 284 n. Chr. ist die Iberische Halbinsel in den literarischen Quellen nicht präsent. Die *fasti* der hispanischen Provinzen sind für das 3. Jh. n. Chr. überaus dürftig. Eine nennenswerte literarische Produktion aus dieser Zeit kennen wir nicht. Öffentliche wie private Inschriften sind wesentlich seltener als in früheren Zeiten. Es ist anzunehmen, dass vor allem die Küstenstädte befestigt bzw. dass ältere Ziermauern verstärkt wurden. (Hauschild 1993, 217 ff.) Befestigt wurden auch zahlreiche *villae rusticae* im Landesinnern. Die soziale Befindlichkeit der Stadtbewohner dürfte sich, wie anderswo, verschlechtert haben. Aber das Land artikuliert sich nicht; es scheint im Schatten der Ereignisse zu verharren.

bar, wie wenige andere Abschnitte der hispanischen Geschichte. Hispanien jedenfalls gehörte nach Aussage zahlreicher Münzprägungen aus der Prägestätte Tarraco sowie einiger Inschriften aus Gemeinden der Ostküste (CIL II 3619 [Saetabi], 3834 [Saguntum] und 4505 [Barcino]) dem Westverband unter Claudius II. Gothicus nicht mehr an. Ein Hinweis der *Historia Augusta*, Hispanien habe auch unter Tetricus zum *Imperium Galliarum* gehört, ist hochverdächtig.

In Gallaekien geschieht in diesen Jahren auf einem markanten Hügel nördlich der *ría de Vigo* unmittelbar am Atlantikufer etwas Erstaunliches: Auf dem Plateau dieses Berges, unmittelbar neben einem keltischen *castro*,

Exkurs 9
Hispanisches Christentum vor 312 n. Chr.

„In den iberischen Provinzen gibt es Christengemeinden"
(Iren. v. Lugd. adv. Haer. 1,10)

Für umfangreiche Ausführungen über die paganen Kulte Hispaniens ist in diesem Buch nicht ausreichend Platz: Der Hinweis muss genügen, dass von phoinikischer Zeit bis zum Sieg des Christentums zahllose einheimische und importierte religiöse Vorstellungen ohne Behinderung durch Obrigkeiten oder Andersgläubige friedlich nebeneinander existiert zu haben scheinen. Manche der schwer zu fassenden Glaubensvorstellungen der Iberer dürften relativ früh verschwunden oder synkretistischer Verschmelzung zum Opfer gefallen sein. Für die hochkomplizierte keltische Religion gilt das weniger; hier ist der Synkretismus leichter zu durchschauen. Die semitischen Kulte blieben sich treu, auch in hellenistischem Gewande. Roms angestammte Götterwelt wurde nach Bedarf und Laune rezipiert und amalgamiert. Der sich mit der Zeit immer stärker orientalisierende Kaiserkult ist, soweit die Quellen das erkennen lassen, ohne Widerstand akzeptiert worden; er war ohnehin eine Angelegenheit derjenigen Bevölkerungsschichten, ‚auf die es ankam'. Fremde, welche es regelmäßig oder dauerhaft auf die Halbinsel verschlug, Kaufleute mit Ost-Beziehungen – und die gab es zwischen Gades, Emerita Augusta, Neukarthago und Tarraco reichlich – und besonders Soldaten brachten Atargatis, Isis/Serapis, Mithras, die Magna Mater und weitere Kulte auf die Halbinsel. Gefiel es einem Kaiser, einen Kult wie den des *Sol invictus* zu favorisieren, so nahm die wunderbare Liberalität und Toleranz der Klassischen Antike in Religionsdingen auch diesen fremden Gott in das allgemeine Pantheon auf. Anhänger monotheistischer Überzeugungen, Juden etwa, fielen im Westen zahlenmäßig anscheinend nicht ins Gewicht; es sind, anders als im Osten, Konflikte mit ihnen in vorchristlicher Zeit nicht überliefert.

Das ändert sich mit dem Aufkommen des Christentums! In ‚schlechten Zeiten' haben Erlösungsreligionen seit jeher Konjunktur. Es hätte, so Franz Cumont, der die klassische Untersuchung über „Mithras" vorgelegt hat, auch dieser sich selbst opfernde Erlöser-Gott sein können, der für die Menschen in der zunehmend beängstigenden zweiten Hälfte des 3. Jhs. n. Chr. Zuflucht und Heilsversprechen bedeutet hätte – aber aus Gründen, die hier nicht zu diskutieren sind, waren es die Christen, die den größeren Zulauf fanden und daraus im geeigneten Augenblick politisches Kapital zu schlagen vermochten.

Moderne Historiker des Profanen – außer Eduard Meyer – haben meist darauf verzichtet, sich intensiv mit der Geschichte des frühen Christentums zu befassen: Viele Quellen zu diesem Thema sind noch gar nicht erschlossen; ein rationaler Weg zwischen Parteinahme und Verurteilung ist kaum zu finden. Sich über hispanisches Christentum zu äußern ist schon deswegen ein besonderes Problem, weil sich das trotz allen Antiklerikalismus und aller Freigeisterei tief in katholischen Überzeugungen wurzelnde Spanien des 19. und 20. Jhs. aus Gründen, die bereits in der Einleitung angesprochen worden sind, einer radikalen Quellenkritik noch vielfach verschließt. Wie existentiell bedroht die christlichen Konfessionen in der Gegenwart auch immer sein mögen, die ideologischen Auseinandersetzungen haben, auch wenn sie weniger öffentliches Interesse finden als früher, kaum an Intensität eingebüßt. Es genügt ein Blick auf die Behandlung des *Santiago*-Phänomens im zweiten Band der von Ramón Menéndez Pidal betreuten „*Historia de España*", der maßgeblichen Geschichts- und Kultur-Enzyklopädie der Franco-Epoche, um die fortdauernden Schwierigkeiten zu begreifen, die noch dadurch verstärkt werden, dass die mit dem Thema des hispanischen Christentums befassten Autoren vielfach katholische Kleriker waren und sind. Speziell in der Franco-Zeit wurden entsprechende Themen außerdem mit Fragen der „nationalen Identität" Spaniens seit der „*reconquista*" verknüpft. Man braucht nur an die in den Jahren nach dem Jahrtausendwechsel 2000 in Galicia virulente Diskussion um die Darstellung des Apostels Jakobus als „*matamoros*" (Maurentöter) zu erinnern, um die Brisanz von Heuristik, Hermeneutik und Kritik in diesem Zusammenhang zu begreifen.

Ähnlich fruchtlos ist die nicht endende Diskussion um die beabsichtigte Hispanien-Reise des Paulus von Tarsos (*Röm.* 15, 24). Eine solche Reise ist nicht zu beweisen und aus Zeitgründen auch nicht wahrscheinlich. Gleichwohl wird Paulus' Besuch der Iberischen Halbinsel von interessierten Kreisen hartnäckig postuliert. Dabei liegt der Erkenntniswert dieser Diskussion nicht darin, ob die möglicherweise geplante Reise tatsächlich stattfand, sondern darin, dass der Apostel entweder mit Christen auf hispanischem Boden rechnete oder dass es jüdische (oder andere) Kreise auf der Halbinsel gab, die er für seinen Glauben hoffte gewinnen zu können. Günter Bornkamm hat den alten Oikoumene-Ansatz in der Präsentation der Paulus-Reisen betont, wie er uns profan im Alten Orient und theologisch konnotiert im AT begegnet (Koch 1984, 57 ff.; 96 ff.). Dazu gehört, dass Hispanien seit jeher das westliche Weltende bezeichnete. Damit stellt die Paulus-Reise erst recht kein Problem mehr dar.

Wann tatsächlich der erste Christ hispanischen Boden betrat und woher er kam, weiß niemand. Doch ist schwerlich zu bezweifeln, dass die engen Verbindungen des hispanischen Südens zu Afrika, die der großen Hafenstädte Gades, Malaca und Neukarthago zum Ostmittelmeerraum sowie die interregionalen Kontakte der Hauptstädte Tarraco, Corduba, später auch Augusta Emerita, ferner der imperiumweite Austausch des Militärs und manches mehr beste Voraussetzungen dafür boten, dass – ebenso wie andere östliche Kulte – auch der christliche verhältnismäßig früh den Weg nach Hispanien fand.

Gleichwohl besitzen wir, anders als für den Osten des Reiches, über die Entwicklung der frühen christlichen Gemeinden Hispaniens keinerlei präzisen Kenntnisse. Über den ersten rund 150–200 Jahren nach dem Tode des Religionsstifters liegt ein Nebel aus frommen Legenden, wie die von den sieben *„varones apostólicos"*, die Hispanien missioniert hätten. Das sind, wie die Jakobus-Legende, rührend-naive, viel später auch politisch motivierte Versuche christlich-hispanischer Traditionsbildung, verbunden mit Legitimierungs- und Propagandabemühungen, die allesamt mit der Essenz des christlichen Glauben wenig zu tun haben. Eine nicht unwichtige Rolle spielt dabei die Historisierung von Gründungs-Traditionen bekannter christlicher Bischofssitze. Den sieben *„varones"* werden *Avela* (Secundus); *Iliturgi* (Euphrasius); *Illiberris* (Caecilius); *Urci* (Indalecius); *Bergi* (Tesiphon); *Carcesa* (vielleicht Caravaca) (Hesychios); *Acci* (Torquatus) zugeordnet. Vorstellbar ist, dass hier und an den weiteren vorgeblich von diesen Missionaren gegründeten Bistümern tatsächlich die ersten Christengemeinden entstanden waren; sicher ist das freilich nicht! Bemerkenswert ist, dass Eusebios von Caesarea (ca. 260–340 n. Chr.) in seiner Kirchengeschichte im Zusammenhang mit den Missions-Zielen der Paulus-Schüler den gesamten Westen unerwähnt lässt (3,4,8). Dennoch wird der Hinweis des gallischen Bischofs Irenaeus von Lugdunum (ca. 130–200 n. Chr.) auf Christengemeinden *„in germanischen, iberischen und keltischen"* Gebieten (*adv. Haer.* 1, 10) einigermaßen glaubwürdig sein.

A. H. M. Jones hat 1963 den „Sozialen Hintergrund des Kampfes zwischen Heidentum und Christentum" ausgeleuchtet; viele dort vermittelte Einsichten haben Bestand (1971, *passim*). Es ist anzunehmen, dass das hispanische Christentum in seinem Unterschichten- und Soldaten-Milieu über Generationen kontinuierlich wuchs, von der allgemeinen religiösen Toleranz geschützt wurde und in den politisch und wirtschaftlich „guten" oder „relativ guten" Zeiten bis zum Ausgang der Antonine öffentlich kaum wahrgenommen wurde. Andererseits ist zu bedenken, dass die religiösen Strömungen, Kontroversen und Antagonismen, wie sie W. H. C. Frend (1980²) für den Osten eindrucksvoll beschrieben hat, den römischen Westen nicht unberührt ließen. Dazu waren die ostmediterranen Beziehungen gerade der ost- und südhispanischen Hafenstädte zu intensiv, auch wenn sich davon kaum etwas in den Quellen findet.

Die Stunde der so entstandenen christlichen Netzwerke kam mit den wachsenden Zweifeln an Roms Unüberwindbarkeit. Es war eine Zeit der Fluchten, entweder in die Utopie vergangener besserer Zeiten, welche beispielsweise die „keltische Renaissance" gespeist haben muss, oder in die eines radikal weltabgewandten Christentums mit seinem Gott der *caritas*, dessen wenig konkretisierte Omnipotenz keinem Zweifel unterlag, da sein Reich *„nicht von dieser Welt"* war und er nichts beweisen musste. Ende des 2. Jhs. n. Chr. war das hispanische Christentum „da", wie umfangreich, wissen wir nicht, doch nach Irenaeus und Tertullianus bereits *„verbreitet"*. Cyprianus von Karthago schreibt Mitte des 3. Jhs. n. Chr. Briefe an die Gemeinden von Legio/Asturica Augusta und Augusta Emerita sowie Caesaraugusta, was für eine besondere Beteiligung von Militärpersonen spricht, die sich auch in der Martyrer-Statistik spiegelt. Hier begegnen die ersten Namen hispanischer Christen: Felix, ein Presbyter, ein Diakon Aelius, die Bischöfe Sabinus, Basilides, Martialis.

Unter den ‚Soldatenkaisern' Decius und Valerianus, dem Vater des ‚Westkaisers' Gallienus, der im Osten gegen die Perser kämpfte, begannen um die Mitte des 3. Jhs. Christenverfolgungen, die auch Hispanien berührten. Herbert Nesselhauf hat den „Ursprung des Problems ‚Staat und Kirche'" in gültiger Weise dargestellt (1975): Während in den ersten beiden Jahrhunderten die Kriminalisierung der Christen auf schierem Missverstehen beruht hatte (Plin. min. *ep.* 10, 96), versteht man deren *„Beharrlichkeit und unbeugsame Widerborstigkeit"* (ebda.) in dem unsicheren 3. Jh. n. Chr. zunehmend als politische Bedrohung. In Hispanien wird um 259 n. Chr. der Bischof von Tarraco, Fructuosus, mit zwei Diakonen hingerichtet. Die Gründe dafür dürften zumeist in der Ablehnung des Kaiser-Opfers, seit dem jüngeren Plinius der Testfall für die Zugehörigkeit zu einer „kriminellen Vereinigung" im Untergrund (Nesselhauf 1975, 20), später dann Nachweis von Staats- (und religiöser) Loyalität, entsprechend dem von Decius nach 249 n. Chr. erlassenen Opferedikt, liegen. Die Reaktionen auf diese kaiserliche Verordnung sind gespalten: Es gibt Christen, die das Kaiser-Opfer vollziehen, andere lehnen es vehement ab. Das oben erwähnte Schreiben des Cyprianus von Karthago lässt uns wissen, dass die hispanischen Bischöfe Basilides von Asturica/Legio und Martialis von Emerita geopfert hätten, woraufhin die Gemeinden ihre Absetzung verlangten.

Ein in der Universitätsbibliothek Hamburg aufbewahrter Papyrus aus dem Fayyum enthält eine jener „Opferquittungen" (*libellus*), wie sie – in erschreckender Weise an moderne bürokratische Kontrollen erinnernd – theoretisch im gesamten Imperium verlangt wurden, um das Festhalten der Untertanen an den kultischen Grundüberzeugungen Roms und des Kaisertums zu beweisen. Der griechisch verfasste Text lautet: *„An die Opferkommission von Aurelia Charis aus der Gemeinde Theadelpheia. Ich habe regelmäßig den Göttern geopfert und stets Frömmigkeit gezeigt. Jetzt habe ich in Eurer Gegenwart und gemäß dem Edikt Trankopfer und Blutopfer dargebracht und vom Opferfleisch gegessen, und nun bitte ich Euch, dies mit Eurer Unterschrift zu bestätigen. Lebet wohl."* Darunter vermerkt eine zweite Hand: *„Wir, die Aurelii,*

Serenos und Herma, haben Dich opfern gesehen". Dann eine dritte Hand: *„Ich, Hermas, habe unterschrieben."* Darunter die erste Hand: *„Im ersten Jahr des Imperator Caesar Caius Messius Quintus Traianus Decius Pius Felix Augustus, am 22 Payni"*.

Beide Seiten verstanden einander nicht und wollten sich wohl auch nicht verstehen: Weder begriffen die Christen, dass die Kaiser angesichts der allgemeinen Auflösungstendenzen misstrauisch und angstvoll Beweise für Loyalität verlangten, noch verstand die Gegenseite den für das kaiserliche Regiment gänzlich ungefährlichen, aber kompromisslos-starren Monotheismus der Christen, wie er beispielsweise in den erhaltenen Protokollen von Christen-Prozessen zum Ausdruck kommt. Dazu kam das irrational-erlösungssüchtige Verlangen nach dem sogenannten Martyrium, welches sich vor allem im Umkreis des nordafrikanischen Bischofs Donatus von *Casae Nigrae* zu einer abweichlerischen Bewegung – Donatisten – auswuchs, die, obgleich von der Orthodoxie scharf bekämpft, noch bis in die Vandalenzeit virulent blieb. Es ist ein Phänomen, wie wir ihm heutzutage bei islamischen Selbstmord-Kommandos begegnen. Dieses Selbstaufopferungs-Begehren, dessen geistigen und psychologischen Hintergrund Frend differenziert dargestellt hat (1980²), muss in der zweiten Hälfte des 3. Jhs. n. Chr. solche Ausmaße erreicht haben, dass kirchliche Obere im gesamten Westen vor dem *„Drang nach dem Martyrium"* warnten.

Der tatsächliche Umfang der Verfolgungen, der Hinrichtungen von Gläubigen und des Abfalls von der christlichen Religion ist nicht zuverlässig zu ermitteln. Die Martyrerakten sind durchweg zweifelhafte Quellen; regierungsamtliche Informationen aus Hispanien liegen für diese Zeit kaum vor. Überdies haben die zahlreichen christlichen Schriftsteller der mit Constantinus beginnenden christlichen Epoche Hispaniens, allen voran Orosius und Prudentius, die christliche Vergangenheit der Halbinsel nicht eben um kritische Objektivität bemüht dargestellt. Das gilt beispielsweise für den Fall der emeritensischen Stadtpatronin. Javier Arce hat 2003 in einem Essay über *„Prudencio y Eulalia"* deutlich gemacht, in welchem Maße poetische, propagandistische und religionspädagogische Motive in die Stilisierung der Martyrer-Darstellungen eingeflossen sind. Konkret: Niemand vermag sicher zu sagen, ob jene Emeritenserin Eulalia je existiert hat oder ob sie lediglich als religionspropagandistisches Modell entworfen wurde. Durch Prudentius' bis zum Kitsch glorifizierende Darstellung von Eulalias' Gerichtsverfahren und Martyrium (*Perist*. 3) schimmert das fanatisierte religiöse Umfeld und die persönliche Pathologie des angeblich 12–13-jährigen Mädchens, das die Götter und den Kaiser Maximianus als „Nichtse" beschimpfte, den Praetor anspie und den Opferaltar umwarf. Frend hat gewiss Recht, wenn er feststellt, Eulalia *„habe ihr Ende provoziert"* (1980², 505). Andererseits ergeben sich angesichts möglicherweise verwandter Verhaltensmuster beim öffentlichen Auftreten junger Frauen wie der Jeanne d'Arc oder in unseren Tagen der blutjungen pakistanischen Frauenrechtlerin Malala Youzafzai Fragen an Psychologen. Desungeachtet spricht die Tatsache, dass römische Beamte den ungebärdigen Teenager, wenn es ihn denn wirklich gegeben hat, hinrichten ließen, weder für deren humanes und psychologisches Verständnis noch für ihre Weisheit.

Der hispanische Heiligen-Kalender weist eine Reihe von männlichen und weiblichen Namen auf, deren Martyrium in der Zeit von Decius bis auf Constantinus kaum bezweifelt werden kann und deren Verehrung im katholischen Milieu des Landes fest verankert ist. Sie alle nennt der Dichter Prudentius in seinem *„Peristephanon"*. Von Bracara Augusta und Olisipo im Westen bis nach Valentia und Barcino im Osten und von Gerunda im Norden bis nach Hispalis und Malaca im Süden gibt es entsprechende Martyrer-Kulte in nahezu allen großen Städten des Landes – die von *rustici* bewohnten Zonen erscheinen als weitgehend frei von Martyrern, was die Folgerung erlaubt, bei dem frühen hispanischen Christentum habe es sich um ein eher städtisches Phänomen gehandelt. Das wird durch die Akten des ersten bekannten gesamthispanischen Konzils bestätigt, welches wenige Jahre vor der „religiösen Wende" in *Elvira* (Granada) stattfand. Die Akten dieser Synode sind der erste zuverlässige Beleg für den organisatorischen *status quo* der hispanischen Christenheit am Beginn des 4. Jhs. n. Chr. Die Aufzählung der teilnehmenden Bischöfe zeigt ein deutliches Übergewicht des Südens der Halbinsel: Von 19 Bischöfen vertreten nur drei Bistümer die Mitte und den Norden des Landes. Es sind Toletum, Caesaraugusta und Legio.

Hispaniens Eintritt in die Spätantike

Das „regnum Diocletianum."

Im Jahre 284 n. Chr. wurde der Dalmatier Diokles, Kommandant der *domestici*-Truppe, in Nikomedia zum *Augustus* ausgerufen. In den zehn Jahren nach der Ermordung des tüchtigen Aurelianus im Jahre 275 n. Chr. hatte es acht Kaiser oder Kaiser-Aspiranten gegeben, die, außer dem vom römischen Senat gewählten M. Claudius Tacitus, allesamt Usurpatoren bzw. Kaiser von der Gnade ihrer Soldaten waren. Die meisten von ihnen schlugen sich tapfer und teilweise erfolgreich im Norden und Osten des Imperiums, doch erhielt niemand wirklich die Chance, seine Eignung für das Kaisertum dauerhaft unter Beweis zu stellen. Aus Hispanien verlautet aus diesem Jahrzehnt, von den Bagauden-Unruhen abgesehen, nichts Nennenswertes, was nicht bedeutet, dass dort nichts geschehen wäre: Die historiografischen Quellen schweigen.

Diokles, als Kaiser „*Diocletianus Augustus*", erwies sich als Glücksfall für das römische Imperium. Ungefähr 40-jährig zur Macht gelangt, regierte der ‚aus kleinen Verhältnissen' stammende, keiner Tradition und keinem *comment* verpflichtete Pragmatiker das riesige Reich 20 Jahre lang bis zu seinem freiwilligen Rücktritt mit der gesundem Menschenverstand abgewonnenen Einsicht in die Notwendigkeiten der desolaten Situation. Die Erkenntnis, dass das Imperium nicht mehr länger von nur einem Herrscher und von einer Hauptstadt aus zu regieren sei, war keineswegs neu. Aber Diocletianus entwickelte daraus eine staatsrechtlich verbindliche Form, indem er im Jahre 286 n. Chr. seinen Mitstreiter Maximianus zum Kaiser des Westens erhob und zehn Jahre später, als sich diese Konstruktion als nicht ausreichend erwies, für das römische Weltreich die erste Tetrarchie erfand. Die Herrscher – zwei *Augusti*, zwei *Caesares* – residierten fortan in Nicomedia, Mediolanum, Thessalonike sowie im britannischen *Eburacum* (York) bzw. in *Augusta Treverorum* (Trier). Die *Augusti* verheirateten ihre Töchter mit den *Caesares*; jeder von ihnen wählte sich eine angestammte Gottheit zum speziellen Schutz. Die neuen Zuständigkeiten sind in der *notitia dignitatum* detailliert aufgelistet. Die gesamte Provinzverwaltung wurde neu organisiert: Vier Präfekturen, zwölf Diözesen, hundert verkleinerte Provinzen – das war die umfangreichste und auf Jahre hinaus effizienteste Neuorganisation des römischen Imperiums seit Octavianus Augustus. Auch Münzwesen, Wirtschaft und Steuerwesen werden reformiert. Landbesitz und individuelle Arbeitsleistung (*iugatio* und *capitatio*) werden besteuert und in Naturalien beglichen. Ein Höchstpreisedikt regelt Preise und Löhne. Das Ganze mutet ungeheuer modern an; Versuche, Preise und Löhne zu regulieren sind bis in die jüngste Gegenwart gemacht worden. Inwieweit solche Bemühungen Erfolg hatten oder überhaupt haben können, ist fraglich – flächendeckend war das diocletianische System langfristig nicht erfolgreich.

In der Religionspolitik folgte die neue Regierung den von Decius beschrittenen Wegen. Christen im Staatsdienst wurden entlassen, die Verfolgung – mindestens im Osten – ging weiter. Dabei muss der Begriff ‚Verfolgung' behutsam problematisiert werden. Mit der Essenz der kaiserlichen Verfügung: *„Auch diejenigen, die der Religion der Römer nicht angehören, müssen die religiöse Praxis Roms respektieren"*, wäre unter Zuhilfenahme von Matth. 22, 21 vielleicht ein Kompromiss möglich gewesen, doch haben christlicher Starrsinn und pagane Abneigung keine friedliche Lösung erlaubt, wiewohl festgestellt worden ist, dass die Verfolgungen im Westen durchweg weniger intensiv betrieben wurden als im Osten des Imperiums.

Zukunftsweisend ist die Militärreform. Das Heer wird beträchtlich vergrößert, vor allem die Anwerbung von ‚Barbaren' verstärkt. ‚Barbaren' können jetzt auch im Offizierkorps Karriere machen. Eher notgedrungen gibt es jetzt mehr und mehr *carrières ouvertes aux talentes* (Karrieren, die jedem Talent offen stehen), was zu einer massiven, an Caesar und die Flavier erinnernden sozialen Mobilität führt – mit weiterreichenden Folgen als in früheren Zeiten. Hier deuten sich zukünftige Entwicklungen an: Mit der Verwischung der alten Feindbilder und der Senkung der Toleranzschwelle gegenüber den ‚Barbaren' verband sich ein Destabilisierungsfaktor von langfristig unumkehrbarer Art.

Theodor Mommsen glaubte, Diocletianus „habe alles neu gemacht". Dem ist nicht so. Neu war freilich die rigorose Systematisierung älterer Errungenschaften, die zunehmend allmächtige Bürokratie eingeschlossen. Die Religionspolitik zeigt ebenso wie die Einführung des Lateinischen als Amtssprache im Osten das verzweifelte Bemühen, angesichts der wachsenden Bedrohung an nahezu allen Grenzen dem Imperium einen kulturellen, ideologischen und organisatorischen Zusammenhalt zu geben. Das augusteische System der Reichseinheit durch Bindung an ein ideologisch immer weiter erhöhtes Kaisertum hatte schon lange nicht mehr getragen. Nun wurden alle guten und bösen Erfahrungen mit allen denkbaren Stabilisierungselementen verbunden und in ein System gezwängt. Die schleichende Orientalisierung, seit Generationen virulent, dürfte dabei wenig bemerkt worden sein, weil der größere Teil des Imperiums längst hellenisiert war. Der ehemals und in Teilen immer noch ‚barbarische' Westen des Imperiums hatte dem nichts Überzeugendes entgegen zu setzen.

Dass die historische Forschung vielfach mit Diocletianus' Herrschaftsantritt die „Spätantike" beginnen lässt, ist der mehr oder minder taugliche Versuch einer Periodisierung: In Wirklichkeit war dieser Übergang fließend und wurde als solcher von den Zeitgenossen schwerlich bemerkt. Merkbar waren aber die Systematisierung des staatlichen Zugriffs auf nahezu alle Lebensbereiche, auch wohl die Stabilisierung und Konsolidierung des Reichgefüges nach innen und außen. Das sahen viele Untertanen so. Andere, wie die im südwestlichen Gallien und in Nordwest-Hispanien operierenden Bagauden, die kaum etwas zu verlieren hatten, wählten sich nach dem Vorbild der früheren Verwaltungs- und Militäranarchie nun ihren eigenen Kaiser. Hispanien insgesamt nebst der ihm zugeschlagenen *Mauretania Tingitana* wurde Diözese innerhalb der gallischen Präfektur mit einem *vicarius* an der Spitze. Die alte *provincia citerior* wurde in eine *Tarraconensis* und eine *Carthaginiensis* aufgeteilt, mit Tarraco bzw. Carthago Nova als Hauptstädten. *Gallaecia* wurde wieder selbständige Provinz mit *Bracara Augusta* (Braga) als Zentralort. Selbständige Provinz wurden später auch die Baleareninseln mit der Hauptstadt *Palma*. Die Lusitania mit Augusta Emerita und die Baetica mit Corduba als Hauptstädten blieben unverändert bestehen. An der Spitze dieser Provinzen standen *praesides*, soweit sie „kaiserlich" waren, und *consulares*, wenn sie vom Senat verwaltet wurden. Aber das blieb weitgehend Theorie. Arce zeigt in seiner bereits mehrfach erwähnten Arbeit (1982, 31 ff.), wie widersprüchlich im Laufe des 4. Jhs. n. Chr. die Quellen sind und wie verwirrend sich die häufigen Änderungen in diesem System ausnehmen.

Exkurs 10
Das ungelöste Problem der Bagauden

„Bacaudae" – spes pauperum?

Tiefgreifende soziale Verwerfungen im zivilen Bereich, verbunden mit dem ordnungspolitischen Versagen einer geschwächten Staatsführung haben zu allen historischen Zeiten ihren gewaltsamen Ausdruck gefunden. Im 3.–5. Jh. (und vielleicht noch danach) sind die bereits mehrfach erwähnten *Bacaudae* oder *Bagaudae* eine dieser Ausdrucksformen. Der Name ist keltisch und wahrscheinlich eine Selbstbezeichnung, die ‚Kämpfer' bedeutet. Die Quellen zu diesem Phänomen, das, wie der spanische Bagaudenforscher G. Bravo mit guten Gründen behauptet, in den rund 300 Jahren seiner Existenz inhaltlich nicht unverändert blieb, reichen von Aurelius Victor bis zu Salvianus von Massilia und der aus Gallien stammenden, anynom verfassten Komödie *Querolus* sowie Paulus von Pella. Der ungarische Altphilologe B. Czúth hat sie 1965 zusammengestellt. Die Quellen beziehen sich meist auf die Vorkommnisse in Gallien und sind höchst unterschiedlicher Natur. Die meisten von ihnen können wir übergehen, da sie redundant und einseitig aus der Sicht der herrschenden Kräfte verfasst sind. Die aus der ersten Hälfte des 5. Jhs. stammende Chronik des aus dem gallaekischen *Lemica* (Ginzo de Límia) stammenden Bischofs Hydatius weiß ausdrücklich von Auseinandersetzungen in der Tarraconensis, speziell um Araceli, Turiaso, Caesaraugusta und Ilerda, also vom heutigen Navarra bis in das mittlere und untere Ebrotal, was durchaus eine transpyrenäische Unternehmung bedeutet haben könnte. Zu fragen ist auch, inwieweit die noch unter den Wisigoten in den Quellen auftauchenden „Räuberbanden" (Diesner 1978) dem Phänomen *Bacaudae* zugeordnet werden können oder ob es sich hier um eigene Entwicklungen handelt.

Der einzige antike Autor, der sich ernsthaft mit den Hintergründen der Bewegung der *Bacaudae* beschäftigt, ist der aus dem Rheinland stammende Presbyter Salvianus von Massilia in der Mitte des 5. Jhs. Er sieht in den Bagauden das, was sie zweifellos waren: Opfer der sozialen Verhältnisse ihrer Zeit, die gegen Steuerlast, Beamtenwillkür und die Repression gewalttätiger Grundbesitzer aufbegehrten. *Mutatis mutandis* gilt das auch für die Motivationen der italischen *Bullas*-Bande, von der bereits die Rede war: Cassius Dio hat deren Essenz überliefert. *„Sage Euren Herren, wenn sie die Räuberei beenden wollen, sollten sie ihren Sklaven zu essen geben."* (77,10,5).

Diese nachvollziehbaren Begründungen lassen sich *cum grano salis* auf die Bagauden-Umtriebe der früheren Zeit übertragen. Ich teile aber Czúths Einschätzung, wonach bereits der Maternus-Aufstand eine Art Vorbild-Rolle für die späteren *Bacaudae* gespielt haben könnte, wobei der Hauptunterschied in der Trägerschaft der Bewegung liegen dürfte: Hier mehrheitlich *desertores*, dort wohl überwiegend *rustici*, womit keineswegs einer Homogenität der Gruppen das Wort geredet werden soll. Auch E. A. Thompson hatte die Bewegung des Maternus und diejenige des Bullas im Rahmen seiner Untersuchung über *„Peasant Revolts in Late Roman Gaul and Spain"* mit den *Bacaudae* in Zusammenhang gebracht (1952, 11 ff.).

Alexander Demandt, der ausführlich auf das Bagauden-Phänomen eingeht (2007, 61 f. und *passim*), zitiert einen im Frühjahr 289 n. Chr. in Augusta Treverorum auf Maximianus gehaltenen Panegyricus des Mamertinus, wonach die Bagauden *„unwissende Bauern (seien), die Soldaten sein wollten, die Pflüger Fußkämpfer, die Hirten Reiter"*. Die Bauern benähmen sich *„wie feindliche Barbaren"*. Dass diese Behauptung nicht die ganze Wahrheit ist, beweist die Tatsache, dass einer der späteren Bagaudenführer, Eudoxios, von Beruf Arzt war (Demandt, a. a. O. 188). Man spürt in den Quellenberichten durchgehend die Tendenz, die Bagauden politisch zu entwerten und zu kriminalisieren.

Die Rezeption des Bagauden-Phänomens in der Forschung ist sehr unterschiedlich. Die materialistische Geschichtsforschung wies die *Bacaudae* als entrechtete Opfer der Klassenherrschaft den sozialrevolutionären Bewegungen zu, während die „bürgerliche" Geschichtswissenschaft – sie teils ignorierend, teils marginalisierend – nicht recht zu wissen schien, was sie mit dem nur regional und ephemer auftretenden Phänomen anfangen sollte. Die eigentliche Schwierigkeit liegt im Fehlen jeglicher Selbstdarstellung der bagaudischen Seite. Vor allem dieser Umstand führte zu einer allgemeinen Verurteilung der Bewegung, die zwar als Opfer der sozialen Verhältnisse in ihren jeweiligen Kontexten anerkannt, deren Aktivitäten aber – entsprechend der von den meisten Quellen insinuierten Bewertung – überwiegend negativ als solche von „Räuberbanden" oder ähnlich eingeschätzt wurden.

Indes gibt es Hinweise darauf, dass die Ziele der Bagauden nicht grundsätzlich destruktiver Natur, sondern, ebenso wie frühere Aktivitäten im gleichen geografischen Raum – es scheint sich stets um das nordwestliche/nördliche Hispanien, Aquitanien und die Aremorica zu handeln –, auch auf eine ‚los von Rom'-Bemühung gerichtet waren. Schon die Tatsache, dass zwei Bagauden-Führer im späten 3. Jh. n. Chr., Aelianus und Amandus, sich zu Kaisern aufschwangen und Münzen prägten, belegt die politische Zielsetzung einer selbständigen, womöglich Pyrenäen-übergreifenden westlichen und deutlich keltisch grundierten Herrschaftsbildung, wie sie mit anderem geografischem Schwerpunkt im ersten nachchristlichen Jahrhundert Vindex sowie später Postumus und Tetricus vorgeschwebt haben mögen. Die Münzen, sogenannte Antoniniane, zeigen Amandus mit der seit Aurelianus üblichen Strahlenkrone und der Aufschrift *IMP. C. C. AMANDUS P. F. AUG. SPES PAVP(erum)* [Abb. 39].

"Hoffnung der Armen" – welch' gewaltiges Motto aus dem Geist der Utopie, entstanden unter angeblich unwissenden Bauern, Hirten, Deserteuren und Sklaven. Ein Motto wie eine Fanfare, das seither aus sozialrevolutionären Bewegungen, Parteien, Gewerkschaften nicht mehr wegzudenken ist – der schlichteste, praktischste, gleichzeitig verführerischste Erlösertraum durch alle Zeiten: Amandus wird uns satt machen. Es versteht sich, dass alles ein Traum blieb. Nur am Rande sei darauf hingewiesen, dass sich Vergleichbares später auch im oströmischen Reich abspielte. Prokopios (*Anekd.* 11) berichtet von einem *„Räuber namens Iulianos, Sohn des Sabaros"*, den die Landbevölkerung zum Kaiser ausgerufen habe. Sein militärisches wie privates Schicksal gleicht dem des Amandus in verblüffender Weise.

Manches bleibt in diesem Zusammenhang zu untersuchen: Gibt es eine unmittelbare politisch-ideologische bzw. strategische Verbindung zwischen den Bagauden-Gruppen in Hispanien und der *Gallia ulterior* bzw. der Aremorica? Oder operierten lockere Zusammenschlüsse von *Bacaudae* nach einem vergleichbaren strategischen Konzept unabhängig voneinander in beiden (und mehr?) Regionen? Wieso benutzten sie dann aber eine identische Selbstbezeichnung? Welche politischen Hintergründe besaß um die Mitte des 5. Jhs. die Beziehung des Bagaudenführers Eudoxius zu Attila? Ebenso wenig geklärt ist die Frage ihrer religiösen Zugehörigkeit. Obgleich die *spes pauperum* sowohl alttestamentlich wie christlich konnotiert ist, handelt es sich nach meiner Überzeugung bei den Bagauden nicht um Christen, doch das ist bisher nicht bewiesen. Gegen ‚christliche' Bagauden spricht, dass das Christentum orthodoxer Prägung sich längst mit den meisten Formen sozialer Ungleichheit arrangiert hatte. Augustinus von Hippo, der gegen Not und Mangel eine *laboriosa paupertas* (Armut in Fleiß) sowie Selbstbescheidung empfiehlt, lehnte sozialrevolutionäre Bestrebungen ab. Der Kir-

Abb. 39 *Münze des „Bagauden-Kaisers" Amandus* aus dem Museo Arqueológico Nacional, Madrid. 3. Jh. n. Chr.

che, die sich inzwischen mit der weltlichen Macht verbündet hat und zahlreiche Mächtige in ihren Reihen zählt, setzt auf die ‚gottgewollten Unterschiede' in der Gesellschaft. Da ist für bagaudische Störer der Öffentlichen Ordnung kein Platz!

Wenn die *Querolus*-Passage (1,2) bezogen auf die Aremorica tatsächlich Bagauden meint, was in der neueren Forschung durchweg angenommen wird, dann sind bei diesen, zumindest im 5. Jh., deutlich Züge einer anarchischen Utopie erkennbar, wie die Antike sie immer wieder gekannt hat (Koch 1979, 399). Gegen die römischen Armeen hatten die Bagauden jedoch langfristig kaum Chancen: 286 n. Chr. unterlagen sie dem West-Kaiser Maximianus: *„... als Bauernvolk in Gallien einen Aufstand anzettelte, sich den Namen Bacaudae gab und Amandus und Aelianus zu seinen Führern machte, schickte Diocletianus den Caesar Maximianus Herculius zu ihrer Unterwerfung. Dieser bezwang mühelos die Landleute und stellte den Frieden in Gallien wieder her"* (Eutrop. *Brev.* 9, 20). Das ist kaum die ganze Wahrheit, vor allem im Hinblick auf die regionale Verbreitung der Bagauden-Bewegung. Noch im 5. Jh. mussten Reichsheere gegen sie aufgeboten werden, was die Schwere der Probleme und die Nachhaltigkeit der Akzeptanz dieser Bewegung unterstreicht.

Die Motive der Bagauden sind insgesamt recht deutlich, dagegen bleiben neben den ideologisch-politischen ihre ethnisch-kulturellen Hintergründe noch weiter zu klären. Das revolutionäre Potential des hispanischen Nordwestens scheint unter den Germaneneinfällen ab 409 n. Chr. und der islamischen Herrschaft begraben, ist aber später möglicherweise ein *movens* der *reconquista*.

Constantinus und die ecclesia triumphans

"Gnädig schaut Gott auf die Hispanier."

(Prud. Perist. 6,4)

Mit seiner Erhebung zur Staatsreligion wuchs das Christentum in Hispanien nicht nur beträchtlich an, sondern wurde auch ‚gesellschaftsfähig', wie die Zahl der *villae suburbanae* bzw. *rusticae* im Besitz von Christen aus dem 4. Jh. n. Chr. belegt (Ripoll-Arce 2001; Oepen 2012). Isaac Sastre de Diego hat kürzlich festgestellt, dass sich die hispano-römische Aristokratie seit dem beginnenden 5. Jh. in einem längeren Prozess christianisiert und damit die Gesellschaft, aber auch die hispanische Kirche verändert habe (2012, *passim*). Es ist müßig, darüber nachzudenken, wie hoch der Anteil von Opportunisten aller *couleur* an der schnell wachsenden christlichen Kirche gewesen sein mag; die Feststellung muss genügen, dass es solchen Opportunismus überall im Reich gab (Iulianus Apostata, *ep.* 79; Prokop. *Anekd.* 11) und dass er in allen Schichten der Gesellschaft zu suchen ist. Ich habe allerdings den Eindruck, dass gewisse Züge hispanischer Mentalität, wie sie bereits in der Zeit der römischen Eroberung erkennbar wurden, nämlich eine an Fanatismus grenzende Beharrlichkeit, die Bereitschaft zu Askese und freiwilliger Unterwerfung dem Selbstverständnis des Christentums jener Zeit durchaus entgegen kamen. In der Lehre des Hispaniers Priscillianus, Bischof von *Abila* (Ávila), die sehr rasch Anhänger fand, sind alle diese Elemente enthalten (Chadwick 1976). Deutlich ist auch, dass die christliche Kirche sich mit ihrem Sieg auch alle Probleme einhandelte, die erfolgreiche Ideologien wie Viren zu befallen pflegen: Machtmissbrauch, Abweichlertum, Missgunst, Fanatismus, Korruption und Ähnliches.

Nach dem politischen Sieg des Christentums beginnt, wie überall, auch in den hispanischen Provinzen der lange Kampf gegen die *gentiles* oder *pagani*, wie die Masse der Nichtchristen in seltsamer Paraphrase der alten „Barbaren"-Etikettierung, nun genannt wird. Kurioserweise dauerte dieser Kampf länger, als Rom gebraucht hatte, um die Halbinsel in Besitz zu nehmen – beide endeten mit Siegen, an deren Vollständigkeit Zweifel erlaubt bleiben.

K. F. Stroheker hat das 4. Jh. n. Chr. als ein für die Iberische Halbinsel ausgesprochen glückliches bezeichnet und, Pacatus in seinem Panegyrikus auf den Kaiser Theodosianus (4,3) folgend, in ihrer „geschützten Innenlage" einen der Gründe dafür gesehen (1972–74, 587). Diese Einschätzung teilten kaum alle Hispanier, aber gewiss sehr viele, da sich das Land offenbar von den in der zweiten Hälfte des 3. Jhs. n. Chr. empfangenen Schlägen erholt hatte. Für die unter Constantius II. entstandene *expositio totius mundi et gentium* ist Hispanien weiterhin eine *terra dives* (ein reiches Land), welche Öl, Cerealien, *garum*, Pferde (Iul. Apost. *ep.* 17b), Spartgras, *lapis specularis* und vieles mehr in alle Welt exportiert. So erwähnt die im 4. Jh. n. Chr. entstandene *Historia Lusiaca* (14) den regelmäßigen „Spanodromos" alexandrinischer Kaufleute. Von den *Bacaudae*, gewiss Indikatoren für ökonomisch ‚schlechte Zeiten', hören wir im 4. Jh. n. Chr. nichts; sie werden erst wieder im 5. Jh. n. Chr. von sich reden machen. Dafür ist das 4. Jh. n. Chr. in Hispanien eines, das voll ist von heftigen eschatologisch-chiliastischen Verwirrungen: Angst vor Magie, Hexenwahn, *maleficium* treibt die Menschen um. Geifernde Humorlosigkeit macht sich breit: Dem *Cervulus*-Pamphlet eines gewissen Pancratius (oder Pancratianus) zufolge werden gegen Ende des Jahrhunderts sogar die beliebten Maskeraden zum Jahresbeginn verboten. Es sind Zeichen des Verlustes seelischer Balance, die auch im Prozess gegen den „Ketzer" Priscillianus eine Rolle spielen werden. Wie stets in solchen Zeiten tauchen falsche Propheten auf. In der *vita* des Martinus von Tours (24; vgl. auch Chadwick 1976, 10) des zeitgenössischen Aquitaners Sulpicius Severus beispielsweise tritt ein „Elias", der sich auch „Christus" nennt, auf, der viel Volk begeistert und sogar einen Bischof namens Rufus (Gams 1864, 2,1, 733) in seinen Bann ziehen kann.

Andererseits wird jetzt wieder großartig gebaut, wie es scheint vorwiegend Stadtmauern, Straßen und Kirchen. Es werden aber auch, wie beispielsweise in Emerita Augusta, Theater und Circus restauriert; Helmut Schlunk und Theodor Hauschild haben den Forschungsstand der 1970er-Jahre präzise beschrieben (Schlunk/Hauschild 1978). Besonders wichtig ist hier der Hinweis, dass „der uns bekannte älteste christliche Kultraum" in die zweite Hälfte des 4. Jhs. n. Chr. datiert und zu der Stadt *Illici* (Elche) gehört, deren karthagische Wurzeln und frühe jüdischen Beziehungen auffällig sind.

Schlunk/Hauschild machen deutlich, dass sich das siegreiche Christentum auch „heidnischer Kultbauten" bediente, was angesichts des christlichen Purismus bemerkenswert ist. Nicht minder interessant ist, dass die „ältesten Denkmäler christlicher Kunst, die wir aus Spanien kennen, Sarkophage sind, die aus römischen Werkstätten kommen" (a. a. O. 19). Die Verbreitungskarte zeigt Konzentrationen an der nördlichen Ostküste, im Norden, im Raum Toledo und im Süden. Auch aufwendige Martyrer-Bauten und -Mausoleen sind im 4. Jh. n. Chr. entstanden, oder, wie Rosa Sanz mitteilt, ‚umgewidmet' worden (1991, 8). Diese Anlagen, von denen bisher nur ein verschwindend geringer Teil gefunden wurde, waren anscheinend über das gesamte Land verteilt; von Schwerpunkten kann aus Gründen der Fundstatistik noch nicht gesprochen werden.

In den neuen und alten Zentren kommen nach Generationen wieder *Hispani* zu Ehren. Erster christlicher *praefectus urbi* in Rom wird 325 n. Chr. Acilius Severus, der vorher bereits *praefectus praetorio Galliarum* und 323 n. Chr. *consul ordinarius* gewesen war. Nach Hieronymus war er Hispanier. Wo genau er herkam und wann er Christ wurde, wissen wir nicht. Ein Hispanier, Damasus, wird Bischof von Rom. Mit Iuvencus blühte erneut hispanische Dichtung, diesmal unter christlichen Vorzeichen. Eine neue hispanisch-römische Euphorie, in welcher freilich mehr und mehr auch ‚nationale' Stimmungen mitschwingen, erreicht ihren Höhepunkt unter dem ‚hispanischen' Kaiser Theodosius, als der namhafteste der christlichen Poeten, Aurelius Prudentius Clemens, 348 n. Chr. im Raum Caesaraugusta-Calagurris geboren, in seltsam nostalgischer Verkennung der Wirklichkeit formuliert „… *als ich zu Dir hin strebte, Rom, Du größte aller Errungenschaften*" (*cum peterem te, rerum maxima Roma*", *Peristeph.* 9,3). V. Buchheit hat vor rund 50 Jahren dargestellt, welch' bedeutende Rolle Prudentius im Rahmen der in ihrem Raffinement noch heute faszinierenden Bemühungen des siegreichen Christentums spielt, die traditionelle (von Vergil komprimierte) ideologische Grundlage des römischen Staatswesens und seiner Entwicklung christlich umzudeuten und mit einem entsprechenden Überbau zu versehen. Aus Kompetenzgründen ist das umfangreiche dichterische Werk des Prudentius Latinisten, Poetologen und christlichen Exegeten zu überlassen. Seine Biographie, nicht untypisch für Angehörige der hispanischen Oberschicht jener Zeit, führte ihn in hohe Beamtenstellungen sowie anscheinend an den kaiserlichen Hof und in die Umgebung des Regenten Theodosius. Gestorben ist er nach 404 n. Chr. in seiner hispanischen Heimat. Fünf Jahre nach seinem Tode überqueren Sueven, Alanen und Wandalen, aus Gallien kommend, die Pyrenäen.

Irritierend bei Prudentius, wie auch bei anderen schreibenden Parteigängern des triumphierenden Christentums, ist der seltsam hohe Ton, die ekstatische, quasi auf Kothurnen schreitende Sprache voller Superlative. Seit knapp hundert Jahren war man christlich, aber die Sprache enthält noch immer etwas von atemloser Selbstversicherung, als traue man dem Sieg nicht oder sehe ihn allzeit bedroht. Nicht minder seltsam muten die biografischen Selbstkasteiungen an, die geradezu hysterische Verurteilung eigener sündhafter Jugend- und Mannesjahre, Topoi, die wir bei Prudentius (*praef.* 7–12) ebenso finden wie bei Augustinus und anderen christlichen Intellektuellen. Möglicherweise ist das alles nur zeitgeistig-modisch. Vielleicht aber spüren wir hier einen pathologischen Zug des siegreichen Christentums im „glücklichen" 4. Jh. n. Chr., in welchem die hispanischen Christen von Konzil zu Konzil jagen, Häretiker, Juden, Hexen, Magier und *pagani* verteufeln, und in dem ein radikaler christlicher Dissident wie Priscillianus im Jahre 385 n. Chr. in Augusta Treverorum zusammen mit engsten Gefolgsleuten auf Veranlassung des Usurpators Magnus Maximus, nach A. Piganiol „*un de plus obscures empereurs d'Espagne*" („eine der düstersten Figuren unter den Kaisern aus Hispanien"), geköpft wird. Dies war vermutlich die erste Hinrichtung christlicher „Ketzer" (Girardet 1974, *passim*), Auftakt zu jahrhundertelangem sinnlosem Blutvergießen.

Ich bin versucht, den Priscillianismus mit seiner asketischen Radikalität, seinem spät-manichäischen Rigorismus, seinem Obskurantismus nebst einer gewissen Bereitschaft zu Gewalttätigkeit (Sanz 1991, 8) für eine sehr hispanische, d. h. extreme, Form religiösen Fanatismus' zu halten, wie er später in der spanischen Mystik, in gewissen Inquisitionsprozessen, im Flagellantentum der Karwochen-Prozessionen und in manch anderem Zusammenhang manifest ist. Die seit ihrem Avancement zur Staatskirche aus naheliegenden Gründen aller innerkirchlichen Radikalität abholde christliche Orthodoxie verfolgte ‚Häresien' unbarmherzig. Das gilt für diejenige des Donatus ebenso wie im 4. Jh. n. Chr. für die des Priscillianus, deren Attraktivität und Popularität sowohl bei *multi nobilium* wie unter dem „einfachen Volk" die Kirche vor allem in Gallaekien, der mutmaßlichen Heimat des Priscillianus, fürchtete. L. Cracco Ruggini (1997, 39 ff.) hat deutlich gemacht, dass spezifisch religiöse Gründe bei der Verfolgung des Priscillianus kaum eine Rolle gespielt haben. Auch Rosa Sanz hat in ihrem Beitrag zur Entstehung von „Privatarmeen" im spätantiken Hispanien (1986, 225 ff.) die Vermutung geäußert, hinter der raschen Beseitigung des Priscillianus und seiner *entourage* stecke mehr als ein dogmatischer Konflikt, nämlich das handfeste politische und ökonomische Interesse des Maximus, die militante Anhängerschaft des Dissidenten in Gallaekien und der Tarraconensis bzw. der *Nova Provincia Maxima* zu neutralisieren. Theodosius selbst habe dem Landsmann ein gewisses Wohlwollen bewahrt, dennoch habe die Kirche die Verurteilung seiner Lehre vorangetrieben. Angesichts der komplizierten Undurchsichtigkeit der Verhältnisse im Nordwesten des Landes, der sich, wie Sanz meint, weitgehend in Händen der ebenso wohlhabenden wie umfang- und einflussreichen, auch in Gallien vernetzten Theodosius-Familie befunden habe, ist das erwägenswert, zumal sich die Hypothese wenige Jahre später im Zusammenhang mit der Usurpation Constantinus III. zu bestätigen scheint. Der Zuschnitt jener ephemeren Provinz aus Teilen der alten Gallaecia und der Tarraconensis könnte in der Tat dem Einfluss dieser mächtigen Familie zuzuschreiben sein, von der niemand weiß, seit wann es sie gab, woher sie stammte und ob sie gar eine durch die flavische Rechtsverleihung zum römischen Bürgerrecht gekommene alteingesessene keltische Adels-Sippe war. Möglicherweise war ihr Stammsitz tatsächlich *Cauca* (Coca) in Altkastilien, mit seinem noch heute eindrucksvollen ‚*castillo*', an der „Burgenroute" zwischen Segovia und Medina del Campo gelegen. Dort wurde unlängst ein gewaltiger Villen-Komplex entdeckt und umgehend der Theodosius-Familie zugeordnet. Ob dies begründet ist, wird sich zeigen.

Zu den großen Gestalten in der hispanischen Kirche des 3. und 4. Jhs. n. Chr. gehören, abgesehen von Hosius von Corduba, einer Art ‚grauer Eminenz' des Kaisers Constantinus und sehr einflussreich (Sozomenos *h.e.* 1,16,4), die Bischöfe Florentius von Emerita, Potamios von Olisipo sowie Gregorius von Illiberris und Pacianus von Barcino, sie alle Vorkämpfer der Orthodoxie in den Auseinandersetzungen mit Donatismus, Priscillianismus und weiteren kleineren Dissidenten-Bewegungen, den Luciferianern etwa oder den Anhängern des in Barcino tätigen Presbyters Vigilantius, gegen die der Kirchenvater Hieronymos mit mehr Zorn als Argumenten wütet. Fernab von den üblichen *laudes Hispaniae* wird da auf die „Schlange Iberien, bleichgesichtige Menschen" und die „armselige Provinz" geschimpft. Nach dem Sieg scheinen das hispanische Christentum und der charakteristische *inquietus animus* der Hispanier ihre Probleme miteinander gehabt zu haben: Auch der weniger bekannte Vigilantius ist, wie Priscillianus, ein sehr hispanischer Kritiker. Der eine ist Asket, der andere mit seiner Ablehnung von Reliquienverehrung, Zölibat und Mönchtum u. a. ein geradezu moderner Reform-Christ. Der Geist ihrer Zeit hat beide besiegt, nicht aber ihr Gedankengut, das bis in die Gegenwart die Amtskirche irritiert.

Über die innere Organisation des hispanischen Christentums ist hier nicht zu reden. Deutlich ist, dass die unversehens zu Einfluss gelangte Kirche sich nicht nur mit der Staatsmacht, sondern auch mit der zeitgenössischen Lebenswirklichkeit zu arrangieren hatte. Das führte jenseits aller, heute fast unverständlichen, innerkirchlichen Kontroversen vor allem im 5. Jh. dazu, dass in dem sich ausbreitenden Verwaltungs-Chaos die Kirche die zuverlässigste Organisationsstruktur gewann und mehr und mehr hoheitliche Befugnisse erhielt oder an sich zog.

Die Annahme ist nicht unbestritten, doch ist wahrscheinlich, dass Constantinus als Nachfolger seines Vaters Constantius Chlorus seit 306 n. Chr. auch Hispanien beherrscht hat. Soweit sich beim Schweigen der Quellen vermuten lässt, hatte die Halbinsel zumindest äußerlich Ruhe, bis in den 40er-Jahren des 4. Jhs. n. Chr., ungefähr ein Jahrzehnt nach dem Tod des ersten ‚christlichen' Kaisers, die Usurpation des ‚Barbaren' Magnentius diese Ruhe störte, ohne freilich dem Land viel Schaden zuzufügen. Interessant ist, dass alle hispanischen Meilensteine des Magnentius und seines Bruders und Mitregenten Decentius aus Gallaekien stammen, wie sich denn überhaupt die historischen Gewichte auf der Halbinsel im 4. und 5. Jh. n. Chr. vom Süden in die nördliche Mitte und den Nordwesten zu verlagern scheinen.

Die äußere Ruhe kontrastierte nach innen mit dem nicht endenden Streit um den „rechten" Glauben, der u. a. mit den Donatisten und den Anhängern des Arianus bzw. des Athanasius bis zum Konzil von Nikaia geführt wurde. Constantinus, der nach und nach seine Konkurrenten um den Kaiserthron beseitigt hatte, aber auch brutal gegen Mitglieder der eigenen Familie wütete, mag, als er sich gegen Ende seines Lebens taufen ließ, die Vergebung des Christengottes erfleht haben – ein vorbildlicher Christ war er nie. Tatkräftiger Pragmatiker, wie Diocletianus, war Constantinus grausam, skrupellos, machtgierig und schlau. Er war auch ein begabter Soldat. Die Verlegung des Regierungssitzes nach Byzantion/Konstantinopolis verrät strategischen Weitblick. Dass die Tolerierung des neuen Glaubens, dann seine stets mit vorsichtiger Rücksicht auf Andersdenkende betriebene Durchsetzung der Christusverehrung als Staatskult taktische Komponenten besaß, ist nicht zu bestreiten. Die Einschätzung von A. H. M. Jones (1971, 358 f.), dass Constantinus im Jahre 312 n. Chr. aus echter religiöser Überzeugung gehandelt habe, vermag ich nicht zu teilen. Vielleicht hatte dieser Gewaltmensch nur früher als andere begriffen, dass gegen die ideologische Macht, die das Christentum inzwischen reichsweit darstellte, nicht mehr anzukommen war und „umarmte die Kirche, da er sie nicht besiegen konnte". Diese, die rasch die Gunst der Stunde begriff und nutzte, verbündete sich mit ihm, und indem sie sich von ihm benutzen ließ, benutzte sie ihn und damit die weltliche Macht. Joseph Vogt hat richtig gesehen, dass das große Publikum zunächst naiv glaubte, das nun hoffähige Christentum sei nur ein Kult mehr im antiken Pantheon. So war man das seit jeher gewohnt. Auch der Kaiser mag sich *more antico* als *pontifex maximus* des neuen Staatskults gesehen haben, zumal ihm ohne Weiteres die Entscheidungsgewalt bei den christlichen Konzilien in Arelate (314 n. Chr.) und Nikaia (325 n. Chr.) zugestanden wurde. Kirchliches Entgegenkommen, wie die Androhung der Exkommunikation bei Verweigerung des Wehrdienstes, war ebenfalls dazu angetan diesen Eindruck zu festigen. Indes muss man sich allzeit bewusst bleiben, dass der Sieg des Christentums erst unter Theodosius ein endgültiger wurde. Es ist vielleicht kein Zufall, dass die Biografie dieses letzten der *optimi principes* in der dem 4. Jh. n. Chr. zuzuordnenden „*Epitome de Caesaribus*" eine der umfangreichsten und qualitätvollsten ist, wie Jörg Schlumberger (1974, 224 ff.) gezeigt hat.

Abb. 40 *Relief aus dem römischen Theater von Emerita Augusta.* 4. Jh. n. Chr. Diese Darstellung verstand jeder: Ein „Barbar" in Hosen, niedergeworfen durch den berittenen Kaiser der großen Macht, beschützt von der Siegesgöttin Victoria. Links das altrömische Spolien-Symbol.

Die nun sieben hispanischen Provinzen gingen durch dieses Fegefeuer ideologischer Auseinandersetzungen wie die meisten anderen Reichsteile auch. Unmittelbarer Nachfolger des ersten christlichen Kaisers im Westen wurde dessen Ältester, Constantinus II. Auf ihn geht, wie Walter Trillmich in seiner ungedruckten Habilitationsschrift vermutet hat*, das großartig suggestive Relief in dem von Constantinus I. wiederhergestellten Theater von Emerita Augusta zurück sowie eine Inschrift, in welcher der Name dieses Kaisers, der später der *damnatio memoriae* anheim fiel, (schlecht) getilgt ist. Wer der einen ‚Barbaren' tötende Kaiser auf dem Relief ist, ob Constantinus II. oder ein anderer, lässt sich so wenig eindeutig feststellen wie die ethnische Zugehörigkeit des Besiegten. [Abb. 40] Der propagandistische Effekt solcher Darstellungen dürfte gleichwohl beträchtlich gewesen sein.

Die Parteinahme von Teilen des Westens für Magnentius, den Usurpator fränkischer Abstammung, der *paganus* war, spiegelt deutlich dessen innere Zerrissenheit. Tatsächlich scheint jedoch das Magnentius-Zwischenspiel Hispanien nicht sonderlich berührt zu haben. Der Westkaiser Constans, den Magnentius Anfang 350 n. Chr. in dem gallischen Städtchen *Helena* (Elne) im nordöstlichen Pyrenäen-Vorland umbringen ließ, mag auf der Flucht nach Hispanien gewesen sein. Wenn Helmut Schlunks Hypothese zutrifft, wurde Constans in dem prachtvoll ausgestatteten Mausoleum der *villa* von Centcelles, unweit von Tarraco bestattet. Nach Ensslins sehr detaillierter Biographie des Magnentius kann dieser selbst hispanischen Boden nicht betreten haben. Gleichwohl zeigt seine Usurpation, dass das diocletianisch-constantinische System bereits nicht mehr funktionierte.

Was – jenseits der Euphorie der christlichen Dichter und des Schweigens der historisch relevanten Quellen – in Hispanien tatsächlich geschah, nimmt sich auf Seiten derjenigen, die Geld, Macht und Einfluss besaßen, aus, wie eine besonnene und konsequente Vorbereitung auf andere Zeiten. Da das Vertrauen in den Schutz durch die Reichsverwaltung im Schwinden begriffen war, schritt man zur Selbsthilfe: Hauschild hat gezeigt, dass zwischen dem Ende des 3. und dem des 4. Jhs. n. Chr. zahlreiche Stadtmauern errichtet bzw. erneuert worden sind (Musterbeispiel: *Lucus Augusti*), und zwar „*mit einer gewissen Gleichförmigkeit*" der Wehrarchitektur, als deren Prototyp die unter Aurelianus errichtete Stadtmauer Roms gelten könne (1993, 217–231). Mit anderen Worten: Da die Außengrenzen nicht mehr zu schützen waren, schützten sich die Städte selbst, wie das in

---

* Walter Trillmich sei für die Überlassung seines Ms. herzlich gedankt!

vorrömischer Zeit geschehen war und im Mittelalter wieder geschehen würde. In gleicher Weise verhielten sich viele der nach wie vor mächtigen aristokratischen Groß grundbesitzer (*potentes*), die sich seit der zweiten Hälfte des 2. Jhs. n. Chr. mehr und mehr aus den Metropolen „auf das Land" zurückgezogen hatten. Sie umgaben ihre palastartigen Anwesen (teilweise mit Eigenkirchen) nun mit Mauern und legten sich, was neu war, privat unterhaltene Leibwachen zu. Manche davon entwickelten sich mit der Zeit zu regelrechten Privatarmeen, die gelegentlich erfolgreich eingesetzt wurden. Wovon aber in den Quellen wie in der Forschungs-Literatur kaum je die Rede ist, das ist die zunehmende Verarmung des Mittelstandes in den Städten und die Verelendung der selbstständigen Bauern auf dem ‚platten' Lande.

Stroheker hat in einem prosopografischen Aufriss die Entwicklung des aus Hispanien stammenden Senatsadels vor allem der Spätantike bis in westgotische Zeit erforscht (1965, 54 ff.). Die glänzende Darstellung unterstreicht die Bedeutung von Hispaniern vor allem in der Umgebung des Theodosius, die Dauerhaftigkeit der mehr und mehr zum „Landadel" mutierenden senatorischen Familien hispanischer Herkunft und zeichnet sehr klar die engen Analogien zu den Verhältnissen in Gallien.

Weder die Regierungszeit Constantius II. noch die des Iulianus Apostata haben in Hispanien dauerhaft Spuren hinterlassen. Gleiches gilt für die unruhigen Jahre zwischen der Usurpation des Iovianus (362 n. Chr.) und der Thronbesteigung des Theodosius im Jahre 379 n. Chr.. Dessen Vater hatte das neugeschaffene Amt eines Militärbefehlshabers (*magister militum*, neben dem nun zivilen *praefectus praetorio*) unter dem 364 n. Chr. im Westreich zum Kaiser erhobenen Illyrer Valentinianus bekleidet und den afrikanischen Ursupator Firmus besiegt. Theodosius, wie die Chronik des Hydatius berichtet, „*natione Spanus, de provincia Gallaecia, civitate Cauca, a Gratiano Augustus appellatur*" („von Hause aus Spanier aus der Provinz Gallaekien, aus der Gemeinde Cauca stammend, wurde von Gratianus zum Augustus erhoben"), ist wohl der letzte römische Kaiser, der diese Bezeichnung tatsächlich verdient, und keineswegs nur darum, weil er der letzte wirkliche Alleinherrscher des Imperiums war. [Abb. 41] Die Nachfolger im Westen sind zumeist Marionetten in der Hand tüchtiger Militärs, welche nun sowohl die politische wie die militärische Be-

Abb. 41 *Theodosius I.* (3. von links) auf der Reliefbasis des im Jahre 390 im Hippodrom von Konstantinopolis aufgestellten Obelisken, zusammen mit seinen Söhnen Valentinianus II. (zu seiner Linken), Arkadius und dem jüngsten, Honorius (zu seiner Rechten).

fehlsgewalt ausüben, allen voran der Wandale Stilicho, dem Theodosius eine Tochter vermählt hatte, und der, wie der Franke Arbogast und andere, in jeder Hinsicht den Prototyp des begabten, hinreichend romanisierten und integrierten Germanen verkörpert. Allein Leute wie diese, unverbraucht und mit besten Kontakten zu beiden Kulturen, der germanischen wie der römisch-hellenistischen, vermochten das Überleben der römischen Herrschaft bis zum Ende des Westreichs halbwegs zu garantieren. Überraschenderweise hat die Erhebung des afrikanischen Königssohnes Firmus, über die Ammianus Marcellinus ausführlich berichtet, die Iberische Halbinsel nicht in Mitleidenschaft gezogen. Diese Usurpation belegt einerseits die oben erwähnte Umzingelung Hispaniens mit politisch-militärischen und weltanschaulichen Unruheherden, andererseits, dass nun auch der Süden des Reiches keine zuverlässige Stütze mehr bot. Die besondere Gefährlichkeit der Firmus-Usurpation ergab sich durch das Bündnis mit den in Nordafrika nach wie vor besonders regen Donatisten, die ihrerseits mithilfe des Firmus die Orthodoxie bekämpften. Dass die verschiedenen ideologischen Lager innerhalb des Christentums mit Hilfe politischer Partnerschaften um Durchsetzung ihrer Ziele rangen, wie im Falle der Donatisten evident, diente weder der Konsolidierung des Reiches nach außen noch dem inneren Frieden. Innenpolitisch spitzte sich nach Jahren scheinbarer Toleranz und mühsam gewahrten Burgfriedens zwischen den ideologischen Lagern die Auseinandersetzung erneut – und diesmal endgültig – zu.

Auf christlicher Seite ist es in erster Linie Ambrosius, Bischof von *Mediolanum* (Mailand), der Konflikte, wie den Streit um die Wieder-Aufstellung der uralten Statue der Siegesgöttin Victoria im römischen Senat, nutzte, um den Primat seiner Ideologie zu demonstrieren. Hans v. Campenhausen hat ihn in seiner Arbeit über „Lateinische Kirchenväter" (1965², 77 ff.) portraitiert, allerdings sehr stark aus der Sicht eines Kirchenmannes. Herbert Bloch bezeichnet Ambrosius als „größten politischen Führer, den die Kirche bis dahin hervorgebracht hatte" (1971, 149), möglicherweise zu Recht. Der Bischof war mit seiner ungewöhnlich starken Persönlichkeit und dem Selbstbewusstsein eines römischen Aristokraten allerdings auch ein katholischer Radikaler von rabiatem Durchsetzungsvermögen und gewiss einer der begabtesten Demagogen der Geschichte. Man muss die literarisch erhaltene zeitgenössische Diskussion darüber lesen um zu begreifen, wie nobel die Niederlage der Verteidiger religiöser Toleranz sich ausnimmt und wie grobschlächtig die Argumentation der Sieger. Symmachus' kompromissbereit-weisem *„man gelangt nicht nur auf einem Weg zu einem solch großen Geheimnis"* (rel. 3, 10)" – Lessing muss die Stelle gekannt haben! – begegnete Ambrosius mit der Exkommunikations–Drohung gegenüber dem 13-jährigen Kaiser und siegte (Bloch, a. a.O. 148 ff.). War dieser Streit, der, ebenso wie der sogenannte Basilikenstreit in Mediolanum wenig später, von kirchlicher Seite mit geradezu modern anmutenden Propaganda- und Agitationstechniken geführt wurde, noch eine Angelegenheit stadtrömischer Traditionalisten, nach v. Campenhausen (a. a. O. 91) eine Art Schwanengesang der vornehmen, klassisch gebildeten altadligen Gesellschaft und kaum für ein breiteres Publikum interessant, so war es die Unterwerfung Theodosius' unter die von Ambrosius wegen eines unverhältnismäßig grausam bestraften Mordes an einem hohen Beamten in Thessalonike im Jahre 390 n. Chr. verhängte Kirchenbuße umso mehr (Bloch, a. a. O. 159; Diesner 1971, 443 f.). Der Kaiser wurde als Christ bestraft – so etwas hatte es noch nie gegeben; tatsächlich kündigt sich mit der weihnachtlichen Szene im Dom zu Mailand „Canossa" an. Diesners Auffassung, die kaiserliche Autorität habe dadurch nicht wirklich gelitten, mag glauben, wer will: Für die Masse der Zeitgenossen war der Kaiser diskreditiert und der Bischof von Mediolanum mutierte bei nicht Wenigen zum *tyrannus*, was hier mit ‚Aufrührer' zu übersetzen ist. Von nun an befindet sich – nach einem geflügelten Wort – „die Kirche nicht mehr im Staat, sondern der Staat in der Kirche", oder, um es mit Ambrosius selbst zu sagen: *„Imperator enim intra ecclesiam, non supra ecclesiam est".*

Wie bereits sein Mentor, der Westkaiser Gratianus, der, vielleicht ebenfalls unter dem Einfluss des Ambrosius, offiziell auf die Würde eines *pontifex maximus* verzichtete (was der schlaue Constantinus noch keineswegs getan hatte), der ein früheres Toleranzedikt zugunsten der *pagani* widerrufen und die Einkünfte der römischen Staatskulte eingezogen hatte, so hatte Theodosius vor dem Bischof der westlichen Reichshauptstadt und der ‚spirituellen Macht' der (katholischen) Kirche kapituliert, die inzwischen einen so realen Machtfaktor bedeutete, dass, wie die Victoriaaltar-Kontroverse und vor allem der Basilikenstreit gezeigt hatten, kaiserlicher Absolutismus und große Politik gegen sie offenbar nicht durchsetzbar waren. Der in seinem Beginn durchaus tolerant wirkende hispanische Kaiser, den der (heidnische) Panegyriker Pacatus als *„sichtbaren Gott, den Hispanien (sc. dem Reich) geschenkt habe"* (12(2) 4, 5) bezeichnet hatte, der auch prominente *pagani*, wie Symmachus, Pacatus oder Nicomachus Flavianus in höchste Staatsämter berufen hatte, erscheint nach 390 n. Chr. als Vollstrecker der Katholisierung des Christentums und gleichzeitig – mit hispanischem Ungestüm – als Verfolger des Paganismus (Bloch 1971, 160 ff.). Wilhelm Enßlin, der 1953 der Religionspolitik des Theodosius eine Studie gewidmet hat, und andere haben in dem hispanischen Kaiser vor allem einen „frommen Christen" gesehen. Mir scheint der Mann aus Cauca dagegen eher von labilem Charakter: Sprunghaft, jähzornig-unüberlegt, zu Extremen neigend, war er einem kühlen Taktiker von suggestiver Überzeugungskraft wie dem mailänder Bischof schwerlich gewachsen, dem es, wie Diesner richtig gesehen hat, gelang, Schritt für Schritt den Einfluss der katholischen Konfession im weströmischen Reichsteil auszubauen und irreversibel zu gestalten.

Jetzt beginnt die wirkliche Hexenjagd: Christliche Dissidenten, *pagani* und Juden werden verfolgt, ehrwürdige Stätten des alten Glaubens geschleift, die Olympischen Spiele und vieles mehr verboten. Das sind die beängstigend totalitären Züge der christlichen Ideologie, die sich Zug um Zug Staat und Gesellschaft unterwirft und sich dabei vom Liebesgebot der „Bergpredigt" sehr weit entfernt hatte.

In dieser turbulenten Zeit liegt die Iberische Halbinsel wiederum im Schatten der ‚Großen Geschichte'. Nicht, dass die Aushebungen für den Militärdienst, der Steuerdruck, ideologische Auseinandersetzungen – kurz, die allgemeine Reichsentwicklung, sie nicht betroffen hätten. Aber wieder fehlen die ‚Haupt- und Staatsaktionen'. Während in Mediolanum und in Rom in den 380er-Jahren n. Chr. religionspolitische und konfessionelle Auseinandersetzungen zuweilen gewaltsame Formen annehmen, hören wir von der Iberischen Halbinsel nichts Vergleichbares. Das mag wiederum an den Quellen liegen, aber es fehlten wohl auch Persönlichkeiten von der Art des streitbaren Ambrosius und Anlässe, wie der mailänder „Basilikenstreit" von 385–386 n. Chr. ‚Große Politik' wurde anderswo gemacht. Der Historiker Ammianus Marcellinus spricht zwar gelegentlich von Hispanien, aber was er sagt, klingt nach Ferne und geringer Bedeutung. Von hispanischen Wagenpferden ist da die Rede, davon, dass *Hiberia* von *Iberus* und *Baetica* von *Baetis* komme und von den Scipionen. Die einzigen aktuellen Hinweise beziehen sich auf die Bestallung des Venustus als *vicarius* (23, 1,4), die Exilierung des Alamannenfürsten Vadomar nach Hispanien durch Iulianus Apostata (18, 2, 16) sowie die äußerst negative Beurteilung eines der Geheim-Sekretäre (*tribunus et notarius*) Constantius II. namens Paulus, der aus Hispanien stamme und als „Viper" (*coluber*) bezeichnet wird (14, 5, 6). Man wird nicht fehlgehen mit der Annahme, dass in Hispanien in dieser Zeit sehr Bedeutendes nicht geschehen sein kann, wenn Ammianus so wenig zu sagen hatte. Der bereits erwähnte Usurpator Magnus Maximus, ein hochrangiger hispanischer Soldat, der sich als Verwandter des Theodosius bezeichnete, im Jahre 383 n. Chr. den Purpur nahm und fünf Jahre behielt, bis er 388 n. Chr. Theodosius unterlag, scheint Hispanien nicht besucht zu haben, obgleich der Inschrift CIL II 4911 zufolge die Halbinsel zu seinem Herrschaftsbereich gehörte. Die ephemere Erhebung des paganenfreundlichen Eugenius (von Arbogasts Gnaden) 392 n. Chr. betraf ebenfalls Hispanien, blieb aber ohne erkennbare Folgen für das Land. In beiden Fällen von Usurpation kam es zu einem quasi automatischen Anschluss der Iberischen Halbinsel an Entwicklungen in Gallien, wie das schon früher zu beobachten war.

Stroheker hat die Entwicklung der hispanischen Kirche und ihre Beziehung zu Reichsspitze und Papsttum im Ganzen zutreffend beschrieben (1972–74, 592). Seiner Einschätzung, wonach das *„Heidentum schon bald keine nennenswerte Rolle mehr gespielt habe"*, ist freilich nur mit Einschränkungen zuzustimmen, nicht nur, weil bei zahlreichen Angehörigen der Oberschicht unklar ist, inwieweit ihr Christentum nur taktischer Natur war, sondern auch, weil das siegreiche Christentum die meisten Zeugnisse der gegnerischen Seite vernichtet hat. Dem Stadt-Land-Gefälle kommt hier ebenfalls große Bedeutung zu. Die *rustici* jedenfalls hielten teilweise noch lange an ihren kultischen Gewohnheiten fest, wie die späteren Tiraden eines Martinus von Dume und anderer belegen. Wie weit die Städte tatsächlich christianisiert waren, lässt sich nicht sagen, da wir nur christliche Zeugnisse besitzen und die „heimlichen" *pagani* sich kaum zu artikulieren wagten. Doch gibt es genügend Hinweise auf sublimen Widerstand um annehmen zu dürfen, dass die hispanischen *pagani* vor allem in den dünner besiedelten ländlichen Gebieten den Zwängen der Christianisierung trotzten (R. Sanz 1989, 365 ff.). Auch erlaubt der Umstand, dass das Christentum mit Martyrer- und Heiligenkulten sowie wundertätigen Stätten, Reliquien etc. sehr rasch die markantesten Kultplätze der paganen Dämonen- und Heroenverehrung besetzte, keine Rückschlüsse darauf, wer dort was wirklich verehrte. Sozomenos (*h. e.* 7,20,2) mag hier als Warnung dienen.

Frau Sanz hat im Jahre 1991 umfassend dargestellt, wann und wie in Hispanien die Repression der früheren Kulte begann und wann und wie man – und wer – pagane Kultstätten auf der Halbinsel zerstörte, darunter die sogenannte *Tumba del Elefante* in Carmo. Die im Codex Theodosianus gesammelten Reskripte der Kaiser an die Spitzen der Diözesen- und Provinz-Verwaltungen geben zuverlässig Auskunft, wie zunächst die Opfer für die alten Götter und die Orakel verboten wurden. Verboten wurde allerdings auch die Plünderung und Zerstörung von Gräbern; noch in wisigotischer Zeit musste ikonoklastischen

Klerikern untersagt werden, pagane Mausoleen zu berauben, was den Schluss erlaubt, dass solche Akte von religiös motiviertem ‚Wandalismus' auch noch im 7. Jh. stattfanden. Es bedarf keiner großen Vorstellungskraft um sich auszumalen, welche Exzesse fanatischen Hasses sich auf der Halbinsel abspielten, was wiederum an vergleichbare Exzesse aus dem Spanischen Bürgerkrieg erinnert – mit umgekehrtem Vorzeichen.

In den 1990er-Jahren wurde bei Bauarbeiten im Raum Córdoba eine palastartige Anlage von mehr als acht Hektar Grundfläche entdeckt, teilweise ausgegraben und zugunsten der neuen Bahnverbindung Córdoba-Madrid großenteils wieder zugeschüttet. Die *extramuros* der alten Kapitale liegende Fundstelle – „Cercadilla" – wurde flugs als Kaiserpalast des Maximianus Augustus interpretiert, der sich nach 295 n. Chr. im Süden der Halbinsel im Kampf gegen die Mauren befunden habe. Der außergewöhnliche Fund – und sein behördlicher Umgang damit – erregten große Aufmerksamkeit in der Öffentlichkeit ebenso wie unter Fachleuten. Mittlerweile hat sich die Aufregung gelegt. Als vorläufiges Ergebnis bleibt die Datierung der Anlage in die Zeit der ersten Tetrarchie bestehen, doch ist aus dem „Kaiserpalast" für Maximianus Herculius eine aufwendige *villa suburbana* geworden, die als Residenz hoher Beamter, durchaus auch als zeitweiliger Aufenthaltsort für einen Kaiser angesprochen werden kann.

Beklagte noch Stroheker, der in den 1970er-Jahren auf rund ein Dutzend prächtiger Villenkomplexe verweisen konnte, das Fehlen entsprechender Forschungen auf der Halbinsel, so konnten französische Untersuchungen aus den Jahren 1979 und 1990 bereits rund 400 solcher Anlagen benennen, deren archäologische Untersuchung und datierende Auswertung nur langsam voranschreiten (zuletzt Oepen 2012). Es kann aber nicht bezweifelt werden, dass im späteren 3. und im gesamten 4. Jh. n. Chr. die Zahl der *villae suburbanae* und vor allem die der *villae rusticae* beträchtlich zugenommen hatte. Gleiches gilt für kleinere und größere Gutshöfe (*fundi; praedia*), die von unfreien Bauern und Sklaven bearbeitet wurden und später vielfach Dorfcharakter annahmen. Insgesamt zeichnet sich ab, dass der Schwerpunkt dieser späten Villenkultur in der Mitte des Landes zwischen dem Oberen Ebro und dem Raum Mérida sowie im Süden zu suchen ist.

Die Stadtflucht der *potentes* hatte soziale, ökonomische und zuweilen gewiss auch Selbstverteidigungsgründe, aber sie war seit der Hohen Kaiserzeit auch eine Mode geworden, zumal es den senatorischen Adel der hispanischen Provinzen immer weniger in die turbulente und zunehmend unsichere Hauptstadt zog.

Entsprechend luxuriös waren die älteren und aufwendigsten dieser Anlagen mit Schwerpunkten im Ebrotal, an der Ostküste und im Süden, ausgestattet. Eva Maria Koppel hat die bis in die 1990er-Jahre geborgenen Skulpturen (1993, 193–203), Ulla Kreilinger die bemerkenswertesten Mosaiken der Spätzeit vorgestellt (1993, 205–215).

Was nun in großer Zahl gebaut wird, sind christliche Kirchen in den Städten, Kapellen auf dem Lande und „Eigenkirchen" auf zahlreichen festungsartig bewehrten Landgütern. Dagegen scheint, wie Stroheker bereits gesehen hat, in der nachtheodosianischen Zeit der Fernstraßen-Bau eingestellt worden zu sein, was der wachsenden Kleinräumigkeit der Lebensverhältnisse entsprochen haben dürfte.

Nichtsdestweniger ergeben diese Informationen, unvollständig wie sie sind, ein Tendenzbild: Das eines, oberflächlich besehen, in ruhigem Wohlstand sich selbst genügenden Landes, in dem der städtische Mittelstand sein Auskommen hat, die Oberschicht sehr reich ist und die *humiliores* gerade noch ihren Lebensunterhalt bestreiten können, sofern sie sich nicht im Vorgriff auf spätere feudale Strukturen unter den Schutz der *potentes* begeben und damit auf alle Selbstbestimmung verzichten. Diejenigen, die noch weniger haben, werden bald zu den *Bacaudae* davonlaufen. Dabei schrumpfen die meisten Städte, der städtische Mittelstand wird marginalisiert, während sich die großen Güter autarkisieren – frühmittelalterliche Verhältnisse.

Javier Arce hat die Jahre 284 bis 409 n. Chr. das „letzte Jahrhundert des römischen Hispanien" genannt. Man kann das so sehen, denn faktisch hatte Rom nach den großen Germanen-Einfällen von 409 n. Chr. auf der Halbinsel nicht mehr viel zu sagen. Da ich jedoch das „römische" Hispanien eher kulturell und von Innen begreife, dem offiziellen Ende Westroms aus hispanischer Sicht wenig Bedeutung beimesse und da das 5. und 6. Jh. auf der Halbinsel noch sehr „römisch" sind, gebe ich noch ein wenig Zeit hinzu.

Exkurs 11
Hispanische Frauen

„... ihre Wildheit und tierische Unempfindlichkeit gegenüber zugefügten Leiden."
(Strab. 3,4,17)

Es mag dem Leser in unserem Zeitalter feministischer Bemühung um Anerkennung der Gleichwertigkeit des weiblichen Elements in allen Dingen – auch in der Vergangenheit – aufgefallen sein, dass bisher mit keinem Wort von ‚Frauen in Hispanien' die Rede war. Um der historischen Gerechtigkeit willen soll hier kurz von hispanischen Frauen gesprochen werden. Da in der Antike sehr lange kaum eine Frau selbst zur Feder griff und die historiografisch tätigen Männer außer von den ‚mythischen', dann den ‚klassischen' Frauen (mit eher männlich-preiswürdigem Verhalten), schließlich den skandalösen, wie Phryne und ihresgleichen, den sozusagen ‚normalen' Frauen wenig politisch-kulturelle Bedeutung beimaßen, bleibt ein wichtiger Aspekt der antiken Sozialgeschichte weitgehend unberücksichtigt. So sind, um bei Hispanien zu bleiben, die Frauen der Barkiden, die Verteidigerinnen von Numantia (und zahlloser anderer von Frauen mit-verteidigter Plätze bis in den Cantabrer-Krieg) bedauerlicherweise namenlos. Hannibals *Imilce* ist, anders als vielfach zu lesen, eine Standesbezeichnung, die auf Punisch „Königstochter" meint. Ohne Namen sind gleichermaßen die *puellae Gaditanae*. Dass die Namenlosigkeit der Frauen auf der Halbinsel vor Roms Annexion keineswegs deren realer Bedeutung entspricht, zeigen archäologische Großfunde wie die „*Dama de Baza*" [Abb. 42], die „*Dama de Elche*", die zahlreichen weiblichen „*oferentes*" auf dem Cerro de los Santos, deren bis in die Gegenwart immer wieder kopierten Schmuck Strabon (3,4,17) anschaulich beschreibt. Auch Göttinnen-Verehrung hat stattgehabt, sowohl in vorrömischer Zeit bei Phoinikern/Puniern als auch bei Iberern und Kelten und erst recht, nachdem der Osten seit der späten Republik kulturell nach Westen vorgedrungen war. Die lateinische Epigrafik auf der Halbinsel beweist ebenfalls den angemessenen Rang der Frau in den hispano-römischen Oberschichten, vorwiegend natürlich bei Grabinschriften für Frauen nahezu aller gesellschaftlicher Schichten, aber auch bei Ehreninschriften für Priesterinnen. Dass in der römischen Kaiserzeit Frauen der höchsten Gesellschaftskreise anders, d. h. auf Münzen, in der Plastik etc. wahrgenommen werden, ist einmal den umfassenden dynastischen Bemühungen von Augustus an, besonders bei den „hispanischen Kaisern", aber auch dem Zeitgeist zuzuschreiben. Das gilt in gleicher Weise für das zur Macht gelangte Christentum. Nicht nur hatte bereits die frühe Kirche Frauen ernst genommen, die christlichen Historiker entwickelten ein gegenüber ihren paganen Vorgängern wesentlich sensibleres Frauen-Verständnis vor allem wohl auch, weil weibliche Martyrer eine außerordentlich bedeutende Rolle im christlichen Widerstand während der Verfolgungszeit gespielt und ihre Namen das junge hispanische Christentum – nicht zuletzt aus Propagandagründen – entscheidend geprägt hatten. Die ersten Frauennamen, die in der hispanischen Geschichtsschreibung begegnen, sind Iusta, Rufina, Eulalia etc. Mit ihnen treten *Hispanae* erstmals aus der Anonymität hervor.

Einen interessanten Blick auf die hispanischen Verhältnisse im 4. Jh. n. Chr. bieten einige Christinnen aus höchsten

Abb. 42 *Dama de Baza*. Die Ausgräber glaubten auf Grund von Haartracht und Schmuck der Kalkstein-Figur eine spanische Zigeunerin vor sich zu haben. Tatsächlich handelt es sich um das Leichenbrand-Behältnis einer vornehmen Ibererin aus einem ungestörten Kammergrab bei Baza (Granada) aus dem 5./4. Jh. v. Chr.

Adelskreisen nach dem Sieg des Christentums: Reiche Jerusalem-Pilgerinnen aus senatorischem Adel, auch sie Ikonen des ‚wahren Glaubens' und z. T. selbst mit Papyrus und Feder bewaffnet.

Helena, die Ehefrau des Constantius Chlorus und Mutter des Constantinus, war Christin geworden. Manfred Clauss hat ein ironisch-distanziertes kleines Portrait der angeblich ehemaligen *stabularia*, was ‚Kuhmagd' bedeutet, gezeichnet (2002, 355 ff.). Aus dem Soldatenliebchen wurde eine Kaiserin und Mutter eines Kaisers, vor allem aber, so führt Clauss aus, wurde sie die Legende ihrer selbst. Es scheint, dass diese Legende von der allerchristlichsten *Augusta* und Reliquiensammlerin, von ihren Kirchenbauten, Pilgerreisen und guten Werken im weiteren 4. Jh. n. Chr. Vorbildfunktion gewann. Die hochadligen Damen Melania d. Ä. und Egeria, welche in der zweiten Hälfte des 4. Jhs. n. Chr. wohlversehen mit Empfehlungsbriefen und Geld ihre hispanische Heimat verließen, um auf Pilgerfahrt im Wagen, zu Fuß oder reitend in das „Heilige Land" zu reisen, folgten gewiss den Maßgaben der Helena-Legende. In diese Reihe gehört auch die Ikonoklastin Poimenia, Hispanierin und reich, die in Jerusalem den Bau der Himmelfahrtskirche mitfinanzierte (Teja 1998, 279 ff.). Die Berichte über diese Reisen – die *Historia Lausiaca*; das *Itinerarium Egeriae* – liefern wertvolle Informationen sowohl über den Osten des Reiches als auch über die privaten Verhältnisse der christlichen Oberschicht der Halbinsel im ausgehenden 4. Jh. n. Chr. Egeria soll aus Gallaekien gekommen, Melania „von hispanischer Abkunft" sein: Σπάνη το γένος (*Hist. Laus.* 46).

Beide Pilgerinnen sind nicht in ihre hispanische Heimat zurückgekehrt. Sie lassen erkennen, zu welcher persönlichen Unabhängigkeit auch Frauen am Ende der Antike gelangen konnten, sofern Reichtum und christlicher Eifer in ausreichendem Maße vorhanden waren. Es gab auch andere, wie Aelia Flacilla, die Gattin des Theodosius, auch sie von hohem Adel, die Damen Serena und Maria aus der Familie Stilichos oder Therasia aus *Complutum* (Alcalá de Henares), die Gattin des Aquitaners Paulinus von Nola, die auch aus heutiger Perspektive ausgesprochen bedeutende und einflussreiche Persönlichkeiten waren; Otto Seeck (RE VI, 2432 ff.) bzw. Wilhelm Enßlin (RE Va, 2366 f.) lassen daran keinen Zweifel. Von Therasia heißt es, sie habe ihren Besitz weggegeben und zusammen mit ihrem Gatten ein Leben in Askese geführt. Damit stehen beide in gewisser Weise dem Priscillianismus nahe. Das gilt nicht für jene *Spana* Theodora, der Witwe des Lucinus Baeticus, mit der Hieronymos korrespondierte; offenbar war das Ehepaar eine Zierde der ‚Rechtgläubigkeit' (*ep.* 75).

Abb. 43 Theodosius' I. Tochter *Serena*, die dem wandalischen Heermeister Stilicho vermählt wurde. Aus Monza.

In die Reihe bedeutender Frauen des spätantiken Hispanien gehört später auch die aristokratische Ehefrau des Wisigotenkönigs Theudis, die nach Prokopios (Gotenkriege V 12,50 ff.) *„nicht wisigotischer Abkunft war, sondern einem reichen einheimischen Hause entstammte und neben vielen anderen Gütern weite Gebiete in Hispanien besaß".*

Stroheker, der die Namen zusammengestellt hat (1965, 54 ff.), verweist auf Grabinschriften des 6. Jhs., auf denen große Damen der alten Oberschicht verewigt sind. Diese sind zumeist der Baetica zuzuordnen und beweisen, dass noch lange Angehörige des senatorischen Adels der Halbinsel auch in westgotischer Zeit Reichtum und gesellschaftlichen Rang zu behaupten vermochten. Dass Frauen aus diesen Kreisen als Erbinnen oder Ehefrauen (auch germanischer Würdenträger) [Abb. 43], quasi als Inhaberinnen sowohl des angestammten aristokratischen Charisma als auch des dazu gehörigen Reichtums auftraten, verrät einiges über den erstaunlichen Grad der Emanzipation von Frauen in der christlichen Adelsgesellschaft der Spätantike, freilich auch nur dort. Die Frauen der Mittel- und Unterschicht bleiben – wie auch die Männer – weiterhin anonym.

Die Halbinsel im Übergang

„Hispania" – „Spania."

Im Jahre 1961 erschien in deutscher Übersetzung ein Büchlein des von Sizilien, also von einem *locus sacer* der antiken Welt, stammenden Althistorikers Santo Mazzarino mit dem Titel „Das Ende der antiken Welt". Es enthält neben anderen klugen Essays zwei, die sich mit ‚Dekadenz', ‚Kontinuität' und ‚Kritik der Dekadenztheorie' beschäftigen und die zu allen einschlägigen, bereits seit dem Mittelalter heftig diskutierten Fragen in überzeugender Weise Stellung beziehen.

Es versteht sich, dass eine Arbeit wie die vorliegende einer Stellungnahme zu dieser Problematik nicht gänzlich ausweichen kann, auch wenn es sich dabei meist um persönliche Einschätzungen – je nach Glauben, Weltsicht, Lebensalter und Milieu – handelt. Karl Christ hat im Jahre 1970 die alten und neuen Theorien zum „Untergang des römischen Reiches" vorgestellt und kommentiert; jede dieser Begründungen des „Untergangs" und die Reflexionen darüber enthalten Kluges und Richtiges. Doch keine noch so profunde Analyse der Entwicklung Roms seit Erreichen des präsumtiven Höhepunkts seiner inneren Stabilität und außenpolitischen Bedeutung in traianisch-hadrianischer Zeit bis zum Ende Westroms oder gar des Reiches von Byzanz wird anderes konstatieren können als Wachstum, Absterben und Neuentstehen, als Veränderung aller Sicht- und Verhaltensweisen und ihre Ersetzung durch neue Zielvorgaben und Lebensentwürfe. Ähnlich sah das Mazzarino. Weder christliche Teleologie noch Hegels fortschreitende Weltvernunft, weder Marx noch Spengler noch gar die vor etlichen Jahren durch die Medien geisternde absurde Vorstellung vom Untergang der Alten Welt durch eine jedermann treffende Bleivergiftung haben wegdisputieren können, dass sich das Römische Reich verhalten hat wie ein Baum, der grünt, stark wird und irgendwann stirbt – also unser aller Natur folgt. Zwar lässt sich feststellen, dass das süße Gift des Orientalismus, dass gewisse welt- und lebensverneinende Elemente des frühen Christentums, dass die von Selbstzweifeln und entsprechenden Rücksichten wenig geplagten nördlichen wie östlichen germanischen Nachbarn und die hinter diesen nachdrängenden Hunnen Rom gewissermaßen bis zur Sturmreife attackiert haben. Was aber letztlich den Ausschlag dazu gab, dass die Alte Welt – mürbe, müde, wehrunwillig und resigniert – dem vielgestaltigen Neuen nicht nur nicht widerstand, sondern Widerstand nicht einmal mehr wirklich gewollt zu haben scheint, weiß niemand. Die neuen ‚Barbaren' waren hungrig nach allem, was der reiche Süden zu bieten hatte. Der *ecclesia triumphans* waren – und blieben – Staatsgedanke, *religio* und *common sense* der großen Vergangenheit Roms fremd (was immer an *Roma aeterna* – Beschwörungen in späteren Zeiten verlauten mochte), und also sorgte sich die Kirche nicht um den römischen Staat, sondern um ihr eigenes Wohlergehen darin (oder auch in jeder anderen denkbaren *civitas terrena*). Dazu kommt: Staaten, Reiche, die ihre Bürger – jetzt: Untertanen – ökonomisch aussaugen, ohne ihnen dafür Sicherheit und so etwas wie Gerechtigkeit zu geben, liebt man nicht, ein zunehmend in orientalischem Prunk mit christlicher Konnotation schwelgendes Kaisertum ebenso wenig. Im hellenistischen Osten hatte man Rom ohnehin nie geliebt. Bemerkenswert ist ein Hinweis des gallischen Aristokraten Apollinaris Sidonius auf den späten „Senatskaiser" Petronius Maximus, *„der nicht ertragen konnte, einen Herren über sich zu haben"* (*Ep.* 2, 13, 3), wobei Valentinianus III. der aktuelle *dominus* war. Offenbar gab es im Westen wie in Italien in den ehemals staatstragenden Kreisen eine grundsätzliche Ablehnung der Entwicklung des Kaisertums östlichen Zuschnitts, vielleicht sogar eine grundsätzliche Ablehnung *dieses* Staates. So beobachten wir allenthalben Abwendung, Rückzug und Auflösung, daneben aber auch Selbstbehauptungsversuche, Bemühungen um neue Strukturen und um Arrangements mit den neuen Kräften. Christliche Diözesen treten *de facto* an die Stelle ‚weltlicher' Verwaltungsbezirke, Bischöfe werden Verwaltungschefs, Konzilien formulieren Staatsziele.

Bei dieser Entwicklung geht Gallien im Westen voran. Hispanien, das nun in den Quellen immer häufiger *„Spania"* heißt, folgt nach.

‚Los-von-Rom'-Bemühungen, die, wie wir gesehen haben, in der Vergangenheit häufiger eingeleitet worden waren, werden mehr und mehr politische Realität. Stroheker hat dafür den Begriff „Sonderbewusstsein" gefunden (1965, 99), eine Formulierung, die seltsam klingt, aber zutrifft. Beide große Regionen, die es niemals vorher zu konkreter Staatlichkeit gebracht hatten, beginnen sich zu „nationalisieren". Christliche Poeten aus Hispanien dichten „patriotisch". Von der wachsenden Unlust hispanischer Adliger, ihre Heimat zu verlassen, wurde bereits gesprochen. Rom, später Mediolanum, wurden nicht mehr als Nabel der Welt und alternativloses Karriereziel empfunden. Andere konnten sich, wie Stroheker gezeigt hat, den Dienst am Imperium kaum leisten, weil ihre Vermögensverhältnisse beschränkt waren. Manche hispanisch-stämmige Aristokraten kehrten – anders als früher – in ihre Heimatregionen zurück. Stroheker verweist auf Prudentius, der sich *„nach langen Jahren außerhalb Spaniens im kaiserlichen Dienst"* am *„Ende seines Lebens in die Heimat"* zurückgezogen habe. Einige Namen von Senatoren, die es vorzogen, *pagani* zu bleiben, verrät die Korrespondenz des Symmachus; dass sie politisch keine größere Rolle mehr gespielt haben, besonders nachdem im Frühjahr 394 n. Chr. im „letzten Religionskrieg der Spätantike" (Geffcken) am Fluss Frigidus der pagane Widerstand unter Eugenius, Arbogast und dem jüngeren Flavianus militärisch besiegt worden war, versteht sich von selbst.

Zu Unruhen auf der Halbinsel kam es, als nach dem Tode des Theodosius der gallische Usurpator Constantinus III. die hispanische Diözese an sich gebracht hatte und auf den erbitterten Widerstand von Angehörigen des theodosianischen Kaiserhauses stieß, die dem Westkaiser Honorius, Theodosius' Sohn und ihrem Verwandten, die Treue hielten, letztlich aber doch unterlagen. Bereits die Namen dieser und anderer hispanischer Neu-Aristokraten der Periode: Didymus, Verinianus, Lagodius, Theodosiolus, verraten den grundlegenden Unterschied zu den Zeiten, in denen die Nachkommen italischer Immigranten gut italische Namen oder mindestens diejenigen aristokratischer Klientelherren aus Rom trugen. A. H. M. Jones hat Art und Entwicklung des gesellschaftlichen Umblutungsprozesses beschrieben, der hier erkennbar wird (1971, 349 ff.).

Vollends verwirrend wurde die Lage in Hispanien, als Constantinus III. seinen Feldherrn Gerontius, einen Britannier, ablöste, worauf dieser seinen *domesticus* Maximus zum Kaiser ausrief und ihm Tarraco als Residenz zuwies. Nach verlorenen Kämpfen in Gallien flüchtete Gerontius nach Hispanien zurück, wo er sich und seiner Frau in hoffnungsloser Lage den Tod gab, was Sozomenos (*h. e.* 9, 13) sehr ‚naturalistisch' schildert. Leider erfahren wir nicht, wo dieses Drama sich abspielte. Dass es im Norden, möglicherweise in oder um Tarraco, geschah und entweder kurz vor oder zeitgleich mit der germanischen Invasion stattfand, ergibt sich aus dem Kontext. Schließlich der Aufstand des *maurus* Gildo, Bruder des früheren Usurpators Firmus, der nach drei Jahren niedergeschlagen werden konnte. Ob auch Gildo, wie viele vor ihm, auf Hispanien zielte, was Claudianus (*de consul. Stilichonis* 1,18) nahezulegen scheint, ist nicht sicher. Sicher ist jedoch, dass die Halbinsel von der Tatsache, dass Gildo zeitweise den Getreidexport aus Afrika nach Rom unterband, wirtschaftlich profitierte, wie der Panegyriker (*in Eutrop*. 1, 404 ff.) berichtet.

# Exkurs 12
Die Germanen kommen

„Barbaren saufen sich durch ganz Hispanien."
(Hydat. Chron.)

Germanen hatte die Iberische Halbinsel schon vor langer Zeit kennengelernt. Wir wissen nicht, wieviel germanische Mitläufer als „Wanderungsgeröll" indoeuropäischer Einwanderungen in vorrömischer Zeit Hispanien erreicht hatten, aber manches deutet darauf hin, dass die Kimbern keineswegs die ersten Germanen waren, die am Ende des 2. Jhs. v. Chr. ihren Fuß auf hispanischen Boden setzten. Die frühkaiserzeitliche Konsolidierung des Imperiums brachte für einige Zeit die großen Wanderungen im Westen zum Stillstand, aber bereits im 2. Jh. n. Chr. hören wir von germanischer Seepiraterie an hispanischen Küsten.

"Die Germanen", die es als homogene ethnische Gruppierung so wenig gegeben hat wie „die Kelten", fielen unter das gewöhnliche hellenistisch-römische Barbaren-Klischee; in grenznahen Konvergenz-Zonen unterschied man deutlicher. Bereits früh waren einzelne Angehörige germanischer Völker in engeren Kontakt mit Rom getreten. Man hielt germanische Sklaven; der eine oder andere Römer im Geiste des *Trimalchio* mag von Tacitus' kulturtherapeutischer Lobpreisung der germanischen Lebens- und Denkart überzeugt worden sein. Später, als das Imperium kaum noch Soldaten aus altrömischem Geist fand, bediente man sich verstärkt germanischer Hilfstruppen, wie man sich hispanischer, illyrischer und anderer Söldner bediente. Sie alle wurden angemessen entlohnt und stellten zunächst keine Gefahr dar, jedenfalls so lange nicht, bis dem Reich an den nördlichen und östlichen Grenzen ernsthafte Probleme erwuchsen. Auf lange Sicht freilich führte die zunehmende „Germanisierung" der Streitkräfte Roms zu Loyalitätskonflikten, die schließlich nicht mehr zu beheben waren.

Zu einer akuten Gefahr wurden verschiedene germanische Nachbarn, als sich im späteren 3. Jh. n. Chr. die römischen Armeen politisierten und begannen, ihre eigenen Kaiser zu suchen. In der Folge zeigte sich Rom dem zunehmenden Fremdvölker-Druck an den nördlichen und östlichen Grenzen immer weniger gewachsen. Es ist müßig, darüber zu räsonnieren, ob äußerer Druck oder zunehmende Unfähigkeit zur Selbstverteidigung für das Brechen der Dämme an vielen Grenzen verantwortlich waren. Man wird akzeptieren müssen, dass das Imperium keine politische Alternative zu der Lösung besaß, die man nun anstrebte, nämlich die Eindringlinge so gut und so kostengünstig wie möglich zu integrieren. Das wurde versucht und führte mancherorts zu brauchbaren Ergebnissen. Die einen hielt man durch Zahlung von „Jahrgeldern" *vor* den Grenzen, andere ließ man auf römisches Staatsland vordringen und verpflichtete sie durch sogenannte Foederatverträge.

Es war nur folgerichtig, dass germanische Eliten im römischen Heer avancierten. Im 4. Jh. n. Chr. kennen wir die ersten *magistri militum* – Heermeister – germanischer Herkunft an der Spitze kaiserlicher Truppen: Franken, Alamannen, Wandalen, Sarmaten u. a. Unter Iulianus Apostata wird ein Germane – Nevitta – sogar *consul ordinarius*. Hier begegnen wir *mutatis mutandis* einem Phänomen, das wir bereits in caesarischer Zeit und wieder unter den Flaviern kennengelernt haben. Freilich konnte Ronald Syme (1958) diese Balbi und Saxae und Titii Hispani als *„colonial élites"* bezeichnen, welche Rom sich herangezogen und mit seiner Gunst sowie aussichtsreichen Karrieren beschenkt habe. Nun jedoch kehrten sich die Verhältnisse um. Die Kräfte von außen diktierten mehr und mehr den Gang der Dinge. Wenn germanische Fürsten es unter ‚starken' Kaisern wie Constantinus noch als Auszeichnung empfunden haben mögen, dem Imperium in hohen Stellungen zu dienen, so waren es später unter den schwächeren Figuren auf dem Kaiserthron die germanischen Reichsfeldherrn, die die Richtung vorgaben. Vorbei waren die Zeiten, wo Aufschriften, wie *rex Quadis datus*, kaiserliche Münzen zierten, wie das noch unter Antoninus Pius möglich gewesen war. Nun gab es Kaiser von der Gnade mächtiger Militärs ‚barbarischer' Herkunft. Natürlich waren die Arbogast, Merobaudes, Richomer, Bauto oder Stilicho längst keine ‚Barbaren' mehr, aber die Beherrschung des Lateinischen war nicht mehr, wie früher, ein Schlüssel für den Zugang zu römischen Ehrenstellungen. Man dürfte auf den Straßen von Mediolanum, Augusta Treverorum oder Lugdunum nun mehr und mehr Wandalisch, Alamannisch, Fränkisch und Gotisch sprechen gehört haben. Mit anderen Worten: Das alte Feindbild verlor seine politische wie kulturelle Relevanz in dem Maße, in dem die neuen, immer zahlreicheren und von immer weiter her Kommenden das Reich von außen und innen bedrohten. Es war abzusehen, dass alle Hilfskonstruktionen zur Eindämmung der ‚Barbaren'-Flut früher oder später zusammenbrechen würden. Das geschah denn auch an verschiedenen Orten zu verschiedenen Zeiten. Im Jahre 376 n.Chr. überschritten „Goten" die Donau. Es ist wichtig, sich zu vergegenwärtigen, dass diese

Bezeichnung nicht von einer ethnischen Homogenität der von L. Schmidt auf rund 40.000 geschätzen Gruppe ausgeht (1969, 195 ff.). Verstärkt wurden die Goten durch das übliche „Wanderungsgeröll, bestehend aus andersstämmigen Germanen, aber auch durch Angehörigen von Ethnien, die weit im Osten beheimatet waren sowie einer nicht geringen Zahl entlaufener Sklaven, die mit der Zeit allesamt mit dem gotischen Stammeskern verschmolzen zu sein scheinen. Die Befehlskette dieses Wanderheeres ist nicht immer deutlich. Wir hören von Herzögen, Königen, Häuptlingen. Große Bedeutung besaß die Abstammung von den aristokratischen Geschlechtern der Amaler oder Balten, eine Voraussetzung für die Wahl zum Herzog oder Heerkönig aus dem Kreis der Stammesältesten, die eine Art Senat bildeten. Wie das Schicksal der Athaulf, Sigerich oder Valia zeigt, fackelte man nicht lange, bei privaten Konflikten oder politischem Dissens den gewählten Anführer zu beseitigen. Zur Gänze aufgeklärt sind die Strukturen nicht; möglicherweise ist das wisigotische Stammes-Königtum seit Eurich in *Tolosa* (Toulouse) und später auf der Iberischen Halbinsel das Endprodukt einer sich auf den langen Wanderungen vollziehenden Entwicklung.

Im Jahre 378 n. Chr. folgte die Schlacht von Adrianopel, in der Goten den Westkaiser Valens nicht nur vernichtend schlugen, sondern auch töteten. Sie stellt eine Art Wendepunkt dar. Gleichwohl ist deutlich, dass die Sieger keineswegs beabsichtigten, das *Imperium Romanum* zu liquidieren. In seiner „Geschichte der Westgoten" hat Dietrich Claude gezeigt, dass – und warum – die Wisigoten sich nicht zutrauten, an Roms Stelle zu treten und verweist auf Athaulfs Hochzeit mit der Kaisertochter Galla Placidia und die römische Namengebung für den gemeinsamen Sohn (1970, 21 ff. mit Anm. 34). Die zweifellos von Zeit zu Zeit gegebene Chance, sich durch eine kontrollierte Teil-Germanisierung zu sanieren, hat Rom nicht zu nutzen vermocht, obgleich weitsichtige Politiker, wie der Wandale Stilicho und der Wisigote Alarich, wahrscheinlich genau diesen Weg zu beschreiten versucht haben. Nach immer wieder erfolgenden Brüchen der zahlreichen *foedera*, denen regelmäßig neue Versuche einer vertraglichen Bindung mit Rom folgten, entschloss sich Eurich in Tolosa zur endgültigen Loslösung von Rom, wie sie Jahrzehnte früher der Wandale Geiserich als erster Führer eines germanischen Nachfolgestaates Roms vollzogen hatte. Man hatte verstanden, dass es zumindest mit dem weströmischen Reich vorbei war.

Die Iberische Halbinsel traf es rund 30 Jahre später. Was dort folgte, war nach wirren Jahrzehnten die Errichtung des langlebigsten der germanischen Nachfolgestaaten auf (provinzial-)römischem Boden.

Die späten Quellen

"Christ ist mein Vorname, mein Nachname Katholik."

(Paccian. ep. 1,4)

An dieser Stelle müssen wir kurz innehalten und uns bewusst machen, auf welchen Grundlagen unsere Wertungen und Einsichten im Hinblick auf die letzte Phase der hispanischen Antike beruhen. A. Schulten und R. Grosse haben in ihrer philologisch häufig nicht zureichenden, gleichwohl für den Historiker unverzichtbaren Quellensammlung *Fontes Hispaniae Antiquae* die hispanienbezogenen Texte aus den antiken Quellen exzerpiert und auf diese Weise auch schwer zugängliches Material erschlossen. Das reicht natürlich nicht aus; bei der Klärung wichtiger Fragen führt an den Originalen kein Weg vorbei.

Auf die Problematik von Martyrer-Akten und legendenhafter Verklärung der christlichen Frühzeit auf der Iberischen Halbinsel als Geschichtsquellen wurde bereits hingewiesen. Ein ebenso großes Problem stellt die literarische Überlieferung im 5. und 6. Jh. dar, einer Zeit, in welcher das Christentum zwar gesiegt hatte, aber in vielfältige interne Probleme verstrickt war. Im Westen wird die ausgehende Antike begleitet von einem tiefgreifenden sprachlichen, formalen und inhaltlichen Stilwandel der historiografischen Literatur. Ein neues Genus entsteht: „Kirchengeschichte". Die Sprache und die vielfach angewandte annalistische Form der Vermittlung scheinen einfach. Die Inhalte verraten sowohl weltanschauliche Verengung als auch die Tendenz zu unbegründeter Verallgemeinerung lokaler und regionaler Phänomene sowie den Hang zu übertreibender Darstellung. Dass die Autoren, meist Kleriker niederen oder höheren Ranges wie beispielsweise Iulianus, Erzbischof von Toledo [Abb. 44], mit Ausnahme von Salvianus durchweg analytisches Interesse vermissen lassen und häufig in naiver, geradezu archaisch-vorintellektueller Manier die Einwirkung ihres Gottes (wie vordem im Mythos: der Götter) auf die Geschichte berufen, macht sie als Quellen hochproblematisch. Demandt (2007, 179) hat am Beispiel des Orosius aus Bracara Augusta die Technik zeitgeschichtlicher Interpretation aus christlicher Perspektive verdeutlicht. Politisch-ideologisches Raffinement ist weitgehend verschwunden, dafür gibt es heftige Polemik. Fast alles ist von schlichter Direktheit, die klassische Bildung, urbane Distinktion und Weltläufigkeit vermissen lässt. Dabei sind die Gallaeker Hydatius und Orosius, der aus Köln oder Trier stammende Salvianus von Massilia, Isidorus von Sevilla oder Gregorius von Tours auch heute noch eine eindrucksvolle und sogar unterhaltsame Lektüre. Aber wenn Gregorius gelegentlich einen König in Hispanien sterben lässt, weil es dort nur schlechte Luft und schlechtes Wasser gebe, kann der Historiker nur kapitulieren. Ähnliches gilt für die Chronik des Hydatius: Die Information, derzufolge nach 409 n. Chr. *„barbari per Hispanias debacchantes"* ist gewiss im Kern richtig, doch können die wenigen Tausend Wandalen, Alanen und Sueven, so schlimm sie immer gehaust haben mögen, unmöglich das ganze Land verwüstet haben, welches dafür viel zu groß ist. Aufgrund der Gesamtanlage der Chronik steht zu vermuten, dass Hydatius in erster Linie seine gallaekische Heimat im Blick hatte, über die er unschätzbare Informationen vermittelt. Es ist das Unpräzise der Berichte und die offenbare Lust an Schreckensszenarien, die zur Vorsicht nötigen. Der fromme Mann aus einem gallaekischen Nest, welcher später Bischof von *Aquae Flaviae* (Chaves/Portugal) wurde, war zuvor bis Jerusalem gekommen. Ob er sich der gewaltigen Dimensionen der Iberischen Halbinsel bewusst war, wissen wir nicht. Seine Chronik lebt vielfach von Gerüchten: Dass es aus Hunger Kannibalismus gebe, dass Mütter ihre Kinder äßen, wilde Tiere die Gefallenen fräßen und die Pest alles übrige zunichte mache, so wie Gott es durch die Propheten verkündigt habe. Isidorus schreibt das alles in seiner Wandalengeschichte fast wörtlich nach. Vieles davon lässt die bescheidene Folgerung zu, dass Hydatius vorwiegend aus der Stimmung schreibt, wonach es Teilen Hispaniens zu Anfang des 5. Jhs. nicht gut ging – viel mehr aber auch nicht. Es fehlt diesen Autoren der taciteische Blick oder derjenige des Ammianus Marcellinus – beide schrieben aus einer Position souveräner Kühle von Betrachtung und Bewertung. Die meisten der späten Quellen dagegen rechnen ihre unmittelbaren zeitgeschichtlichen Erfahrungen hoch, was uns zwingt, nahezu jede Aussage kritischer als sonst zu hinterfragen. So verhält es sich mit Prosper Tiro, der Chronik von Caesaraugusta und der Fortschreibung des Isidorus, der *Continuatio isidoriana hispana* und so gut wie allen anderen Quellen aus dieser Zeit.

Ein anderes verbreitetes Ärgernis ist die geschichtsklitternde Lust mancher Autoren an vermeintlichen zeitgeschichtlichen Analogien zu Legenden aus dem Alten Testament: So behauptet beispielsweise Johannes von Biclaro, im Jahre 589 n. Chr. habe ein gewisser *Claudius, Lusitaniae dux*, mit kaum 300 Mann *LX ferme milia Francorum* in die Flucht geschlagen und den größeren Teil von ihnen massakriert, so wie es Gideon und seine ebenfalls kaum 300 Mann mit vielen tausend Midianitern gemacht hätten, als diese das Volk Gottes attackierten (*Chron*. 91). Ob die Zeitgenossen das geglaubt haben? Oder Isidorus in seiner Wandalengeschichte zur Christenverfolgung Hunerichs in Afrika: *„... er machte viele zu Blutzeugen, ließ den Bekennern die Zungen abschneiden, die danach, trotz der abgeschnittenen Zunge, ganz gut bis an ihr Lebensende reden konnten"* Ist das Ironie, Hohn, Sarkasmus oder naiver Wunderglaube?

Selbst wenn es sich in solchen Fällen bewusst um Übertreibungen der Anschaulichkeit wegen handeln sollte, ist die Zuverlässigkeit solcher und anderer Berichte grundsätzlich in Zweifel zu ziehen.

Die Quellen aus dem Osten sind von anderem Zuschnitt; dort lebt in Sprache und Textkomposition die klassische Tradition länger fort. Hier stellt man Lexica und Enzyklopädien zusammen und erzählt törichtes Zeug von Geryon, Gorgonen und tartessischen Fischen. Doch auch hier ist ‚Geschichte' jetzt weitgehend ‚Kirchengeschichte'. Als störend erweist sich, etwa bei Sozomenos, die verchristlichte Schein-Naivität mit mirakulösen Vorgängen und prophetischen Träumen vor allem bei und von ‚Standespersonen'. Ein Beispiel ist der Bericht, wie die Kaiserin Pulcheria durch göttliche Eingebung die Reliquien der „40 Martyrer" findet (*h. e.* 9, 1, 13–9, 2, 18). Das ist, abgesehen von der „asianischen" (orientalischen) Erzähltechnik, Enkomiastik aufdringlichster Art, welche auch gescheitere Zeitgenossen christlichen Bekenntnisses irritiert haben dürfte. G. Ch. Hansen hat seiner Edition der *Historia ecclesiastica* des Sozomenos einen brillanten Essay vorangestellt, der dem Werk dieses wichtigen Autors nach allen Seiten hin gerecht wird. Aber das Problem, wie man im Einzelfall reale Geschichte von Verchristlichung und „heilsgeschichtlicher" Interpretation befreit, bleibt hier ebenso unbeantwortet wie die Frage, inwieweit solche Autoren angesichts ihrer Beschäftigung mit den sich häufenden theologisch-exegetischen und personellen Schwierigkeiten, nicht zu reden von Intrigen, Denunziationen, Kontroversen innerhalb des kirchlichen Kosmos, über-

Die späten Quellen

Abb. 44 *Iulianus von Toledo*. Die siegreiche katholische Kirche stellte ihre bedeutendsten Prälaten klischeehaft als schön, vorbildlich und ʿheiligʾ dar. Wie mag der geistesscharfe, eifernde, sich im Besitz der absoluten Wahrheit wähnende Bischof tatsächlich ausgesehen haben?

haupt noch in der Lage waren, die Vorgänge der realen Welt anders als sehr summarisch wahrzunehmen.

Das bereits früher sehr eingeschränkte Interesse des hellenistischen Raumes am fernen Westen ist eher noch geringer geworden und beschränkt sich bei Eusebios, Sozomenos, Prokopios und anderen auf Angelegenheiten, die, wie Theodosius' Aufstieg und Wirken oder Iustinianus' Hispanien-Expedition, Ostrom unmittelbar betreffen. Für die bereits erwähnte *expositio totius mundi* liegt Hispanien weiterhin am Ende der Welt. Die meisten Nachrichten über die Halbinsel betreffen Nebensächliches. Es finden sich freilich auch Informationen, die sich *mutatis mutandis* für den Westen übernehmen lassen, beispielsweise die (ikonoklastische) constantinische Religionspädagogik gegenüber paganen Kulten im Osten (Sozomenos, *h. e.* 2, 5). Schließlich ist noch über eine Quelle zu reden, die insgesamt wenig Beachtung gefunden hat, vielleicht, weil sie sozusagen ‚zwischen den Zeiten' angesiedelt ist. Gemeint ist die lateinisch verfasste *„Mozarabische Chronik von 754"*, welche wertvolle Informationen sowohl zur späten Geschichte des wisigotischen als auch zur frühen Geschichte des islamischen Hispanien enthält. Sie ist weltanschaulich erstaunlich zurückhaltend, vermutlich, weil sie Christen und Muslimen gleichermaßen gerecht zu werden versucht. K. Baxter Wolf, der 1990 eine englische Edition besorgt hat, schreibt sie einem *„deacon or a bishop"* zu, *„living in al-Andalus a generation after the Muslim conquest of Spain"*.

Bemerkenswert ist dieses hochpolitische kleine Werk vor allem, weil es quasi die Rezeptur für eine friedlichere Zukunft der neu gemischten hispanischen Gesellschaft liefert: Respekt und Diskretion in Fragen der Weltanschauung.

Der lange Weg zum hispanischen Reich der Wisigoten

„Allerdings hat ein mächtiger Widersacher Christus die Schlange Iberien überlassen: bleichgesichtige Menschen und eine armselige Provinz."

(Hieron. Dial. contra Lucifer. 177, 15)

Die Pyrenäengrenze fällt im Jahre 409 n. Chr.: Wandalische, alanische und suevische Verbände drängen auf die Halbinsel. Anders als im 3. Jh. n. Chr. die Abenteurer der germanischen *raids* zur See, wollen diese Eindringlinge nicht nur plündern, sondern bleiben. Und anders als im 3. Jh. ist der Nordwesten des Imperiums entsprechend eingestimmt: Jahrelang hatten Wandalen, Alanen und Sueven in Gallien gehaust. Nun drangen sie in den Norden und Westen der Halbinsel vor und durchzogen plündernd und zerstörungswütig anscheinend unkoordiniert und ohne System das Land, dessen Organisation sie weitgehend paralysierten. Die Quellen hatten kaum eine Chance, konkret zu werden, weil die Ereignisse sich überstürzten. Die Städte, der grundbesitzende Adel auf seinen befestigten Landsitzen – sie verteidigten sich, so gut sie konnten. Aber an planvollen, koordinierten Widerstand war nicht zu denken. Jeder sorgte, so gut er konnte, für sich; gleichzeitig regten sich erneut die *Bacaudae*. Bezeugt ist, dass sie diesmal vor allem im mittleren Ebrotal auftraten und von dem *magister utriusque militiae* Flavius Merobaudes erfolgreich bekämpft wurden. Danach verlieren sich die Nachrichten für einige Zeit, was keineswegs bedeutet, dass das Bagaudentum nicht weitergelebt hätte – wie schon früher blieben die Motive und Voraussetzungen ihrer Aktivitäten die gleichen.

Die Zeit zwischen 409 n. Chr. und der endgültigen Etablierung der Wisigoten auf der Halbinsel ist im historiografischen Detail undurchsichtig, gekennzeichnet durch permanente Kämpfe aller gegen alle, auch der Eindringlinge gegeneinander. Ende 414 n. Chr. kamen zum ersten Mal die Wisigoten unter ihrem König Athaulf, der wenig später in Barcino ermordet wurde. Kurz danach versuchten sie vergeblich, nach Afrika überzusetzen. Schließlich vernichteten sie, nun wieder als Foederaten Roms, unter König Valia die Alanen und kämpften gegen die Wandalen, die sich in der Baetica breitgemacht hatten und erst nach weiteren wisigotisch-römischen Attacken um 429 n. Chr. nach Afrika weiterzogen. Für geraume Zeit erhalten blieb das vergleichsweise kleine, aber meist unruhig-räuberische Reich der Sueven im Nordwesten, wozu auch ein Teil von Gallaekien gehörte. Hydatius, der es wissen müsste, und, ihm folgend, Isidorus in seiner Geschichte der Sueven berichten, es sei den Gallaekern gelungen, *„in einem Teil ihres Lan-*

des ihre eigenen Herren zu bleiben." Der Bischof von Aquae Flaviae teilt außerdem mit, in Gallaecia seien *per plebem castella tutiora* wieder in Gebrauch genommen worden. Den *Suevi depraedantes* habe man erfolgreich Widerstand geleistet – eine Wiederbelebung der uralten *castro*-Kultur, deren Umfang und Ende archäologisch zu untersuchen bleibt.

Die Wisigoten verließen nach Erledigung ihres Auftrages Hispanien und nahmen die ihnen zugewiesenen Siedlungsplätze in Aquitanien, also am südwestlichen Rand des römischen Gallien, ein. Das war ein geschickter Schachzug der weströmischen Regierung, gehörte doch dieser Raum ebenso wie der hispanische Nordwesten seit Langem zu den Regionen mit separatistischen Neigungen. Über die Jahre nach 418 n. Chr. und besonders die Zeit nach dem Abzug der Wandalen wissen wir fast nichts. Die politisch wichtigeren Aktivitäten spielten sich in Gallien ab, dem gegenüber Hispanien sich in nachtheodosianischer Zeit wie ein geschichtlicher Neben-Schauplatz ausnimmt.

Erst nach der Jahrhundertmitte begannen die Wisigoten sehr zögerlich, das auf der Halbinsel enstandene Vakuum, welches Rom nicht mehr zu organisieren imstande war, aufzufüllen. Claude macht dafür wohl zu Recht fränkischen Druck auf das gallische Wisigoten-Reich verantwortlich. Die von Chlodwig geeinten Frankenstämme verbreiteten sich in äußerst agressiver Weise im Laufe des 5. Jhs. von ihren niederrheinischen Wohngebieten aus nach Süden und Westen; der Übertritt nach Hispanien muss den Nachfolgern Eurichs als die nächstliegende Alternative erschienen sein. Es dauerte allerdings noch mehr als hundert Jahre, bis das wisigotische Königreich seinen Schwerpunkt aus Gallien auf die Iberische Halbinsel verlegte und ein weiteres halbes Jahrhundert, bis durch Leowigild in *Toletum* das hispanische Wisigotenreich zu seiner Blüte geführt wurde.

Die Zeit nach dem Abzug der Wandalen und der Rückkehr der Wisigoten in die ihnen zugeteilten gallischen Siedlungsräume bis zu deren späteren, sehr langsam verlaufenden Infiltrierung Hispaniens ist gekennzeichnet durch die Bemühung der Hispano-Römer, sich unter Vermeidung weiterer Verluste an Leben und Eigentum in ihren angestammten Regionen zu behaupten. Bedroht wurde der *status quo* vor allem durch häufige Übergriffe der Sueven im Nordwesten nicht nur auf die unmittelbare Nachbarschaft ihres Dominiums, sondern auch weit in den westlichen Süden bis *Conimbriga* (Coimbra) und Emerita Augusta. Es waren nicht mehr Raubzüge von der Art, wie sie mehr als ein halbes Jahrtausend früher die Lusitaner in die reichere Umgebung ihres kargen Siedlungsraumes unternommen hatten, sondern schiere Plünder- und Zerstörungsaktionen. Allerdings verstellten den Sueven jetzt keine römischen Legionen den Weg, vielmehr mussten die Einheimischen ihre Verteidigung selbst übernehmen, was mit Hilfe der bereits erwähnten privaten Aufgebote aus Familienangehörigen, freien und unfreien Kolonen, sogar Sklaven, in weiten Teilen des Landes schlecht und recht gelungen zu sein scheint. Zeitweise bekämpften auch wisigotische Foederaten Roms unter Führung ihres Königs Theoderich II. die expandierenden Sueven. Dass die hispano-römischen Eliten, selbst wenn sie dies gewollt hätten, sich kaum mehr um Rom und Reich kümmern konnten, versteht sich.

Immerhin gibt es im Ebrotal außer den immer noch aktiven Bagauden, die um 454 n. Chr. von wisigotischen *foederati* bekämpft werden, wie die Chronik des Hydatius berichtet, auch noch *viri honorati et possessores*, die nach der Mitte des 5. Jhs. beim Bischof von Rom zugunsten eines Bischofs intervenierten (Stroheker 1965, 76). Ob es einen Zusammenhang zwischen den Bagauden-Unruhen und der Tatsache gibt, dass allein die Tarraconensische Provinz noch halbwegs römisch verwaltet wurde, bleibt unter dem Gesichtspunkt gezielt antirömischer Intentionen zu untersuchen. Es hat den Anschein, dass für geraume Zeit weder im suevisch kontrollierten Raum noch in den Siedlungsgebieten der Wisigoten bagaudische Aktivitäten stattfanden, sondern nur dort, wo die einheimischen Unterschichten noch römischem Verwaltungsdruck ausgesetzt waren. Erst gegen Ende des 5. und zu Anfang des 6. Jhs. werden mit *Burdunelus* und später einem *Petrus* zwei Namen von Aufrührern genannt, die in der Forschung mit Bagauden in Verbindung gebracht werden. Der eine wurde in Tolosa (Toulouse) von den Wisigoten hingerichtet, der andere irgendwo bei Caesaraugusta im Ebrotal umgebracht – auch hier besteht erheblicher Forschungsbedarf.

Ob die Verhältnisse im überwiegenden Teil des großen Landes ein so „düsteres Bild" bieten, wie Stroheker (a. a. O. 77) annimmt, ist allerdings fraglich. Er folgt hier vielleicht zu unkritisch der tief pessimistischen Stimmung im Werk des Hydatius, der seinerseits kaum die gesamte Halbinsel im Blick hat. Tatsächlich bietet die Halbinsel in diesen Jahrzehnten überhaupt kein Bild, wenn man vom suevischen Nordwesten, dem großen Rest mit funktionierender Kirchenorganisation und kaum mehr existierender staatlicher Verwaltung absieht. Mancherorts mag es dem einen oder anderen sogar besser gegangen sein als früher. Die römische Restverwaltung in Teilen der Tarraconensis wurde später von den Wisigoten kassiert. Da eine Generation später die hispano-römische Aristokratie unter der sich konsolidierenden wisigotischen Herrschaft wieder in Erscheinung tritt, ist die Schlussfolgerung begründet, dass sie mindestens teilweise die stürmischen Jahre der germanischen Invasionen überlebt hatte, dezimiert zwar, aber mit dem alten Selbstbewusstsein, wie spätere Quellen vermuten lassen.

Mit Eurich, der seinen Bruder Theoderich II. ermorden ließ und beerbte, gewannen die Wisigoten einen ebenso skrupellosen wie begabten Anführer. Stroheker hat ihm eine sorgfältige Biographie gewidmet. Claude hat präzise dargelegt, welche gewaltigen Pläne dieser König verfolgte, wie er damit teilweise scheiterte und wie sein Expansionsdrang sich folgerichtig auf das ‚offene' Hispanien konzentrierte, wo die Sueven marginalisiert und der einheimische Adel verhältnismäßig leicht neutralisiert werden konnten. Im Jahre 469/70 n. Chr. fiel Emerita Augusta, die Hauptstadt der hispanischen Diözese. Danach übernahmen die Wisigoten, Stück um Stück, die Kontrolle großer Teile des Landes.

Solange der Schwerpunkt des wisigotischen Reiches in Gallien mit der Hauptstadt Tolosa lag, scheint der wisigotische Besitzstand in Hispanien von dort aus regiert worden zu sein. Die wisigotisch beherrschten Teile des Landes lassen sich geografisch nicht leicht definieren, da sie mit der Zeit zunahmen, ohne dass sich eine Eroberungssystematik erkennen ließe. Claude nimmt an, dass die Wisigoten nur die wichtigsten Stützpunkte besetzt hätten. Da die Wisigoten niemals einen numerisch starken Anteil an der Bevölkerung der Halbinsel ausmachten, ist diese allenfalls militärisch kontrolliert, doch niemals „flächendeckend" besiedelt worden, und es mag damals manchen *Hispanus* gegeben haben, der in seinem Leben niemals einen Wisigoten zu Gesicht bekommen hat. Wenn die Chronik aus Caesaraugusta uns wissen lässt, in den Jahren 494 und 497 n. Chr. hätten sich Wisigoten in Hispanien angesiedelt, so ist das gewiss eine sehr regionale Betrachtungsweise. Wie bereits festgestellt: Übertreibungen sind kennzeichnend für die Quellen dieser Zeiten: Weder die Behauptung der Gallischen Chronik, wonach die Sueven *partem maximam Hispaniarum* in Besitz genommen hätten, noch Prosper Tiros Feststellung „*Wandali Hispanias occupaverunt*" treffen in dieser Form zu. Meist handelt es sich um die unkritische Wiedergabe von Gerüchten. Vielfach sind es auch Informations- und Wahrnehmungsdefizite in dem riesigen Land, in dem zwar noch lange der *cursus publicus*, die römische Staatspost, funktionierte, nicht hingegen eine korrekte Nachrichtenübermittlung, zumal die Invasoren ständig in Bewegung waren. Gleiches gilt für Nachrichten, wonach Wisigoten nach Vertreibung der Sueven im Bereich des heutigen Palencia Gebiete besiedelt hätten. Ein dauerhaft zusammenhängendes Bild lässt sich nicht gewinnen.

Dass zumindest Teile der Tarraconensis noch in den 60er-Jahren des 5. Jhs. unter römischer Verwaltung standen, wurde bereits gesagt. Deren Verwalter, ein *dux* Vicentius, erscheint in den 70er-Jahren als wisigotischer *dux*: Die Folgerung erscheint plausibel, dass Vicentius, wenn es denn derselbe Mann ist, ein Realpolitiker war, der die Zeichen der Zeit verstanden hatte und, da die Wisigoten dringend auf die Unterstützung römischer Fachkräfte angewiesen waren, sich deren Regiment unterstellte. Sobald die Araber kommen, werden wisigotische Funktionäre das Gleiche tun. Auch hier sind die Vorgänge in Gallien exemplarisch. Andererseits ist zu registrieren, dass bei der Eroberung der Rest-Tarraconensis durch die Wisigoten Teile des einheimischen Adels Widerstand leisteten und die Stadt *Tortosa* am unteren Ebro erst im Jahre 506 n. Chr. von den Wisigoten eingenommen werden konnte. Man tut gut daran, das wisigotische Hispanien als einen großen Herrschaftsraum mit vielen lokalen und regionalen Aussparungen zu sehen, die sich erst mit der Zeit in gotisches Dominium verwandelten – wenn sie nicht überhaupt unbeachtet weiter existierten wie bisher.

Claude hat ausführlich die Entwicklung des tolosaner Wisigotenreiches und dessen politische, soziale, militärische und nicht zuletzt religiöse Strukturen beschrieben. Vieles davon begegnet später im hispanischen Wisigotenreich, wo es uns beschäftigen wird.

Zu den geistesgeschichtlich interessanten literarischen Phänomenen dieser Zeit auf dem Wege von der Antike zum Mittelalter gehört die Rezeption der gewaltigen Umbrüche, die das vormals römische Westeuropa im 5. Jh. erfuhr. Deren wichtigstes Ergebnis, die politische und militärische Marginalisierung des 1.000-jährigen Rom, welches noch ein Jahrhundert früher Prudentius als *res maxima* erschienen war und die Errichtung ‚barbarischer' Nachfolgestaaten auf dessen Territorium, wurde in konservativen Kreisen Italiens überwiegend als Katastrophe empfunden. Seit den Kelten des Brennus hatte man den Barbaren widerstehen gelernt, hatte sie besiegt, domestiziert und mit den Segnungen der eigenen Zivilisation beschenkt. Nun waren erneut Menschen derselben, womöglich noch barbarischeren, Art aus den unermesslichen Tiefen des Nordens und Ostens gekommen, um das alles ohne Bedenken zu zerstören und es sich auf dem heiligen Boden des Imperiums gut sein zu lassen. Zuerst hatten die Christen den alten Göttern den Garaus gemacht, nun zertrampelten Barbaren in Hosen und Tierfellen die bis zum Äußersten verfeinerten Errungenschaften der antiken Kulturen. Dass dies nur die halbe Wahrheit war, wurde nur selten gesehen. In den westlichen Provinzen gab es vergleichbare Einschätzungen; es hat aber den Anschein, als habe sich der dort seit Langem spürbare regionale Patriotismus, den man mit aller Vorsicht als Frühform eines jungen Nationalismus begreifen kann, leichter mit den neuen Verhältnissen zu arrangieren vermocht. Man war nun weniger gallischer oder hispanischer Römer als vielmehr römischer Gallier und Hispanier. Besitz und Heimat waren gallisch oder hispanisch, man sprach Latein, und mit Rom verband einen weiterhin das Christentum. Von denjenigen, die kaum oder gar nicht Lateinisch sprachen, wie den *Vascones*, war ohnehin nicht die Rede.

Christliche Intellektuelle, wie der Bischof von Hippo, zogen sich auf eine Weise aus der Affäre, die ihrer antiken Bildung alle Ehre macht: Gut platonisch flüchteten sie sich in die Abstraktion. Augustinus' Teilung der Welt in Gut und Böse hat, wie man weiß, tiefe Wurzeln in vorchristlicher Philosophie, in Gnosis und Manichäismus. Dass der Zustand der (Alten) Welt desolat war, konnte jedermann sehen; dass das Gute sich *in excelsis* (im Himmel) befinde, durfte wohlfeil postuliert werden, eine klassische *utopia d'evasione*. Orosius und Salvianus, den wir bereits als Analytiker zeitgenössischer sozialer Befindlichkeiten kennengelernt haben, sahen die neuen Verhältnisse ungleich realistischer: Man lebe in Gallien wie in Hispanien unter wisigotischem Regiment weitaus besser, außerdem seien die Wisigoten längst Christen – dass sie Arianer waren, nahm man einstweilen in Kauf.

Es verwundert nicht wirklich, dass sich diese Auffassung mit der Zeit durchsetzte. Was das Problem des arianischen Bekenntnisses der Wisigoten, welches diese ohnehin eher zufällig angenommen hatten, angeht, so wird die athanasianische Mehrheit der so viel zahlreicheren Hispano-Römer in späteren Jahren eine ihr gemäße Lösung erreichen. Noch war das eine *cura posterior*.

Vermutlich wäre Hispanien noch lange lediglich eine Provinz des gallischen Reiches der Wisigoten geblieben, hätten nicht innergotische Schwierigkeiten, dynastischer Zwist und schließlich die Franken dem tolosaner Reich ein Ende gemacht. Nur dank ostrogotischer Militärhilfe blieben den Wisigoten Reste ihres früheren gallischen Besitzes – Septimanien und die Mittelmeerküste mit *Narbo* und *Arelate* – erhalten. Zeitweise stießen die Franken sogar bis Barcino vor, das neben Emerita Augusta Hauptstützpunkt der wisigotischen Macht in Hispanien geworden war. Als Folge der selbstzerstörerischen Thronwirren nach dem Tode Alarichs II. gerieten die Wisigoten im Jahre 511 n. Chr. sogar unter die Herrschaft des Ostrogoten Theoderich, genannt „der Große", der für seinen noch unmündigen Enkel Amalarich 15 Jahre lang den hispanisch-gallischen Besitz der Wisigoten verwaltete. Ob es, wie Claude (1970, 55) meinte, sein Ziel war, ein vereintes Gotenreich zu schaffen, ist eine offene Frage. Eine größere Reichsbildung in der Nachfolge Westroms hatte bereits Eurich angestrebt. Mit Theoderichs Tod verflüchtigten sich diese Pläne und die gotischen Hauptstämme gingen wieder getrennte Wege. Amalarich, inzwischen König der Wisigoten geworden, versuchte nun, zu einem Arrangement mit den Franken zu gelangen, doch scheiterte die Heirat mit Chlodwigs Tochter an konfessionellen Schwierigkeiten. Amalarich wurde in Barcino umgebracht; seine Nachfolge trat der mit einer hispano-römischen Aristokratin verheiratete Ostrogote Theudis an, der erneut eine antifränkische Politik betrieb, ohne freilich den Druck der Franken von der nördlichen Grenze des wisigotischen Dominiums nehmen zu können. Für das Jahr 541 vermeldet die „Chronik von Caesaraugusta" eine ergebnislose Belagerung dieser bedeutenden Stadt am Ebro. Langfristig allerdings blieben die Pyrenäen die Grenze zwischen den beiden germanischen Nachfolgestaaten im ehedem römischen Westen.

Das große, schwach bevölkerte Hispanien bot allen wisigotischen Schwierigkeiten den bestmöglichen Ausweg und so finden wir das Gros wisigotischer Ansiedlungen, erkennbar (mit gewisser Vorsicht) vor allem an ihren charakteristischen Friedhöfen, im heutigen Alt- und Neukastilien. Dort hat die Sprachforschung, zuerst E. Gamillscheg in den 1930er-Jahren, die stärksten Konzentrationen wisigotischer Ortsnamen beobachtet, von denen viele in die heutigen Landessprachen eingegangen sind (Claude 1970, 60). Zwar weiß man inzwischen um die eingeschränkte Aussagekraft solcher Namenkarten, da zahlreiche Wisigoten sich in Siedlungen niederließen, die ihre früheren Namen behielten oder in solchen, die ihre gotischen Namen verloren haben, aber eine gewisse Tendenz zeigt sich allemal.

Dass sich der wisigotische Adel räumlich von den ‚einfachen' Goten distanzierte und in den größeren Städten sowie vor allem im Süden Wohnstatt nahm, muss angesichts des numerischen Ungleichgewichts zwischen Hispano-Römern und Wisigoten verwundern; anscheinend wurde darin aber keine Gefahr gesehen. Ob diese Trennung dazu führte, dass sich die wisigotische Oberschicht vergleichsweise rasch romanisierte oder ob umgekehrt der Wunsch des wisigotischen Adels nach Akkulturation die Absonderung motivierte, ist unklar.

Ein anderes Problem stellt seit der bahnbrechenden Arbeit von Reinhart Wenskus von 1961 ganz allgemein die ethnische Identifizierung archäologischer Kulturprovinzen gerade bei wandernden *gentes* dar. Bezogen auf die Wisigoten in Hispanien hat Barbara Sasse-Kunst (1997, *passim*) die neuere Forschungs-Diskussion referiert und die aktuelle Sicht der Dinge auf den Punkt gebracht. Natürlich müssen nicht alle präsumtiven „westgotischen" Funde relativiert werden, doch tut der Historiker gut daran, sich nicht blind auf archäologische Fundkarten zu verlassen, sondern diese durch umfassendere heuristische Bemühungen abzusichern.

In den frühen 30er-Jahren des 6. Jhs. dürfte die wisigotische Einwanderung im Wesentlichen abgeschlossen gewesen sein, wobei der oben beschriebene gallische Restbesitz erhalten blieb. Grundlage der Ansiedlung war, soweit es sich nicht um die Besiedlung von Niemandsland handelte, wie schon in Gallien die Landteilung mit den einheimischen Besitzern des Bodens, die bereits im *codex Theodosianus* bzw. im *codex Euricianus*, der ersten großen wisigotischen Rechtskodifizierung, festgeschrieben war. Diese Regelung, die nur die *potentes* betroffen haben dürfte, sieht im *Euricianus* eine 2:1-Teilung zugunsten der Wisigoten vor. Fachgelehrte wie Claude (a. a. O. 37 ff.) nehmen an, dass, von Ausnahmen abgesehen, dieses Verfahren in – wie man heute zu sagen pflegt – sozial verträglicher Weise funktionierte.

Die Konsolidierung der germanischen Besitzstände hatte eine Verschiebung der Schwerpunkte zur Folge: Waren früher Süden und Osten die politisch relevanten Zonen Hispaniens gewesen, so verschob sich jetzt das politische Gewicht nach Nordwesten und Westen in den Raum westlich einer Linie Emerita Augusta – Toletum – Caesaraugusta – Osca. Vergleicht man diese Linie mit Jürgen Untermanns alter Grenze zwischen indoeuropäischen und nicht-indoeuropäischen Sprachen (1965, 17), so ergeben sich beträchtliche Übereinstimmungen: Es ist die indoeuropäische Zone, die nun den Ton angibt und über die muslimische Epoche hinweg angeben wird.

Wie schon so oft in der Antike ist das völkerwanderungszeitliche Hispanien wieder nur Objekt der Geschichte! Es sind im wesentlichen Fremde, die diese Geschichte ‚machen'. Erst westliche und östliche Germanen, dann in der Mitte des 6. Jhs. das byzantinische Ostkaisertum. Damals unternahm Iustinianus den ebenso grandiosen wie aussichtslosen Versuch, das Rad der Geschichte zurück zu drehen und das *imperium Romanum* zur Gänze wiederherzustellen. Die meisten Hispanier dürften dem Treiben der Fremden auf ihrer Halbinsel zugeschaut haben wie Zuschauer im Theater: Bürgerkriege der Wisigoten untereinander, Adelsfehden, Königsmorde, Belagerungen von Städten, die einmal ihnen gehört hatten und nun von fremden Besatzungen beherrscht wurden, durch noch Fremdere – und dergleichen mehr. Quellen, wie die schon wiederholt genannte „Chronik aus Caesaraugusta", gewiss eine einheimische Stimme, registrieren kühl Ereignisse, die sich im eigenen Umfeld zutragen, von Bagauden-Angriffen über die fränkische Belagerung bis hin zu Circusspielen in Caesaraugusta, die auf christliche Initiative eigentlich längst verboten waren und auf ein gewisses Maß paganen Widerstandes hinweisen. Wenn Stroheker Recht hat, gab es um die Mitte des 6. Jhs. in Corduba eine hispanorömisch-katholische Opposition gegen den wisigotischen König Agila (1965, 209). Die tatsächlichen Motive kennen wir nicht. Aber eine universale Stimme hat Hispanien nicht. Vielstimmig sind die katholischen Konzilien. Auch die einen oder anderen hispano-römischen Adligen, Frauen wie Männer, treten namentlich in Erscheinung, und sei es durch Grabinschriften. Aber anders als im Jahrhundert davor kennen wir keinen hispanischen Dichter, der das Lob seiner Heimat verkündet hätte. Hispanien schweigt.

Gleichzeitig beginnt dieses Land sanft, aber unerbittlich, die Fremden in seinen Bann zu ziehen: Zuerst legt der fremde Adel Pelze und Reitstiefel ab und trägt sich mediterran, dann verlernt er seine gotische Sprache. Das Verbot der Verheiratung mit einheimischen Frauen wird zwar nicht aufgehoben, aber unterlaufen, schließlich spielen auch die konfessionellen Grenzen eine immer geringere Rolle, bis sie zugunsten der katholischen Interpretation des Christentums gänzlich fallen. Am Ende wird Hispanien die Wisigoten gewissermaßen in Passivität aufgesogen haben – nicht militärisch besiegt, wie Wandalen und Ostrogoten durch das byzantinische Reich, nein, verschlungen. Von dem, was übrig blieb, wird die Rede sein.

Abb. 45, 46 und 47 *Leowigild – Swintila – Wamba* in fiktiven Darstellungen des 19. Jh. auf der Plaza de Oriente, Madrid. So wünschten sich die spanischen Bourbonen ihre Genealogie verstanden zu wissen: Erben der monarchischen Tradition seit den germanischen Königen in der Nachfolge Roms. Historistische Geschichtsklitterung allerwege!

Das Reich von Toletum

„Liuvigildus regierte 18 Jahre. Im zweiten Jahr der Regierung des Liuva wurde er zur Herrschaft erhoben."

(Lat. Reg.Vis. n. 26)

Die *Plaza de Oriente* im Madrider Westen, zwischen dem Stadtschloss der Bourbonen und der Oper gelegen, ist ein heiterer kleiner Park, in dessen Herz eine Zeit, für die ‚Geschichte' wesentlich politisch-propagandistische Hilfestellung zu leisten hatte, rundplastische Darstellungen der Wisigoten-Könige gepflanzt hat. Als Ideengeber für die Aufstellung dieser in pathetisch-heroischer Pose präsentierten, ikonografisch fiktiven Monarchen der letzten Phase des antiken Hispanien gilt der aus Galicia stammende Padre Sarmiento, im 18. Jh. einer der führenden Intellektuellen des bourbonischen Spanien. Man ist versucht, hier eine programmatische Genealogie – wie fiktiv auch immer – zur Legitimierung der bourbonischen Herrschaft zu erkennen.

Die Dargestellten lassen in Nichts erkennen, dass sich unter ihnen Totschläger, Giftmischer, Hochverräter, Judenverfolger befinden, die alle im Verein mit den wenigen ehrenhafteren und weiseren Herrschern dieser Periode für das Werden eines spanischen Nationalstaates stehen, als den der asturische *reconquista*-König Alfonso II. das wisigotische Königreich zur Legitimierung der eigenen politischen Ziele propagiert hatte. Das war Geschichtsklitterung in großem Stil, deutlich auch Frucht des im 19. Jh. im Dekor der Hauptstadt Madrid allgegenwärtigen Historismus. Von nationalstaatlichem Bewusstsein der vereinigten Wisigoten und Römer ist noch lange nichts zu spüren, auch wenn Claude meint, entsprechende Tendenzen bei Isidorus und Iulianus von Toledo feststellen zu können. Aber das waren die Intellektuellen! Tatsächlich blieb das hispanische Reich der Wisigoten auch in seinem Selbstverständnis fast zu allen Zeiten von innen und außen bedroht.[Abb. 45, 46 und 47]

Was die Wisigoten in bestimmten Situationen vor dem Untergang bewahrte, waren ungewöhnlich starke Könige: Eurich, der Ostrogote Theoderich und schließlich in besonderem Maße Leowigild. Wie dem Reichsgründer Eurich hat K. F. Stroheker auch diesem mutmaßlich zeitweiligen Retter des hispanischen Wisigotenreiches eine konzise biografische Studie gewidmet (1965, 134 ff.). Stroheker ist es gelungen, das Bild Leowigilds von dem germanophilen, vielfach anti-katholischen und anti-romanischen Rankenwerk, welches der Chauvinismus der deutschen Reichsgründungs-Zeit geschaffen hatte, zu befreien und auf eine historisch solide Grundlage zu stellen.

Was besonders im Werk des Johannes von Biclaro auffällt, ist, wie wenig Leowigild noch einem germanischen Wahlkönig aus dem Kreis gleichberechtigter Aristokraten gleicht und wie sehr er in allen monarchischen Ausdrucksformen als ein spätrömischer, von byzantinisch-orientalischem Hofstil geprägter absoluter Monarch erscheint. Nicht zuletzt der eindeutig spätantike Auftritt dieses wohl bedeutendsten Herrschers des hispanischen Wisigoten-Reiches macht deutlich, dass vom Ende Westroms jedenfalls in Hispanien nicht gesprochen werden kann, solange maßgebliche römisch-spätantike (Nachfolge-)Kräfte sich in derart manifester Weise zur Geltung brachten. Natürlich entwickelte sich die wisigotische Monarchie nicht auf einen Schlag in diese Richtung, aber erst Leowigild vermochte das zu Beginn seiner Regentschaft von gefährlichen Auflösungserscheinungen bedrohte Wahl-Königtum der Wisigoten sowohl in eine Erbmonarchie zu verwandeln als auch die ewigen Adels-Aufstände, den *morbus Gothorum*, wie Fredegar das genannt hat, wenigstens für eine Weile zur Ruhe zu bringen. Gregorius von Tours bekannte Feststellung, Leowigild habe alle potentiellen Widersacher und Rivalen beseitigt *„und keinen von ihnen aus dem Mannesstamme übrig gelassen"* mag übertrieben sein, trifft aber sicher den Kern von Leowigilds Politikverständnis insofern, als dieser mit grausamer Konsequenz all das bekämpfte, was er als Bedrohung der wisigotischen Monarchie und seines Staatsverständnisses erkannt hatte. Ähnlich wie Gregorius hat sich Isidorus ausgedrückt, der den bedeutenden Staatsmann und Kriegsherrn mit einer Mischung von Bewunderung und Abneigung beschreibt. *„Gottlos"* sei er gewesen – tatsächlich war es vor allem das arianische Bekenntnis, welches ihn störte.

Offenbar wollte Leowigild eine Monarchie nach spätrömischem Vorbild. Dass sein Staats- und Herrschaftsverständnis allen ostgermanisch-wisigotischen Traditionen zuwiderlief, muss er bewusst in Kauf genommen haben. Langfristig ist die hispanische Wisigoten-Herrschaft auch daran gescheitert, dass diese Traditionen niemals nachhaltig zugunsten eines dauerhaft straff organisierten, zentralistisch geführten Staatswesens aufgegeben wurden. Dass die späteren feudal strukturierten *reconquista*-Reiche vermutlich allein aus eben diesen Traditionen erwachsen konnten, sei hier nur am Rande vermerkt.

Stroheker (a. a. O. 230 f.) hat die wichtigsten Neuerungen Leowigilds beschrieben: Thron, Königsornat, Krone, Städtegründungen, Prägung von Goldmünzen, Epitheta wie *dominus noster* (die den Kaisern vorbehalten waren) und vieles mehr, vor allem aber eine klar auf dynastische Erbfolge angelegte Machtteilung. Gleiches gilt für die königliche Hofhaltung, die sich in ihrer auf Abstand und Einschüchterung angelegten barocken Opulenz wenig von dem unterschied, was Rom und Mediolanum, vor allem aber Konstantinopolis vorgegeben hatten. Das war weströmisch und byzantinisch zugleich und tatsächlich unterscheidet sich der König der Wisigoten im letzten Drittel des 6. Jhs. – abgesehen von der ganz anderen religiösen Fixierung – nur wenig von einem *Augustus* oder *Caesar* des diocletianischen Dominats. Die sakralisierte Hofhaltung des oströmischen Kaisertums trat hinzu.

Offenbar war es das Bestreben dieses Königs, auf der Iberischen Halbinsel ein *imperium Romanum Visigothorum* zu schaffen, so wie später die Karolinger ein „Römisches Reich deutscher Nation" zustande brachten: In beiden Fällen ging es nicht um eine *restitutio imperii Romani* (Wiederherstellung des römischen Reiches), sondern um die Bindekraft der großen römischen Tradition, angewandt auf aktuell gegebene oder angestrebte Machtverhältnisse. Leowigild hatte auch begriffen, dass er für dieses große Vorhaben nicht nur die Akzeptanz, sondern die aktive Mithilfe der Hispano-Römer brauchte. Wir wissen nicht, warum er den dafür unerlässlichen Übertritt zum katholischen Mehrheitsbekenntnis – den dann sein Sohn und Nachfolger Rekkared vollzog – nicht selber tun wollte oder konnte; möglicherweise wirkten die Vorgänge in Nordafrika unter Geiserich und besonders Hunerich abschreckend (Diesner 1966, 75 ff.). Aber er hat mit dem längst obsoleten Mischehen-Verbot eine wichtige Hürde für die Verständigung beseitigt. Auch die Unterwerfung des inzwischen zum Katholizismus übergetretenen Suevenreiches, Kantabriens und des Niemandslandes im Nordwesten einschließlich der *Vascones*, die Gründung von *Victoriacum* (Vitoria?), aber auch die Wiederherstellung Italicas gehen auf sein Konto. Darüber informiert kurz und bündig Johannes von Biclaro, der uns dabei mit Orts- und Volksnamen konfrontiert, die vordem keine Quelle je überliefert hatte. Da lesen wir von *Ruccones*,

Sappi, von Siedlungen namens *Sabaria* oder *Amaia*, von den *Aregensischen Bergen*, alle im Nordwesten des Landes. Sie bereiten der Forschung immer noch Schwierigkeiten. Mag sein, dass es sich teilweise um andere Bezeichnungen für längst Bekanntes handelt, sicher ist aber, dass erst jetzt die letzten weißen Flecken auf der Karte Hispaniens getilgt werden.

Zweifellos bedeutete auch der nun wieder aktiv betriebene Kampf gegen die byzantinische Epikratie im Süden ein bewusst angewandtes politisches Instrument zur inneren Konsolidierung der wisigotischen Macht.

Hauptstadt von Leowigilds Reich wurde Toletum, die alte „Keltiberer"-Stadt am Tagus, deren strategische Position unweit des geografischen Zentrums der Halbinsel zu den Herrschaftsvorstellungen dieses Königs gut passte. In Toledo und seiner Umgebung hat die archäologische Forschung die spektakulärsten Zeugnisse der Blütezeit der wisigotischen Herrschaft gefunden: *Reccopolis*, Leowigilds Stadtgründung am oberen Tagus nach antikem Muster, *Guarrazar*, den Platz der Schatzkronen etc.

Trotz dieser spektakulären Erfolge, die, wie viele meinen, das wisigotische Reich in Hispanien erst groß gemacht haben, ist Leowigild mittelfristig gescheitert. Soweit sich Gründe dafür klar ausmachen lassen, sind es diese: Der Adel, uralten indoeuropäisch-germanischen Herrschafts-Traditionen folgend, war nicht wirklich bereit, in eine verfassungsmäßige „Moderne" einzutreten – und würde, wie die mittelalterliche Geschichte Westeuropas zeigt, noch lange nicht dazu bereit sein.

Der zweite Grund: Die tiefe konfessionelle Spaltung zwischen Goten und Hispano-Römern, aber auch im wisigotischen Lager selbst sowie zwischen Wisigoten und den fränkischen Nachbarn im Norden.

Der heutige Betrachter in seinem vorgeblich ökumenischen, tatsächlich weitgehend areligiösen Umfeld vermag kaum noch zu begreifen, mit welch haarspalterischem, weitgehend widersinnigem Dogmatismus und geradezu mörderischem Hass damals um religiöse Differenzierungen gestritten wurde. Der Kern der Auseinandersetzungen, die Trinitätslehre, ist ein theologisches Konstrukt innerhalb der sich entwickelnden christlichen Ideologie mit wenig Gewicht in der ursprünglichen Verkündigung des Religionsstifters. Man muss die aktuelle islamische Welt und ihre dogmatischen Streitigkeiten zum Vergleich heranziehen, um zu vermitteln, wie auf der Iberischen Halbinsel (und mit umgekehrten Vorzeichen schon früher im wandalischen Nordafrika) im 6. und 7. Jh. der Unterschied zwischen der arianischen und der athanasianischen Interpretation der vermeintlichen Wesenheit Jesu nicht nur das religiöse, sondern auch das politische Leben des Landes vergiften konnte. Dabei wage ich die Vermutung, dass die große Mehrheit der Involvierten überhaupt nicht begriff, um was es bei „wesensgleich" und „wesensähnlich" eigentlich ging.

Offenbar war der Arianer Leowigild zu sehr Kind seiner Zeit – und von der zynischen Indifferenz eines Henri IV. von Frankreich noch Jahrhunderte entfernt. Möglicherweise war er, anders als Isidorus ihm unterstellt hat, tatsächlich gläubig und der religiöse Friede in seinem Reich war ihm keine („ketzerische") Messe wert. Dabei war es durchaus nicht sicher, dass ein Übertritt in das katholische Lager nicht innergotische Auseinandersetzungen provozieren würde, wie am Beispiel des Scheiterns der Wandalen deutlich wird. Überhaupt gibt es, wenn auch zeitversetzt, zahlreiche Parallelen zwischen den politisch-sozialen und religiösen Entwicklungen der beiden germanischen Nachfolgestaaten in Hispanien und Nordafrika, die der Erforschung bedürfen.

Stroheker berichtet sehr detailliert nach den reichlich fließenden, wenngleich parteiischen Quellen – Johannes von Biclaro, Gregorius von Tours, Isidorus von Sevilla –, wie aus Leowigilds diplomatisch äußerst geschicktem Bemühen, seinen Sohn und potentiellen Nachfolger Hermenegild fränkisch-katholisch zu verheiraten, nicht nur in der Königsfamilie Unfriede erwuchs, sondern auch im wisigotischen Reich. Denn obgleich Leowigild seinem Sohn goldene Brücken baute, trat dieser zum Katholizismus über, erhob sich gegen den Vater, verbündete sich mit Franken, Sueven und sogar Byzantinern gegen diesen und ließ sich zum (katholischen) König ausrufen. Hier erwies sich Leowigild als überlegener Politiker. Er sprengte die katholische Koalition und neutralisierte politisch und militärisch Hermenegild, der sich schließlich im Jahre 584 dem Vater ergeben musste, aber erstaunlicherweise nicht wegen Hochverrats hingerichtet, sondern lediglich verbannt wurde. Ein Jahr später wurde er unter ungeklärten Umständen in Tarraco umgebracht.

Im Frühjahr 586 verstarb Leowigild nach 18-jähriger Regierung in seiner Hauptstadt Toletum. Seine letzten beiden Regierungsjahre waren bestimmt von der Beseitigung der Selbstständigkeit des Suevenreiches und durch die Abwehr von Burgundern und Franken, welche sich die unter wisigotischer Herrschaft verbliebenen südgallischen Besitzungen Septimanien und Südaquitanien anzueignen versuchten. Seinem Sohn Rekkared hinterließ er ein nach außen gefestiges Reich der Wisigoten; die ungelösten inneren Probleme freilich hinterließ er ihm auch.

Die Ökonomie dieser Arbeit gestattet keine ausführliche Würdigung von Leowigilds innenpolitischem Wirken, dafür sei auf Strohekers biografischen Abriss verwiesen. Gleichwohl muss zusammenfassend auf die Bedeutung dieses Königs als Gesetzgeber und Religionspolitiker hingewiesen werden. Wichtige Rechtskodifizierungen lagen gewissermaßen „in der Luft" der Spätantike. Der eher unbedeutende Theodosius II. hatte um 438 n. Chr. damit begonnen, Iustinianus hatte sie zu einem Höhepunkt geführt. Der Dualismus der wisigotisch-römischen Gesellschaften in der Nachfolge Westroms machte eine spezielle Rechtssetzung notwendig, die der tolosaner Reichsgründer Eurich mit seinem *codex Euricianus* glänzend bewältigte. Alarich II. hatte mit der *Lex Romana Visigothorum* die Rechtsgrundlage für die Römer unter wisigotischer Herrschaft geschaffen und schließlich schuf Leowigild in den späten 570er-Jahren mit dem *codex revisus* eine neue Grundlage für das Zusammenleben von Eroberern und Eroberten. Sein Ziel dabei war, so Stroheker, *„die Trennung zwischen den beiden Völkern … aufzuheben und auch die Bevölkerung römischer Herkunft in die tragende Schicht des Staates einzubeziehen"* (1965, 158). Leowigild muss verstanden haben, dass sich die „dualistische" Staatsform nicht würde durchhalten lassen, dass auf lange Sicht keine gesellschaftliche Minderheit eine beträchtliche Mehrheit, dazuhin eine kulturell überlegene, würde kontrollieren können, zumal Mehrheit und Minderheit religiös gespalten waren. Es fiel, wie gesagt, das Verbot der Heirat von Goten und Römern, welches Eurich zur Selbsterhaltung des Gotentums erlassen hatte; rechtlich wurden beide Volksgruppen weitgehend gleichgestellt. Allerdings musste der König weiterhin Gote sein. Das war zweifellos ein möglicher Weg zu einem ‚Reichsrecht' im hispanischen Gotenstaat, doch ist aus der Rückschau klar, dass diese Strategie langfristig keine Chance hatte.

Weder wollten die Römer Goten werden noch sollte das Gotentum untergehen – wie groß die Zahl der ‚Mischehen' immer war. Das blieb auch nach der offiziellen Katholisierung der Wisigoten unter Rekkared so, als die wichtige zweite Trennungslinie aufgehoben wurde. Eine wirkliche Vereinigung kam nicht zustande. Für den religiösen Sektor gilt das gleichermaßen: Obwohl Leowigild, quasi Herr der arianischen Staatskirche, sein Möglichstes tat, die Unterschiede einzuebnen, waren essentielle Widerstände nicht auszuräumen. Die höchst informative Quelle *Vitae sacrorum patrum Emeritensium* zitiert den (arianischen) wisigotischen Bischof Sunna mit dem Bekenntnis: *„niemals werde ich Katholik werden, vielmehr werde ich den Glauben, nach dem ich bisher gelebt habe, weiterhin leben …"* (5,11,13). Dazu kommen weitere entscheidende Faktoren: Das Reich der Wisigoten blieb umstellt von katholischen Herrschaftsräumen und der katholische Klerus Hispaniens hatte, gerade in den Zeiten schwacher Könige und chaotischer Verhältnisse im Lande, eine solch eminent wichtige politisch-administrative Bedeutung erlangt, dass gegen ihn nicht zu regieren war. Zwar gab es Übertritte von der einen zur anderen Konfession und umgekehrt, was aber die Verhältnisse nicht grundlegend änderte. Das gilt auch für den Versuch Leowigilds, nach Hermenegilds Abfall den Arianismus als Reichskirche durchzusetzen, zugleich aber die Katholiken zu tolerieren. Stroheker hat deutlich gemacht, was den König bewogen haben könnte, auf einer arianischen Reichskirche zu bestehen. Diese habe dem Monarchen eine stärkere Position gegenüber den Untertanen, vor allem aber dem Adel gegenüber garantiert, was der Katholizismus immer weniger zu tun bereit war, auch wenn er noch eine Weile den Kaisern/ Königen gestattete, als Herrn der Konzilien aufzutreten. Außerdem: In dem Maße, in dem die Arianer doxologisch kompromissbereit waren, bestanden die Katholiken auf ihrer ausschließlichen Deutungshoheit der göttlichen Wahrheit: Arianismus blieb Häresie! Unter diesen Umständen war selbst der durch Rekkared vollzogene Übertritt nur ein halber Harmonisierungserfolg, wiewohl der Bischof von Hispalis, Leandros, auf dem toledaner Konzil von 589, das den Übertritt sanktionierte, vor 72 hispanischen Bischöfen triumphierend verkündigte, *„pro stabilitate regni terreni (…) omnes unum regnum effecti"* d. h. *„um des Erhaltes des irdischen Reiche willen haben* *wir alle ein gemeinsames Reich geschaffen"*). Das war ein vordergründiger Siegesschrei! Zwar verschwand die arianische Minderheits-Konfession, aber wirklich vollendet wurde die Harmonisierung niemals.

Unverzichtbar ist ein kurzer Blick auf die innere Organisation des wisigotischen Staatswesens auf der Iberischen Halbinsel. In der Substanz blieb die römische Organisation spätantiken Zuschnitts erhalten. *Duces* (Herzöge) standen den jetzt sechs Provinzen vor. Sie hatten die militärische und weitgehend auch die zivile Hoheit über ihre Verwaltungsgebiete; dass sie ‚geborene' Kron-Prätendenten waren versteht sich. Hier kündigt sich das Mittelalter an. *Comites* (Grafen) regierten die Städte und fungierten als Richter. Das spätrömische Fiskalwesen blieb im Grundsatz bestehen, doch kontrollierte nun die Kirche die Steuerverwaltung, offenbar, weil man ihr die moralische Kraft zu fiskalischer Redlichkeit zutraute. Dass die Abgabenlast im Wisigotenreich gegenüber der weströmischen Verwaltung geringer geworden wäre, ist nicht anzunehmen, zumal der wisigotische Adel über seine militärischen Verpflichtungen hinaus kaum Abgaben entrichtet haben wird. Der Forschung gilt als ausgemacht, dass der Stand der ‚Freien' als Folge des wirtschaftlichen Druckes und des allgemeinen Bevökerungsrückganges zahlenmäßig abnahm – diese Entwicklung hatte sich bereits in vorgotischer Zeit abgezeichnet, als freie Bürger sich unter den Schirm großer Grundherrschaften flüchteten, allerdings um den Preis ihrer Unabhängigkeit. H. J. Diesner hat gezeigt, dass, wie in allen sozial unausgeglichenen Zeiten der Geschichte Hispaniens, auch unter den Wisigoten *bandolerismo* und *latrocinium* blühten, wie Räuberbanden zur Unterstützung von Usurpationen in die ‚große Politik' eingriffen, und dass Priscillianer, Arianer, Juden und sogar ehemalige *possessores* ebenso wie Deserteure und Sklaven in solchen Banden ‚untertauchten' (1978, *passim*).

Es heißt, dass die katholische Kirche Spaniens stets eine vergleichsweise unabhängige Stellung gegenüber dem römischen Papsttum behauptet habe. Wenn dem so ist, dann liegen die Wurzeln dieser – relativen – Unabhängigkeit gewiss bereits in der Spätantike; sie dürften sich in der Zeit der *reconquista* weiter gefestigt haben. Claude hat, bezogen auf die wisigotische Zeit, zahlreiche Belege für diese Behauptung zusammengestellt. Zweifellos sind auch die jeweiligen politischen Umstände in Italien wie in Hispanien zu berücksichtigen, nicht minder die handelnden Persönlichkeiten. Dass Iulianus, der Bischof von Toletum und Metropolit des Königreiches, getaufter Jude und glühender Judenhasser zugleich, zudem ein brillanter Intellektueller, dem römischen Papst Leo II. Paroli bot, hat viel mit Iulianus' geistigem Hochmut und seiner persönlichen Eitelkeit zu tun. [s. Abb. 44] Vielleicht war er tatsächlich gebildeter und der überzeugendere Exeget. Aber auch weitab von den Persönlichkeitsstrukturen der beteiligten Kleriker gibt es reichlich Hinweise auf das hohe Selbstwertgefühl der hispanischen Kirche. Das mag damit zusammenhängen, dass diese inzwischen im wisigotischen Königreich beträchtlich an Einfluss gewonnen hatte, was zum Teil eine Folge der erwähnten Schwäche des spätantiken Staates, aber auch der strukturell unzulänglichen Verwaltung des wisigotischen war. Dass die hispanische Kirche dadurch in erschreckendem Maße korrumpiert wurde, belegen die Konzilsakten; allerdings ist diese Entwicklung nicht nur in Hispanien zu beobachten. Dass daneben immer wieder einzelne Kirchenmänner in positiver Weise hervortraten, soll nicht verschwiegen werden. Ebensowenig, dass pagane Elemente unter wisigotischer Herrschaft überlebt haben, wie S. MacKenna in den 1930er-Jahren zeigen konnte, auch wenn ihre Verfolgung/Ausrottung offiziell auf der Tagesordnung blieb.

Dem wisigotischen Heerwesen, das bereits deutlich mittelalterliche Züge trägt, wird in der Forschung insgesamt ein schlechtes Zeugnis ausgestellt. Unzweifelhaft trug dieser Umstand im Verein mit den vielfach desolaten Verhältnissen der Unterschichten erheblich zum raschen Untergang des *regnum Visigothorum* nach der maurischen Invasion bei.

Die Wirtschaft schließlich schrumpfte, verglichen mit den spätantiken Verhältnissen, noch weiter. Der internationale Handel, überwiegend in der Hand jüdischer und orientalischer Agenten, erfuhr schon wegen der wirren Lage im Mittelmeerraum insgesamt beträchtliche Einbußen. Es darf angenommen werden, dass die Binnenversorgung einigermaßen funktionierte. Der Adel, wisigotisch wie hispano-römisch, blühte, soweit er nicht zuzeiten aus politischen Motiven dezimiert wurde. Erwirtschaftet wurden Reichtum (und Autarkie) der oberen Schichten durch Unfreien- und besonders Sklavenar-

Abb. 48 *Votivkrone aus Guarrazar* (Toledo). 6. Jh. n.Chr. Man mag das toreutische Kunsthandwerk der wandernden Germanenvölker, gemessen an der Ästhetik der „klassischen Welt", befremdlich finden. Großartig war sie allemal.

beit, wobei die aus den Rechtsquellen erhellende Sklavengesetzgebung in weiten Teilen grausam und seltsam widersprüchlich erscheint. Es trifft vermutlich zu, dass am Ende die muslimischen Eroberer von großen Teilen der Bevölkerung als Befreier betrachtet wurden, ähnlich, wie man das bei den ersten Germanen-Einbrüchen empfunden haben wird. Inzwischen aber hatte die kaum positiv zu bewertende Vermischung von wisigotischem-, spätrömischem- und kirchlichem Recht Zustände von solch sozialer Unverträglichkeit geschaffen, dass jede Alternative annehmbar erschien. Auch das mag den späteren Widerstand gegen die maurische Eroberung als so wenig effizient erscheinen lassen.

Zuguterletzt Kunst und Wissenschaft! Aus dieser Perspektive muss das 7. Jh. als äußerst fruchtbar bezeichnet werden. Sowohl in Carthago Spartaria wie in Hispalis, Emerita Augusta und Caesaraugusta, später dann vor allem in Toletum gab es reges geistiges Leben, getragen im Wesentlichen von Angehörigen des geistlichen Standes. Die ‚*Hispalenses*' Isidorus, sein Bruder Leandros, Braulio von Caesaraugusta, Iulianus von Toledo schufen bedeutende Werke, auch profaner Art, in einem teilweise erstaunlich guten Latein. König Wamba verschönerte seine Hauptstadt Toletum. Überreste wisigotischer Großbauten fanden sich allerdings bisher nur ‚auf dem Lande' in der nordwestlichen Mitte, im Westen und Nordwesten: Schlunk und Hauschild haben das Material zusammengestellt. Fragmentierte Architekturteile gibt es über das ganze Land verstreut. Auch wenn die Kunstgeschichte in der Bewertung immer noch weitgehend zerstritten ist: Wisigotisches Dekor ist eindeutig erkennbar. Und mag der „Hufeisen"-Bogen weder wisigotisch noch maurisch, sondern eine spätrömische Erfindung gewesen sein: Wisigotische Architekten haben ihn geliebt. Dass die wisigotische Kunst zahlreiche Reminiszenzen an die langen Wanderjahre durch viele Weltgegenden verarbeitet hat, steht außer Frage. Und schließlich: Die bekannten wisigotischen Votivkronen gehören zu den eindrucksvollsten kunsthandwerklichen Hervorbringungen der an toreutischen Meisterleistungen wahrlich nicht armen hispanischen Antike. [Abb. 48]

Exkurs 13
Die hispanische Unternehmung des Iustinianus

"Comenciolus, gesandt von dem Augustus Mauricius gegen die barbarischen Feinde." (CIL II 3420)

Wenn man nur wüsste, wer für Iustinianus die Aufmarschpläne entworfen hat: Er war ein strategisches Genie. Die Idee an sich stammte wohl vom Kaiser selbst: Das alte Römerreich sei in seiner Gesamtheit wieder herzustellen. Der Plan: Zunächst die Wandalen in Nordafrika besiegen, dann von nordafrikanischen Stützpunkten, wie *Septem* (Ceuta), und insularen Brückenköpfen auf den Balearen aus Hispanien zurückgewinnen, zumindest dessen mediterrane Seite! Alexander, Hannibal und Caesar hatten vergleichbare Großraum-Strategien entwickelt, doch wie den beiden Letztgenannten gelang auch Iustinianus sein Plan nur zum Teil!

Vielleicht stammte die Rückeroberungs-Strategie von dem *patricius* Liberius, einem römischen Senator und Gotenkenner, der in Gallien und Hispanien Dienst getan hatte und sich auskannte. Ob die Aufforderung des wisigotischen Gegenkönigs Athanagild an die Byzantiner zur Intervention auf der Halbinsel bei der Aktion ausschlaggebend war oder ob es sich um eine diplomatische Finte mit Athanagild als *agent provocateur* handelte, muss offen bleiben (zu der *pacta* zwischen Wisigoten und Byzanz s. Stroheker 1965, 211). Iustinianus' restaurative Konzeption bedurfte einer entsprechenden Einladung durchaus nicht. Man darf auch annehmen, dass es vor allem in der Oberschicht im Süden des Landes starke katholische Kräfte gab, die eine Herrschaft des oströmischen Kaisers der Beherrschung durch die arianischen ‚Barbaren' vorzogen. Indessen blieb es bei der Einnahme der südöstlichen Küste und ihres Hinterlandes. E. A. Thompson hat die eroberte Zone beschrieben: Südlich einer Linie Malaca/Guadalete-Mündung handelte mit dem alten punischen *Asido* (Medina Sidonia), dazu Carthago Nova, das jetzt vielfach *Carthago Spartaria* heißt, und sein Hinterland bis *Basti* (Baza). Die Hypothese von der byzantinischen Besetzung der Algarve-Zone hatte bereits Stroheker widerlegt (1965, 241 ff.). Thompson begründet, warum Corduba nicht dauerhaft byzantinisch geworden sein kann; einige Historiker hatten das Gegenteil behauptet. Dass die alte Hauptstadt der Baetica zeitweise mit den Byzantinern im Bunde war, mag der Grund für ein entsprechendes Missverständnis sein. Später, im Jahre 584, im Zusammenhang mit der Usurpation Hermenegilds, hören wir von einer byzantinischen Besetzung Cordubas, deren exakten Beginn wir nicht kennen. Für 30.000 *solidi* kaufte Leowigild damals Corduba und das anliegende Baetistal von den Byzantinern zurück – und den Usurpator gleich dazu.

Die Hafenstädte Malaca und Carthago Spartaria waren hervorragend ausgewählte Anlaufstellen für die aus Nordafrika und von den Balearen kommenden Byzantiner. In Cartagena hat sich vor einigen Jahrzehnten ein Teil der Stadtmauer gefunden, mit der die byzantinische Besatzung die vielgepriesene alte karthagische Ummauerung verkleinernd ergänzte. Verglichen mit den exakten Beschreibungen der Stadt aus der Eroberungszeit bei Polybios und Livius muss Hasdrubals Gründung bis in die Spätantike auf weniger als die Hälfte ihres früheren Territoriums geschrumpft sein. Das archäologische Museum von Cartagena bewahrt eine grosse Inschrift aus dem letzten Jahrzehnt des 6. Jh., in welcher der byzantinische *patricius* Commenciolus vom Kampf gegen die *hostes barbaros* spricht [Abb. 49]; umgekehrt erwähnt der Historiker des wisigotischen Gotenreiches, Isidorus von Sevilla, *Romanae insolentiae* der Byzantiner gegenüber den Wisigoten. Offenbar blieb es bei den alten politisch-kulturellen Feindbildern, unabhängig von konfessionellen Divergenzen. Es zeigt sich, wie bereits Stroheker gesehen hat, dass hier der alte Gegensatz *imperium Romanum* – Barbaren erhalten ist, keineswegs steht Ostrom hier für sich! Die Ansprüche auf den Besitz der gesamten Halbinsel, wie wir sie aus der Eroberungszeit vor 700 Jahren kennen, gehörten zu dem restaurativen Konzept der iustinianischen Politik. Es sind sowohl die Forderung nach der Beherrschung allen Landes *„usque ad utriusque Oceani fines"* – entsprechend der Herrschaft Jahwes im Alten Testament und derjenigen Alexanders und seiner Imitatoren – als auch der Titel *Hispaniae rector* für den Befehlshaber der byzantinischen Exklave auf der Halbinsel. Doch das war Propaganda! Es ist müßig, darüber zu räsonnieren, ob das fast ständig schwer geplagte Ostreich unter anderen Umständen eine reelle Chance gehabt hätte, den Westen zurück zu erobern und Iustinianus' Traum zu verwirklichen. Es blieb für rund 75 Jahre bei der byzantinischen Exklave, die durchweg *more byzantino* organisiert wurde, was den steuer-geplagten Unterschichten nicht gefallen haben dürfte. Durchgehend gab es Auseinandersetzungen an dieser langen Front mit territorialen Gewinnen und Verlusten auf beiden Seiten. Als die Wisigoten schließlich unter König Rekkared katholisch wurden, erledigte sich die religiös motivierte Parteinahme hispano-römischer Eliten für Ostrom. Schließlich beobachten wir eine neue Auflage des seit Hannibal und Sertorius bekannten Strategems der

Die hispanische Unternehmung des Iustinianus

Abb. 49 *Inschrift des patricius Comenciolus* aus Carthago Nova. 6. Jh. n. Chr. Auch, wenn sie längst keine Barbaren mehr waren: Der stolze Abgesandte des oströmischen Kaisers Mauricius sollte „gegen die feindlichen Barbaren" kämpfen. Es nutzte aber nichts.

zirkummediterranen Ausnutzung von Zwei-Fronten-Verwicklungen des Gegners zugunsten hispanischer Möglichkeiten. König Sisebut nutzte nach 612 die Schwäche Ostroms, das unter dem Kaiser Heraklius durch Slawen und Perser heftig attackiert wurde, zur Gewinnung eines Großteils der byzantinischen Epikratie auf der Iberischen Halbinsel. Es kam noch einmal zu einer kurzzeitigen Verständigung mit Byzanz. Als im Jahre 621 König Swinthila die Regierung von Sisebut übernahm, wurde wenig später mit Carthago Spartaria der letzte byzantinische Brückenkopf beseitigt. Damit ist Swinthila der erste wisigotische Monarch, der tatsächlich über die *gesamte* Halbinsel herrschte, volle 200 Jahre seit Beginn des ersten Auftretens wisigotischer Invasoren.

Was allerdings blieb, sind so zahlreiche Spuren kultureller Beeinflussung der Halbinsel durch Byzanz, dass es erlaubt ist, für die Wisigoten von einem künstlerisch-modischen Paradigmawechsel zu sprechen. Schlunk, E. Camps Cazorla und andere haben dargestellt, wie sich dieser Wechsel in der Kleinkunst, aber auch in der Architektur zeigt und welch' wichtige Rolle Emerita Augusta bei der Rezeption byzantinischer Einflüsse spielte. Stroheker hat diese Sicht aus althistorischer Perspektive bestätigt und auf den literarischen Bereich ausgeweitet. Dieser allerdings blieb zeitlich wesentlich stärker begrenzt – mit den Byzantinern verschwindet auch die Beherrschung des Griechischen von der Halbinsel.

Schließlich gibt es eine oströmische Beeinflussung der Herrschaftsform im Rahmen des wisigotischen Königtums, die von großer Bedeutung war und und von der noch zu sprechen sein wird.

Vom Ende des antiken Hispanien und vom muslimischen Neubeginn

„Jetzt, wo die Widerstandskraft der Christen gebrochen ist, fasse sie im Zentrum!"

(Ibn al-Qutija)

Bereits 603 endete Leowigilds dynastischer Traum, als nach bekanntem Muster ein gotischer Adliger namens Witterich den Enkel des großen Königs, der als Liuva II. im Jahre 601 18-jährig den Thron bestiegen hatte, stürzte. Der Versuch einer Verbindung mit den Franken gelang auch dem nun katholischen Wisigotenkönig nicht, ebensowenig das Bemühen, die byzantinischen Restbestände auf der Halbinsel zu liquidieren. Gundemar, der ihn sieben Jahre später vom Thron stieß, agierte nicht glücklicher. Erst mit Sisebut kam im Jahre 612 wieder ein Mann von Talent und *fortune* auf den toledaner Thron. Er war, ungewöhnlich für einen Gotenkönig, gebildet, betätigte sich in lateinischer Sprache als Schriftsteller und schrieb sogar Verse. Daneben bekämpfte er erfolgreich die Byzantiner im Süden und nahm ihnen Malaca ab. Im offenbar immer noch nicht vollständig bezwungenen Nordwesten unterwarf er asturische Gruppen. Einzig die Verfolgung der Juden verunziert die durchweg positiv zu bewertende 10-jährige Regierungszeit dieses Monarchen. Der missionarische Fanatismus der siegreichen Kirche hatte in Hispanien bereits früh zur Verfolgung gläubiger Juden mit Synagogen-Zerstörung und Zwangstaufen geführt. [Abb. 50] Das war ohne Zweifel eine Folge der alten Feindschaft zwischen *„Old Israel and New"*, wie Frend das genannt hat. Dabei waren beide Seiten sich nichts schuldig geblieben; Juden erscheinen früh nicht selten auch als ‚Täter'. Jetzt aber war die Kirche die treibende Kraft. Bereits das Konzil von *Elvira* hatte ideologische wie praktische Schützenhilfe geleistet (Verbot von Geschlechtsverkehr, Ehen und gemeinsamem Speisen mit Juden) und schließlich hatte sich auch König Rekkared I. entsprechend beeinflussen lassen. Sisebut versuchte es erneut mit Zwangstaufen in einer Weise, die sogar katholischerseits kritisiert wurde (Isid. *Goth*. 60). Claude weist darauf hin, dass Judenverfolgungen zeitgleich auch im oströmischen und fränkischen Herrschaftsbereich stattfanden; in Hispanien haben sie erst mit dem Sieg des Islam aufgehört, um dann nach erfolgter *reconquista* mit voller Wucht wieder einzusetzen. Es ist erschreckend festzustellen, in welchem Maß die antijüdische Gesetzgebung der Wisigoten-Könige bereits im 7. Jh. mit Berufs- und Handelsverboten sowie Vorwürfen der Konspiration mit dem „feindlichen Ausland", mit Versklavung, Vermögensverlust und Ausweisung aus

Abb. 50 *Menora, Tora-Rollen, Muschel, Palmzweig* sowie die Inschrift *MIXA*.
Ziegel aus dem spätantiken Arunda (Ronda).
Unbesiegbare Symbole einer unbesiegbaren Religion.

dem gleichen Arsenal von Scheußlichkeiten schöpfte, aus dem sich später der deutsche Nationalsozialismus bediente. Nicht minder verstört aus heutiger Sicht die Tatsache, dass es 711 Muslime waren, deren Invasion Juden rettete.

Die 90 Jahre vom Tod Sisebuts im Jahre 621 bis zum Sieg Tariq ibn Ziyads am *río Barbate* sind schwer zu beschreiben und noch schwerer einzuschätzen. Zwar gelang es König Swinthila, nachdem die Wisigoten unter Sisebut endlich eine Kriegsflotte gebaut hatten, die Reste der oströmischen Besatzung endgültig von der Halbinsel zu vertreiben, aber zur Ruhe kam das Land nicht. Zuerst mussten die Vaskonen, die seltsamerweise erst in der Spätantike beginnen, von sich reden zu machen, erneut unter Kontrolle gebracht werden, dann gab es die üblichen Probleme mit dem stets widerspenstigen wisigotischen Adel. Dieser rief die Franken ins Land, welche nach Erreichen des politischen Ziels, der Abdankung Swinthilas, nur mit hohen Kosten wieder zum Verlassen der Halbinsel bewogen werden konnten.

Gewinner dieser Herrschaftskrise in Permanenz war die katholische Kirche. Wie schon in den Jahren nach dem Zusammenbruch der römischen Verwaltung und während der frühen wisigotischen Besetzung Hispaniens präsentierte sie sich als Hort der Stabilität – zweifellos zu Recht. Dabei darf nicht unterschlagen werden, dass sie gleichzeitig vieles tat, um die Macht ihr nicht genehmer Monarchen zu destabilisieren. Auf dem toledaner Konzil im Jahre 633 gelang es ihr, eine Beteiligung der Bischöfe (neben dem wisigotischen Hochadel) an zukünftigen Königswahlen durchzusetzen, was bedeutete, verfassungsmäßig institutionalisiert entscheidenden Einfluss auf die Politik zu gewinnen. Auch hier kündigt sich das Mittelalter an.

Die Adelsrevolten nahmen dennoch kein Ende. Die 630er-Jahre sahen im Süden des Landes die Usurpation eines *rex Iudila*, von dessen Existenz lediglich zwei Münzen Kunde geben (Claude 1970, 78; Thompson 1971, 201 ff.) [Abb. 51 a und b] und von Suinthilas Bruders Geila. Chindaswinth, der 642 in reifem Alter durch Usurpation auf den Thron kam, versuchte noch einmal, gewaltsam die Macht des Adels zu brechen, wie das vor Zeiten Leowigild nicht ohne Erfolg getan hatte. Die in der Fredegar-Chronik genannten Opferzahlen bei hohem und niederem Adel – wenn sie denn zutreffen – klingen schrecklich. Eine gewisse Stabilisierung der Herrschaftsstrukturen scheint so auch erreicht worden zu sein; sieben Jahre später wurde Chindaswinths Sohn Rekkeswinth, dem wir die prachtvollen *Guarrazar*-Votivkronen verdanken, zum Mitregenten erhoben. Die 16 Regierungsjahre dieses Königs gehören zu den vergleichsweise ruhigen und konstruktiven der wisigotischen Geschichte Hispaniens. Mit dem *liber iudiciorum* entstand die letzte der großen Rechtskodifizierungen wisigotischer Könige, diesmal unter Einschluss kirchlicher Rechtssätze. Allerdings wurde auch die antijüdische Politik fortgesetzt, ohne dass zu klären wäre, was – außer katholischer Paranoia – sie begründet haben könnte. Der Nachfolger Wamba hielt sich trotz unpopulärer Reformen im Heerwesen, Aufständen der Cantabrer und

Vaskonen und Usurpationen, wie der des Paulus Anfang der 670er-Jahre, in den nach wie vor wisigotischen Gebieten zwischen den östlichen Pyrenäen und der Rhône ganze acht Jahre auf dem Thron. Möglicherweise führte seine ungewöhnlich selbstbewusste Kirchenpolitik zu seiner Absetzung. Man mag den Horrorgeschichten der Quellen, die von Vergiftung, Schein-Sterben und Erwachen im Mönchsgewand erzählen, eigentlich nicht glauben. Da aber Zwangs-"Monachisierungen" im wisigotischen Hispanien wie auch im Merowingerreich nicht selten belegt sind, wird man annehmen müssen, dass man Wamba, wie schon früher König Tulga, mit irgendeinem Trick in das Kloster *Pampliega* steckte, nachdem er offiziell abgedankt hatte. Erwig, nach den Synodalprotokollen Anstifter des Komplotts und der Schurke in diesem Stück, war „Oströmer" germanischer Abstammung und hatte in die Königsfamilie Chindaswinths eingeheiratet. Er wurde Wambas Nachfolger – mit dem Segen der Reichssynode. Claude, sonst ein zurückhaltender Historiograf der Wisigoten, formulierte im Jahre 1970: „Der politische Zynismus der Versammlung (scil. der Reichsynode von 680) ist kaum zu überbieten". Dem ist beizupflichten.

Die letzte Phase gotischer Herrschaft in Hispanien endete so chaotisch, wie die erste begonnen hatte. Usurpationen, ein letzter – erfolgloser – Versuch oströmischer Rückeroberung, Adelsstreitigkeiten. Neu waren Pestepidemien sowohl in der ersten Hälfte der 690er-Jahre als auch am Beginn des 8. Jhs., die zu Hungersnöten und Bevölkerungsverlusten führten, wie die Quellen übereinstimmend berichten.

Tatsächlich war das *regnum Visigothorum* in jeder Hinsicht am Ende. Erwigs Schwiegersohn Egica versuchte noch einmal eine Dynastiegründung, indem er seinen Sohn Witiza zum Mitregenten erhob. Gegen ihn hob der wisigotische Adel Roderich auf den Thron. Dieser letzte hispanische Wisigoten-Herrscher fiel im Juli 711 am *río Barbate*. Der militärische Sieger hieß Tariq ibn Ziyad. Seine Armee zählte ganze 7.000, meist berberische, Soldaten. Die tatsächlichen Gewinner waren der Kalif Walid und sein Gouverneur von *Ifriqiya* (Afrika) Musa ibn Nusayr, damals bereits ein alter Mann, der 712 hispanischen Boden betrat und sich nach der Einnahme von Hispalis und Emerita Augusta – die als einzige Widerstand geleistet zu haben scheinen – 713 in Toletum

Abb. 51 a und b Nur zwei Goldmünzen bewahren die Erinnerung an den wisigotischen Usurpator *Iudila*. 7. Jh. n. Chr.

mit Tariq traf. Die Mauren hatten lange auf ihre Chance gewartet und, Johannes von Biclaro zufolge, seit Jahren in Mauretanien einen römischen Befehlshaber nach dem anderen umgebracht. Auch im 7. Jh. war es zu Versuchen gekommen, auf der Halbinsel Fuß zu fassen. So wird in der Chronik Alfonso III., die mit dem Jahre 672 einsetzt, von 270 maurischen Schiffen berichtet, die in der Regierungszeit Wambas Hispaniens Küsten angegriffen hätten, aber vernichtet worden seien. Tariqs Feldzug dürfte also den altbekannten maurischen Überfällen auf die Iberische Halbinsel mehr entsprochen haben, als die in Fach-Epochen verharrende moderne Geschichtsschreibung wahrhaben will. Allerdings war er dauerhaft erfolgreich. Etwas nämlich hatte sich entscheidend verändert. Der Islam war entstanden.

Vor allem vier zeitgenössische katholische Geschichtsschreiber haben über die wisigotische Epoche Hispaniens berichtet. Es sind der in Lusitanien geborene Wisigote Johannes von Biclaro, der 17 Jahre in Konstantinopolis studiert hatte und später Bischof von Gerona wurde, der Hispano-Römer Isidorus, Iulianus von Toledo und der anonyme, vielleicht in Corduba lebende Kleriker, der die „Mozarabische Chronik 754" verfasst hat. Der toledaner Metropolit Iulianus, von dem bereits die Rede war, gehört zu den irritierendsten Figuren der an irritierenden Persönlichkeiten wahrlich nicht armen hispanischen Geschichte. Er war maßgeblich an dem Komplott gegen König Wamba beteiligt, dessen Regierungszeit er beschrieben hat. Offenbar gehört Iulianus zu jenen leuchtenden Prälaten, die der katholischen Kirche zu allen Zeiten Glanz und Elend zugleich beschert haben.

Claude hat auf der Grundlage dieser Geschichtswerke den „einschneidenden Wandel des westgotischen Selbstverständnisses" in Hispanien zu belegen versucht und so auch einer Verschmelzung der beiden ethnischen Gruppen das Wort geredet (a. a. O. 85 f.). Beiden Einschätzungen gegenüber ist Skepsis geboten. Dass die drei erstgenannten Autoren für sich selbst und die kleine Schicht der Gebildeten ihrer Zeit sprechen, steht außer Zweifel, dass sie eine Verschmelzung guthießen, auch. Dass aber eine solche wirklich stattgefunden hätte, sehe ich nicht. Dass Wisigoten und Hispanoromer im Ganzen friedlich miteinander umgingen, dass sie in zunehmendem Maße einander heirateten, dass offene konfessionelle Kontroversen seltener wurden, all das ist in der Tendenz so unstrittig wie die zunehmend gemeinsame Rechtsgrundlage. Aber kein hispano-römischer Adliger wurde jemals König in Toletum und das Heer, das am *río Barbate* unterging, war ein ausschließlich wisigotisches Heer. Zwar kam der frühe Widerstand gegen die neuen Herren des Landes Ende des 8. Jhs. von einem Wisigoten, Pelagius, aber das erste „Königreich" im Widerstand gegen die Muslime war *Asturias*. Richtig ist wohl, dass (fast) alles Wisigotische im „Romanischen" aufging, aber das ist kaum Verschmelzung zu nennen. Was aus dem in Jahrhunderten entstandenen Amalgam ethnisch-kultureller Art siegreich hervorging, waren die lateinische, durch fremde Einflüsse nur minimal angereicherte Sprache, die katholische Kirche – und die alten geografischen Räume, die allen Veränderungen zum Trotz in ihrer Essenz blieben, wie die römische Eroberung sie vorgefunden hatte: Ein weitgehend orientalisierter Süden, ein indoeuropäisch grundierter Westen und Nordwesten, eine stark keltisierte Mitte und ein nach dem Mittelmeer hin orientierter Osten.

Nach meiner – und anderer – Einschätzung bedeutete erst die Eroberung des größten Teils der Halbinsel durch die Araber das Ende der Antike in Hispanien. Claude hat präzise beschrieben, was für die Zuordnung dieser Epoche zur Alten und was für eine Verbindung zur Mittelalterlichen Welt spricht, räumt jedoch ein, dass die „Entwicklung der Gesellschaft den in der Spätantike vorgezeichneten Bahnen folgte". Das taten auch Sprache, Kunst und Religion.

Nicht, dass sich in den Jahren nach 711 alles sofort und grundlegend geändert hätte, zumal die Eroberer erstaunlich flexibel und kompromissbereit vorgingen. Aber im Unterschied zu früheren Eroberungen, wie der punischen, der römischen und sogar der wisigotischen, gestaltete sich der Paradigmenwechsel rascher und radikaler, was ganz offenbar der engen und überaus dynamischen doppelten Motivation der Eindringlinge zu verdanken war: Eroberung und Mission. Diese Muslime, die angeblich den Söhnen König Witizas den wisigotischen Thronschatz (zurück-)schenkten, waren zwar durchaus auf Beute aus, besonders jedoch auf bekehrbare Seelen. Diesem Impetus war fast alles andere untergeordnet und das verschaffte dieser letzten antiken Eroberung der Iberischen Halbinsel ihre unvergleichliche Stoßkraft. Freilich hatte ihnen das mürbe gewordene Wisigoten-Reich ernsthaften Widerstand nicht entgegenzusetzen. Die alte *Hispania* duckte sich unter diesem Ansturm, d. h. sie wehrte sich kaum, agierte aber bei Bedarf geschmeidig. Ein Exempel dafür bietet der Verfasser der bereits erwähnten „Chronik von 754", die viel politischer ist als die Vorgänger-Chroniken seit Hydatius. K. Baxter Wolf, der Herausgeber, macht deutlich, dass hier ein Angehöriger der christlichen Elite versucht hat *„to find a way of participating in a society that was no longer dominated by Christians"* (1990, 45). Ganz offenbar war dieser Versuch erfolgreich: Durch den Verzicht auf fanatische Rechthaberei und durch Toleranz gegenüber Andersdenkenden.

Es ergeben sich kuriose Ähnlichkeiten: Das Kernland der islamischen *conquista* entspricht dem Kernland der punisch-karthagisch semitisierten Zone. Der islamische Gouverneur von Al-Andalus unterstand dem im (tunesischen) Kairouan residierenden Verwalter der Provinz *Ifriqiya*, so wie einst die Barkiden der Regierung von Karthago. Der Kern des indoeuropäischen Siedlungsraumes – kühl, nass, grün und gebirgig – interessierte die Muslime weniger. Prompt formierte sich hier der Widerstand, der auch von den früheren Eroberern niemals nachhaltig hatte gebrochen werden können. Gewiss, die Nachkommen der Kelten, durchmischt mit den Nachkommen der Sueven und Wisigoten, waren mehr oder weniger katholisch geworden. Gräbt man aber tiefer, so ist dieser Katholizismus so durchwachsen mit älterem paganem, vor allem keltischem, Kultgut, dass man sich verwundert fragt, wieso dies den katholischen Eiferern entgehen konnte. So wie in den mittelalterlichen Stammesrechten, den *fueros*, germanisches Recht überlebte, so hat das keltische Kunsthandwerk allen mediterranen Einflüssen zum Trotz sein Wesen über die römische Zeit gerettet. Auch das ethnisch gemischte Gebiet, welches ungefähr dem heutigen Katalonien und dem ursprünglich iberisch penetrierten Küsten-Gebiet bis an den Hérault im französischen Südosten entspricht, vermochte, allerdings mit fränkischer Hilfe, eine gewisse, seit Beginn der römischen Eroberung postulierte Eigenständigkeit zu bewahren, eine Besonderheit, die bis heute unverkennbar ist. Und das „keltiberische" Zentrum? Natürlich richteten die Muslime strategische Stützpunkte ein: Guadalajara, Alcalá de Henares, Segovia, auch Medina del Campo sowie selbstverständlich Toledo, Zaragoza und Calatayud bezeugen das. Auch versuchten sich berberische Invasoren, die in ihrer Heimat von der Viehzucht gelebt hatten, auf den Meseten im gleichen Metier. Doch das griff nicht in gleicher Weise wie im Süden, der völlig arabisiert wurde. Dort sang man nach den *laudes Hispaniae* der Römer und Isidorus' *laus Hispaniae* der Wisigotenzeit nun das Lob von Al-Andalus: *„Wo ist das Paradies, wenn nicht bei euch zuland? Ich würde dieses wählen, hätte ich die Wahl"* (zit. nach W. Hönerbach 1970, 50). [Abb. 52]

Abb. 52 *Arabisches Bad* in der Nähe von Palma de Mallorca (Balearen) 11.–13. Jh. Grazie und Anmut in die Architektur der Iberischen Halbinsel brachten erst die Muslime. Glücklicherweise hat manches davon überlebt.

Schlussbetrachtung

‚Abschließende Urteile' haben etwas Vermessenes! Ich beschränke mich daher auf einige Beobachtungen, die nach meiner heutigen Einsicht belegen, dass sich – wie eingangs behauptet – in der Geschichte von Hispanien/Spanien eine Reihe von Konstanten diachron-nachhaltig nachweisen lässt.

Drei vor allen anderen fallen ins Auge: Die geophysikalische, die partikularistische und die anthropologisch-mentale. Sie alle hängen eng zusammen. Die Erstgenannte bot einerseits verhältnismäßig abgeschlossene Siedlungs- und Kulturräume, deren Konturen bis heute erkennbar und deren Nivellierung nicht wirklich gelungen ist: Andalusien, Katalonien mit dem *Valenciano*, das kastilische Zentrum, der lusitanisch-gallaekische Westen und der Nordwesten mit dem Sonderfall *Euzkadi*. Andererseits gestattete die Lage zwischen Europa und Afrika Zuwanderungen und Durchzüge jeder Art, während die langen Küsten im Westen und Osten Einflüssen aus aller Welt offen standen. Aber bereits am Beginn der Eisenzeit erscheinen die „natürlichen" Regionen von unterschiedlichen Populationen „besetzt", welche von Zuwanderungen und kulturellen Außenkontakten *verändert*, aber nicht *verwandelt* wurden. Daraus haben sich mentale Unterschiede ergeben, die bis in die jüngste Gegenwart spürbar sind. Dem entspricht der vielfach thematisierte Partikularismus des Landes, der vorrömisch, römerzeitlich, spätantik zu beobachten ist, der in den moslemischen *Taifas* wie im Laufe der *reconquista* ebenso auffällig ist wie in der Neuzeit. Die Versuche zu politischem, religiösem und kulturellem Unitarismus sind allesamt – früher oder später – gescheitert. Die spanische wie die portugiesische Monarchie waren immer „indoeuropäisch"/kastilisch/lusitanisch; Andalusien, seit der Bronzezeit aristokratisch regiert, brauchte niemals einen Monarchen. Gleiches gilt für Katalonien. Für die Geschichte der spanischen Kirche, „Roms treuester Tochter", die gleichzeitig die eigenständigste war, gilt das weniger, doch auch hier sind die Brüche seit jeher unverkennbar. Und kulturell? Die regionalen Eigenheiten sind vielfach so unvereinbar wie katalonische *Sardanas* und andalusische *Sevillanas*. Das gilt für Sprache und Literatur in ähnlicher Weise.

Nun mag man einwenden, solche Phänomene gebe es überall in Westeuropa und der ganzen Welt. Worauf ich erwidern möchte, dass dies zutrifft, aber nicht mit gleicher Intensität.

Dass der „*Hiber durus*" sei, so der Cordubenser Lucanus (*Phars.* 2,26), dass die spanischen Intentionen allzeit radikaler und kompromissloser waren, dass der spanische Anarchismus stets anarchischer, Katholizismus wie Atheismus radikaler, die Inquisition grausamer, die Mystik aufopfernder, das Martyrium masochistischer. Diese Reihe lässt sich lange fortsetzen.

Tendenziell gemeinsam ist dem Land auf unerklärliche Weise die von Plinius beobachtete *vehementia cordis*, jener kämpferische Geist – *inquies animus* (Iustin. *epit.* 2,5) – zwischen Aufopferung und Intransigenz, der in allen Regionen und zu allen historischen Zeiten einmal mehr, einmal weniger auffällig wird. Sie erscheint – wie bereits dem Ptolemaios im 2. nachchristlichen Jh. – noch heute als die mentalitätsgeschichtliche Konstante der Bewohner der Halbinsel. Sie ist überall spürbar: In der Antike an Exempla wie Aemilius Regulus oder Priscillianus, in der Mystik eines Juan de la Cruz, im Leben des *Cid Campeador*, literarisch im Werk des Cervantes, in Lope de Vegas Drama „*Fuenteovejuna*" oder im *Don Juan*-Mythos (von Tirso de Molina bis zu Gregorio Marañón), in Goyas Malerei, im Aufstand gegen die Franzosen, im politischen Kampf der Dolores Ibárruri „La Pasionaria", im Werk des Luis Buñuel und bei den „*indignados*" an der Madrider *Puerta del Sol* vor einigen Jahren.

„*Animos ad mortem paratos*" d. h. „todesbereite Gemüter" besäßen die Hispanier, schrieb Iustinus (*epit.* 2,1.) und Philostratos (5,4) berichtet, die Gaditaner seien die einzigen Menschen, „*die dem Tode Hymnen singen*". Noch durch den spanischen Bürgerkrieg von 1936–39 klingt der paradoxe Schlachtruf „*viva la muerte*" (es lebe der Tod) – lauter Derivate der *vehementia cordis*.

Diese ist, scheint mir, durch alle Zeiten das Spanischste an Spanien!

Zeittafel

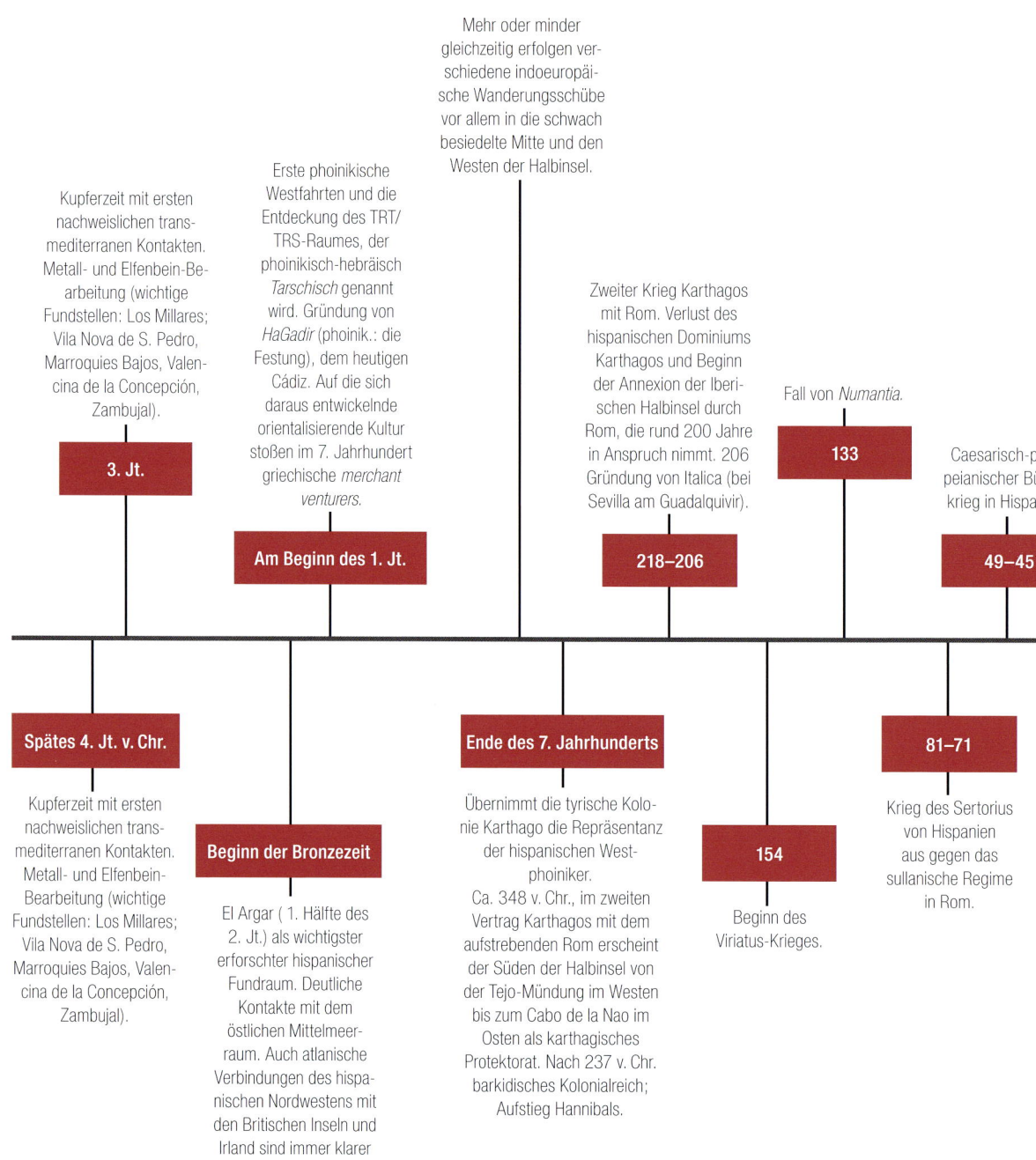

3. Jt.

Kupferzeit mit ersten nachweislichen transmediterranen Kontakten. Metall- und Elfenbein-Bearbeitung (wichtige Fundstellen: Los Millares; Vila Nova de S. Pedro, Marroquies Bajos, Valencina de la Concepción, Zambujal).

Am Beginn des 1. Jt.

Erste phoinikische Westfahrten und die Entdeckung des TRT/TRS-Raumes, der phoinikisch-hebräisch *Tarschisch* genannt wird. Gründung von *HaGadir* (phoinik.: die Festung), dem heutigen Cádiz. Auf die sich daraus entwickelnde orientalisierende Kultur stoßen im 7. Jahrhundert griechische *merchant venturers*.

Mehr oder minder gleichzeitig erfolgen verschiedene indoeuropäische Wanderungsschübe vor allem in die schwach besiedelte Mitte und den Westen der Halbinsel.

218–206

Zweiter Krieg Karthagos mit Rom. Verlust des hispanischen Dominiums Karthagos und Beginn der Annexion der Iberischen Halbinsel durch Rom, die rund 200 Jahre in Anspruch nimmt. 206 Gründung von Italica (bei Sevilla am Guadalquivir).

133

Fall von *Numantia*.

49–45

Caesarisch-pompeianischer Bürgerkrieg in Hispanien.

Spätes 4. Jt. v. Chr.

Kupferzeit mit ersten nachweislichen transmediterranen Kontakten. Metall- und Elfenbein-Bearbeitung (wichtige Fundstellen: Los Millares; Vila Nova de S. Pedro, Marroquies Bajos, Valencina de la Concepción, Zambujal).

Beginn der Bronzezeit

El Argar (1. Hälfte des 2. Jt.) als wichtigster erforschter hispanischer Fundraum. Deutliche Kontakte mit dem östlichen Mittelmeerraum. Auch atlanische Verbindungen des hispanischen Nordwestens mit den Britischen Inseln und Irland sind immer klarer erkennbar.

Ende des 7. Jahrhunderts

Übernimmt die tyrische Kolonie Karthago die Repräsentanz der hispanischen Westphoiniker.
Ca. 348 v. Chr., im zweiten Vertrag Karthagos mit dem aufstrebenden Rom erscheint der Süden der Halbinsel von der Tejo-Mündung im Westen bis zum Cabo de la Nao im Osten als karthagisches Protektorat. Nach 237 v. Chr. barkidisches Kolonialreich; Aufstieg Hannibals.

154

Beginn des Viriatus-Krieges.

81–71

Krieg des Sertorius von Hispanien aus gegen das sullanische Regime in Rom.

Zeittafel

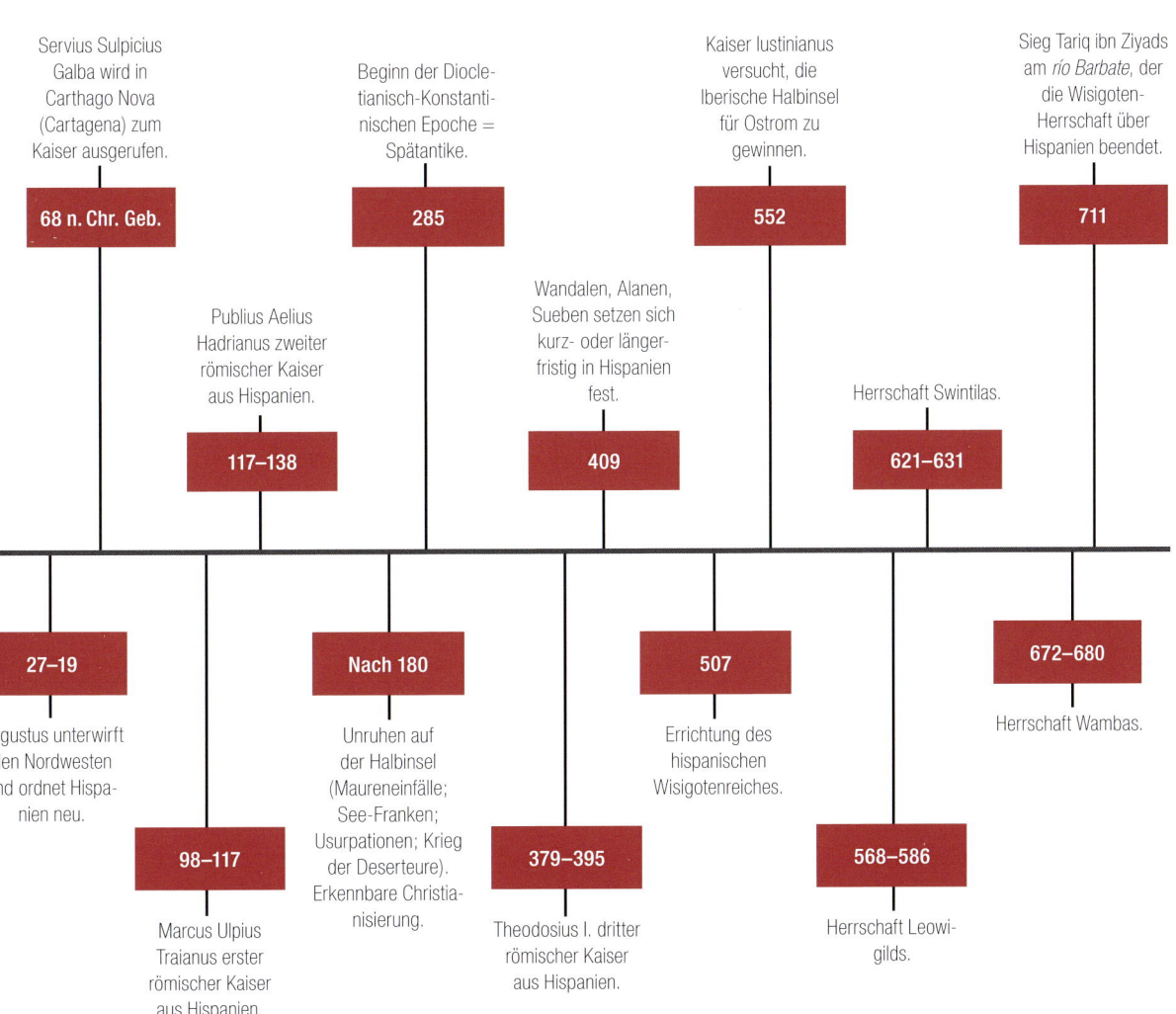

Glossar

Apotropaica	Gegenstände zur Abwehr von Bösem.
Asarhaddon	König von Assyrien im 7. Jh. v. Chr.
Aunjetitz-Kultur	Bronzezeitliche Kultur im östlichen Mitteleuropa.
Barbaricum	der von ‚Barbaren' bewohnte, ‚unzivilisierte' Raum.
Basilikenstreit	Konfessioneller Konflikt im Mailand der 380er-Jahre wegen der von Kaiserin Iustina geforderten Überlassung einer Kirche an die Arianer.
Bene trovato	(ital.) „Gut erfunden".
Caetra	Kleiner Rundschild der hispanischen Kelten.
Castro	(span.) Befestigte Bergsiedlung im hispanischen Nordwesten.
Caudillo	(span.) Anführer.
Chiefdom	(engl.) von einem Stammesfürsten beherrschtes Gebiet.
Damnatio memoriae	die Verdammung/Auslöschung des öffentlichen Gedenkens. Auf Inschriften bzw. Bilddarstellungen wurde der Name bzw. die Darstellung missliebiger Kaiser oder ranghoher Persönlichkeiten getilgt.
deditio	(lat.) Bedingungslose Kapitulation.
Diadochen	die Nachfolger Alexanders des Großen.
dignitas	(lat.) Die auf gesellschaftlicher Anerkennung beruhende Würde des römischen Aristokraten.
Emporium	Handelsniederlassung auf fremdem Territorium.
enkomiastisch	übertreibend lobpreisend.
Epikratie	im Rahmen kolonialer Herrschaft begründete halbselbstständige Unterherrschaft.
Euergetismus	(griech.) Wohltaten im öffentlichen Interesse.

Glossar

Euzkadi	Baskenland.
Faktorei	Handelsniederlassung.
Falcata	iberisches Hieb/Stoßschwert.
Gens	(lat.) Stamm, Völkerschaft.
Gladius hispaniensis	von Rom übernommenes Kurzschwert.
Ikonoklast/in	Bilderstürmer/in.
Kimbern	germanisches Wandervolk im 2. und 1. Jh. v. Chr.
Kothurn	antiker Bühnenschuh mit hoher Sohle.
lost causes	(engl.) Unterlegene politische oder weltanschauliche Positionen.
Macaulay	Th. B. Macaulay, bedeutender englischer Historiker des 19. Jhs.
Masinissa	König von Numidien im 2. Jh. v. Chr.
Mauretania tingitana	Römische Provinz im nordwestlichen Afrika.
Nabis	König von Sparta im 3./2. Jh. v. Chr.
Oppidum	(lat.) befestigte Siedlung.
Pektorale	Brustschmuck phoinikischer und jüdischen Priester.
Peregrinus	(lat.) rechtlich ungeschützter Untertan im römischen Reich.
Princeps inter pares	(lat.) Der Erste unter gesellschaftlich Gleichrangigen.
Prusias	König von Bithynien im 2. Jh. v. Chr.
Publicani	(lat.) Die Steuerpächter in der römischen Republik.
Sagum	(lat.) Ursprünglich aus Hispanien stammender Kapuzenmantel aus Wolle.
Sierra	(span.) Bergwüste.
Solidus	spätrömische Goldmünze.
Sportula	(lat.) Geschenk an Klienten.
Sumptus	(lat.) Verschwendung.
Taifas	(span.) Maurische Teilherrschaften in Spanien.
Transhumanz	Wander-Viehhaltung.
Trimalchio	Hauptfigur in der Satire „Gastmahl des T." von Petronius aus dem 1. Jh. n. Chr.
Utopia d'evasione	(ital.) Flucht-Utopie.
Vectigal	(lat.) Staats-Einnahmen.
Viritan	(lat.) dem Einzelnen zugehörig (z.B. Bürgerrecht).
Zimelien	Staatsgeschenke.

Die wichtigste zitierte Literatur

R. Abella – J. Nart, Guerrilleros, Madrid 2007.

G. Alföldy, Fasti hispanienses, Wiesbaden 1969.

Ders. Die römischen Inschriften von Tarraco. MF 10, Berlin 1975.

Ders. Tarraco, RE Suppl. XV, 1978.

M. Almagro Gorbea, La literatura tartésica. Fuentes históricas e iconográficas, Gerión 23, 2005, 39–80.

Ders. – G. Ruiz Zapatero, Paleoetnologia de la Península iberica. Complutum 2–3, 1992.

J. Arce, El último siglo de la España romana: 284–409, Madrid 1982.

Ders., Mérida tardoromana. Cuad. Emerit. 22, Mérida 2002.

Ders.-G. Ripoll, Transformación y final de las *villae* en occidente (siglos IV–VIII): problemas y perspectivas, Arqueología y territorio medieval 8, 2001, 21–54.

E. Badian, Foreign Clientelae; Oxford 1958, ND 1967.

Ders., Römischer Imperialismus in der Späten Republik, Stuttgart 1980.

Ders. Zöllner und Sünder, Darmstadt 1997.

K. Baxter Wolf, Conquerors and Chroniclers of Early Medieval Spain, Liverpool University Press 1970.

H. Bengtson, Grundriss der römischen Geschichte I, HdA 3,5,1. München 1967.

H. Berve, Sertorius, Hermes 64, 1929, 199–227.

B. Blance, Die Anfänge der Metallurgie auf der Iberischen Halbinsel, SAM 4, Berlin 1971.

J. M. Blázquez, Die Iberische Halbinsel, in: Handbuch der europäischen Wirtschafts- und Sozialgeschichte I, 1990.

H. Bloch, Ein neues Zeugnis der letzten Erhebung des Heidentums in Westrom 393/394 n. Chr. 1945, ND in R. Klein 1971, 129–186.

P. A. Brunt, Italian Manpower 225 B.C. – A. D. 14., Oxford 1971.

V. Buchheit, Christliche Romideologie im Laurentius-Hymnus des Prudentius, in: R. Klein, 1971, 455–485.

P. Cabrera – R. Olmos, Die Griechen in Huelva, MM 26, 1985, 61–74.

H. v. Campenhausen, Lateinische Kirchenväter, Urban-Bücher 50, Stuttgart 1965[2].

S. Celestino Pérez, Arqueología protohistórica de la Serena, CuPAUAM 37–38, 2011–2112, 297–305.

H. Chadwick, Priscillian of Avila, Oxford 1976.

A. Chastagnol, Les Espagnols dans l'aristocracie gouvernementale a l'Espagne de Théodose, in: L'empereurs romains d'Espagne, 269–292.

K. Christ, Der Untergang des römischen Reiches, WdF. 169, Darmstadt 1970.

Ders. Hannibal, Darmstadt 1974.

K. Cichorius, Römische Studien, Leipzig-Berlin 1922.

D. Claude, Geschichte der Westgoten, Stuttgart 1970.

M. Clauss, Die Frauen der diokletianisch-konstantinischen Zeit, in: H. Temporini – Gräfin Vitzthum (Hrsg.), Die Kaiserinnen Roms, München 2002, 340–369.

L. Crecca Ruggini, El éxito de los Priscilianistas: a propósito de cultura y fé en el siglo IV d.C. in: R. Teja – C. Pérez 1997, 39–47.

B. Czúth, Die Quellen der Geschichte der Bagauden, Szeged 1965.

W. Dahlheim, Gewalt und Herrschaft, Berlin – New York 1977.

H. J. Diesner, Das Vandalenreich, Stuttgart 1966.

Ders., Kirche und Staat im spätrömischen Reich, Berlin 1964.

Ders., Bandas de criminales, bandidos y usurpadores en la España Visigoda, Hispania Antiqua 8, 1978, 129–142.

A. J. Domínguez Monedero – C. Sánchez Fernández, Greek Pottery from the Iberian Península, Leiden 2001.

St. L. Dyson, Native revolt patters in the Roman Empire, ANRW II 3, 1975, 138–175.

W. Eck, Herrschaft durch Administration? Die Veränderung in der administrativen Organisation des *imperium Romanum* unter Augustus, in: Y. Rivière (Hrsg.), Des réformes augustéennes. École française de Rome 458, 2012, 151–169.

V. Ehrenberg, Sertorius, in: Ost und West, Brünn-Prag-Leipzig-Wien 1935, 177–201.

J. Fontaine, Culture et spiritualité en Espagne du IV au VIIe siècle, London 1986.

Ders. L'ascetisme. Manzana de discordia entre latefundistas y obispos en la Tarraconense del siglo IV? in: Coloquio sobre I concilio de Caesaraugusta. Typographie 1988, 1–7.

Ders. Idiosincrasia de la literatura Hispana en el siglo Teodosiano, in: R. Teja- C. Pérez 1997, 69–79.

W. H. C. Frend, Martydom and Persecution in the Early Church, Cambrige 1980[2].

H. Fuchs, Der geistige Widerstand gegen Rom in der antiken Welt, Berlin 1964[2].

E. Gabba, Senati in Esilio, Bullettino dell' Istituto di Diritto Romano 63, 1960, 221–232.

I. Gamer-Wallert, Ägyptische und ägyptisierende Funde von der Iberischen Halbinsel, Beihefte TAVO, Reihe B 21, Wiesbaden 1978.

P. B. Gams, Die Kirchengeschichte von Spanien, Regensburg 1862. ND Graz 1956.

Mª-P. García-Bellido, Die Anfänge des Münzwesens auf der Iberischen Halbinsel, Hispania Antiqua I, Mainz 2001, 4, 409–412.

Dies. – P.P. Ripollès, Die iberische Münze: Prestige und Wirtschaftsraum der Iberer, in: „Die Iberer" Katalog der Ausstellung Paris-Barcelona-Bonn 1998, 221–231.

L. A. García Moreno, Teodosio y la Galaecia. Historia de una aristocracia tardoromana, in: R. Teja-C. Pérez 1997, 81–90.

Ders. De Gerión a César. Estudios históricos y filológicos de la España indígena y Romano-republicana, Memorias del Seminario de Historia Antigua IX, Alcalá de Henares 2001.

Ders. *Hispaniae tumultus*. Rebelión y violencia indígena en la España romana en época republicana, in: García Moreno 2001, 227–259.

L. García Sanjuán *et alii*, Ivory ceaftmanship, Trade und Social Significance in the South Iberian Copper Age: The Evidence from the PP4-Montelirio Sector of Valencina de la Concepción (Seville, Spain), European Journal of Archaeology (o) 2013, 1–26.

M. Gelzer, Besprechung: Walter Kolbe, die Kriegsschuldfrage von 218 v. Chr. Geb., in: Kleine Schriften II, 1963, 29–34.

K. Girardet, Trier 385. Der Prozess gegen die Priszillianer, Chiron 4, 1974, 577–608.

M. Griffin, The Elder Seneca and Spain, JRS 62, 1972, 1–19.

E. S. Gruen, Material Rewards and the Drive for Empire, in: Harris, 59–82.

O. Harck, Archäologische Studien zum Judentum, Bet Tfila 7, Petersberg 2014.

W. V. Harris, War and Imperialism in Republican Rome 327-70 BC, Oxford 1979. ND Oxford 2006.

Ders., Current Directions in the Study of Roman Imperialism, in: Harris 2006, 13–31.

Th. Hauschild, Traditionen römischer Stadtbefestigungen der Hispania, Hispania Antiqua. Denkmäler der Römerzeit, Mainz 1993, 217–231.

Ders. Die römischen Tore des 2. Jhs. v. Chr. in der Stadtmauer von Tarragona, in: Th. Schattner – F. Valdés (Hrsg.) Stadttore. Iberia Archaeologica 8, Mainz 2008, 153–171.

W. Hönerbach, Islamische Geschichte Spaniens, Zürich – Stuttgart 1970.

A. H. M. Jones, Der soziale Hintergrund des Kampfes zwischen Heidentum und Christentum, in: R. Klein, Darmstadt 1971, 337–363.

B. J. Kavanagh, The Conspirator Aemilius Regulus and Seneca's Aunt's Family, Historia 50, 2001, 379–384.

J. Keegan, The Face of Battle, 1978.

Ders. A History of Warfare, London 2004[2].

R. Klein (Hrsg.) Das frühe Christentum im römischen Staat, WdF 267. Darmstadt 1971.

R. C. Knapp, Aspects of the Roman Experience in Iberia 206–100 B.C. Anejos de Hispania Antiqua, Valladolid 1977.

M. Koch, Die Keltiberer und ihr historischer Kontext. Actas del II coloquio sobre lenguas y culturas prerromanas de la Pemínsula Ibérica (Tübingen 1976), Salamanca 1979, 387–419.

Ders. Ἀλήτης, Mercurius und das phönikisch-punische Pantheon in Neukarthago, MM 23, 1982, 101–113.

Ders. Tarschisch und Hispanien, MF Berlin 1984.

Ders. Die *Turullii* und Neukarthago, in: *Navicula Tubingensis*, Studia in honorem Antonii Tovar, Tübingen 1984, 233–243.

Ders. Die römische Gesellschaft von Carthago Nova nach den epigraphischen Quellen, in: Sprachen und Schriften des antiken Mittelbeerraums. Festschrift für Jürgen Untermann zum 65. Geburtstag, hrsg. von F. Heidermanns, H. Rix und E.Seebold, Innsbruck 1993, 191–242.

Ders. Rezension zu Trillmich-Zanker, Stadtbild und Ideologie. Göttingische gelehrte Anzeigen 247, 1995, 52–63.

Ders. „... *munusve ludos scaenicos faciunto*", in: Archäologische Forschungen in Kontaktzonen der antiken Welt. Festschrift für H. G. Niemeyer, hrsg. von R. Rolle - K. Schmidt, Hamburg 1998, 655–673.

Ders. Karthago und Hispanien in vorbarkidischer Zeit, MM 41, 2000, 162–177.

Ders. Die lusitanisch-galläkischen Kriegerstatuen in ihrem literarisch-epigraphischen Zusammenhang, MM 44, 2003, 67–86.

Ders. *Latro* und Partisan, in: Landes- und Reichsgeschichte. Festschrift für Hansgeorg Molitor zum 65. Geburtstag. Bielefeld 2004, 383–404.

Ders. Astolpas – Kollaborateur?, MM 49, 2008, 238–253.

Ders. Noch einmal: Die ‚Großen Familien' in Carthago Nova, MM 50, 2009, 158–171.

Les empereurs romains d'Espagne. Colloques internationaux de CNRS (Madrid 1964), Paris 1965.

J. Linderski, Si vis pacem, para bellum: concepts of defensive imperialism, in: W. V.Harris (ed.), The imperialism of mid-republican Rome, 133–164.

S. MacKenna, Paganism and pagan survivals in Spain up to the fall of the Visigothic Kingdoms, Washington 1938.

D. Marzoli, Neugründungen im phönizischen Westen: Los Castillejos de Alcorrín, Morro de Mezquitilla und Mogador, Archäologischer Anzeiger 2012-2, 29–64.

P. Mateos Cruz, Die Anfänge der Christianisierung in den Städten Hispaniens, in: Sabine Panzram (ed.) Städte im Wandel. Geschichte und Kultur der Iberischen Welt 5, 2007, 237–263.

F. Meister, Der Krieg des Sertorius und seine spanischen Wurzeln, Hamburg 2007.

Th. Mommsen, Römische Geschichte V, 8. Aufl. Berlin 1919.

P. Moret, Les fortifications ibériques de la fin de l'âge du bronze à la conquête romaine, Coll. Casa de Velázquez 56, Madrid 1996.

H. Nesselhauf, Der Ursprung des Problems „Staat und Kirche", Konstamzer Universitätsreden 14, Konstanz 1975.

R. Nierhaus, Die wirtschaftlichen Voraussetzungen der Villenstadt von Italica, MM 7, 1966, 189–206.

D. Nörr, Aspekte des römischen Völkerrechts. Die Bronzetafel von Alcántara. Bayerische Akademie der Wissenschaften. Phil.-Hist. Klasse Abh. N. F. 101, München 1989.

A. Nünnerich-Asmus, Straßen, Brücken und Bögen als Zeichen römischen Herrschaftsanspruchs, in: Hispania Antiqua (Rom), Mainz 1993, 121–157.

R. Olmos (ed.), Al otro lado del espejo. Aproximación a la imagen ibérica, Madrid 1996.

Opposition et résistance a l'empire d'Auguste a Trajan. Fondation Hardt, Genève 1987.

J. Ortega y Gasset, Gesammelte Werke I-V, Stuttgart 1978.

S. Panzram, Stadtbild und Elite: Tarraco, Corduba und Augusta Emerita zwischen Republik und Spätantike, Stuttgart 2002.

F. Paret, Priscillianus: Ein Reformator des 4. Jahrhunderts, Würzburg 1891.

J. Pérez, Los Comuneros, Madrid 2001.

F. Pina Polo, Deportaciones como castigo e instrumento de colonización durante la república Romana. El caso de Hispania, in: F. Marco Simón, F. Pina Polo, J. Remesal Rodríguez, Vivir en tierra extraña: emigración e integración cultural en el mundo antiguo, Barcelona 2004, 211–246.

Ders., Deportation of indigenous population as a strategy for Roman dominion in Hispania, Gladius (Anejos 13) Madrid 2009, 281–288.

E. Polito, Keltische Schilde auf augusteischen Triumphbögen, AEArq. 85, 2012, 141–148.

K. Raddatz, Die Schatzfunde der Iberischen Halbinsel vom Ende des dritten bis zur Mitte des ersten Jh. v. Chr. MF5, Berlin 1969.

R. Sainero, Mitología celta, Madrid 1999.

R. Sanz Serrano, Aproximación al estudio de los ejércitos privados en Hispania durante la antigüedad tardía, Gerion 4, 1986, 225–264.

Dies. Adivinación y sociedad en la Hispania tardorromana y visigoda, Anejos de Gerión 2, 1989, 365–389.

Dies. Santos y demonios como elementos de cristianización en Occidente, I Congreso-Coloquio ARYS (Jarandilla de la Vera 1989) Madrid 1992, 463–483.

Dies. La destrucción de centros de culto paganos como forma de persecución religiosa en la península Iberica, Homenaje J.M. Blázquez VI, Madrid 1998, 247–264.

B. Sasse, Die Westgoten in Südfrankreich und Spanien. Zum Problem der archäologischen Identifikation einer wandernden „gens", Archäologische Informationen 20/1, 1997, 29–48.

I. Sastre de Diego, Aristocracia, christianismo y epigrafía laica en la Hispania tardoantigua, Veleia 29, 2012, 17–27.

J. Schlumberger, Die Epitome de Caesaribus, Vestigia 18, München 1974.

L. Schmidt, Die Westgermanen (Dresden 1937–40), ND München 1970.

Ders., Die Ostgermanen (Dresden 1941), ND München 1969.

H. Schubart, Die Kultur der Bronzezeit im Südwesten der Iberischen Halbinsel, MF 9, Berlin 1975.

W. Schüle, Die Meseta-Kulturen der Iberischen Halbinsel, MF3, Berlin 1969.

Th. X. Schuhmacher, Frühbronzezeitliche Kontakte im westlichen Mittelmeerraum und die Rolle der Iberischen Halbinsel, MM 45, 2004, 147–180.

Ders. et alii (Hrsg), Marfil y elefantes en la península Iberica y el Mediterráneo occidental, Elfenbeinstudien 1, Iberia Archaeologica 16,1–2, Mainz 2012.

Ders. Chalkolithische und Frühbronzezeitliche Elfenbeinobjekte auf der Iberischen Halbinsel, Elfenbeinstudien 2, Iberia Archaeologica 16,2, Mainz 2012.

A. Schulten, Viriatus, Neue Jahrbücher für das Klassische Altertum I 4, 1917, 209–237.

Ders. Tartessos, Hamburg 1950².

Ders. Iberische Landeskunde I, Strasbourg-Kehl 1955; II Strasbourg-Kehl 1957.

R. Schulz, Caesars Statthalterschaft in Spanien. Ein vergessenes Kapitel römischer Herrschaftspolitik in der späten Republik, in: J. Spielvogel (Hrsg.), Res publica reperta. Festschrift für Jochen Bleicken. Hermes-Sonderband 2002, 263–278.

H. H. Scullard, Roman Politics 220-150B.C., Oxford 1973².

H. Simon, Roms Kriege in Spanien 154–133 v. Chr., Frankfurt 1962.

K. F. Stroheker, Germanentum und Spätantike, Zürich-Stuttgart 1965.

Ders. Spanien im spätrömischen Reich (284–475), AEArq. 45–47, 1972–74, 587–606.

R. Syme, Who was Decidius Saxa ?, JRS 27, 1937, 128–137.

Ders. Colonial Élites, Oxford 1958.

Ders. Senators, Tribes and Towns, Historia 13, 1964, 105–125.

Ders. Tacitus I, II, Oxford 1967³.

Ders. Hadrian and Italica, JRS 54, 1964, 142–149.

Tarteso. El emporio del metal, hrsg. von J. M. Campos und J. Alvar, 1913.

R. Teja, Poemenia: Una peregrina hispana de la familia de Teodosio I, Homenaje a J. M. Blázquez VI, 1998, 279–290.

Ders. – C. Pérez, La Hispania de Teodosio. Congreso internacional Segovia-Coca 1995, Bd. I, Salamanca 1997.

H. Temporini et alii, Die Kaiserinnen Roms von Livia bis Theodora, München 2002.

E. A. Thompson, Peasant Revolts in Late Roman Gaul and Spain, Past and Present 2, 1952, 11–23.

Ders. Los Godos en España, Madrid 1971.

J. M. Triviño, La idiosincrasia localista en la España prerromana, CHE 20, 1953, 12–44.

W. Trillmich – P. Zanker (Hrsg.) Stadtbild und Ideologie. Die Monumentalisierung hispanischer Städte zwischen Republik und Kaiserzeit. Kolloqium Madrid 1987, München 1990.

Ders. Überfremdung einheimischer Thematik durch römisch-imperiale Ikonographie in der Münzprägung hispanischer Städte, in: P. Noelke (Hrsg.), Romanisation und Resistenz in Plastik, Architektur und Inschriften des Imperium Romanum (---). Akten des VII Intern. Colloquiums über Probleme des provinzialrömischen Kunstschaffens (Köln 2001), Mainz 2003, 619–633.

J. Untermann, Elementos de un átlas antroponímico de la Hispania antigua, Bibl. Prehist. Hisp. VII, Madrid 1965.

Ders., Die Münzlegenden, MLH I, Wiesbaden 1975.

Ders. Namenbuch, MLH VI (in Vorbereitung).

R. Urban, Gallia rebellis. Historia Einzelschriften 129, Stuttgart 1999.

R. Wenskus, Stammesbildung und Verfassung, Köln – Graz 1961.

L. Wickert, Sertorius, in: „Rastloses Schaffen". Festschrift für Fr. Lammert. Stuttgart 1954, 97–106.

Bildnachweis

Titelbild: im Hintergrund oben: Aquilino Delgado Domínguez, Rio Tinto Foundation, Riotinto Mining Museum; im Hintergrund unten: Timor Espallargas, Wikimedia Commons, lizensiert unter Creative-Commons-Lizenz „Namensnennung – Weitergabe unter gleichen Bedingungen 2.5 generisch" (US-amerikanisch), http://creativecommons.org/licenses/by-sa/2.5/legalcode; im Vordergrund oben: akg-images / Album / ASF; im Vordergrund Mitte: D-DAI-MAD-WIT-R-005-78-10 (P. Witte); im Vordergrund unten: D-DAI-MAD-PAT-2014-002 (J. Patterson).

Abb. 1 Frdl. Vermittlung von PD Dr. Michael Kunst; Abb. 2 Elisa Puch DAI-Madrid nach Almagro Gorbea – Ruiz Zapatero, 1992; Abb. 3 Fotograf: Miguel Ángel Blanco de la Rubia, L. García Sanjuán/M. Luciáñez Triviño/Th. X. Schuhmacher/D. Wheatley/A. Banerjee, Ivory craftsmanship, trade and social significance in the southern Iberian Copper Age: the evidence from the PP4-Montelirio sector of Valencina de la Concepción (Seville, Spain), European Journal of Archaeology 16,4, 2013, 610–635; Abb. 4, 32 Frdl. Vermittlung von Dr. Alicia Perea, MAN Madrid; Abb. 5 D-DAI-MAD-PAT-DG-015-2010-152 (J. Patterson); Abb. 6 D-DAI-MAD-WIT-D MF-458 (P. Witte); Abb. 7 D-DAI-MAD-WIT-R-09-99-03 (P. Witte); Abb. 8 D-DAI-MAD-WIT-PLF-3007 (P. Witte); Abb. 9 M. Blech/M. Koch/M. Kunst, Hispania Antiqua, Denkmäler der Frühzeit, Philipp von Zabern, Mainz, 2001; Abb. 10, 19 Michael Koch – Ingrid Schleede, Hamburg – Universität Konstanz; Abb. 11 a D-DAI-MAD- PAT-R-51-98–14 (J. Patterson); Abb. 11 b John Patterson, DAI Madrid; Abb. 12 a und b Madrid, MAN 105116, durch frdl. Vermittlung von Dr. Maria Paz García-Bellido; Abb. 13, 30 Aquilino Delgado Domínguez, Rio Tinto Foundation, Riotinto Mining Museum; Abb. 14 D-DAI-MAD-WIT-R-019-74-09 (P. Witte); Abb. 15 D-DAI-MAD-FR-O-196 (R. Friedrich); Abb. 16 Elisa Puch, DAI-Madrid, nach A. Lorrio, Los Celtíberos, 1997; Abb. 17 Elisa Puch, DAI-Madrid, nach Jürgen Untermann, 1961; Abb. 18 a und b, 27 a und b, 39, 51 a und b Frdl. Vermittlung von Dr. Maria Paz García-Bellido; Abb. 20 Elisa Puch, DAI-Madrid, nach K. Raddatz, 1969; Abb. 21 Frdl. Vermittlung von Prof. Dr. F. Quesada; Abb. 22 D-DAI-MAD-MK-DKB-2010-18-06 (M. Kunst); Abb. 23 akg-images / Album / Oronoz; Abb. 24 Confederación Nacional del Trabajo., Wikimedia Commons, lizensiert unter Creative-Commons-Lizenz „Namensnennung – Weitergabe unter gleichen Bedingungen 3.0 nicht portiert, http://creativecommons.org/licenses/by-sa/3.0/legalcode; Abb. 25 Nuno Tavares, Wikimedia Commons, lizensiert unter Creative-Commons-Lizenz „Namensnennung – Weitergabe unter gleichen Bedingungen 2.5 generisch" (US-amerikanisch), http://creativecommons.org/licenses/by-sa/2.5/legalcode; Abb. 26 D-DAI-MAD-WIT-R-044-77-02 (P. Witte); Abb. 28 D-DAI-MAD-WIT-R-078-93-12 (P. Witte); Abb. 29 D-DAI-MAD-FIB-R-020-84-01 (G. Fittschen-Badura); Abb. 31 a und b Michael Koch – Peter Witte – Universität Konstanz; Abb. 33 D-DAI-MAD-WIT-R-089-94-16 (P. Witte); Abb. 34 D-DAI-MAD-WIT-R-005-78-10 (P. Witte); Abb. 35 D-DAI-MAD-PAT-R-06-2000-01 (J. Patterson); Abb. 36 Dantla, Wikimedia Commons, lizensiert unter GNU Free Documentation License Version 1.2, http://commons.wikimedia.org/wiki/Commons:GNU_Free_Documentation_License_1.2?uselang=de, http://en.wikipedia.org/wiki/File:Bridge_Alcantara.JPG; Abb. 37 D-DAI-MAD-PAT-R-15-2004-10 (J. Patterson); Abb. 38 D-DAI-MAD-PAT-R-14-2004-12 (J. Patterson); Abb. 40 D-DAI-MAD-FIB-R-080-86-01 (G. Fittschen-Badura); Abb. 41 D-DAI-MAD-MK-DKB-2012-35-032 (M. Kunst); Abb. 42 akg-images / Album / ASF; Abb. 43 D-DAI-MAD-WIT-R-034-67-08 (P. Witte); Abb. 44 Daderot, Wikimedia Commons, lizensiert unter Creative-Commons-Lizenz „CC0 1.0 Verzicht auf das Copyright, http://creativecommons.org/publicdomain/zero/1.0/legalcode; Abb. 45 D-DAI-MAD-PAT-2014-002 (J. Patterson); Abb. 46 D-DAI-MAD-PATT-001-2014-005 (J. Patterson); Abb. 47 D-DAI-MAD-PATT-001-2014-007 (J. Patterson); Abb. 48 D-DAI-MAD-WIT-DMF-658 (P. Witte); Abb. 49 D-DAI-MAD-FR-R-203-67-05 (R. Friedrich); Abb. 50 D-DAI-MAD-WIT-R-037-75-01 (P. Witte); Abb. 52 J. Patterson, DAI-Madrid.